Ensinando dança para crianças

Ensinando dança para crianças

Theresa Purcell Cone, Ph.D.

Stephen L. Cone, Ph.D.

3ª edição

Título original em inglês: *Teaching Children Dance, 3rd edition.*
Copyright © 2012 by Theresa Purcell Cone and Stephen L. Cone
Copyright © 2005, 1994 by Human Kinetics, Inc.
Publicado mediante acordo com a Human Kinetics, Inc.

Este livro contempla as regras do Novo Acordo Ortográfico da Língua Portuguesa.

Editor gestor: Walter Luiz Coutinho
Editora de traduções: Denise Yumi Chinem
Produção editorial: Ateliê Poá

Tradução: Lúcia Helena de Seixas Brito
Soraya Imon de Oliveira (Apêndice)

Consultoria científica: Myrian Nunomura
Professora Associada da Escola de Educação Física e Esporte de Ribeirão Preto
da Universidade de São Paulo (USP)

Projeto gráfico: Jonathan Souza de Deus
Diagramação: Ateliê Poá
Capa e ilustração de capa: Axel Sande/Gabinete de Artes

Dados Internacionais de Catalogação na Publicação (CIP)
(Câmara Brasileira do Livro, SP, Brasil)

Cone, Theresa Purcell
Ensinando dança para crianças / Theresa Purcell Cone, Stephen L. Cone; [tradução Lúcia Helena de Seixas Brito; Soraya Imon de Oliveira]. -- 3. ed. -- Barueri, SP : Manole, 2015.

Título original: Teaching children dance.
Bibliografia.
ISBN 978-85-204-3627-1

1. Dança para crianças - Estudo e ensino I. Cone, Stephen L.. II. Título.

14-12016 CDD-792.8083

Índices para catálogo sistemático:
1. Dança para crianças : Estudo e ensino
792.8083

Nenhuma parte deste livro poderá ser reproduzida, por qualquer processo, sem a permissão expressa dos editores.
É proibida a reprodução por xerox.
A Editora Manole é filiada à ABDR – Associação Brasileira de Direitos Reprográficos.

Edição brasileira – 2015

Editora Manole Ltda.
Av. Ceci, 672 – Tamboré
06460-120 – Barueri – SP – Brasil
Tel.: (11) 4196-6000
Fax: (11) 4196-6021
www.manole.com.br
info@manole.com.br

Impresso no Brasil
Printed in Brazil

Sobre os autores

A doutora Theresa Purcell Cone é professora associada do departamento de ciências da saúde e do exercício da Rowan University, em New Jersey, nos Estados Unidos. Atuou anteriormente como professora de educação física e de dança na Brunswick Acres Elementary School, em Kendall Park, New Jersey, onde também dirigiu uma companhia de dança infantil.

A doutora Cone é ex-presidente da National Dance Association e recebeu a distinção de primeira professora de dança para alunos na faixa etária da pré-escola ao ensino médio. Ela é coautora dos livros *Interdisciplinary teaching through physical education* (Human Kinetics, 1998) e *Interdisciplinary elementary physical education* (Human Kinetics, 2009). Atualmente, exerce a função de editora assistente do periódico *Journal of dance education*.

Em 2004, a autora foi agraciada com uma citação presidencial pelo American Alliance for Health, Physical Education, Recreation and Dance, além de ter recebido um prêmio de honra ao mérito. Também foi laureada pela National Association for Sport and Physical Education com o prêmio Margie R. Hanson Distinguished Service Award. Completou seu doutorado em dança na Temple University.

O doutor Stephen L. Cone é professor do departamento de ciências da saúde e do exercício da Rowan University, em New Jersey. Foi, anteriormente, reitor e professor do Keene State College, em New Hampshire.

O doutor Cone é ex-presidente da American Alliance for Health, Physical Education, Recreation and Dance (AAHPERD) e recebeu um prêmio de honra ao mérito no ano 2000. Escreveu dezenas de artigos para publicações dedicadas à educação física e é coautor dos livros *Interdisciplinary teaching through physical education* (Human Kinetics, 1998) e *Interdisciplinary elementary physical education* (Human Kinetics, 2009).

Em 2000, tornou-se membro da North American Society for Health, Physical Education, Recreation, Sport and Dance Professionals. Também foi nomeado membro do American Council on Education no período de 1993-1994 e recebeu uma citação presidencial da National Dance Association. Completou seu doutorado em aprendizagem motora e psicologia do esporte na Texas A&M University.

Sumário

Prefácio	ix
Parte I – Um modelo de ensino de dança para os pequenos	1
Capítulo 1 • Compreendendo a importância do ensino de dança para crianças	3
O que é a dança infantil?	4
Por que ensinar dança para crianças?	9
Quais são os benefícios da dança infantil?	11
Aplicando as aptidões do século XXI ao ensino da dança	17
Satisfazendo integralmente a criança por meio da dança	18
Relacionando as diretrizes das atividades físicas com a dança	19
Resumo	20
Questões para reflexão	20
Capítulo 2 • Apresentando o conteúdo essencial da dança infantil	21
O corpo	22
Posturas corporais	23
Espaço	24
Tempo	26
Peso	28
Fluência	28
Relacionamentos	28
Formas de dança	31
Resumo	34
Questões para reflexão	35
Capítulo 3 • Estruturando um programa de dança	37
Planejando um programa anual de dança	38
Planejando uma unidade de dança	41
Planejando as aulas de dança	43
Exemplo de unidade e delineamento da aula	48
Conexões interdisciplinares	50
Resumo	53
Questões para reflexão	54

Capítulo 4 • Criando um ambiente para o ensino da dança ... 55
    Tamanho da turma ... 55
    Equipamentos e materiais didáticos ... 56
    Instalações ... 61
    Frequência e duração das aulas ... 62
    Características da comunidade ... 62
    Políticas da escola ... 63
    Defesa do programa ... 63
    Resumo ... 65
    Questões para reflexão ... 65

Capítulo 5 • Tornando o ensino mais efetivo ... 67
    Ajudando todas as crianças a aprender ... 67
    Diversificando estilos e estratégias de ensino ... 69
    Aprendizes motivados ... 72
    Estabelecendo protocolos e regras ... 73
    Criando um ambiente de aprendizagem seguro ... 75
    Fazendo demonstrações ... 75
    Fazendo comentários ... 76
    Envolvendo os alunos em apresentações ... 77
    Observando e reagindo à dança ... 78
    Resumo ... 80
    Questões para reflexão ... 80

Capítulo 6 • Avaliando o aprendizado da dança pelas crianças ... 81
    Avaliação da efetividade do processo de ensino ... 85
    Avaliação dos alunos pelo professor ... 86
    Avaliação pelos pares ... 87
    Autoavaliação dos alunos ... 90
    Instrumentos de avaliação ... 92
    Resumo ... 95
    Questões para reflexão ... 96

Capítulo 7 • Envolvendo todas as crianças na dança ... 97
    Conhecendo as crianças com deficiência ... 98
    Criando um ambiente inclusivo ... 98
    Implementando estratégias inclusivas de aprendizagem ... 99
    Danças inclusivas ... 103
    Resumo ... 109
    Questões para reflexão ... 109

Parte II – Experiências de aprendizagem para a dança infantil ... 111
Capítulo 8 • Experiências de aprendizagem para pré-escola e primeiro e segundo anos ... 113
    Dança das fitas da amizade na vizinhança ... 115
    Nuvens flutuantes e pancadas de chuva ... 119
    Correr, saltitar, pular e saltar ... 123
    O parque infantil ... 127

Ondas do oceano e nadadores 130
Dança do espaguete 133
Dança do balão 137
Dança dos instrumentos de percussão 140
O gato faminto 144
Dança do circo 147
Dança dos pontos conectados 151
Dança do sapo 154

Capítulo 9 • Experiências de aprendizagem para terceiro, quarto e quinto anos 157
Dança da máquina de lição de casa 159
Quadrilha criativa 163
Palavras de ação 166
Dança do beisebol 170
Festa de aniversário 174
Dança dos parceiros 178
Três danças do esporte: adição de esportes, teia do esporte e figuras do esporte em ação 181
Mapas da dança 186
Criando a sua própria dança *hip hop* 190
Museu das figuras bizarras 194
Figuras de palito ganham vida 196

Apêndice Mais experiências de aprendizagem 201
Referências bibliográficas 207
Sugestões de leitura 210

Prefácio

A oportunidade de escrever esta terceira edição levou-me a refletir a respeito da necessidade de direcionar nossos objetivos com a finalidade de tornar o ensino da dança mais acessível a atuais e futuros educadores. Quer você seja um professor de educação física, de dança, de sala de aula, ou mesmo estudante, esperamos que seu interesse pela dança se manifeste por meio do entusiasmo demonstrado a seus alunos quando essa modalidade de exercício é oferecida em seu programa. A popularidade alcançada pela dança é resultado da recente enxurrada de *shows* e comerciais de televisão que compartilham do mesmo processo de aprendizado e sentido de espetáculo inerentes a ela, e a apresentam como um meio de expressão e comunicação. É crescente o número de estudantes que conversam sobre dança cotidianamente, praticam-na durante as férias, assim como fazem dela um tipo de exercício para a manutenção da forma física. A dança é, hoje, uma excelente atividade a ser praticada. Os alunos se divertem ao reproduzir os movimentos que veem na televisão ou em vídeos. Para eles, a dança é uma forma prazerosa de diversão, no relacionamento entre amigos e familiares. Isso abre espaço para que ela seja acolhida como atividade integrante do currículo escolar.

Esta edição de *Ensinando dança para crianças* traz uma nova perspectiva, na qual a dança é encarada como componente fundamental da educação infantil. Desde a primeira edição em 2005, as discussões educacionais têm se centrado na aquisição de conhecimentos pelos alunos e habilidades que possam ser aplicados em todas as facetas da vida de cada um. A dança é um modo de aprendizagem que envolve o uso do corpo e dos sentidos para captação de informações, para comunicação e demonstração da compreensão de conceitos. Os professores mostram-se interessados em contar com novas estratégias para a avaliação daquilo que os alunos aprendem na dança. Eles procuram metodologias abrangentes para a elaboração de aulas voltadas a alunos com necessidades especiais, e desejam desenvolver experiências de aprendizagem que estimulem a criatividade, as interações sociais positivas e desenvolvimento de habilidades motoras.

As revisões apresentadas nesta edição incluem uma seção que trata da dança e de iniciativas relativas à educação holística da criança; uma discussão a respeito do lugar permanente e natural ocupado no âmbito do ensino de dança pelas aptidões características do século XXI, as quais priorizam o pensamento criativo, colaboração, comunicação, consciência global e autodireção; e uma descrição da conexão entre a dança e as diretrizes determinadas pelo governo americano em seu documento Physical Activity Guidelines (Diretrizes para Atividades Físicas), de 2008. Nós desenvolvemos treze novas experiências de aprendizagem e ampliamos o Capítulo 6, sobre avaliações, para incluir um conjunto de opções, em termos de instrumentos de avaliação, e exemplos adicionais. Um capítulo novo, intitulado "Envolvendo todas as crianças na dança", aborda estratégias para o trabalho com alunos com necessidades especiais, além de oito tipos de dança que promovem a inclusão de crianças na faixa etária correspondente ao ensino fundamental.

A exemplo da segunda edição, esta também está dividida em duas partes. A Parte I traz o conteúdo e as estratégias fundamentais para o desenvolvimento das experiências de aprendizagem da dança. Nós atualizamos os elementos de dança e adicionamos fotos, figuras e tabelas. Você encontrará ideias para o planejamento de um programa anual, de uma unidade ou de uma aula individual. Trazemos, também, algumas sugestões voltadas ao ensino interdisciplinar, e outras voltadas para administração, defesa e avaliação de aulas. No final de cada capítulo, incluímos questões revisadas e destinadas à reflexão, tanto para professores como para alunos universitários que frequentam outros cursos de dança.

A Parte II apresenta descrições detalhadas de 23 experiências criativas na aprendizagem de dança, descrições estas organizadas em dois níveis: da pré-escola ao segundo ano, e do terceiro ao quinto ano. O método de ensino para cada uma dessas experiências é semelhante ao diálogo que você costuma empregar com seus alunos. Lendo as instruções, você poderá imaginar-se em seu espaço de aula cercado por seus alunos. Cada experiência de aprendizagem inclui: resultados relativos aos aspectos psicomotor, cognitivo e afetivo; equipamentos necessários; ideias para introdução, desenvolvimento e finalização da dança; e sugestões de avaliação que estão diretamente relacionadas aos resultados. Há ideias relativas ao ensino interdisciplinar e variações que podem ser introduzidas com o objetivo de atender às aptidões e aos interesses de seus alunos.

Um dos nossos desafios ao escrever esta edição foi proporcionar uma descrição clara do conteúdo essencial da dança e fornecer estratégias didáticas viáveis e capazes de ajudá-lo a conquistar o sucesso no ensino da dança. Esperamos que este livro possa, de um lado, oferecer a um número maior de crianças a oportunidade de aprender, criar e exercitar a dança e, de outro, estimular cada vez mais os educadores a incluir essa atividade como um componente cultural, social e criativo de seus programas. Caso já tenha utilizado as edições anteriores do livro, acreditamos que esta lhe parecerá mais abrangente. Se, ao contrário, estiver começando com esta edição, temos certeza de que o material o ajudará não apenas a encontrar prazer no ensino da dança, como também a despertar em seus alunos uma grande satisfação em aprendê-la.

Parte I

Um modelo de ensino de dança para os pequenos

A Parte I apresenta respostas para as seguintes questões: O que é a dança para as crianças? Por que isso deve ser ensinado? Como projetar e avaliar um programa de dança? Essas perguntas fundamentais costumam incomodar os educadores no momento da elaboração de seus programas de dança. Esperamos que, nos próximos sete capítulos, você encontre informações que o ajudem a entender a dança infantil e a desenvolver as habilidades necessárias para introduzi-la como parte integrante do currículo de educação física ou educação artística, ou, ainda, aprimorá-la, caso já faça parte desse currículo. A seguir, apresentamos uma síntese do conteúdo abordado em cada capítulo.

Capítulo 1 – "Compreendendo a importância do ensino de dança para as crianças": Aborda os aspectos essenciais para o ensino da dança. Fornece uma definição do que vem a ser dança infantil e explica o valor e os benefícios de um programa de dança dirigido às crianças. Nesta edição estão incluídas informações a respeito de como a dança atende às diretrizes Physical Activity Guidelines (Diretrizes para Atividades Físicas), divulgadas em 2008 pelo governo norte-americano, assim como enfatiza as habilidades profetizadas para o século XXI e as iniciativas voltadas à educação integral das crianças.

Capítulo 2 – "Apresentando o conteúdo essencial da dança infantil": Descreve os elementos da dança: corpo, espaço, tempo, esforço e relacionamentos. Examina também as formas da dança infantil e suas contribuições para um abrangente programa de dança.

Capítulo 3 – "Estruturando um programa de dança": Neste capítulo estão os detalhes práticos do desenvolvimento e da implantação de um programa. Nós incluímos exemplos que cobrem tanto o planejamento de um programa com duração anual como de uma unidade de dança ou de uma aula apenas. A seção que trata da interdisciplinaridade da dança com outras áreas de estudo continua sendo um componente muito importante. Além disso, alguns assuntos específicos são identificados no final de cada experiência de aprendizagem, na Parte II.

Capítulo 4 – "Criando um ambiente para o ensino da dança": Este capítulo inclui uma discussão a respeito da configuração de um programa de dança que se adapte a diversos cenários de ensino. Os professores costumam sentir-se obrigados a justificar para alunos, pais, administradores e outros colegas a inclusão da dança no currículo escolar. Para facilitar essas justificativas, nós apresentamos estratégias de defesa da manutenção e do desenvolvimento de um programa.

Capítulo 5 – "Tornando o ensino mais efetivo": Sua forma de ensinar é tão importante quanto o conteúdo que você ensina. Neste capítulo, nós discutimos como os estilos de ensinar e aprender podem exercer influência no que se refere ao sucesso na consecução de uma experiência de dança. Além disso, abordamos estratégias para respaldar a definição de protocolos e regras que promovem um ambiente de aprendizagem seguro e produtivo, assim como para orientar os retornos, as demonstrações e as observações que são fornecidos aos alunos.

Capítulo 6 – "Avaliando o aprendizado da dança pelas crianças": Avaliação é um elemento fundamental em todas as experiências de aprendizagem. Nesta edição, nós incluímos uma quantidade maior de exemplos de avaliação na dança, além de um repertório de instrumentos voltados à autoavaliação de professores, colegas e alunos.

Capítulo 7 – "Envolvendo todas as crianças na dança": Este é um capítulo novo sobre o ensino da dança para crianças portadoras de necessidades especiais. Destaca a importância do desenvolvimento de um ambiente de ensino inclusivo, no qual sejam reconhecidas as habilidades de todas as crianças. Junto da descrição de danças que podem ser empregadas em uma aula de dança inclusiva, assim como em uma autocontida, apresentamos estratégias para o sucesso do ensino.

Capítulo 1

Compreendendo a importância do ensino de dança para crianças

Imagine uma sala de aula onde crianças pequenas correm no limite de sua capacidade, agitando fitas vermelhas sobre a cabeça, para depois rodar e descer vagarosamente até o solo, com as fitas flutuantes acompanhando o movimento de descida ao lado delas. As crianças podem, por meio desses movimentos de dança, demonstrar sua interpretação da figura de uma chama que queima rapidamente e vai aos poucos se extinguindo, ou, também, simular o espargimento de tinta vermelha por toda a sala. Coloque-se, então, na posição do professor que projetou e apresentou essa ideia de dança à classe. As crianças respondem com grande entusiasmo e você se sente satisfeito em compartilhar essa experiência com elas. Seria maravilhoso se toda experiência com a dança propiciasse esse sentimento de satisfação tanto para o professor como para os alunos. O objetivo deste livro é fornecer a você o conteúdo adequado para elaborar e apresentar uma experiência de dança bem-sucedida aos alunos. Todas as experiências de aprendizagem nos capítulos 8 e 9 foram ensinadas pelos autores, e muitas delas foram adaptadas por profissionais que estudam a pedagogia da dança, além de serem educadores experientes em dança e educação física. O sucesso de uma experiência de aprendizagem da dança está em fazer escolhas de conteúdos pertinentes e adequados do ponto de vista do desenvolvimento e possuir paixão pelo ato de ensinar. O primeiro passo é decidir o que você deseja que seus alunos aprendam e quais benefícios a oportunidade de participar dessa experiência proporcionará a eles. O resultado final, quando bem esclarecido, deve servir de guia para a seleção, o planejamento e a implementação de uma experiência de aprendizagem significativa para você e seus alunos.

O ensino da dança para crianças pode ser um ramo de estudos novo para você, ou, talvez, uma área em que você queira aperfeiçoar seus conhecimentos e habilidades. Não é necessário ser um exímio dançarino ou conhecer tudo sobre todas as formas de dança; no entanto, um pouco de experiência é bastante útil. Todas as pessoas já tiveram a oportunidade de experimentar a dança, seja como participante ou como espectador. Pense a respeito do número de vezes que você ouviu uma música e não conseguiu resistir ao impulso de se movimentar. Talvez você já tenha participado de alguma reunião social em que todos se divertiam dançando, e essa energia do grupo o contagiou de tal forma que você se viu mexendo os pés, rindo e desfrutando de um momento de socialização e prazer.

O ensino da dança requer do educador o comprometimento com a apresentação de um programa de alta qualidade e a convicção de que a dança é uma atividade essencial na educação global dos alunos. Pode ser que, mesmo concordando que ela seja importante, você não tenha segurança em relação a como começar. Nós lhe pedimos que considere as experiências, o conhecimento e as habilidades que já possui e empregue esse conjunto de atributos como o fundamento para o ensino da dança, quer você esteja dando os primeiros passos ou passando para o nível seguinte.

Como professor de dança ou de educação física, você aprecia as muitas formas de atividade física. Você gosta de criar novas possibilidades de movimento, como o desenvolvimento de uma estratégia voltada a jogos, explorando o modo de expressar um poema por meio da mobilidade, ou criando uma nova dança coreografada. Você valoriza a criatividade e a encara como uma habilidade imprescindível para que os alunos tenham condições de desenvolver o raciocínio lógico e o pensamento crítico. Seu entusiasmo pela atividade física e sua atitude positiva em relação às diversas formas de movimento garantem uma sólida fundamentação para o planejamento e o ensino da dança.

Você pode, também, fazer de suas experiências de dança e como professor a base para a escolha dos tipos de atividades relativas à dança que são apropriados a seus alunos. Tente descobrir qual é a experiência deles com a dança. Comece com perguntas sobre onde tiveram contato com essa atividade, como participantes ou espectadores. Essa informação pode ajudá-lo a ter uma ideia antecipada do nível de aceitação, por parte deles, das experiências de dança que você planejou. Suas interações com crianças devem ter-lhe ensinado que elas se divertem criando novas formas de movimento e que são ávidas por compartilhar suas conquistas. Você reconhece a necessidade de proporcionar uma atmosfera de cuidado e segurança para que cada aluno consiga aprender. É provável que você já tenha planejado e implementado experiências bem-sucedidas em termos de movimentos e saiba que, quando uma ideia não produz o resultado desejado, é necessário continuar fazendo novas tentativas até a consecução dos objetivos. Essas experiências com crianças, em um vasto conjunto de ambientes, aplicam-se com facilidade ao ensino da dança; tudo o que você pode precisar são algumas ideias para aulas e um processo de planejamento.

Tenha confiança no conhecimento e nas habilidades que carrega consigo para as aulas de dança, e esteja aberto para receber sugestões de alunos quanto ao conteúdo de dança. O envolvimento dos estudantes na seleção desse conteúdo estimulará a maior participação por parte deles. O aprendizado do ensino da dança começa com a disposição para tentar coisas novas, assumir riscos e persistir no caminho do aperfeiçoamento contínuo. A arte de ensinar impõe desafios – você pode deparar com alunos arredios, precisar de material didático novo ou sentir a necessidade de desenvolvimento profissional mais específico. Mas por que não tornar sua carreira plena e estimulante? A exemplo do que você pede a seus alunos todos os dias, acolha com disposição os desafios inerentes ao aprendizado do novo.

O QUE É A DANÇA INFANTIL?

Dançar é a única forma de movimento que carrega significados diferentes para cada um de nós, dependendo de como e por que a dança faz parte de nossa vida. Ela é dotada de objetivos, é intencionalmente rítmica e culturalmente moldada. Ela ultrapassa as atividades motoras costumeiras, porque reflete valores estéticos (Hanna, 1987). No ambiente escolar do ciclo fundamental, a dança tem diversos propósitos e pode assumir vasta gama de formas diferentes. Além de compor as próprias danças, através de um processo criativo, as crianças gostam de aprender outros tipos de dança: folclórica, social, aeróbica, quadrilha e coreografada, em grupos. Portanto, é desaconselhável o ensino de um tipo específico em detrimento dos demais. Nós recomendamos que as crianças tenham oportunidade de experimentar muitos gêneros de dança ao longo de sua formação educacional.

A dança infantil é uma forma de conhecimento que integra por completo todos os elementos constituintes de um ser humano. Nos campos cinestésico, intelectual, social e emocional, as crianças aprendem sobre elas mesmas e sobre os outros por meio da dança. Ruth Murray, pioneira no ensino de dança para crianças do ciclo fundamental, observou:

Talvez a melhor interpretação [da dança] seja aquela que enfatiza não apenas a destreza corporal e a disciplina dos movimentos, mas, sobretudo, o uso desses movimentos para o estímulo da expressão e da imaginação. A dança pode emprestar e tomar emprestado de muitas outras formas de atividade motora. É naquelas condições em que o foco principal está no significado do movimento, que o termo "dança" se aplica adequadamente (Murray, 1963, pp. 7-8).

No currículo do ciclo fundamental, a dança pode ser inserida como uma disciplina distinta, um componente da educação física, do programa de artes, ou até mesmo integrada a outra área, como ciências ou linguagem. Em todos esses contextos, qualquer que seja o tipo de dança ensinada, ela se expressa simultaneamente como forma de arte e de movimento (ver Fig. 1.1). A dança se transforma no meio através do qual as crianças desenvolvem, expressam e transmitem suas experiências de vida. Em consequência, elas adquirem uma consciência estética a respeito da conexão que o corpo e seus movimentos estabelecem com o significado e a intenção.

Quando a dança faz parte do currículo de educação física, ela proporciona às crianças a oportunidade de empregar o movimento como complemento dos objetivos funcionais das atividades que envolvem jogos, esportes, condicionamento físico e ginástica artística. A dança é a única forma de movimento capaz de atender à necessidade natural das crianças de comunicar pensamentos, sentimentos, percepções e ideias por meio do corpo. Todos os outros tipos de movimento dentro do currículo de educação física são funcionais – os alunos adquirem habilidades como jogar ou chutar uma bola, aprimoram sua capacidade motora e, em última análise, empregam essas habilidades em um jogo para, talvez, marcar pontos (ver Fig. 1.2a). Na ginástica artística, as crianças podem aprender os princípios do equilíbrio para realizar uma parada de mãos (ver Fig. 1.2b). Embora na dança seja possível encontrar movimentos similares, neste caso eles não estão vinculados a objetivos funcionais (p. ex., erguer os braços para agarrar uma bola ou alongar o corpo) e, ao contrário, tornam-se movimentos que ilustram ou expressam uma ideia, pensamento, percepção ou sensação, tal como a de alcançar o céu com as mãos (ver Fig. 1.3). Tan-

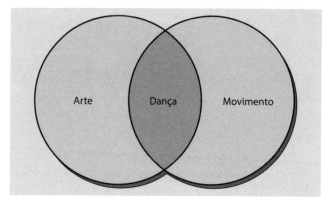

Figura 1.1 A dança, como disciplina independente, é ao mesmo tempo um movimento e uma forma de arte.

Figura 1.2 Movimento funcional: (a) jogando para a cesta; (b) sustentando o peso do corpo com uma parada de mãos.

Figura 1.3 Movimento expressivo: crianças erguem os braços para expressar a sensação de tentar alcançar o céu.

to os movimentos funcionais como os expressivos são necessários para que a criança tenha condições de manifestar e transmitir ideias e sensações, além de desenvolver um estilo de vida saudável e ativo.

A dança infantil representa muito mais do que simplesmente uma atividade voltada ao condicionamento físico ou ao aprendizado de uma série de passos; ela é uma forma de expressão de percepções e sentimentos. Essa característica diferencia o movimento criativo da dança criativa. O objetivo do primeiro é explorar as possibilidades motoras do corpo e descobrir novas formas de modificação dos movimentos. A dança criativa, por sua vez, emprega esse processo exploratório para a criação de novos movimentos; no entanto, não se limita a isso. Após essa experimentação, as crianças fazem escolhas estéticas em relação a quais movimentos e qualidades a eles associadas melhor expressam suas ideias, seus sentimentos e suas percepções de um conceito. Essa atividade motora do corpo é, então, organizada em uma sequência de movimentos, ou seja, a dança. As crianças praticam, refinam, reorganizam e, por fim, executam sua dança individualmente ou como parte da coreografia global da classe, ou compartilham essa dança com um colega ou um pequeno grupo de colegas. A criança, na qualidade de dançarina, pode ser comparada com o pincel de um artista em seu movimento sobre a tela, para traduzir uma ideia ou sentimento em uma forma tangível. Os movimentos da dança e seus elementos são semelhantes às cores, linhas, formas e texturas que um pintor emprega para expressar ideias. O espaço da dança passa a ser a tela. Do mesmo modo que cada pintor comunica de maneira diferente sua percepção de um pôr do sol, uma flor ou um sentimento de raiva, também as crianças representam, por meio do movimento do próprio corpo e dos recursos de expressão a ele associados, sua interpretação singular de uma ideia, um movimento de dança ou um sentimento.

A dança, no ciclo fundamental, permite que decisões pessoais sejam tomadas; novas formas de movimento, exploradas; e novos modos de aprendizagem e criação, desenvolvidos. As experiências de aprendizado da dança são calcadas naqueles resultados selecionados pelo professor ou pelos alunos, os quais promovem o amadurecimento dos domínios psicomotor, cognitivo e afetivo. Esses resultados podem orientar o desenvolvimento do currículo e contribuir para a identificação dos benefícios que os alunos obterão ao participar de um programa, uma unidade ou uma aula de dança. Aprendendo por meio do corpo, dançando, criando e observando danças, e respondendo ao estímulo das danças, os alunos desenvolvem a capacidade de se movimentar de maneiras diferentes e compreender como podem criar e adaptar movimentos. Além disso, eles descobrem nos movimentos um meio através do qual é possível entender seus companheiros e com eles colaborar para atingir um objetivo.

Por meio da participação em diversas experiências de aprendizagem, das quais a dança faz parte como uma forma de movimento social, cultural e criativo, os alunos conseguem lograr os seguintes benefícios:

- Desenvolver o conhecimento e as habilidades que viabilizam o uso da dança como expressão pessoal e comunicação de ideias, percepções e sentimentos.
- Incrementar a capacidade de observação e reprodução correta de movimentos.
- Desenvolver condições de exploração dos movimentos para criação de outros ou de descoberta de formas alternativas para execução de um movimento específico.
- Aprofundar o entendimento da dança como forma de representação de tradições, valores e heranças sociais e culturais, assim como de diferentes estilos de vida.
- Desenvolver a disposição para colaborar com os outros e aprender a demonstrar respeito por eles.
- Desenvolver a compreensão e a valorização da dança como forma de movimento e de arte.
- Compreender como os elementos relativos a dança, corpo, espaço, tempo, peso, fluência e relacionamentos

(ver Capítulo 2) são empregados no aprendizado, na execução, na criação e na observação da dança, assim como nas respostas aos estímulos por ela provocados.

• Reconhecer de que forma a dança pode ser entendida como uma estratégia de aprendizagem, no que diz respeito à aquisição de conhecimentos e habilidades em outras artes e outras disciplinas.

• Desenvolver habilidades motoras e não motoras.

• Aumentar a capacidade de coordenação, o equilíbrio, a força, a flexibilidade e a resistência cardiorrespiratória, desenvolvendo, simultaneamente, os conhecimentos relativos a condicionamento físico.

Para muitas crianças, o programa de dança do ciclo fundamental da escola pode ser o primeiro contato com a dança. É possível que as percepções e opiniões que cada uma delas tem em relação à dança afetem seu nível de participação. Ao oferecer um conjunto variado de gêneros de dança, ao longo do ano letivo, as crianças terão condições de se familiarizar com as diferentes formas de uso do movimento como meio fundamental de expressão e comunicação.

Despertando novas percepções

Toda vez que as crianças têm contato com a dança, não importa que seja na qualidade de bailarinos, observadores ou criadores, elas adquirem novas percepções de si e do mundo que as cerca. Por meio da dança, as crianças aprendem a se conhecer melhor e a compreender os próprios movimentos e pensamentos, assim como o que sentem e como se relacionam com os outros. Elas percebem também que uma mesma ideia pode ser expressa de diferentes maneiras. Por exemplo, ao participarem da dança da nuvem, na qual criam as formas e os movimentos de seu corpo para representar as nuvens que veem no céu, elas expandem sua percepção a respeito da formação e do deslocamento das nuvens e observam a interpretação singular dada por seus colegas para essas formas e esses movimentos.

O despertar de novas percepções e formas de compreensão é uma experiência estética. Por meio da manipulação dos elementos da dança, os alunos fazem escolhas estéticas em relação a quais movimentos empregar e às características desses movimentos. Na dança da nuvem, você pode sugerir a seguinte atividade exploratória, para ajudar a moldar as escolhas estéticas de seus alunos: "Descubra um jeito de usar seus braços de maneira a criar a figura de uma longa nuvem. Que caminho você utilizará para fazer sua nuvem se deslocar pela sala? Altere sua velocidade para demonstrar a rapidez ou a lentidão do movimento de sua nuvem. De que maneira você e outro colega podem conectar suas nuvens para se moverem juntos?" (Ver Fig. 1.4.)

Todos os movimentos realizados na dança resultam de uma série de decisões qualitativas sobre a maneira como os elementos da dança são empregados para expressar uma ideia. O modo de utilizar o espaço, o tempo e o peso e a configuração das relações entre os bailarinos são consequências de decisões intencionais, que se aplicam a todos os tipos de dança. As danças folclóricas foram desenvolvidas com o objetivo de transmitir aspectos próprios dessa cultura. As formações, os passos, o vestuário e a música refletem aquilo que um grupo de pessoas considera uma representação significativa de sua história, tradição, valores e crenças. As danças de caráter social se desenvolvem a partir da necessidade humana de se mobilizar como uma comunidade, compartilhar festividades, promover encontros e manter vínculos. As danças criativas são baseadas também em decisões individuais ou coletivas a respeito de como executar movimentos para expressar uma ideia ou um sentimento.

A dança no currículo dos anos do ciclo fundamental proporciona às crianças uma grande variedade de experiências, por meio das quais elas adquirem condições de criar os próprios movimentos e de aprender aqueles cria-

Figura 1.4 Crianças pequenas de mãos dadas em um círculo para representar a forma de uma nuvem.

dos por seus colegas. A criação e o aprendizado de danças ajudam as crianças a compreender o que acontece em sua vida, assim como na vida dos outros.

Dança criativa

Na dança criativa, as crianças fazem uso de um processo de improvisação para desenvolver, diversificar e manipular movimentos a partir de elementos da própria dança (corpo, espaço, tempo, peso, fluência e relacionamentos; ver Capítulo 2). A movimentação imaginativa do corpo no espaço é consequência do improviso e representa o primeiro passo em direção do desenvolvimento de uma dança criativa. As crianças têm condições de escolher movimentos improvisados e organizá-los em uma sequência coreográfica para produzir uma dança. A ideia inicial para a dança é gerada pelo professor ou pelos alunos. A seguir, alguns exemplos de danças criativas:

- Uma classe da pré-escola cria uma dança para representar animais e pessoas de um circo. Os alunos dançam como se fossem leões saltando através de argolas, elefantes se equilibrando, pessoas caminhando para a frente e para trás sobre uma corda, acrobatas balançando no trapézio e palhaços fazendo malabarismos com bolas coloridas.
- Uma classe de primeiro ano está estudando um tópico de ciências a respeito das bolhas. As crianças organizam uma lista de palavras que descrevem o movimento das bolhas e depois criam uma dança para representar o vocabulário estudado. No passo seguinte, elas formam uma sequência de três palavras, como "arrebentar", "flutuar" e "estourar", e criam uma dança para reproduzi-la.
- Uma classe de segundo ano escreveu diversos poemas para um trabalho colaborativo. Os alunos escolhem um poema que gostariam de expressar através da dança. A classe é dividida em três grupos, e cada um deles cria uma dança para representar o poema escolhido.
- A abertura da temporada de beisebol é a manchete da primeira página do jornal. Uma turma de terceiro ano cria uma dança para representação dos movimentos realizados em um jogo de beisebol, como correr, agarrar, bater e arremessar.
- Uma classe de quarto ano cria um grupo grande que, por meio da dança, representa as formas retas, curvas e entrelaçadas. Os alunos se concentram em como manter uma estrutura de colaboração, ao mesmo tempo que alternam de uma figura para outra aplicando tempos diferentes.
- Uma turma de quinto ano, organizada em grupos de três alunos, cria danças que empregam movimentos realizados nas atividades do dia a dia, como escovar os dentes, andar de bicicleta, acariciar um cachorro, comer um sanduíche ou ler um livro. O foco da dança reside na exploração de amplitudes, níveis e ritmos. As crianças dançam ao som de diversos tipos de música e procuram descobrir, por meio de discussões, como os movimentos mudam para se adaptar a cada um deles.

Danças tradicionais e danças coreografadas

A quadrilha e as danças que refletem a tradição, cultura ou organização social são formas de dança criadas por um povo pertencente a uma cultura específica ou que viveu em determinado período de tempo. Assim são, também, as danças concebidas por um coreógrafo profissional, um professor ou qualquer aluno. Esses tipos de dança podem atravessar gerações; podem ser gravados em filmes, videoteipes, DVD ou em uma forma qualquer de escrita; ou podem simplesmente existir na mente e no corpo da pessoa que os desenvolveu. A seguir, alguns exemplos de danças culturais, sociais e coreografadas:

- A dança coreografada por um aluno ou grupo de alunos, composta de movimentos especificamente escolhidos e arranjados em uma sequência reprodutível que é ensinada a outros estudantes.
- Uma dança coreografada e ensinada pelo professor (ver Fig. 1.5).
- Uma dança folclórica tradicional, como *la raspa*, *troika* ou *Virginia reel* (carretel de Virgínia).
- Uma dança popular, característica de determinada época, como *twist*, *electric slide* ou *lindy*.
- Uma dança infantil, de caráter social, como *hokey pokey*, *alley cat* (gato sem dono) ou *bunny hop* (pulo do coelho).
- Uma dança de quadrilha, como *Texas star* (estrela do Texas) ou *Oh, Johnny*.
- Uma popular dança contemporânea coreografada, como o chá-chá-chá ou o *cupid shuffle*.
- Uma dança coreografada por um profissional da área, em formatos como a dança moderna, *jazz*, dança de salão, *hip hop*, balé ou sapateado.

POR QUE ENSINAR DANÇA PARA CRIANÇAS?

A dança é um componente essencial de qualquer programa de educação física ou educação artística que privilegie a qualidade. É necessário oferecer às crianças a oportunidade de desenvolver suas habilidades no que diz respeito ao emprego do movimento com o objetivo funcional ou de expressão. Elas devem tomar parte em uma ampla gama de experiências que lhes propiciem descobrir as possibilidades inerentes aos movimentos. No conjunto de padrões que constituem o National Standards for Dance Education (Parâmetros Nacionais para o Ensino da Dança, dos Estados Unidos), a dança é definida como uma forma de arte que transmite significados e percepções por meio do movimento (Meyer, 2010).

A dança atende às necessidades naturais das crianças em termos da expressão e comunicação de suas ideias, da compreensão e do conhecimento delas próprias e do mundo em que vivem, e da ampliação de suas habilidades motoras. A expressão das ideias através dos movimentos é um recurso que elas conhecem bem. Simultaneamente ao desenvolvimento da linguagem oral, as crianças lançam mão de movimentos motores e não motores para sustentar e enfatizar o que estão querendo dizer. Essa forma natural de uso dos movimentos para a expressão e comunicação é a base do aprendizado da dança. Ademais, as experiências vividas pelas crianças, assim como sua condição cultural e física, suas habilidades intelectuais e o autoconhecimento, exercem influência significativa sobre a maneira como elas percebem a dança e a integram a suas vidas.

Crianças executando uma dança tradicional característica de determinada cultura, o *Virginia reel* (carretel de Virgínia).

Expressando e transmitindo ideias, sentimentos e percepções

A dança atende das seguintes formas às necessidades das crianças de expressão e comunicação:

• Permite que elas usem seu instinto criativo natural para fazer afirmações acerca de seu mundo.
• Estimula-as a irem além das respostas convencionais a tarefas relativas a movimentos, e a descobrirem novas maneiras de se mover e de sentir, perceber e compreender elas próprias e o ambiente que as cerca.
• Ensina às crianças um espaço para expressão e comunicação, além daquele em que trabalham a escrita, a

Figura 1.5 O aprendizado de danças criadas pelos colegas expande o universo de movimentos de uma criança.

fala, as artes visuais, a música e o teatro (a proficiência em todas essas áreas desempenha um importante papel para o incremento da qualidade das interações com outras pessoas).
- Desenvolve, por meio da criação de novos movimentos de dança, a imaginação, a criatividade, o pensamento crítico e a capacidade de tomar decisões.
- Proporciona às crianças a oportunidade de compartilhar com os outros sua experiência de criar e aprender em conjunto.
- Amplia o número de ocasiões em que as crianças podem criar e executar movimentos que aprenderam ou observaram, e responder aos estímulos provocados por esses movimentos.

Desde o nascimento, as crianças usam os movimentos como forma de expressão e comunicação de suas necessidades. À medida que crescem e se desenvolvem, elas passam a associar o movimento à linguagem para compartilhar com as outras pessoas aquilo que desejam e vivenciam. A dança estimula a necessidade que as crianças têm de se mover e oferece a elas a oportunidade de expandir seus conhecimentos e suas habilidades no que tange ao uso do movimento como forma de conhecer a si e seu mundo. Muitos ambientes escolares enfatizam a leitura, a escrita e a matemática como meios exclusivos de aprendizagem. Os movimentos, em especial aqueles da dança, constituem uma forma natural e essencial de aprendizado e compartilhamento de informações e experiências.

Conhecendo e compreendendo você e o mundo a seu redor

São diversas as formas através das quais a dança contribui para o desenvolvimento de aptidões que levam as crianças a conhecer a si próprias e o mundo que as rodeia. Entre elas:
- Enfatiza a compreensão de elementos comuns a todas as atividades motoras do currículo da educação física e da dança, como corpo, espaço, tempo, peso, fluência e relacionamentos.
- Por meio do aprendizado de danças folclóricas tradicionais e da criação de novas formas de danças, reconhece a contribuição de todas as culturas para a formação das sociedades ocidentais.

- Eleva o nível de compreensão a respeito de como a dança representa a história, as tradições, as crenças e os valores de uma cultura.
- Incrementa aptidões relativas a percepção, valorização, solução de problemas, observação e concentração.
- Define e elucida ideias, pensamentos, percepções e sentimentos próprios de cada indivíduo.
- Desempenha papel significativo na educação como um todo, integrando o desenvolvimento de aspectos cognitivos, psicomotores, afetivos e estéticos à experiência da aprendizagem.
- Aumenta o conhecimento em relação a diversas formas de movimento.
- Desenvolve o autoconceito e a autoestima, além da identidade individual e do grupo.
- Ajuda as crianças a reconhecer semelhanças e diferenças entre as pessoas.
- Modifica a forma através da qual as crianças percebem seu mundo.

O principal objetivo da educação é garantir que cada aluno adquira o conhecimento e as aptidões indispensáveis para uma vida significativa e bem-sucedida. A capacidade de criar, aprender, colaborar e introduzir novas ideias e conhecimentos é um elemento propulsor da produtividade e da disposição a desfrutar de todos os aspectos da vida. Por meio da dança, os alunos aprendem a explorar novas experiências e a descobrir o que podem e o que desejam fazer. Eles passam a entender o processo de criação, através da realização de coisas novas, da solução de problemas, da avaliação de um produto e do compartilhamento de suas perspectivas; todos esses atributos são necessários para o sucesso em qualquer área à qual um aluno venha a se dedicar. O sucesso promove a autoestima e o sentimento de autonomia, que, por sua vez, fomentam oportunidades de aprender a conhecer a si, os outros e o mundo.

Desenvolvendo habilidades motoras

A dança contribui da seguinte maneira para o desenvolvimento das habilidades motoras das crianças:

- Aumentando a sua capacidade para a realização de movimentos motores e não motores, além de padrões ou sequências de movimentos, simultaneamente à utilização variada de elementos da dança, como espaço, tempo, peso, fluência e relacionamentos.

• Desenvolvendo a força, a flexibilidade, a resistência cardiorrespiratória, a coordenação, a velocidade e o equilíbrio.

• Agregando outras experiências capazes de promover o aprendizado a respeito das infinitas formas de movimento que o corpo tem condições de realizar.

• Aprimorando a aprendizagem motora, através da repetição e da prática de movimentos da dança.

• Ensinando-as a se movimentarem com segurança, enquanto expressam e comunicam suas ideias, seus sentimentos e suas percepções.

A dança é sentida, antes de tudo, através do corpo e dos movimentos por ele realizados. Ao observar e reproduzir um movimento, tendo por base sua capacidade de perceber os detalhes que ele envolve e de executá-lo, as crianças aprendem a dançar. Dessa forma, elas também demonstram sua habilidade de criação por meio do movimento. Quanto mais experiência elas adquirem nos diversos modos de dançar, maior é a sua condição de se valer dela quando aprendem novos movimentos e novos padrões, ou quando fazem escolhas em termos de movimentos. Habilidades motoras, nível de condicionamento físico e diversidade de experiências com movimentos são fatores que contribuem para a capacidade de uma criança de usar a dança como forma de expressão e comunicação de ideias e sentimentos.

Crianças que participam de experiências diversas de dança empregam sua habilidade de aprendiz da inteligência corporal cinestésica para descobrir diferentes maneiras de se movimentar. Com o desenvolvimento físico, cognitivo, emocional e social, na educação fundamental, elas continuam a aumentar sua habilidade motora e a expandir a compreensão a respeito de como usar o próprio corpo como instrumento de expressão e comunicação. Elas descobrem prazer em repetir movimentos rítmicos, correr e saltar dentro de um espaço e rodopiar, à medida que suas habilidades físicas, cognitivas e criativas são integradas a um momento de dança individual ou em grupo.

QUAIS SÃO OS BENEFÍCIOS DA DANÇA INFANTIL?

O cenário de dança apresentado na abertura do capítulo ilustra o prazer que as crianças experimentam ao interpretarem o movimento de uma serpentina vermelha. Embora a satisfação e o sentido de celebração fiquem evidentes quando as crianças dançam, nesse momento elas também estão aprendendo. O principal objetivo do ensino da dança é levá-las a aprender a usar o movimento como forma de investigação, expressão e comunicação de ideias, percepções, conceitos ou sentimentos, quer um movimento seja iniciado por elas ou por outras pessoas. O professor pode ver com clareza e avaliar facilmente o que os alunos estão aprendendo, embora para eles existam benefícios intangíveis que são únicos e pessoais e que não podem ser medidos e observados. Crianças que enxergam o mundo, antes de mais nada, através do movimento dependem do pensamento cinestésico, no qual as imagens e os sentimentos que emergem são mais bem entendidos quando se emprega uma linguagem simbólica, tal qual a dança, para traduzir o que vivenciam (Root-Bernstein e Root-Bernstein, 2000). Por intermédio de múltiplas experiências de dança, as crianças que se deleitam com os movimentos e aprendem mais por meio de sua movimentação acolhem positivamente as experiências da dança, porque percebem nelas uma forma natural e divertida de adquirir conhecimentos. Essas crianças procuram experiências relacionadas com a movimentação do corpo, cuja repercussão é observada na forma de benefícios nas esferas psicomotora, cognitiva, afetiva e social. De fato, todas as crianças são beneficiadas pela dança. Elas aprendem habilidades motoras no domínio psicomotor e adquirem conhecimentos no domínio cognitivo, além de alcançar um nível mais elevado de compreensão de seus sentimentos e suas preferências e aprender a interagir de modo positivo com seus pares, no domínio afetivo.

Benefícios psicomotores

A dança como componente do currículo de educação física ou de educação artística proporciona às crianças a oportunidade de desenvolver e aprimorar sua capacidade física e suas habilidades motoras, as quais estabelecem o fundamento cinestésico do qual elas dependem para se expressar e se comunicar por intermédio da dança. Jane Clark, estudiosa do desenvolvimento e do aprendizado motor, afirma: "As habilidades motoras não são apenas inatas. Elas precisam ser alimentadas, fomentadas e praticadas" (Clark, 2007, p. 43). O domínio motor é essencial para o sucesso na aprendizagem e na criação de danças.

Ele contribui, também, para todas as atividades físicas às quais as crianças se dedicam. As experiências proporcionadas pelo aprendizado da dança caracterizam-se pelas múltiplas formas de movimentação do corpo através do espaço e do tempo, com peso, fluência e relacionamentos. As crianças correm, saltam, fazem contorções, pulam, bamboleiam, engatinham e giram em muitas direções e ao longo de diferentes trajetórias, empregando grande diversidade de ritmos e intensidades de forças. Elas aprendem a movimentar todo o corpo ou suas partes isoladamente, de modo seguro e efetivo. A transformação de uma forma em outra, ou a execução de diversos movimentos motores combinados, os quais exigem controle corporal, é desenvolvida através da exploração e das repetições. As crianças ganham força, aprimoram o equilíbrio e aumentam a flexibilidade e a coordenação por intermédio da criação ou da aprendizagem de novos movimentos. Elas aprendem a reproduzir e a aprimorar padrões de movimento, a incrementar sua consciência espacial e corporal e a desenvolver a capacidade de coordenação de seus movimentos com os de seus colegas. As experiências da dança ensinadas ao longo de todo o ano letivo oferecem às crianças a oportunidade de dar sequência ao desenvolvimento de suas habilidades motoras e de ampliar o uso dessas habilidades em suas vidas. As crianças adquirem maior controle sobre a transferência de peso quando realizam movimentos e combinações de atividades motoras e não motoras, assim como na transição do movimento para a imobilidade. Elas conseguem demonstrar o controle corporal em níveis, direções, velocidades e quantidades de energia mutantes. Esse sentido da aprendizagem da dança, voltada à aquisição de domínio das infinitas possibilidades dos movimentos, aumenta nas crianças a percepção de sua capacidade de se mover. Elas se sentem à vontade quando experimentam novas atividades físicas e compreendem o valor da prática e da persistência ao aprenderem algo novo.

Benefícios cognitivos

Dentre os benefícios cognitivos da dança, destacam-se o conhecimento que as crianças adquirem do próprio corpo e a percepção que passam a ter de como se movem e se relacionam com os demais e com o ambiente. As crianças aprendem a conhecer a si mesmas e o seu mundo por meio da interação ativa; isto é, aprendem melhor fazendo. No final das contas, a forma de pensar das crianças é influenciada pelos tipos de experiência que elas têm ao longo da vida (Eisner, 1998). Por meio da dança, aprendem a compreender melhor os conceitos de direção, amplitude, trajetória, níveis, ritmo, forma, peso e fluência, experimentando esses conceitos por intermédio da atividade física no processo de aprendizagem.

A dança sustenta o desenvolvimento cognitivo por meio de cada uma das tarefas em uma experiência de aprendizagem. As crianças demonstram sua compreensão conceitual quando se movimentam. Nós entendemos isso como uma resposta cinestésica à tarefa apresentada pelo professor. Por exemplo, quando o professor passa à criança a instrução: "Usando suas mãos e seus braços, trace uma curva no ar, na frente de seu corpo", ela precisa conhecer as partes de seu corpo, assim como o conceito de "curva" e de plano frontal; ela precisa, também, saber sintetizar esses conceitos em um movimento. Se a criança não demonstrar a resposta prevista, é provável que lhe falte o conhecimento relativo a um dos componentes da tarefa. O professor terá que analisar a atividade e procurar descobrir qual é o conhecimento faltante, para então ajustar o exercício de forma a ajudar a criança a aprender o conceito. A variedade de experiências de dança propostas incrementará a percepção que as crianças possuem do próprio corpo e de suas infinitas possibilidades de movimento. O aprendizado da dança exige delas o resgate mental de termos e sequências de movimentos, assim como a identificação de semelhanças e diferenças entre eles, a demonstração de aplicação de conceitos, a análise da forma de uso dos elementos da dança e a avaliação do desempenho próprio e dos demais colegas.

A capacidade de pensar crítica e criativamente é outra habilidade cognitiva empregada no processo de aprendizagem, execução, criação e observação da dança, e nas respostas aos estímulos por ela gerados. À medida que as crianças criam, executam ou observam danças, elas fazem uma análise objetiva ou subjetiva dos movimentos e os avaliam. É possível realizar uma avaliação objetiva, baseada na observação de fatos. Por exemplo, você pode pedir aos alunos que observem o movimento feito pelo corpo de um colega quando ele assume uma forma equilibrada e contem quantas partes do corpo estão em contato com o chão. A formulação de perguntas que exigem reflexão, opiniões pessoais ou análises como parte da resposta suscita avaliações subjetivas. Você pode perguntar aos alunos: "Que ideia você acha que o dançarino está expressando por intermédio da dança?" ou "Qual foi para você a parte mais instigante da dança?"

Por intermédio da dança, as crianças conseguem compreender as próprias preferências estéticas, assim como as de seus colegas. A compreensão da dimensão estética envolve a percepção de como os elementos da dança são traduzidos em padrões significativos de movimentos corporais, os quais expressam uma ideia ou um sentimento. Quando as crianças riem ao assistir a uma dança, elas podem estar divertindo-se com os movimentos, o ritmo ou a forma de uso do espaço. Ao refletirem a respeito do que acontece na dança e ao descreverem o fator indutor do riso, as crianças passam a compreender suas preferências estéticas.

O uso da imaginação para a criação e o rearranjo dos movimentos em novas formas de expressão de ideias e sentimentos faz da dança um mecanismo de desenvolvimento cognitivo. As crianças empregam instintivamente o pensamento imaginativo no ambiente diário de recreação. Elas criam novos personagens, dão vida a cenários inventados e fazem dos objetos do dia a dia elementos que respaldam seu conceito em termos de brincadeira. Incentivamos você não apenas a cuidar da correta replicação dos padrões de movimento, como também a cultivar o potencial de inovação por meio do estímulo ao uso da imaginação e da criatividade pelas crianças (Eisner, 1998).

Por último, a avaliação das aptidões cognitivas de um aluno – resgate mental, compreensão, aplicação e avaliação – pode tomar a forma de uma resposta falada, escrita ou motora. Por exemplo, depois de criar uma dança a respeito de rejeição e aceitação de amigos, pode-se solicitar aos alunos que descrevam verbalmente a sequência de movimentos que eles criariam para representar as formas empregadas na dança, ou demonstrar um movimento da dança que utilize energia forte e suave. A avaliação da experiência de aprendizagem pode ser muito desafiadora. No entanto, professores de educação física e de dança estão familiarizados com o uso da observação e da análise para identificar o padrão de resposta de um aluno a uma tarefa. Esses profissionais sabem, a partir da observação da dança infantil, que os movimentos precisam ser bem explicados, repetidos de uma forma diferente, ou modificados para a maximização de sua efetividade e segurança. As crianças mostram o que sabem à medida que escutam e processam o que o professor apresenta e dão a ele sua resposta. A dança é uma das únicas áreas do currículo em que as crianças têm condições de demonstrar sua compreensão por meio de movimentos. Para aquelas que são aprendizes da cinestesia, as aulas de dança representam o ambiente de aprendizagem ideal.

Benefícios afetivos e sociais

As crianças precisam se sentir bem-sucedidas em relação às experiências a que se dedicam. Elas têm, também, a necessidade de expressar seus sentimentos de alegria, medo, raiva, frustração e excitação, e de transmitir sua percepção a respeito do mundo. A dança reconhece e satisfaz essa necessidade. Por intermédio da dança, as crianças se descobrem e passam a entender como se movem, onde podem movimentar-se, qual é a impressão proporcionada pela ação de se moverem em diversas direções, quais são os movimentos que gostam de realizar e quais são as semelhanças e diferenças entre esses movimentos em relação a outros. Elas desenvolvem sua imaginação e aprendem a tomar decisões, a expressar ideias e sentimentos e a compartilhar suas experiências com os colegas. As experiências relativas ao aprendizado da dança, independentemente de serem positivas ou negativas, contribuem para o fortalecimento do autoconceito e da autoestima nas crianças.

A prática da dança tanto pode levá-las a se orgulharem da maneira pela qual se movem como a se sentirem vulneráveis. Crianças inseguras dirão: "Não consigo fazer isso" ou "Não sei como fazer". À medida que começa a se movimentar, toda criança mostra consciência imediata daquilo que é ou não capaz, e também sabe que os outros estão percebendo os seus movimentos. Na qualidade de professor, você precisará saber reconhecer a dificuldade das crianças e encorajá-las, demonstrando delicadeza e sensibilidade em relação ao sentimento de cada uma delas.

O corpo e seus movimentos são o meio através do qual uma criança revela o que se passa em seu íntimo. O modo como as crianças se movem no espaço, como utilizam o tempo e o peso e se relacionam com os colegas e o ambiente deixa transparecer esses sentimentos. Martha Graham, pioneira da dança moderna, afirma: "O movimento é uma forma de expressão incapaz de mentir" (*apud* de Mille, 1991, p. 22). Nossas ações, a forma de nosso corpo e nossas expressões faciais revelam aquilo que sentimos a cada momento. A dança proporciona às crianças um meio de expressarem e transmitirem o que realmente sentem, além de adquirirem consciência de si e do mundo que as cerca. Elas podem, por exemplo, expressar seu sentimento ou sua raiva batendo os pés no chão e desferindo golpes com as mãos. É possível analisar esses movimentos mais detalhadamente e usá-los como inspiração para uma dança que demonstre sentimentos de raiva.

No ambiente social, as crianças gostam de interagir com os colegas por meio de movimentos. Elas riem e conversam entre si, ao mesmo tempo que compartilham experiências que consideram divertidas e gratificantes do ponto de vista pessoal. A dança no contexto da escola costuma acontecer como parte de uma experiência que engloba toda a aula e na qual o professor atua como facilitador. As crianças participam das danças individual ou coletivamente, e exercem, no segundo caso, a função de parceiras, membros de grupos numerosos ou parte de um conjunto que dança em uníssono. Quando dançam em pequenos grupos, elas assumem papéis, aprendem a compartilhar ideias, praticam movimentos em conjunto e desenvolvem uma identidade grupal. Elas vivenciam as perspectivas dos outros e percebem que uma ideia pode ser expressa de diversas maneiras. A aula de dança proporciona às crianças a oportunidade de participar na condição de alunos, criadores e observadores. Nesses papéis, elas assimilam princípios relativos a respeitar diferentes preferências em termos de movimentos e a aceitar ideias ou negociá-las positivamente com os outros alunos. As crianças aprendem a cooperar com seu parceiro ou dentro de um pequeno grupo para resolver conflitos de forma pacífica, motivar os companheiros quanto a não perderem de vista seus objetivos e proporcionar suporte aos demais, no processo de criação e execução de uma dança.

O professor desempenha um papel muito importante em assegurar que a experiência da dança seja positiva e bem-sucedida para todas as crianças. Cada uma das experiências deve ser projetada de forma a se adequar ao nível de desenvolvimento delas. As experiências com a dança para crianças de 5 anos de idade ou mais diferem bastante, por exemplo, em termos de conteúdo e apresentação, das que são elaboradas para as que têm idade igual ou superior a 9 anos. Todas as crianças precisam contar com reforço frequente por parte do professor e dos pares. A maioria delas espera que o professor as observe e responda com um comentário favorável. Crianças menores costumam expressar sua expectativa com frases como: "Preste atenção em mim"; "Veja como eu consigo fazer isso"; e "Olhe para mim". Elas ficam à espera da aprovação do professor, e um retorno positivo as incentiva a concentrar suas energias na experiência do aprendizado. Comentários positivos acompanhados de descrições específicas a respeito das observações feitas reforçam na criança a ideia de que seus esforços são plausíveis e compensadores. Por exemplo, um professor pode dizer, ao comentar um giro: "Foi perfeito". Ele pode continuar, então, observando: "Aquele giro foi bem acima do chão, sua cabeça permaneceu reta e você fez uma descida controlada". Na sequência, o professor pode perguntar ao aluno: "O que você fez que o ajudou a descer tão suavemente?" Em outro exemplo, duas crianças projetam um movimento repetitivo para simular o que é feito por uma peça de uma máquina. O professor pode empregar o seguinte comentário positivo para deixar claro aos alunos o que eles estão fazendo bem e apoiar o esforço colaborativo que demonstram: "O movimento de vocês é muito claro, e ambos conseguem manter o mesmo compasso. É esplêndida a forma como vocês trabalham juntos".

Os professores fazem a diferença em termos de atitudes que as crianças desenvolvem em relação à dança. O empenho na preparação e apresentação de uma experiência de dança que seja instigante, relevante e adequada do ponto de vista do desenvolvimento é essencial para um processo de ensino significativo e efetivo. Ensinar demonstrando entusiasmo e o sincero desejo de tornar a experiência da dança um momento de aprendizagem positiva é fundamental. A aula precisa ter condições de garantir que as crianças se sintam seguras para assumir riscos, experimentar novas ideias e compartilhá-las com os companheiros. Ampliar sua bagagem de conhecimento a respeito do ensino da dança não será apenas uma tarefa desafiadora, mas também lhe proporcionará recompensas de caráter pessoal e profissional, além de ser uma atitude positiva, com potencial para influenciar o sentimento de sucesso experimentado por seus alunos.

Resultados da aprendizagem

O conteúdo de uma aula de dança para crianças reflete características únicas de cada faixa etária. Toda criança chega à escola trazendo um repertório exclusivo de experiências de vida e necessidades. Um currículo de dança que estimule e enalteça a bagagem de cada aluno reconhece essas diferenças. As crianças precisam atingir os mesmos resultados; no entanto, são distintas as formas como elas demonstram o que sabem e o que são capazes de aprender. Essa abordagem diferenciada do processo de aprendizagem leva em conta as potencialidades de cada criança e as áreas de desenvolvimento contínuo. Os resultados de um aprendizado de dança descrevem o que um aluno deve saber e ser capaz de realizar após participar de um programa de dança que se inicia na pré-escola e vai até o quinto ano do ciclo fundamental. Apresentaremos um conjunto de resultados que exemplificam instruções orientadoras de um programa de dança (Cone e Cone, 2003). Esses resultados são divididos em dois níveis: da pré-escola até o segundo ano e do terceiro até o quinto ano.

Crianças da pré-escola até o segundo ano devem demonstrar as seguintes aptidões cognitivas depois de submetidas ao programa de ensino de dança:

- Descrever seus movimentos usando elementos da terminologia da dança. Elas devem, por exemplo, ser capazes de expor oralmente uma forma dizendo: "Estou desenhando uma figura grande"; ou descrever um nível quando estiverem se movimentando no solo dizendo: "Estou me movimentando em uma altura baixa".
- Descrever os movimentos realizados pelos colegas empregando a terminologia relacionada aos elementos da dança. A criança pode dizer, por exemplo: "Briana está saltando em um círculo" ou "Josh está bamboleando muito depressa".
- Reconhecer que a dança é uma forma de expressão de ideias e sentimentos por meio da execução dos movimentos.
- Identificar diversos movimentos motores e não motores, assim como partes do corpo e formas usadas na criação e execução de danças.
- Compreender que é possível expressar uma ideia ou um sentimento de diversos modos através da dança. Por exemplo, quando o Sol é o tópico trabalhado na dança, uma criança pode caminhar vagarosamente em uma trajetória curva e, ainda vagarosamente, abaixar até o chão, para demonstrar como o astro se sente e como sua energia é consumida. Ao mesmo tempo, outra criança pode saltar com movimentos rápidos para expressar o que sente quando pisa em um solo quente devido à ação do sol.
- Compreender que diferentes culturas são movidas por diferentes razões ao criar e executar suas danças. Na tradicional dança japonesa *tanko bushi*, os movimentos do dançarino representam o trabalho dos mineiros de carvão. A encenação dos bailarinos exalta a importância da mineração de carvão na vida do país. Outro exemplo é a polca infantil alemã, a qual simboliza os jogos de mão praticados por crianças pequenas e que zombam dos adultos que as repreendem com o dedo em riste. Há outras danças que celebram, por exemplo, uma colheita farta, a coroação de um monarca, o trabalho de um sapateiro ou animais importantes como recursos para os seres humanos.
- Reconhecer que a dança tanto pode ser empregada como meio de aprendizagem como para refletir aquilo que é ensinado em outras artes ou disciplinas do currículo escolar.
- Compreender que a dança é uma atividade física que desenvolve a força e a flexibilidade, além de melhorar o equilíbrio e a coordenação.
- Reconhecer na dança uma atividade que proporciona prazer na criação e execução de movimentos com outras pessoas.
- Entender o uso da tecnologia para a visualização e o registro da prática da dança.
- Compreender formas seguras de movimento em diversos espaços de dança.

Esse entendimento básico é o conteúdo essencial e único da dança. O conhecimento é adquirido, antes de mais nada, através do próprio processo de aprendizagem, assim como ao se executar, criar e observar uma dança e responder aos estímulos por ela gerados, independentemente de seu tipo; seja ela voltada à diversão social, tradicional de um tipo de cultura ou, ainda, uma dança criativa relacionada a animais.

Crianças da pré-escola ao segundo ano devem ser capazes de apresentar as seguintes respostas após serem submetidas a um programa de ensino de dança:

- Exemplificar, por meio de diversos movimentos, um ou mais elementos da dança. Por exemplo, ao solicitar às crianças que representem uma figura circular ou que saltem para a frente, elas devem realizar a tarefa com o movimento correspondente.
- Executar movimentos motores e não motores básicos.
- Reproduzir seus movimentos, padrões de movimento e suas formas, assim como os de seus colegas.
- Atuar de forma cooperativa com o parceiro ou um pequeno grupo, visando à criação e à execução de uma dança.

- Improvisar e gerar movimentos para expressar uma ideia ou um sentimento.
- Observar as danças executadas por outros e responder às observações desenhando, escrevendo ou falando sobre essas danças.
- Executar danças adequadas a sua idade, que sejam características de diversas culturas e épocas.
- Criar uma dança que expresse ou interprete um conceito pertencente a outra área do conhecimento (p. ex., uma dança sobre a forma de movimentação dos planetas ao redor do sol).
- Criar uma dança empregando uma ideia selecionada pelo próprio aluno.
- Demonstrar respeito pelas danças criadas e executadas por seus companheiros.
- Demonstrar aptidão para se locomover com segurança, de forma a evitar lesões físicas.
- Usar a tecnologia na visualização e registro de danças.

A aprendizagem da dança compreende o envolvimento físico na realização de movimentos e formas que expressam um estilo cultural, social e criativo. As crianças aprendem a colaborar com seus pares ao compartilhar ideias para a execução dos movimentos, aprender os movimentos realizados pelos colegas e praticar os exercícios da dança em conjunto. O aprendizado da dança é mais bem assimilado por meio da própria dança, porque as crianças pequenas estão sempre prontas a usar o movimento para expressar e comunicar suas ideias.

Crianças do terceiro ao quinto ano devem ter as seguintes aptidões cognitivas após a realização do programa de ensino de dança:

- Empregar diversos termos dos elementos da dança para descrever seus movimentos. Elas podem, por exemplo, descrever uma forma dizendo: "Estou desenhando uma figura estendida, na altura do chão" ou "Estou correndo para a frente através de um caminho em zigue-zague".
- Aplicar diversos termos dos elementos da dança para descrever os movimentos ou a combinação de movimentos realizados pelos colegas. A criança pode dizer, por exemplo: "Júlio está se levantando devagar e suavemente" ou "Júlia se ergueu sobre um pé, depois saltou para trás e ficou com o corpo imóvel em forma de curva".

- Observar danças criadas e executadas pelos companheiros e descrever sua percepção sobre essas danças, usando uma terminologia própria da área, como nomes de formações, passos, gestos, costumes e objetos relativos às danças, ou explicando como os elementos da dança são empregados.
- Reconhecer a dança como uma forma de arte que utiliza os movimentos para expressar e comunicar uma ideia ou um sentimento.
- Aprender a terminologia e os movimentos específicos de uma forma ou um estilo de dança.
- Reconhecer que a dança é uma forma de representação de diferentes contextos culturais, históricos e sociais.
- Compreender que a dança pode ser integrada a outras formas de arte ou outras áreas do conhecimento para promover a aprendizagem.
- Compreender que a dança é uma atividade física destinada a melhorar a condição de força, equilíbrio, coordenação, resistência cardiorrespiratória e flexibilidade.
- Entender a necessidade do trabalho cooperativo na criação e na execução de danças com os colegas.
- Saber como empregar os elementos da dança para a criação de variações dos movimentos.
- Aprender as estruturas de coreografia, como AB, ABA, aleatória ou narrativa.
- Saber utilizar a tecnologia como ferramenta de aprendizagem de danças criativas, culturais e sociais.
- Compreender a dança como uma atividade física capaz de contribuir para um estilo de vida saudável e ativo.

Crianças do terceiro ao quinto ano do ensino fundamental são capazes de entender e aplicar a terminologia da área para descrever uma sequência de danças ou uma dança completa. Elas conseguem compreender o processo de composição de uma dança a partir de uma ideia e são conscientes de suas aptidões físicas para dançarem sozinhas ou em grupo. Essas crianças estão bastante familiarizadas com o uso da tecnologia como ferramenta de aprendizagem e podem oferecer ideias para a visualização, registro e montagem de coreografia por meio de recursos tecnológicos.

As crianças nessa faixa etária devem apresentar as seguintes aptidões como resultado de um programa de ensino de dança:

• Combinar movimentos motores e não motores básicos, usando variações de espaço, tempo e peso.

• Demonstrar domínio de técnicas seguras nos movimentos para evitar lesões físicas.

• Demonstrar respeito por danças criadas e executadas pelos companheiros.

• Criar e executar uma dança com começo, meio e fim claramente definidos, empregando uma ideia própria.

• Criar e executar uma dança que represente um conceito inerente a outra forma de arte ou outra área do conhecimento.

• Reproduzir movimentos, sequências, padrões rítmicos, energia e uso do espaço por meio de danças adequadas a sua idade.

• Criar uma dança usando uma ou mais estruturas de coreografia, como AB, ABA, aleatória ou narrativa.

• Executar danças pertencentes a outra cultura ou época e que sejam adequadas a sua idade.

• Aplicar os elementos da dança para a criação de múltiplas variações de movimentos e a atualização de danças existentes.

• Aplicar habilidades tecnológicas para aprender e executar danças criativas, sociais e culturais.

Crianças nesses anos escolares podem aprender e executar danças mais complexas, bem como explicar o significado dos movimentos. Elas têm condições de trabalhar de forma colaborativa em pequenos grupos, com o objetivo de compor e executar danças baseadas nas próprias ideias, além de integrar a tecnologia a sua coreografia e a sua atuação.

O livro *Implementing the national dance education standards* (Implementando parâmetros nacionais para o ensino da dança), de Meyer (2010), descreve a maneira pela qual os padrões de ensino da dança podem ser aplicados e avaliados, na prática, dentro do ambiente escolar. Esses parâmetros especificam o conhecimento básico e as aptidões necessárias para o desenvolvimento de um programa de dança efetivo. Eles se concentram no conteúdo adequado a qualquer programa de dança e não estabelecem metodologias ou planos de currículo. Muitos estados [nos Estados Unidos] empregam os padrões nacionais como diretriz para o desenvolvimento de seus parâmetros de dança específicos. Sugerimos que você obtenha uma cópia dos padrões nacionais ou daqueles definidos para o ensino de artes ou danças em seu estado e os utilize como referência no planejamento do conteúdo de seu programa de dança. Nos casos em que a dança faz parte do currículo de educação física, você tem a opção de empregar como guia na elaboração de um programa de dança abrangente o *Moving into the future: national standards for physical education* (Adentrando o futuro: padrões nacionais para a educação física), elaborado pela National Association for Sport and Physical Education, em 2004. Esses parâmetros descrevem os conceitos relacionados a diversas formas de movimento, e as aptidões essenciais que habilitam as crianças a tomar parte nesses movimentos, a interagir dentro de um grupo e a usar os movimentos como forma de expressão e satisfação pessoal, além de colaborarem para a manutenção de um estilo de vida saudável e ativo. Você pode também verificar junto à jurisdição da qual sua escola faz parte quais são as diretrizes específicas de educação física e artística que precisam ser consideradas.

APLICANDO AS APTIDÕES DO SÉCULO XXI AO ENSINO DA DANÇA

A melhor notícia a respeito dos rumores em torno das aptidões para o século XXI é a de que a criatividade, a colaboração, o pensamento crítico, a autossuficiência, a capacidade para a solução de problemas e a consciência global estão assumindo um papel central na educação. Essas aptidões são inerentes ao ensino da dança e constituem os fundamentos em termos de conteúdo e pedagogia. A empregabilidade e os produtos do futuro irão depender da capacidade dos indivíduos para pensar de maneira criativa e encontrar novas soluções que aprimorem seu padrão de vida. Por intermédio da dança, as crianças têm a oportunidade de explorar diferentes formas de movimento, de encontrar diversos modos de expressão de suas ideias e sentimentos, e de empregar a imaginação e o pensamento criativo para criar uma nova dança. Nossos alunos de hoje serão os criadores do mundo no qual viveremos no futuro. Um trabalho de capacitação dessas crianças para que reflitam criticamente sobre aquilo que aprendem e criam poderá ajudá-las a divisar múltiplas perspectivas e serem capazes de descobrir resultados alternativos. As crianças do século XXI terão necessidade de saber lidar com as complexidades e as diversidades da vida diária e de suas carreiras. Elas precisarão desenvolver a capacidade de adaptação, a flexibilidade e a consciência global, além de serem mais inovadoras (Cookson, 2009). Toda vez que o professor pede aos alunos que descubram maneiras diferentes de criar uma forma circular com o próprio corpo, ou de se movimentar através do espaço em diferentes direções e alturas, eles empregam seu pensamento criativo para encontrar a solução. Enquanto os alunos representam a figura e se movimentam no espaço, eles avaliam o grau de sucesso da solução que encontraram, o que aumenta o conhecimento de cada um em relação às possibilidades de movimento do corpo para a expressão de um conceito. Esse momento autodirigido amplia as experiências criativas anteriores e desenvolve a percepção das crianças a respeito das diferentes soluções que a atividade exploratória pode gerar.

Quando as crianças dançam juntas, elas compartilham dentro do grupo o processo cognitivo envolvido no resgate mental de uma sequência de movimentos e colaboram para a criação e execução de uma dança. Os alunos aprendem que cada um dos membros do grupo tem condições de oferecer novas ideias, as quais beneficiam a todos. Essa geração de estudantes conta com oportunidades de observar, criar e executar danças através de novas tecnologias que não existiam poucos anos atrás. Eles podem assistir a essas danças a qualquer momento por meio de fontes da Internet espalhadas pelo mundo. Novas ideias, danças e formas de movimento são criadas e disponibilizadas para a visualização, o que estimula a interação. As tradicionais definições estáticas de dança são contestadas na medida em que o corpo e a tecnologia geram um amálgama para dar origem a novas gerações de danças e de dançarinos. Os professores de dança que incentivam os alunos a dar voz às próprias ideias, a abraçar a diversidade cultural e a enxergar a dança como meio condutor da inovação no ensino proporcionam experiências de aprendizagem que preparam os estudantes para se tornarem membros produtivos da sociedade. O corpo e seus movimentos são exatamente o que nós compartilhamos, na qualidade de seres humanos. Saber colaborar com os pares, buscar percepções originais e valorizar a genialidade são resultados factíveis em um currículo de dança que privilegie as autênticas experiências de aprendizagem e que desafie os alunos a ultrapassar as barreiras do pensamento convencional.

SATISFAZENDO INTEGRALMENTE A CRIANÇA POR MEIO DA DANÇA

Toda criança merece uma educação abrangente que contemple todos os recursos por meio dos quais ela pode aprender. As artes e, em especial, a dança oferecem às crianças uma oportunidade de participar ativamente de seu processo de aprendizagem. As crianças adquirem, por meio das danças, as habilidades psicomotoras e cognitivas necessárias para a expressão de suas percepções, ideias e sentimentos. Enquanto dançam com os companheiros, elas tomam consciência de suas diferenças e semelhanças em relação aos outros e entendem que podem experimentar seu mundo a partir de múltiplas perspectivas. A iniciativa cujo foco é a criança como um todo está fundamentada em cinco componentes que conduzem ao sucesso escolar: as crianças precisam ser saudáveis, seguras, engajadas, apoiadas e desafiadas (ASCD, 2011). Um currículo orientado a todos os aspectos da educação infantil é respaldado por uma metodologia interdisciplinar que reflete meios diversos de demonstração do conhecimento e das aptidões adquiridas. O conteúdo e o repertório pedagógico atendem a diferentes interesses das crianças, assim como contemplam variadas formas de aprender e responder à instrução, e as experiências de aprendizagem em todas as múltiplas inteligências.

O ensino da dança atende à educação da criança como um todo. Por intermédio da dança, as crianças têm um envolvimento físico ativo à medida que dançam e criam novos movimentos. O resultado pode ser observado através do desenvolvimento em termos de coordenação corporal, equilíbrio, força, resistência, memória muscular, agilidade e flexibilidade. Elas aprendem que dançar é uma atividade capaz de contribuir para um estilo de vida saudável e ativo – e uma criança saudável aprende melhor. Um professor de dança que apresente um conteúdo adequado do ponto de vista do desenvolvimento e que estimule em seus alunos a confiança na própria capacidade de aprender cria um ambiente de aprendizagem seguro, no qual todos os estudantes são respeitados. Nesse espaço educacional do professor, a imaginação, o pensamento criativo e o espírito de colaboração dos alunos são fomentados. As crianças que aprendem a criar, executar e observar danças aprendem, também, a reconhecer as diferentes formas de expressão de ideias e sentimentos através dos movimentos. Essas crianças são conduzidas a tomar decisões sobre suas preferências estéticas, a memorizar sequências de movimentos e a desenvolver o pensamento crítico e valorativo, aplicável ao processo de aprendizagem em todas as disciplinas. Emocionalmente, elas são respaldadas por uma atmosfera de respeito àqueles que assumem riscos e incentivadas a explorar um amplo leque de sentimentos por meio da dança. Quando as crianças têm autonomia para explorar suas ideias e sabem que essas ideias e seu talento são importantes, elas se sentem reconhecidas por suas habilidades, da mesma forma que o são seus companheiros (Nelson, 2009). Atender à criança como um todo requer que você, na qualidade de professor de dança, tenha uma sólida bagagem de conhecimentos sobre o conteúdo da disciplina, assim como sobre aspectos relativos à teoria educacional, ao desenvolvimento infantil e a problemas educacionais da atualidade, além de ser capaz de integrar a dança a outras áreas do currículo e colaborar com a equipe de professores.

RELACIONANDO AS DIRETRIZES DAS ATIVIDADES FÍSICAS COM A DANÇA

Em 2008, o Departamento de Saúde e Serviços Humanos dos Estados Unidos lançou o *Physical activity guidelines for americans* (Diretrizes das atividades físicas para os americanos). Essas orientações, fundamentadas cientificamente, ajudam os americanos de 6 anos de idade ou mais a aprimorar sua condição de saúde por meio de atividades físicas adequadas. O guia descreve os exercícios físicos que trazem benefícios substanciais à saúde, especificando a quantidade recomendada, e inclui um conjunto de programas de condicionamento físico e sugestões de atividades. As diretrizes afirmam que, quando crianças e adultos praticam atividades físicas de forma regular, eles experimentam uma redução significativa no risco de sofrer diversos problemas de saúde. O guia recomenda que crianças e adolescentes pratiquem 60 minutos diários de atividades físicas, incluindo exercícios aeróbicos moderados ou vigorosos e atividades destinadas a fortalecer músculos e ossos. A dança é citada como uma atividade que crianças e adolescentes podem aproveitar sozinhas ou na companhia de amigos ou familiares. Como observamos anteriormente, são relacionados três tipos de atividades que ajudam crianças e adolescentes a manter um estilo de vida saudável e ativo.

Atividades aeróbicas envolvem o exercício dos músculos grandes por meio de movimentos motores e não motores, no espaço, com o emprego de diversas intensidades de força. Na dança, as crianças aprendem e repetem movimentos que incluem correr, saltar, deslizar, galopar, pular e saltitar. Quando crianças e adolescentes repetem as danças diversas vezes durante uma aula, eles melhoram seu condicionamento cardiorrespiratório. Danças oriundas de culturas específicas, como a *mayim* e a *troika*, empregam passos de corrida, *grapevine** e saltinhos, obedecendo a um padrão de repetições em ritmo rápido. À medida que os dançarinos repetem esses movimentos, eles usam muita energia, o que resulta no aumento do fluxo sanguíneo e do consumo de oxigênio. Uma experiência de aprendizagem de dança pode começar com um aquecimento aeróbico moderado, seguido de atividades que exigem a travessia do espaço com tempos e ritmos variados, para terminar com a execução completa da dança, o que inclui sequências de movimentos estendidas, que podem envolver o condicionamento cardiorrespiratório.

Atividades de fortalecimento muscular demandam o uso dos músculos em movimentos amplos, rítmicos e repetitivos. A aprendizagem, a criação ou a execução de uma dança trabalha o corpo inteiro e exige que os alunos empreguem força e equilíbrio à medida que atravessam o espaço e reproduzem formas físicas por meio do corpo imóvel. Através da dança, os alunos adquirem consciência do modo como os músculos são exigidos e podem ser desenvolvidos quando participam de diferentes tipos de movimento. Ao realizarem os movimentos do *hip hop*, por exemplo, os alunos podem sustentar seu peso sobre as mãos ou os pés, enquanto mudam de altura. A repetição exaustiva desse movimento colabora para o fortalecimento muscular de todo o corpo. O exercício de parar e recomeçar um movimento de dança ou de realizar uma transição suave entre movimentos também requer o uso da força para o controle da coordenação e do equilíbrio.

Atividades de fortalecimento ósseo ocorrem quando os movimentos corporais produzem força sobre os ossos. Todos os movimentos motores requerem que o corpo empregue força na subida e na descida, o que incrementa o desenvolvimento ósseo. Quando as crianças fazem movimentos motores em danças de caráter cultural, criativo ou social, elas estão, na verdade, participando de atividades de sustentação de peso. Por exemplo, em uma dança criativa que expresse as ações de um sapo, as crianças exploram a quantidade de energia, a amplitude

---

* N.C.C.: No *grapevine*, com os pés unidos paralelamente, é dado um passo lateral com a perna direita e a perna esquerda cruza por trás desta. Une-se então a perna direita à esquerda e inverte-se o lado.

e a altura dos movimentos, ao representarem um sapo saltitante procurando vida dentro de uma lagoa. Em outro exemplo, as crianças engatinham e rolam sobre o chão para encenar uma dança que simula o movimento de ida e volta das ondas do mar sobre a praia. É possível observar por esses exemplos que as atividades voltadas ao fortalecimento ósseo podem também ser aeróbicas e, simultaneamente, trabalhar os músculos.

A dança é uma atividade que promove o condicionamento físico, a interação social e o entendimento dos aspectos culturais, além de proporcionar às crianças as aptidões e o conhecimento necessários para que façam dela uma atividade para toda a vida. Um dos muitos benefícios da aprendizagem e da criação na dança é a oportunidade de expandir os níveis de condicionamento físico.

RESUMO

Todas as crianças têm a necessidade de expressar pensamentos, percepções, ideias e sentimentos. A dança satisfaz essa necessidade quando apresentada através de experiências de aprendizagem adequadas do ponto de vista do desenvolvimento. Essas experiências devem incluir movimentos que sejam naturais para as crianças, mas ensinem outros novos, de forma a ampliar o repertório de movimentos conhecidos e desenvolver aptidões. A dança, por meio do ensino de movimentos para a expressão e comunicação, complementa a aquisição de habilidades motoras para a realização de uma função. A participação na dança promove o desenvolvimento de habilidades motoras e a autodescoberta, além de fortalecer a autoestima, envolver as crianças em situações de interação social positiva e ampliar a compreensão dos aspectos culturais.

Sendo um componente integral do currículo de educação física e educação artística, a experiência da dança deve oferecer oportunidades para que os alunos criem novas danças, aprendam aquelas criadas pelos colegas, observem danças e respondam aos estímulos por elas gerados. Os resultados planejados para um programa de dança orientam o professor no desenvolvimento de experiências que contemplem aquilo que as crianças devem saber e são capazes de fazer depois de participar do programa. Dessa forma, o aprendizado infantil é significativo e relevante. O sucesso no ensino de qualquer tipo de dança depende de você e seus alunos participarem da atividade juntos e com entusiasmo, terem uma atitude positiva em relação à experiência de aprendizagem e estarem prontos para deixar que o prazer da dança os envolva.

Questões para reflexão

Qual é o papel da dança em sua vida, artisticamente, socialmente e culturalmente?

Como você define dança? Como as outras pessoas a definem?

Que percepções você imagina que seus alunos terão em relação à dança? Em sua opinião, o que pode influenciar essa percepção?

Que diferenças você vê entre a dança criativa e o movimento criativo? Em que aspectos eles são semelhantes?

Dentro da bagagem que você possui em termos de aptidões e conhecimentos sobre movimento e ensino, quais podem ser aplicados ao ensino da dança?

Ao longo de todo o processo educacional, as crianças participam de muitas experiências que contribuem para o seu desenvolvimento físico, intelectual, emocional e social. Quais são as contribuições únicas da dança ao desenvolvimento infantil?

Capítulo 2

Apresentando o conteúdo essencial da dança infantil

Este capítulo traz uma descrição do conteúdo a ser empregado no ensino da dança como parte do currículo de educação física ou de educação artística. Nos dois programas, o objetivo principal é ensinar as crianças a se movimentar e a usar o movimento como forma de aprendizagem. A inserção da dança na condição de componente importante do currículo garante às crianças a oportunidade de combinar as funções do corpo e da mente e a possibilidade de compreender os movimentos como forma de expressão e comunicação daquilo que sabem e vivenciam. Por intermédio da dança, elas ampliam suas habilidades e usam a capacidade de pensar criticamente, quando solicitadas a aprender, executar e criar danças, assim como a responder aos estímulos por ela provocados.

Os elementos da dança – corpo e seus movimentos, espaço, tempo, peso, fluência e relacionamentos – constituem o fundamento do currículo da disciplina. Todos eles estão presentes em todo tipo de movimento que executamos; no entanto, a dança enfatiza e manipula elementos específicos para a expressão de ideias e sentimentos. Compare, por exemplo, uma caixa de lápis de cor com os elementos constituintes da dança. Usando lápis de cores diferentes e misturando-os em diversas combinações, é possível produzir um número praticamente ilimitado de desenhos e pinturas; o emprego de diferentes elementos da dança produz uma grande diversidade de danças. A forma específica pela qual esses elementos são combinados depende do significado pretendido para a dança. Um dançarino pode, por exemplo, interpretar o vento por meio de um movimento de corrida com passos curtos, rápidos e leves, ou, ao contrário, com passos largos, lentos e marcados, produzindo, em cada caso, um sentimento singular. Em uma dança criativa para a representação do sistema solar, os alunos têm a possibilidade de escolher entre elementos que desenvolvam a rotação vagarosa ou rápida e acentuada de algumas figuras. Muitas danças de caráter social e cultural empregam estilos próprios no uso dos elementos do movimento. No *twist*, dança popular dos anos 1960, os dançarinos ficam lado a lado e mexem as partes superior e inferior do corpo com movimentos de reviravolta vigorosos e rápidos. Assim que a música típica do *twist* é tocada, todos passam a executar movimentos semelhantes. No entanto, o dançarino pode personalizar os movimentos básicos desse tipo de dança, introduzindo outros elementos que produzem variação do nível vertical ou da velocidade. Muitas danças culturais concebem a forma como os elementos são aplicados visando refletir valores, tradições ou crenças particulares de uma cultura. Variações de uma dança folclórica popular podem representar estilos ou preferências de grupos regionais, sem deixar de lado as características básicas da forma tradicional dessa dança.

Neste capítulo, apresentamos nossa versão dos elementos da dança, tendo como base o trabalho de Rudolf Laban (1976) e de outros professores de dança (Gilbert, 1992; Wall e Murray, 1990; Zakkai, 1997). Organizamos os elementos da dança em seis categorias – corpo, espaço, tempo, peso, fluência e relacionamentos (ver Tab. 2.1). Cada elemento é definido individualmente; contudo, todos eles são combinados em todos os movimentos que fazemos.

O CORPO

Na dança, as crianças constroem uma infinidade de variações de movimentos para expressar e transmitir ideias, sentimentos, percepções e significados. O corpo e a mente agem em conjunto para criar, perceber e executar cada movimento que emerge em uma experiência de dança. Fraleigh (1987) atribui a essa conexão entre mente e corpo a denominação "corpo consciente", o que reflete a necessidade de que a pessoa esteja completamente envolvida na experiência da dança ao executá-la. Por intermédio da dança, os alunos exploram, descobrem e aprendem todas as infinitas possibilidades de movimento. Eles adquirem mais controle sobre os próprios movimentos, ao mesmo tempo que desenvolvem a consciência a respeito de seu corpo. As crianças aprendem o nome das diferentes partes do corpo e sua localização, além das maneiras como essas partes podem movimentar-se, isoladamente ou coordenadas como um todo.

Movimentos motores e não motores

Os movimentos corporais são classificados em dois tipos básicos: motores e não motores. Os movimentos motores são aqueles em que o corpo passa de um lugar a outro no espaço. Em geral, trata-se de uma travessia em pé, tal como correr, saltar, caminhar, pular, deslizar, galopar ou saltitar; no entanto, outras partes do corpo podem ser empregadas para essa travessia (ver Tab. 2.1).

Movimentos não motores descrevem as ações do corpo como um todo ou de suas partes (ver Tab. 2.1). Eles são realizados nas situações em que o corpo não se desloca, ou são combinados com movimentos motores. Você pode, por exemplo, sacudir o corpo todo ou apenas um dos braços enquanto está parado, ou sacudir ambos os braços quando estiver pulando. Outros movimentos não motores incluem os de torcer, inclinar, alongar, enrolar, girar, balançar, sacudir, empurrar, puxar, chutar, socar, pressionar, levantar e afundar. Dois ou mais movimentos não motores podem ser combinados para a criação de um novo, como balançar os braços de um lado para outro enquanto o tronco se contorce. Observamos também, frequentemente, a associação de movimentos motores e não motores para a formação de outros, mais complexos, que permitem uma interpretação mais acurada de uma ideia, um pensamento ou um sentimento. Imagine um aluno correndo e saltando para expressar a ideia de uma folha pairando no ar. Entretanto, quando ele acrescenta ao salto o balanço dos braços, aumenta a complexidade do movimento e define com maior precisão a forma ou a trajetória da folha ao ser levada pelo vento. A combinação de movimentos motores e não motores incrementa sobremaneira o repertório de movimentos que os alunos já conhecem, ao mesmo tempo que os desafia a criar, aprender e praticar novas formas de se movimentar.

Ações de partes do corpo

A participação das partes do corpo nos movimentos ocorre de três maneiras: de forma isolada; conduzindo um movimento; e sustentando o peso do corpo. Movimentos isolados acontecem quando uma parte do corpo se move e o restante fica parado. Esse tipo de movimento, que aparenta ser bastante simples, é, na verdade, difícil para crianças pequenas. É necessário equilíbrio, força e concentração para manter todo o corpo imóvel enquanto apenas uma parte dele se movimenta. Quando uma parte do corpo conduz um movimento, ela o inicia e todo o restante acompanha o mesmo movimento. Uma parte do corpo pode, também, conduzi-lo como um todo pelo espaço, como acontece na ação de correr com os braços esticados para a frente. O terceiro modo

Tabela 2.1 Elementos da dança.

Partes do corpo isoladas, combinadas, condutoras e sustentantes	Ações e movimentos corporais		Formas do corpo: imóvel (estático), em movimento (dinâmico)
Cabeça, rosto, pescoço, ombros, cotovelos, mãos, dedos, antebraços, peito, braços, parte superior dos braços, pulsos, costas, quadris, cintura, abdome, pernas, coxas, joelhos, tíbia, panturrilha, tornozelos, pés, dedos dos pés, calcanhares	**Motor** Caminhar, correr, saltar, saltitar, pular, deslizar, galopar, engatinhar, rolar, deslocar-se para diferentes porções do espaço	**Não motor** Torcer, agitar, inclinar, alongar, virar, bambolear, balançar, cair, oscilar, sacudir, empurrar, puxar, vibrar, mover sobre o eixo, ricochetear, enrolar, pressionar, flutuar, socar, tocar levemente, dar um peteleco, cortar, patinar, comprimir, fazer gestos com as mãos ou os pés	Equilibrado, fora do equilíbrio, ereto, curvado, contorcido, largo, estreito, angular, simétrico, assimétrico, redondo, alongado
Espaço	**Tempo**	**Peso ou energia**	**Fluência**
Pessoal em geral **Alturas** Alta, média, baixa **Tamanho ou amplitude** Grande, médio, pequeno, distante, próximo **Direções** Anterior, posterior, lateral, superior, inferior, diagonal, horária, anti-horária **Trajetória (no ar e no solo)** Reta, curva, zigue-zague, circular, angular, espiral, em forma de arco	**Cadência ou velocidade** Rápida, com arranque, devagar, sustentada, acelerada, desacelerada **Ritmo** Batida regular, batida irregular, percussivo, de acordo com modelos	**Forte** Pesado, firme, duro, vigoroso, explosivo **Leve** Suave, sutil, moderado, delicado, tranquilo	**Livre** Progressivo, irrestrito, descontrolado, contínuo, relaxado **Amarrado** Passível de interrupção, restrito, controlado, tenso
Relacionamento com colegas ou objetos e com o ambiente			
Quem	**Como**	**Onde**	**Formações**	**O quê**
Indivíduos, parceiros, grupos (pequenos ou grandes)	Contraste, cópia, eco, acompanhamento, conexão, espelho, condução, sombra, uníssono, alternância, estímulo e resposta	Acima, abaixo, separado, junto, atrás, na frente, lado a lado, encontrando, separando, sobre, debaixo, entre	Esparso, em linha (curta ou longa), em forma de: círculo, curva, quadrado, semicírculo, triângulo, fileiras, retângulo, cruz	Objetos, mobiliário, suportes, equipamentos, parede, teto, solo, chão

é aquele em que uma parte do corpo sustenta todo o seu peso. Em muitas danças de caráter social ou cultural, são os pés o apoio principal do peso corporal. Entretanto, em algumas formas de dança, como o *break* e as danças criativas, outras partes do corpo, como mãos, cabeça, costas, joelhos e ombros, podem ser empregadas para suportar todo o peso.

POSTURAS CORPORAIS

O corpo é capaz de assumir uma infinidade de posturas. Ele sempre toma uma configuração, quer a pessoa esteja em movimento ou parada. A maioria das posturas corporais usadas na vida diária tem propósito funcional, como sentar à frente do computador ou ficar em pé debaixo do chuveiro. Certas formas do corpo transmitem mensagens carregadas de significado, como apontar o dedo para alguém, desabar em um momento de tristeza ou abraçar uma pessoa querida.

Posturas criadas ou reproduzidas em uma dança são classificadas de acordo com três categorias gerais: reta, curva e contorcida (ver Fig. 2.1). As formas retas podem envolver todo o corpo ou apenas suas partes. Dobrando cotovelos, joelhos, pulsos, dedos e coluna vertebral, o corpo consegue assumir uma forma angular composta de diversas formas retas menores. A segunda categoria envolve as curvas. Nesse tipo de postura, o corpo assume uma forma arredondada, com a espinha arqueada para a frente, para trás ou para os lados. Braços e pernas também podem ser dobrados, individualmente ou como parte da forma geral do corpo. Outras palavras empregadas para descrever uma postura curva são *redondo*, *torto*, *encaracolado*, *ondulado*, *arqueado* ou *espiralado*. A terceira categoria define as formas trançadas, nas quais o corpo gira em duas direções opostas ao mesmo tempo. A maioria das formas trançadas começa na cintura, sendo as pernas e os quadris girados em uma direção e a parte superior do corpo na direção oposta. Uma única parte do corpo pode formar uma postura trançada, bastando para isso girá-la em uma direção contrária àquela em que o restante do corpo se encontra, como torcendo um braço afastado do corpo ou entrelaçando as duas pernas entre si.

Simétrica e assimétrica são duas outras categorias de postura. As formas simétricas na dança são aquelas em que o lado direito e o lado esquerdo do corpo encontram-se na mesma posição. Nas assimétricas, os dois lados do corpo estão em posições diferentes.

As formas podem ser expressas através da imobilidade, como uma escultura de pedra ou uma estátua congelada. Elas são, também, inerentes aos movimentos motores. Algumas posturas aparecem naturalmente à medida que o corpo se desloca no espaço, ao passo que outras são intencionais. Uma forma reta e simétrica dos braços pode, por exemplo, ser combinada com um pulo, e uma forma curva das costas, com um pequeno salto.

ESPAÇO

Nós estamos sempre nos movimentando no espaço, especialmente para atender a objetivos funcionais (p. ex., caminhar até o interruptor para acender uma luz). Na dança, uma pessoa se move no espaço como resultado de uma série de escolhas que expressam uma ideia ou um sentimento. A modificação de níveis, passando do alto para o baixo, pode representar a ação de uma onda deslocando-se em direção à praia. A execução de pequenos saltos para a frente em uma trajetória curva pode ser a interpretação do vento soprando de um lado a outro, ou, também, uma expressão da felicidade. Para um dançarino, o espaço tem o mesmo significado que uma tela tem para um artista. À medida que o dançarino se movimenta em diferentes direções, alturas, trajetórias e amplitudes, ele cria um desenho espacial. Em muitas danças de caráter cultural ou social, o espaço é projetado em linhas ou círculos para representar a comunidade de pessoas que compartilham a mesma experiência. Quando as crianças se envolvem em uma dança criativa, desenvolvem novos desenhos espaciais que refletem o significado daquele movimento para elas. O elemento espaço é delineado em mais detalhes por intermédio de seis componentes inter-relacionados: espaço pessoal, espaço geral, níveis, direções, trajetórias e amplitude.

Espaço pessoal

O termo "espaço pessoal" descreve a porção do espaço imediatamente contígua ao corpo – isto é, o espaço que está sempre presente ao nosso redor em todos os lugares para onde nos locomovemos ou quando estamos parados. Embora o tamanho do espaço pessoal de um in-

Figura 2.1 Em uma dança criativa, as crianças exploram diversas formas de representar com o corpo figuras retas, contorcidas e curvas.

divíduo se altere com cada uma das atividades da dança, ele é considerado, em geral, uma porção suficiente da área que circunda a frente, as costas, o topo e os lados do corpo para que o aluno tenha condições de se mover sem tocar em outra pessoa ou outro objeto. A imagem de uma bolha gigante ao redor do corpo é um modo efetivo de se descrever o espaço pessoal para as crianças. Elas podem encontrar os limites do próprio espaço esticando os braços e as pernas dentro da região imediatamente contígua ao corpo, para perceber qual é a área de que necessitam para seus movimentos.

Espaço geral

"Espaço geral" é um termo usado para definir a porção de espaço disponível para os movimentos. Ele é compartilhado por todos. Em uma dança, na qual os alunos correm e saltitam, cada um deles realiza seus pequenos saltos em um espaço geral compartilhado, porém, os saltos individuais ocorrem dentro dos limites do espaço pessoal de cada um. Cada dançarino leva com ele seu espaço pessoal à medida que se movimenta no espaço geral. Quer os alunos estejam criando suas próprias danças ou aprendendo uma dança de outra pessoa, o espaço geral tem limites bem definidos. Na qualidade de professor, você pode delimitar essas fronteiras com linhas sobre o chão ou cones, os quais indicam a porção externa à área disponível. Em uma dança de caráter cultural ou social, o espaço geral é normalmente determinado por meio da formação requerida pela dança, como um círculo, um quadrado ou apenas uma linha.

Níveis

Na dança, o termo "nível" representa três alturas diferentes – baixa, média e alta – nas quais o corpo se move e cria figuras. Um nível baixo é aquele próximo do solo ou sobre ele – isto é, o espaço abaixo dos joelhos. Movimentos como engatinhar, rolar ou se alongar no solo ocorrem em um nível baixo. O nível médio é o espaço a meio caminho entre as alturas baixa e alta, ou, geralmente, aquele situado entre os joelhos e os ombros de uma pessoa. Movimentos como caminhar ou correr podem ser realizados em um nível médio. O espaço acima dos ombros é considerado nível alto. Quando você solicita que os alunos ergam os braços acima dos ombros, ou executem pulos ou pequenos saltos, eles usam o espaço localizado em um nível alto.

Direções

Quando os alunos dançam, eles movimentam o corpo em seis direções gerais no espaço:

• Para a frente, na qual a parte frontal do corpo conduz o movimento.
• Para trás, na qual as costas conduzem o movimento.
• Para os lados direito e esquerdo, nas quais o lado direito ou o esquerdo, respectivamente, conduz o movimento.
• Acima e abaixo, quando o movimento do corpo vai para cima, em direção ao céu, ou para baixo, em direção ao solo.

As quatro primeiras direções básicas (para a frente, para trás, para a direita e para a esquerda) podem ser combinadas de diversas maneiras com as direções acima e abaixo, formando, em alguns casos, a diagonal (p. ex., adiante e para a direita). Um aluno tem a possibilidade de se movimentar para a frente e para cima, como faz em um pulo, ou para a frente e para baixo, descendo o corpo até o chão. Um mesmo movimento, realizado em cada uma

Alunos de quarto ano representando uma escultura em três níveis, baixo, médio e alto.

das direções, transmitirá sentimentos e ideias diferentes. Por exemplo, o movimento de esticar para a frente e para cima os braços e as mãos pode ilustrar uma tentativa de alcançar o sol, para expressar o sentimento agradável passado pelo calor desse astro depois de um inverno frio, ao passo que o mesmo movimento feito lateralmente e para baixo pode demonstrar o esforço para ajudar alguém que caiu.

Trajetórias

O termo "trajetória" descreve a configuração assumida pelo espaço à medida que o corpo se movimenta. Na dança, ocorrem dois tipos de trajetória. A primeira, no solo, é criada pelos movimentos de deslocamento do corpo (como correr em círculo ou executar pequenos saltos em linha reta), e a segunda, no ar, é gerada por uma ou mais partes do corpo que se movem no espaço ao redor do próprio corpo (como ao traçar uma linha em zigue-zague no ar com um cotovelo). Se um aluno caminhar em uma poça d'água e depois correr em um círculo, o resultado será a forma da trajetória definida pelas marcas dos pés no caminho percorrido pelo corpo. Todas as trajetórias são compostas de combinação de linhas retas e curvas. Na dança, os alunos decidem a trajetória para os movimentos ou aprendem uma trajetória específica que foi criada para aquela dança. A Fig. 2.2 apresenta exemplos ilustrativos de trajetórias no solo e no ar.

Amplitude

"Amplitude" é um termo que define a dimensão do espaço coberto por um movimento. Outra palavra usada de forma intercambiável é "extensão". Todas as descrições que dão conta de quão grande ou pequeno, longo ou curto, amplo ou estreito um movimento é estão relacionadas à dimensão desse movimento. Os passos de uma dança de caráter cultural podem exigir que os alunos deem passadas longas em um círculo, ao passo que em outro tipo de dança eles podem realizar com os braços movimentos oscilantes e de pequena amplitude.

TEMPO

Na dança, o elemento tempo diz respeito à cadência e ao ritmo de um movimento. Esse elemento também

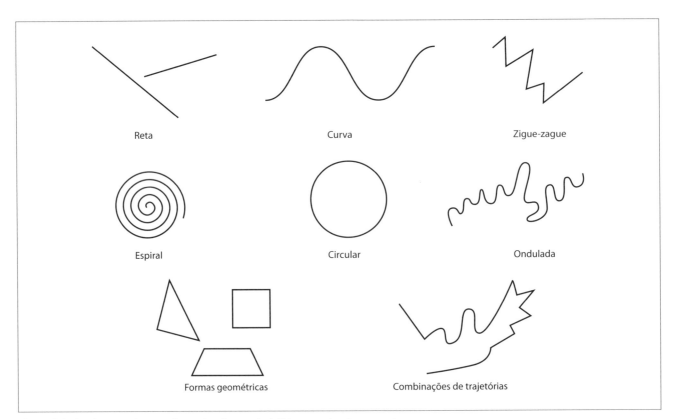

Figura 2.2 Os alunos podem escolher entre diversas trajetórias quando criam uma dança.

está relacionado com a duração das pausas entre os movimentos. Uma dança é composta não apenas de movimentos, mas também de pausas entre eles. Por exemplo, em uma dança que explora diferentes maneiras de saltar, o aluno pode manter-se em uma postura imóvel durante um longo período de tempo entre as repetições de uma série de três saltos rápidos. As próximas seções descrevem a cadência e o ritmo.

Cadência

Cadência é o andamento de um movimento (isto é, indica quão rápido ou lento ele é). Na ação de bater as mãos com uma frequência regular, a cadência pode ser rápida ou lenta. O ato de andar também pode ter uma frequência regular – o batimento dos pés pode ser rápido ou lento, e o número de passos, ter duração curta (com apenas uns poucos passos) ou longa (andar por 30 segundos). A cadência pode sofrer uma mudança abrupta, passando de rápida a lenta ou vice-versa, ou mudar gradualmente, por meio de aceleração e desaceleração. O aumento ou a redução da velocidade pode levar um longo período de tempo ou ocorrer muito depressa. Em uma conhecida dança de caráter social, o *alley cat* (gato sem dono), o movimento dos pés vai se acelerando com o decorrer da dança, desafiando os dançarinos a repetir o padrão cada vez mais rapidamente. A dança termina com uma desaceleração até a velocidade inicial. Em uma dança criativa para a reprodução de uma tempestade, o movimento pode começar lento, representando o início da chuva. A velocidade vai, então, aumentando para simular uma forte tempestade, e termina em desaceleração para simbolizar a gota de água final.

Ritmo

Os movimentos da dança são coordenados por meio do ritmo, da mesma forma que ocorre com o som em uma música. O ritmo é o padrão subjacente que confere ordem à música e à dança (Fowler, 1994). O ritmo mais básico é uma batida (pulso) que ocorre em intervalos regulares. Essa batida é o que sentimos no corpo quando ouvimos uma música. O movimento, seja ele uma oscilação da cabeça ou um batimento dos pés, traduz em uma resposta cinestésica e visual o som que escutamos. O pulso é, desse modo, o alicerce de uma dança, e serve de sustentação para outros ritmos, uniformes ou não uniformes. O ritmo é, também, a combinação de sons de longa ou curta duração, e de movimentos lentos ou rápidos, tal como acontece em uma dança que obedece à sequência lento-lento-rápido-rápido-rápido. As danças de caráter cultural reproduzem ritmos inerentes à cultura de que se originam. Esses ritmos representam a maneira como o povo daquela cultura trabalha, diverte-se, reza, festeja e expressa suas ideias. À medida que as crianças aprendem diversas danças culturais, elas percebem que conseguem reproduzir alguns dos ritmos com relativa facilidade, ao passo que com outros encontram mais dificuldade. Todos nós fomos criados em uma cultura que possui seus ritmos próprios. Aprender os de outras culturas pode ser bastante desafiador, mas também proporcionar um entendimento melhor das semelhanças e diferenças entre as diversas culturas.

Um dos aspectos do ritmo é sua *marcação*, que vem a ser a ênfase colocada em uma batida. A repetição dessa ênfase em uma série de batidas estabelece o padrão mais forte ou mais fraco do ritmo. Uma marcação regular (denominada *tempo forte*) é colocada no início de um padrão, ao passo que uma sincopada (ou *tempo fraco*) aparece nas batidas mais fracas de um padrão. Na dança, uma modificação do movimento ou de suas características evidencia a marcação, que pode ser representada por um movimento mais forte, mais amplo, mais alto ou mais rápido. A marcação de um passo pode indicar uma mudança de direção, ou aparecer através do movimento de uma parte isolada do corpo. Uma dança folclórica, por exemplo, pode pedir uma pisada forte na primeira batida de um padrão de passos, ao passo que uma dança curta, composta de doze batidas, pode exigir uma subida no ar na primeira e na quarta batidas. Os alunos perceberão qual é o movimento marcado em uma dança; ele será diferente e, talvez, mais estimulante ou desafiador em termos de coordenação.

Na música, a repetição de padrões de batida é denominada *métrica*, ou medida rítmica de certo número de batidas (Fowler, 1994). A dança também emprega esses termos para descrever o encadeamento de um movimento que contém determinado número de batidas. Em muitas danças de caráter cultural e social, o padrão dos movimentos corresponde à métrica do ritmo da música. As danças criativas empregam padrões rítmicos com repetição regular, assim como padrões com estrutura não regular. Por exemplo, um padrão rítmico de movimento com oito batidas repetidas pode ser passo-Direita, pulo, passo-Esquerda, pulo, corrida-Direita, corrida-Esquerda, passo-Direita e passo-Esquerda. Em outro caso, uma dança pode começar com uma métrica de quatro batidas, passar para uma de sete e continuar com duas batidas.

PESO

Peso é a quantidade de energia consumida em um movimento. Ela pode ser forte, como aquela empregada em um soco, ou leve, como a de um movimento de flutuação. Para alcançar eficiência e efetividade nos movimentos de nossas rotinas diárias, usamos o peso. A tarefa de lavar copos de cristal requer um peso diferente do que utilizamos para esfregar uma panela queimada. Aprendemos a empregar a quantidade de energia muscular adequada para cada tipo de tarefa. Na dança também aprendemos a usar pesos de diferentes intensidades, dependendo do propósito do movimento. A aplicação do peso vigoroso com músculos tensos e firmes produz um movimento impetuoso que pode, por exemplo, representar as passadas pesadas de um leão feroz. Em contrapartida, um peso de intensidade leve, com os músculos soltos e relaxados, tem como resultado movimentos suaves que expressam o caminhar sobre nuvens.

Em uma dança cultural, os dançarinos podem executar padrões que alternam pisadas fortes com diversas batidas de pé leves e rápidas. Em uma dança social, por sua vez, como a *hokey pokey*, é possível empregar um movimento forte, para enfatizar a colocação de uma parte do corpo para dentro ou para fora do círculo, seguido de um giro suave com os braços e dedos movimentando-se ligeiramente de um lado para o outro. Crianças, em uma unidade de dança criativa, podem aplicar um peso de grande intensidade para ilustrar o som poderoso de um trovão, ou outra, leve, quando interpretam a história de uma borboleta que voa sobre um jardim repleto de flores.

FLUÊNCIA

O termo "fluência" diz respeito à maneira como o peso é controlado em um movimento. Duas palavras comumente utilizadas para descrever uma fluência são: "livre" e "presa". Em uma fluência livre, a pessoa que se movimenta não tem controle total da energia dos movimentos, e pode sentir-se desgovernada, desenfreada ou incapaz de parar. Esse modo de uso do peso implica assumir alguns riscos em relação a equilíbrio e experimentar certa dose de incerteza quanto à utilização do espaço. Os alunos podem criar uma dança contendo uma seção em que os movimentos parecem fora de controle, para depois retornar a uma sequência de passos bem definidos. Uma fluência presa denota controle da energia do movimento, o que permite aos alunos que sejam interrompidos a qualquer instante. Por exemplo, em uma dança que utiliza oito passos deslizados para a direita e oito para a esquerda, os estudantes precisarão empregar fluência presa ao terminar o oitavo passo para a direita e começar o primeiro para a esquerda. Muitas danças utilizam a fluência presa na mudança de direção dos movimentos, nas pausas com alguma forma de postura, na finalização, ou quando praticadas por duas pessoas em conjunto.

RELACIONAMENTOS

A dança inclui diversos tipos de "relacionamento". Esse termo abrange outros, como "perto", "próximo", "longe", "distante", "em cima", "embaixo", "através", "na frente", "atrás", "ao longo de", "ao redor de", "entre", "dentro", "fora", "acima", "abaixo", "junto" e "separado". A definição desse elemento engloba três aspectos: o relacionamento entre as partes do corpo de uma pessoa; o relacionamento espacial ou temporal dos indivíduos organizados em duplas ou grupos; e o relacionamento do corpo de uma pessoa com suportes, equipamentos e o próprio ambiente da dança.

Partes do corpo

À medida que as crianças movimentam as partes de seu corpo em diversos tipos de relacionamento, elas assumem diferentes posturas corporais. A mão pode ser colocada sobre a cabeça ou atrás das costas, em uma dança representativa de determinada cultura, ou a cabeça mantida junto aos joelhos, retratando a forma enrodilhada de uma lagarta. Cada uma das partes do corpo é capaz de realizar muitos movimentos que ocorrem no espaço pessoal, ao redor do próprio corpo, e em uma relação com outras partes dele. Quando os alunos executam uma dança em que galopam e balançam as mãos para a frente e para trás de seu corpo, eles estão empregando relacionamentos entre as partes do corpo. Em uma dança criativa em que as crianças começam representando pequenas sementes debaixo da terra, elas devem ter as partes do corpo bem juntas, formando uma pequena figura redonda.

À medida que as sementes passam a germinar, as mãos e os pés dessas crianças iniciam um movimento de afastamento em relação ao tronco, para demonstrar o crescimento da planta em direção ao sol.

Pares e grupos

Quando os alunos dançam com um parceiro ou em um grupo, eles se relacionam entre si no espaço e no tempo. Pares ou grupos podem movimentar-se em um relacionamento espacial mútuo, tal como lado a lado, frente a frente, costas com costas, fila indiana ou lado com costas (ver Fig. 2.3). Eles podem, também, locomover-se em um relacionamento temporal: em uníssono (movimentando-se exatamente ao mesmo tempo) ou com um retardamento entre o movimento de um indivíduo e o dos demais dentro do grupo. As descrições de relacionamentos apresentadas a seguir caracterizam diversas formas de uso do espaço e do tempo.

• Sombra (também conhecida como acompanhamento ou cópia): um aluno fica atrás de outro e acompanha os movimentos deste último, reproduzindo-os, ao mesmo tempo. Os lados direito e esquerdo do corpo se movem da mesma forma que o faz o líder (ver Fig. 2.3, um na frente e outro atrás).

• Espelho: nesse tipo de relacionamento, os alunos ficam de frente uns para os outros e executam o mesmo movimento, como se estivessem olhando para um espelho. Quando o líder movimenta o braço esquerdo, o seguidor o reproduz com o direito. Os movimentos do seguidor ocorrem simultaneamente aos do líder. Recomenda-se que a cadência seja lenta, para permitir que o seguidor esteja em uníssono com o líder (ver Fig. 2.3, frente a frente).

• Eco: o líder executa um movimento e o seguidor observa, para depois de um breve momento reproduzi-lo exatamente como foi feito. Quando um grupo realiza uma sequência de movimentos de eco, o efeito produzido é parecido com o de uma onda ou de dominós caindo. Os dançarinos podem empregar qualquer relacionamento espacial.

• Uníssono: dois indivíduos, ou um grupo, executam os mesmos movimentos ao mesmo tempo. Os dançarinos podem empregar qualquer relacionamento espacial.

• Estímulo e resposta: esse relacionamento é semelhante ao que ocorre em uma conversa, na qual uma pessoa fala e a outra responde. Um dançarino, ou um grupo

Figura 2.3 Os relacionamentos espaciais em pares podem ser: lado a lado, frente a frente, costas com costas, fila indiana ou lado com costas.

Uma dupla representando uma figura estática espelhada.

de dançarinos, faz o primeiro movimento, considerado o estímulo, e, então, a outra pessoa ou o outro grupo faz um movimento de resposta. Os movimentos do autor do estímulo e daquele que responde são, em geral, completamente diferentes, ou representam variações. Os dançarinos podem empregar qualquer relacionamento espacial.

• Contraste: os alunos executam um movimento ou se mantêm em uma postura imóvel, de forma oposta ao movimento do parceiro ou de outro grupo. Um movimento de distensão pode ser contrastado com um fechado ou redondo; um para a frente, com um para trás; ou movimentos fortes, com outros mais suaves. O contraste aparece, também, no uso do tempo; por exemplo, uma pessoa que se movimenta rapidamente enquanto outra o faz devagar. Os dançarinos podem empregar qualquer relacionamento espacial.

• Conexão: dois ou mais alunos, conectados por meio de uma ou mais partes do corpo, movem-se ou representam com o corpo uma forma estática. Os dançarinos podem empregar qualquer relacionamento espacial.

• Suporte: um ou mais alunos sustentam alguma ou todas as partes do corpo de outro aluno, como ocorre quando alguém se inclina sobre outra pessoa ou levanta uma pessoa no ar. Os dançarinos podem empregar qualquer relacionamento espacial.

• Encontro e partida: esse relacionamento descreve como os alunos se movimentam uns em direção aos outros ou se afastam entre si no espaço. Os dançarinos podem empregar qualquer relacionamento espacial.

Configurações espaciais

A configuração que os dançarinos formam no espaço reflete o propósito da dança. Nas danças folclóricas tradicionais, assim como nas danças de caráter social, os alunos frequentemente dançam em formações circulares, quadradas ou em linha. Essas configurações podem expressar o sentimento de unidade, à medida que eles se movimentam empregando os mesmos passos, em um mesmo ritmo. Esse tipo de dança estimula um sentimento de aceitação e identidade dentro de um grupo. Outras danças utilizam formações que reproduzem os raios de uma roda, um X ou uma cruz. Danças criativas também empregam essas formações, além de outras, geométricas e dispersas (ver Fig. 2.4). Uma formação pode ser aplicada para toda a dança, ou sofrer modificações em função de diversos padrões rítmicos ou do objetivo de expressar diferentes ideias.

Acessórios, equipamentos e o ambiente da dança

O componente relacionamento é usado neste contexto para descrever a relação espacial de um indivíduo ou grupo com um acessório, um equipamento ou com o ambiente em que ocorre a dança. As crianças se relacionam com um acessório movimentando-o dentro de seu espaço pessoal; com um equipamento, movendo-se no espaço que cerca esse equipamento; e com o ambiente da dança, deslocando-se na direção do perímetro ou do centro do espaço de dança e afastando-se daí. Crianças dançando com echarpes, em uma experiência de dança criativa, podem, por exemplo, explorar o espaço na frente ou atrás de seu corpo, acima da cabeça, entre as pernas ou ao redor da cintura. Em outra aula, usando um equipamento como uma cadeira ou uma caixa de cartões, as crianças podem explorar formas de se movimentar ao redor, acima e abaixo do equipamento. Uma dança de caráter cultural pode empregar longas fitas coloridas que os dançarinos seguram com as mãos, formando um círculo, enquanto os outros passam por cima e por baixo delas. É possível usar a imaginação na utilização do ambiente da dança. Ele pode representar o céu, com os alunos rodando em torno da linha perimetral que o delimita. Outra opção é marcar um círculo no centro do espaço, convertendo-o em uma área dentro, fora e ao redor da qual as crianças dançam ou se movimentam, aproximando-se ou afastando-se dela.

FORMAS DE DANÇA

Esta seção do capítulo descreve as formas de dança que fazem parte de um currículo dessa disciplina: as danças criadas pelos alunos, que são definidas neste livro como danças criativas; e as danças criadas por outras pessoas, como as de caráter cultural e social. Um programa de dança completo e abrangente proporcionará aos alunos experiências com dança criativa, cultural e social. Eles terão a oportunidade de aprender e criar danças, individualmente, em pares ou em grupos.

Dança criativa

Na modalidade criativa, as crianças produzem as próprias danças, com o objetivo de expressar uma ideia, um pensamento ou um sentimento. Com o recurso da improvisação, os estudantes podem manipular movimentos usando elementos da dança, para então selecionar e organizar esses movimentos em uma sequência tal que constitua uma dança (ver Fig. 2.5). Criar novos movimentos de dança é sempre um desafio tanto para os alunos como para o professor. Os primeiros precisam contar com sua experiência

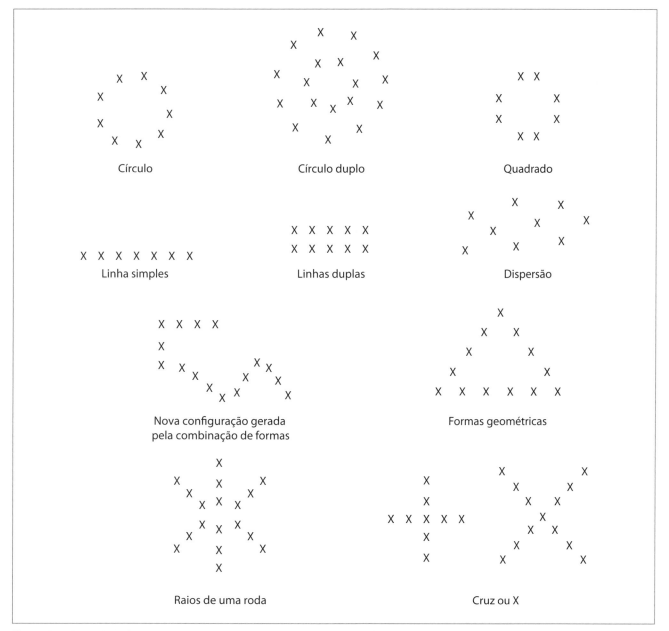

Figura 2.4 Variedade de formações comumente empregadas em danças de caráter cultural e social.

1. Estude os movimentos usando os elementos da dança.
2. Selecione os movimentos a partir daqueles estudados.
3. Escolha uma sequência de movimentos.
4. Decida em que porção do espaço esses movimentos serão executados.
5. Pratique a sequência e introduza mudanças.
6. Pratique a nova sequência.
7. Execute a dança completa.

Figura 2.5 Processo criativo empregado na concepção de uma nova dança.

passada em termos de criação, e esse processo nem sempre é fácil para eles. Crianças pequenas podem não possuir um repertório extenso de ideias e movimentos para aplicar. É possível que, até desenvolverem um repertório mais amplo, elas esperem que você, como professor, forneça exemplos de movimentos. Em contrapartida, algumas crianças já têm uma rica experiência quanto a movimentos e estão sempre dispostas a mostrar novas ideias. Você precisa estabelecer uma atmosfera de suporte que estimule nelas a criatividade e a disposição para compartilhar suas ideias. Crianças mais velhas, dotadas de um rico repertório de experiências de vida, podem também encontrar dificuldades na criação de movimentos. É possível que elas se sintam intimidadas e preocupadas com a opinião dos colegas. O desafio para você, na qualidade de professor, é planejar uma experiência de aprendizagem que fomente a criatividade e a disposição a correr riscos. Os alunos necessitam receber instruções claras a respeito do que se espera deles e, ao mesmo tempo, ser estimulados a reagir de forma criativa.

Para alunos com experiência limitada no tocante à dança, recomenda-se a adoção de uma tarefa específica. Essa abordagem permite que eles compreendam claramente o que a tarefa exige, deixando espaço para decisões pessoais. Por exemplo, na tarefa "Encontre uma forma de executar três saltos consecutivos, cada um deles em uma direção diferente", o estudante pode escolher a configuração dos saltos, assim como a direção, a altura e o peso de cada um deles. A tarefa pode ser mais específica, se você exigir que todos os saltos sejam altos, utilizem muita energia no impulso e empreguem um ritmo determinado.

O termo "dança pessoal" diz respeito à experiência dos alunos em criar os próprios movimentos de dança, tendo por base uma tarefa proposta pelo professor. Essa tarefa pode ser ampla, assim como "Encontre uma forma de se movimentar ao som desta música lenta", ou mais específica, como "Descubra um modo de se levantar do chão lentamente empregando um giro". Os alunos podem escolher os movimentos que desejam usar e a forma como os executarão para atender às diretrizes da tarefa. Eles lançam mão da criatividade, da opinião pessoal e dos próprios recursos para se movimentar de maneira a expressar um sentimento ou uma ideia (ver Fig. 2.6).

As danças pessoais oferecem aos alunos a oportunidade de descobrir os movimentos que gostam de executar, aqueles que conseguem realizar melhor e com mais facilidade e os que gostariam de aperfeiçoar. Um exemplo de dança pessoal encenada por um grupo grande é aquela que representa nuvens flutuantes e a chuva (ver página 119 no Capítulo 8). A experiência da dança começa com uma discussão sobre as diferentes formas assumidas pelas nuvens e como se movimentam no céu. Os alunos podem descrever o formato das nuvens como alongadas, largas, inchadas, grandes ou redondas, e o movimento delas como vagaroso, flutuante, rápido ou suave. Em seguida, cada criança cria sua dança pessoal em resposta à seguinte tarefa: "Pense a respeito das palavras que você usou para descrever as nuvens e represente essas formas com seu corpo. Quantas formas você consegue fazer? Comece movendo-se no espaço, mantendo seu corpo nesses formatos. À medida que você se desloca, movimente essas figuras de nuvem para a frente, para trás e gire-as. Modifique suas formas à medida que caminha pelo céu". Nes-

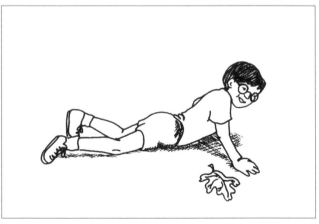

Figura 2.6 Uma dança criativa que reproduz a forma de uma folha.

sa experiência de dança, cada criança desenvolve sua dança pessoal, embora toda a classe realize simultaneamente a mesma tarefa.

Não é suficiente proporcionar apenas a oportunidade de criação individual, mas, principalmente, permitir que os alunos aprendam a criar junto com os demais colegas. Na escola, as crianças passam a maior parte do tempo interagindo entre si. Elas trabalham em cooperação nos projetos de ciências, almoçam juntas, ajudam-se mutuamente, participam da banda escolar e se divertem juntas no recreio. O trabalho conjunto para a criação de uma dança, quer seja com um único parceiro ou em grupo, requer cooperação e envolvimento ativo. Nem todas as crianças estão prontas para esse tipo de interação. Como professor, você precisa ter em mente as habilidades motoras de cada faixa etária, o nível cognitivo dos alunos e a capacidade deles para cooperar com os demais em um ambiente social. A definição clara das tarefas, incluindo a atribuição de papéis, ajudará os alunos a terem êxito ao executá-las. Crianças pequenas precisam adquirir certo nível de controle e compreensão sobre o próprio corpo antes de terem condições de interagir com outros alunos da mesma idade. Elas trabalham mais facilmente com um parceiro apenas do que dentro de um grupo. Crianças com mais idade, dotadas de coordenação mais apurada e donas de um repertório de movimentos mais amplo, são capazes de criar danças, tanto em pares como em grupo, quando recebem tarefas bem definidas, que fomentem a criação em uma atmosfera cooperativa. No entanto, você precisa certificar-se de que os alunos possuem a aptidão social e colaborativa que a tarefa requer (ver Fig. 2.7). Eles precisarão criar danças e dançar. Isso significa que ensinar as crianças a trabalhar em conjunto é tão importante quanto transmitir a elas o conteúdo do programa de dança.

Danças tradicionais e coreografadas

Nesse tipo de dança, o aluno é o intérprete e o aprendiz, porém, não é o criador. Os alunos podem aprender e executar os seguintes tipos de dança:

• Danças pessoais ou em grupo, criadas pelos alunos ou pelo professor e ensinadas a todos na classe.
• Danças criadas por um coreógrafo profissional.
• Danças sociais, como o *twist* ou a dança da galinha, que são características de uma época específica.
• Danças culturais que representam um país ou uma população (algumas vezes denominadas danças folclóricas).

A seguir oferecemos uma descrição de cada tipo de dança.

Danças criadas pelos alunos ou pelo professor

Esse tipo de dança pode ser criado por um indivíduo ou um grupo e depois ensinado a outras pessoas ou grupos. É o resultado de uma ideia apresentada e desenvolvida durante uma experiência de aprendizagem. O aluno, ou o próprio professor, organiza os movimentos em uma sequência com início, meio e fim bem definidos. A dança é ensinada por meio de uma metodologia adequada do ponto de vista do desenvolvimento e da garantia de um ambiente de aprendizagem positivo. As danças podem ser gravadas em diversas mídias, como videoteipe ou DVD, assim como registradas por meio de texto ou uma série de figuras.

Danças criadas por um coreógrafo profissional

Os alunos podem ter a oportunidade única de estudar dança em aulas ministradas por um coreógrafo ou dançarino profissional, por um artista convidado pela escola ou um artista residente. Danças completas ou trechos de uma dança do repertório desse profissional podem ser ensinados aos alunos e adaptados para atender ao nível de desenvolvimento deles.

Dê oportunidades para que todos compartilhem ideias.
Escute as ideias dos outros.
Pactue com a ideia de um grupo, através de consenso ou votação.
Faça concessões e combine ideias.
Estimule os membros de um grupo por meio de comentários positivos.
Mantenha o foco na tarefa e pratique em conjunto.

Figura 2.7 Habilidades colaborativas para a criação de um grupo de dança.

Danças sociais

Essa forma de dança enfatiza o uso dessa atividade como meio de promover a diversão na experiência da movimentação em um grupo de pessoas. As danças sociais existem dentro de um contexto cultural e histórico e representam uma das formas por intermédio das quais os indivíduos compartilham, celebram e vivenciam a vida em comunidade. São danças que se tornaram populares e são dançadas em grupos, em muitas ocasiões sociais. Entre os exemplos se destacam: *cupid shuffle*, *lindy*, *twist*, *hip hop*, salsa e *electric slide*. Os estudantes estão sempre preparados para ensinar uma nova dança popular e adoram aprender danças de outras épocas.

Danças culturais

O propósito dessa forma de dança é representar eventos, tradições e heranças culturais. Por meio dessas danças, os alunos aprendem elementos importantes de outras culturas – tradições, valores, crenças, história e estilo de vida. As danças são como histórias transmitidas de geração a geração. Elas conservam a história e a herança em cada movimento e cada formação. Os estudantes precisam aprender mais do que apenas uma sequência de passos; precisam adquirir conhecimento a respeito da herança cultural presente nessa dança. É importante ensiná-los sobre o ambiente e o povo dos quais a dança se origina, para promover a valorização dessa cultura e o respeito por ela. Neste livro, a quadrilha americana é considerada uma dança cultural porque reflete a contribuição da diversidade cultural para a evolução da quadrilha em diferentes regiões dos Estados Unidos.

A escolha de danças criadas por outras pessoas requer uma seleção criteriosa das que são de fato adequadas do ponto de vista do desenvolvimento. Muitas danças culturais exigem que os dançarinos executem movimentos de acordo com determinada música ou um ritmo específico, dançando em harmonia, com formações estruturadas ou no tempo certo. Crianças pequenas podem não ser capazes de reproduzir o movimento no ritmo correto quando dançam em um grupo grande. Na qualidade de professor, você precisará encontrar danças apropriadas para as aptidões de seus alunos, ou adaptar uma dança mantendo a integridade dos movimentos e das formas. Sempre que possível, ensine danças culturais da maneira como foram originalmente criadas. Se você introduzir numerosas modificações aos passos, aos gestos e às formações, as características que tornam a dança representativa de uma cultura podem ficar comprometidas, e sua autenticidade, perdida. Ao ensinar danças de diferentes culturas, é importante que você esteja consciente da influência de sua cultura pessoal sobre a apresentação. A condição ideal é que o responsável por ensinar a dança seja uma pessoa oriunda daquele grupo cultural; no entanto, isso nem sempre é possível. Com o propósito de tornar a experiência de ensino e aprendizagem mais acurada e significativa, você pode buscar informações na Internet, em bibliotecas ou em fotografias, vídeos, DVD e outros instrumentos diversos.

RESUMO

A dança infantil, como meio de expressão, manifesta-se através do corpo e das infinitas variações de movimentos de que ele é capaz. Os elementos da dança – corpo, espaço, tempo, peso, fluência e relacionamentos – têm impacto sobre a forma de planejamento e execução dos movimentos. Na dança, os movimentos são carregados de significados – eles expressam uma ideia ou a intenção do dançarino ou criador. Quando as crianças participam de uma dança criativa, elas exploram, improvisam e descobrem novas formas de se mover. Elas também aprendem danças criadas por outras pessoas – outro estudante, o professor, um coreógrafo profissional –, assim como danças de um período histórico ou um grupo étnico específico. As três formas de dança infantil – criativa, social e cultural – constituem um abrangente programa de dança que proporciona aos alunos a oportunidade de aprender a criar e executar danças, além de responder aos estímulos por elas provocados.

Questões para reflexão

Quantas maneiras de caminhar você consegue criar empregando os elementos da dança? Por exemplo, caminhar rapidamente para a frente, adotando uma trajetória curva, ou andar devagar, com passos longos. Em quantas ideias mais você consegue pensar?

Se você estivesse criando uma dança sobre o ciclo da água, como utilizaria o espaço, o tempo e o peso para criar movimentos que representassem a evaporação, a condensação e a precipitação?

O ensino da dança dentro de um contexto cultural e histórico proporciona às crianças a condição de compreender como os movimentos e as formações da dança refletem tradições, valores, crenças e estilos de vida. Que estratégias você adotaria para ensinar uma dança de caráter cultural? De que maneira a tecnologia pode ser incorporada em sua prática de ensino?

Pense em diferentes situações em que você participou de uma dança cultural ou social. Quais aspectos da experiência mais o agradaram? Quem estava dançando? Que tipos de movimento você executou ou observou?

Capítulo 3

Estruturando um programa de dança

O ensino da dança não é apenas desafiador, é também muito gratificante. A escolha da melhor maneira para apresentar uma experiência de dança, ou de uma unidade de estudo, é um processo de aprendizagem contínuo. Em cada uma das aulas que ensina, você aprende algo novo sobre o conteúdo, a sequência da tarefa e a resposta esperada de seus alunos. É uma atividade dinâmica, através da qual você está constantemente avaliando suas aulas e introduzindo modificações para a próxima seção. Neste capítulo, apresentamos ideias para o desenvolvimento de um programa anual, assim como para unidades de estudo e aulas individuais. É possível que sua escola já conte com um currículo de dança que sirva de diretriz para suas aulas, mas também pode ser que a estruturação desse currículo dependa de você. Nas duas situações, o planejamento é essencial. Para começar, você deve procurar conhecer seus alunos, compreender os objetivos da escola e identificar os elementos fundamentais do programa de dança. Leve em conta os parâmetros educacionais em nível nacional, estadual e local, necessários para o embasamento de seu programa. Esses parâmetros proporcionam um guia em relação ao conteúdo que os alunos deverão saber e estar aptos a executar depois de cursar o programa de ensino de dança. Provavelmente, você não terá condições de ensinar todo o conteúdo em profundidade, e alguma parte dele pode não ser tratada em todos os anos. Você será obrigado a tomar decisões em relação àquilo que os alunos precisam saber e experimentar.

O importante, no entanto, é que as crianças tenham a oportunidade de aprender, executar, criar e observar danças, bem como responder ao estímulo das próprias criações e da participação em danças de outros colegas. Os componentes do processo artístico constituem o alicerce de um programa de dança abrangente e com foco nos domínios psicomotor, cognitivo e afetivo, inerentes a todas as experiências de aprendizagem da dança. Os professores selecionam o conteúdo que atenda aos resultados esperados em termos de aprendizado e incorpore dois ou mais processos artísticos ao desenvolvimento e implementação da unidade ou aula. Por exemplo, em uma unidade de uma dança de caráter cultural da região sul do Pacífico, a primeira aula poderia envolver o ensino de aspectos relativos a cultura, história, hábitos e tradições do povo local. Os alunos assistem a um vídeo ou a uma apresentação de um professor de artes ou dança que demonstre movimentos de uma dança tradicional. Em seguida, eles aprendem a reproduzir esses movimentos, ritmos e formações, por meio da prática e da repetição. A aula termina com os estudantes executando a dança, acompanhando uma música tradicional. Além disso, eles podem observar-se mutuamente enquanto dançam e, depois, participar de uma discussão, na qual apresentam sua opinião a respeito daquilo que mais os agradou na dança executada.

A seguir, os cinco componentes do processo artístico:

- Aprendizagem: requer observação, reprodução e repetição de movimentos, por meio da prática.
- Criação: é o processo em que, por meio de improvisação, exploração e, também, composição de danças, são criados novos movimentos ou introduzidas variações nos movimentos existentes.
- Execução: envolve a demonstração física dos movimentos da dança ou de uma dança completa.
- Observação: inclui assistir a danças executadas ao vivo ou gravadas em DVD, vídeo ou outras fontes *online*.
- Resposta: envolve a capacidade dos alunos de pensar criticamente e refletir a respeito do próprio desempenho, da dança que criaram e daquilo que observaram na dança executada por outros. Os estudantes podem responder por meio de discussões, demonstrações ou pela elaboração de textos ou desenhos.

PLANEJANDO UM PROGRAMA ANUAL DE DANÇA

O conteúdo de dança ensinado em cada um dos anos, dentro de um período letivo, pode ser determinado por meio do currículo escolar de dança definido pelo distrito do qual a escola faz parte. Nas situações em que não existe um currículo predeterminado, cabe ao professor de dança ou de educação física a responsabilidade de estruturar e implementar um programa de dança, o que pode revelar-se uma tarefa bastante árdua. A escolha do tipo de dança a ensinar e da forma de organização da experiência de aprendizagem requer que o professor saiba combinar o conteúdo do programa de dança com a capacidade que cada aluno tem de aprender. Cada aula de dança tem como foco diversos resultados que enfatizam alguns dos componentes artísticos da dança – isto é, aprendizagem, execução, criação, observação e respostas. Esses resultados são alcançados por meio de uma sequência de aulas que desenvolvem e ajustam os conhecimentos e as aptidões, necessários para que as crianças consigam expressar e comunicar ideias, pensamentos e sentimentos por meio da dança. O tema específico escolhido para a experiência de aprendizagem, como as danças tradicionais da África ocidental ou a criação de danças sobre os planetas, deve fazer sentido para os alunos, de forma que a sua participação seja pessoal e significativa.

Na qualidade de professor de dança em tempo integral, é possível que você acompanhe a mesma classe durante todo o ano letivo, ou, talvez, seja alocado para ensinar em diferentes classes a cada semana. A porção de tempo disponível determina a abrangência e a profundidade do conteúdo tratado. Em uma escola do ciclo fundamental, na qual as crianças têm uma aula de dança por semana, com duração de 45 minutos, você deve planejar de cinco a dez unidades, cada uma ministrada em quatro a oito aulas. As unidades podem ter duração diferente, dependendo do conteúdo a ser abordado e da idade das crianças. Recomendamos que elas tenham a oportunidade de aprender dança em uma perspectiva criativa, social e cultural, dentro do programa anual.

Quando a dança faz parte do programa de educação física, ela pode ser oferecida em uma ou mais unidades durante o ano letivo. Essa condição requer que você, como professor, tome decisões não muito fáceis a respeito do que ensinar dentro do período de tempo reservado para a dança. Mesmo na hipótese de um tempo limitado, as crianças precisam praticar a dança como forma de expressão criativa, social e cultural. Aconselhamos que ela seja ensinada diversas vezes ao longo do ano letivo.

Uma alternativa de abordagem para o desenvolvimento de um programa que cubra todo o ano escolar é projetar uma ou mais unidades para cada uma das séries, abrangendo todas as formas de dança: criativa, social e cultural. Nessa metodologia, as séries podem ser reunidas em grupos, como: pré-escola e primeiro ano; segundo e terceiro anos; e quarto e quinto anos. Mostramos, a seguir, um exemplo de programa para o grupo de segundo e terceiro anos, no currículo de educação física:

- Dança criativa: pode ser dividida em quatro aulas cujo foco seja a identificação de diversas formas da água e a criação de danças que as representem. Na primeira aula, os alunos escolhem cinco tipos de formação aquosa, como um rio, o oceano, uma cachoeira, a chuva e um riacho. Em seguida, eles exploram movimentos representativos das características de cada uma dessas formações. Na segunda aula, os estudantes, reunidos em pares, selecionam dois cursos de água e criam uma dança para demonstrar as alterações, em termos de nível, trajetória e cadência, nos movimentos que aprenderam na primeira sessão. O foco da terceira aula deve ser dirigido a pequenos grupos de alunos trabalhando em regime de colaboração, para selecionar uma das formas da água; eles criam, então, uma dança que começa com uma formação em grupo, emprega movimentos motores em diferentes direções e termina com uma formação em grupo. Na sessão final, cada grupo inicia a aula praticando e ajustando sua dança, para depois compartilhá-la com os demais grupos, enquanto você realiza a avaliação.
- Dança social: pode envolver uma unidade de três aulas focadas na aprendizagem de um tipo de dança dos anos 1950 e 1960. Na primeira aula, os alunos aprendem três danças da década de 1950. Na segunda, são apresentadas três danças dos anos 1960. E na terceira, reunidos em pequenos grupos, os alunos escolhem três entre as seis danças que aprenderam e as praticam, podendo filmar sua atuação em videoteipe para uma autoavaliação, ou exibi-la para outros grupos.
- Dança cultural: pode ser uma unidade com foco no aprendizado de três danças oriundas de Uganda e relacionadas com o tema de estudos sociais, ensinado pelo professor do terceiro ano. A unidade contém quatro aulas, nas quais um dançarino contratado pela escola ministra as duas primeiras sessões, durante as quais os alunos aprendem três danças tradicionais de diferentes regiões de Uganda. Na terceira sessão, você estabelece três estações de dança, uma para cada dança aprendida nas duas primeiras sessões. Os alunos, divididos em três grupos, visitam cada um dos espaços e praticam a dança identificada naquela estação. Na quarta sessão, os estudantes executam as danças, que serão assistidas por outra turma de terceiro ano, e depois elaboram uma redação explicando como os movimentos refletem a cultura de Uganda.

Uma segunda abordagem, que abrange todo o ano letivo e se adapta tanto para um programa de dança como para um de educação física, é a apresentação de unidades em que estão contempladas todas as formas de dança. Essas unidades têm como fio condutor um tema ou um ou mais elementos da dança. Dessa maneira, os alunos adquirem amplo conhecimento em relação ao tratamento desse tema ou desses elementos sob a perspectiva de uma dança criativa, social ou cultural (ver Fig. 3.1). Por exemplo, uma unidade baseada na evolução das crianças, em termos da demonstração de respeito pelos colegas e de uma coordenação corporal mais efetiva, pode incluir duas aulas para o aprendizado de danças sociais, duas para danças de uma cultura não representada na escola e duas para a criação de danças cujo tema seja a amizade. O respeito é aprendido por intermédio do trabalho em regime de cooperação e da dança executada em grupos, ao passo que o aprimoramento da coordenação corporal é obtido por meio do aprendizado e da repetição de padrões de movimento presentes em todas as formas de dança ensinadas nessa unidade.

Uma terceira abordagem baseia-se em escolher duas formas de dança, destacando a primeira como foco principal e atribuindo à segunda o caráter de extensão. Essa extensão permite um estudo mais detalhado e demonstra

---

Tema: Aniversário

Criativa
Os alunos criam danças, em pares, para representar a confecção de um bolo de aniversário.

Social
Os alunos aprendem uma dança coreografada para a música "Parabéns pra você".

Cultural
Os alunos aprendem uma dança cultural executada em uma festa de aniversário.

Figura 3.1 Exemplo de uma unidade baseada em tema que trabalha a dança sob as perspectivas criativa, social e cultural.

como as formas de dança se relacionam. Por exemplo, em uma unidade composta de cinco aulas destinadas ao ensino de uma dança social, as crianças podem aprender quatro danças coreografadas nas primeiras três aulas, ficando a quarta e a quinta aulas reservadas para o trabalho de extensão, por meio de uma dança criativa, na qual os alunos produzem suas próprias coreografias (Johnson, 2002). Outro exemplo, em uma unidade de três aulas focadas em danças dos povos indígenas americanos da região sudoeste, visa ensinar, na primeira aula, duas danças sociais circulares executadas pelos indígenas durante suas celebrações. Na segunda aula, você pode introduzir um elemento criativo, com a realização da dança em uma formação diferente; e, na terceira aula, uma dança criativa pode estender as danças sociais, com a proposta de criação, pelas crianças, de dois novos passos a serem acrescentados às danças que eles aprenderam.

Há, ainda, uma quarta abordagem que propõe o planejamento do ensino de uma única forma de dança durante todo o ano letivo, em todos os anos escolares. Cada ano, ou grupo de anos, aprende danças diferentes, porém, sempre relacionadas com a forma de dança escolhida para o programa. Por exemplo, se a dança selecionada para o programa anual for uma dança social, a unidade de ensino poderá ser composta de três aulas para a pré-escola e o primeiro ano, quatro para o segundo e o terceiro anos, e cinco para os outros dois (quarto e quinto). O conteúdo para as unidades de dança social de cada grupo de anos pode incluir o seguinte:

Pré-escola e primeiro ano

Aula 1: *hokey pokey*, dança da galinha e sete saltos com um parceiro.

Aula 2: dança do encontro e da saudação (ver página 105, do Capítulo 7), *bunny hop* (pulo do coelho) e dança dos animais.

Aula 3: reunião no curral, uma dança nova baseada na *barnyard dance* (Boynton, 1993).

Os alunos escolhem as quatro danças preferidas e executam cada uma delas.

Segundo e terceiro anos

Aula 1: dança do encontro e da saudação, empregando variações de movimentos motores, dança da amizade (Cone e Cone, 2011) e dança da echarpe ou da fita (ver página 106, do Capítulo 7).

Aula 2: danças executadas em pares, combinando as formas criativa e social, com uso de espelhamento, sombra, eco, e chamada e resposta.

Aula 3: três danças coreografadas simples, escolhidas pelo professor.

Aula 4: os alunos se organizam em grupos pequenos, escolhem uma dança em consenso e a executam, compartilhando-a com seus pares.

Nesta aula, os estudantes podem dançar para seus pares ou dançar com eles.

Quarto e quinto anos

Aula 1: chá-chá-chá, *cupid shuffle* e dança coreografada, selecionada por você.

Aula 2: círculo duplo da socialização (ver página 104, do Capítulo 7), uma revisão de qualquer uma das danças da aula 1 e uma dança coreografada, selecionada por você.

Aula 3: danças dos anos 1950, 1960 e 1970.

Aula 4: revisão de algumas danças ensinadas nas três primeiras aulas.

Aula 5: os alunos ensinam novas danças populares de caráter social e escolhem danças ensinadas nas três primeiras aulas, criando variações na formação delas ou introduzindo novos passos.

Nessa abordagem, o ano letivo seguinte pode direcionar seu foco a danças culturais apropriadas para cada ano. Por fim, o programa de todo o terceiro ano letivo pode concentrar-se nas danças criativas. Desse modo, ao longo de três anos, as crianças têm a oportunidade de aprender a dançar as três formas de dança.

Por último, como parte do processo de planejamento, considere os seguintes critérios para balizar sua avaliação quanto à consistência de seu programa de dança, em termos de abrangência e adequação do ponto de vista do desenvolvimento e do significado para os alunos na qualidade de experiência de aprendizagem:

• O plano anual, as unidades e as aulas estão alinhados com os parâmetros nacionais, estaduais ou locais.

• Cada unidade e cada aula definem claramente os resultados esperados e os critérios de avaliação.

• O conteúdo selecionado é relevante para a idade e os interesses dos alunos.

• A forma de reunião e organização do material de ensino é factível.

• As unidades de dança cultural estão integradas com informações consistentes e relevantes a respeito da cultura a que se referem.

• Discussões sobre a aula obedecem a uma progressão sequencial que contribui para o desenvolvimento de habilidades e a aquisição de conhecimentos.

• O espaço da dança é apropriado para as crianças em termos de aprendizagem e segurança.

PLANEJANDO UMA UNIDADE DE DANÇA

Uma unidade de estudo de dança é composta de uma série de aulas, cujo objetivo é proporcionar um conjunto de resultados (ver Capítulo 1). A descrição dos resultados previstos para a unidade indica o que é esperado dos alunos quanto a conhecimentos e aptidões, depois de participarem das aulas. São descritos, também, os resultados individuais a serem atingidos em cada aula, lembrando que esses resultados fazem parte de um quadro mais amplo de resultados da unidade. O planejamento e a implementação de uma unidade podem ser realizados de diversas maneiras; no entanto, todas elas têm em comum um plano cuidadoso e significativo que proporcione o desenvolvimento de habilidades, interações sociais, aquisição de conhecimentos e compreensão dos aspectos culturais. Por exemplo, se o tema selecionado para uma unidade de dança criativa for trajetórias, a descrição dos resultados esperados nessa unidade apontará que os alunos irão aprender a identificar os diversos tipos de trajetória e a desenvolver formas de se movimentar usando essas trajetórias. O plano da unidade determina a realização de quatro aulas de dança, após as quais são esperados os seguintes resultados:

• Aula 1: as crianças farão experiências com movimentos motores e não motores, no solo e no ar, empregando trajetórias retilíneas, curvilíneas e em zigue-zague.

• Aula 2: nesta aula, os alunos utilizarão os mesmos padrões de movimento da aula 1, acrescentando a condição de que eles devem representar letras do alfabeto e números.

• Aula 3: as crianças e o professor trabalharão de forma colaborativa para criar uma dança conjunta da classe que represente todo o alfabeto e utilize trajetórias no solo e no ar.

• Aula 4: as crianças trabalharão de forma colaborativa, em pares, para criar uma dança sobre letras e números, na qual sejam empregados dois tipos de trajetória que demonstrem mudanças de direção, cadência e nível.

O emprego dos elementos da dança como tema central de uma unidade de dança criativa pode ser uma estratégia para a seleção de um tópico exclusivo. Há inúmeras outras opções interessantes para a escolha de tópicos (ver Tab. 3.1), as quais dependem da idade e dos interesses dos estudantes.

Ao planejar uma unidade, defina que forma de dança será ensinada, assim como os resultados gerais previstos para a unidade e para uma aula específica e o método de avaliação do aprendizado. Planeje, em seguida, o andamento das tarefas para cada aula (ver Fig. 3.2). Esse procedimento é denominado *backward-design planning process* (processo de planejamento projetado em sentido inverso) (Wiggins e McTighe, 2005). Wiggins e McTighe, pesquisadores educacionais e consultores que elaboraram o conhecido processo de desenvolvimento curricular chamado *Understanding by design* (Entendendo por meio do projeto), sugerem que os professores iniciem o trabalho identificando os resultados desejados e determinando as evidências indicativas da aprendizagem, para depois projetarem as atividades. Por exemplo, o plano de uma unidade de dança para alunos do primeiro ano, unidade esta concentrada em trajetórias, deve começar pela especificação dos resultados: os alunos aprenderão a identificar diversos tipos de trajetória e serão capazes de criar movimentos que utilizem essas trajetórias. Em seguida, é estabelecido o tipo de avaliação. O professor pode empregar uma lista com a relação de itens que serão observados, com o objetivo de avaliar se os alunos conseguem movimentar-se em diferentes trajetórias quando solicitados a fazê-lo, ou se eles são capazes de desenhar trajetórias para demonstrar seu nível de compreensão. Além disso, as crianças podem escrever os nomes dos movimentos ou desenhar figuras que representem eles próprios movendo-se naquela trajetória. Outra estratégia de avaliação requer que o aluno descreva verbalmente uma trajetória da dança executada por seu par, podendo, também, demonstrar ou identificar uma trajetória por ele criada.

O próximo passo no projeto de uma unidade é o delineamento da forma de apresentação do conteúdo. Quantas aulas são necessárias ou qual é o número de aulas disponíveis? A seguir, é elaborado um esboço ou desenvolvida uma descrição detalhada de cada aula. Não se esqueça de que, no momento em que você estiver planejando, deve

Tabela 3.1 Temas para uma experiência de aprendizagem em dança criativa.

Tema	Tópicos
Literatura	Poemas, romances, livros de história ilustrada, contos folclóricos, histórias e poemas escritos pelos alunos
Feriados	Feriados nacionais, feriados culturais e feriados religiosos
Eventos sociais	Aniversários, formaturas
Máquinas	Lavador de automóveis, eletrodomésticos, computadores
Atividades diárias	Aprontar-se para a escola, jantares em família, jogos
Mídia	Filmes, programas de televisão, vídeos *online*
Atividades escolares	Almoço no refeitório, recreio, caminhada pelos corredores
Sentimentos	Tristeza, medo, alegria, raiva, excitação
Estações	Folhas do outono, neve e gelo, flores da primavera, diversão ao sol na praia
Amizade	Dança dos nomes, danças com pares, danças sobre aceitação de terceiros e oferecimento de ajuda a eles
Circo	Cavalos, equilibristas na corda bamba, acrobatas, palhaços, leões
Animais	Ursos, cachorros, pássaros, peixes, macacos
Clima	Tornados, nuvens, vento, chuva, relâmpagos, dia ensolarado
Palavras de ação	Bambolear, explodir, flutuar, socar, pressionar, derreter
Esportes	Basquetebol, futebol, tênis, natação, futebol americano, beisebol, hóquei
Ambientes	Montanhas, formações aquáticas, deserto, floresta tropical, *icebergs*
Questões sociais	Rejeição, aceitação, briga, discriminação, intimidação
Eventos históricos	Campeonato mundial de beisebol, posse de um governante, guerra
Experiências de vida	Perder um dente, dar boas-vindas a um novo aluno da classe
Eventos atuais	Manchete de primeira página do jornal, notícias sobre esporte, cultura popular
Mapas de dança	Projetando trajetórias e movimentos
Outros assuntos acadêmicos	Ciências, estudos sociais, matemática, artes verbais, música, artes visuais, teatro

alocar tempo suficiente para que as crianças se envolvam por completo no processo que dará a elas a oportunidade de aprender, executar, criar e observar danças, além de

- Identificar o nível escolar.
- Revisar os parâmetros de dança em nível nacional, estadual e local.
- Determinar a forma da dança.
- Selecionar um tema para a dança.
- Estabelecer o resultado para a unidade.
- Identificar o número de aulas que compõem a unidade.
- Estabelecer resultados para cada aula.
- Definir o tipo e os instrumentos de avaliação.
- Planejar o conteúdo e a progressão.
- Reunir materiais, músicas e acessórios de caráter instrucional.

Figura 3.2 Delineamento do plano de uma unidade.

responder ao estímulo gerado por estas. A apresentação dos alunos e a avaliação do trabalho por eles realizado podem ocorrer em qualquer ponto da unidade; no entanto, essas atividades são algumas vezes colocadas como fechamento. Antes de começar a unidade, reúna ou solicite músicas, acessórios, equipamentos, vestimentas e outros materiais necessários. Logo no início, exponha aos alunos suas expectativas e explique de forma clara o que eles irão aprender. Seu planejamento deve refletir uma cuidadosa sequência de tarefas que facilitem um aprendizado significativo e bem-sucedido.

Por último, depois de apresentada a unidade de dança, reserve um tempo para refletir sobre essa experiência de ensino. A prática ponderada de ensino (Brookfield, 1995) é uma análise crítica das respostas dos alunos, da estrutura da unidade e do significado que teve para o professor a experiência de ensinar. O que foi mais frustrante, mais prazeroso, mais inesperado ou mais desafiador? As percepções obtidas a partir do processo de reflexão contribuirão para o ajuste das práticas de ensino, além de lhe proporcionar uma oportunidade de avaliar suas atitudes, crenças, concepções, posturas e percepções. Um processo permanente de auto-observação e autoavaliação ajuda-o a introduzir mudanças quanto à seleção de conteúdos, projeto e técnicas de ensino, fundamentando-os em análises racionais mais profundas.

PLANEJANDO AS AULAS DE DANÇA

Uma vez definidos forma, conteúdo, resultados instrucionais esperados e métodos de avaliação de uma unidade de dança, você já pode planejar as aulas e as tarefas que serão solicitadas em cada aula. O processo de planejamento indicado para as danças criativa, social e cultural é semelhante. Cada uma das aulas é dividida em quatro seções principais: introdução, desenvolvimento, dança da apoteose e atividade de encerramento. Elas são descritas a seguir. A aula de dança deve, também, enfatizar um ou mais resultados específicos relacionados com o resultado mais amplo proposto para a unidade. Em geral, uma sessão é suficiente para a realização completa das aulas; no entanto, dependendo da resposta de seus alunos ao conteúdo, você pode decidir alongar esse tempo. Se for necessário, use uma segunda sessão, ou até mesmo uma terceira, para concluir toda a aula e proporcionar aos alunos a chance de explorar o conceito de forma completa. Com isso, pode ser necessário introduzir um ajuste na porção de conteúdo adequada para essa unidade.

Introdução

A introdução serve de transição para as crianças entre as atividades que elas acabaram de vivenciar (uma aula de matemática ou o almoço, por exemplo) e a experiência da dança. Você pode empregar diversas abordagens para esses primeiros momentos de aula. Uma alternativa é propor uma atividade rápida, na qual os alunos, ao entrarem na classe, são imediatamente engajados em exercitar habilidades, tomar conhecimento de instruções divulgadas ou obter materiais que serão utilizados na aula (Graham, 2008). Essa técnica de ensino propicia tempo para a transição, assim como para que as crianças conversem informalmente com você. Durante esse ínterim, a música que será usada na aula pode ser tocada, para permitir que os alunos se familiarizem com a sua cadência, atmosfera e estilo. Outra maneira de começar a aula é reunir as crianças em um local próprio para audições e começar a aula com uma breve introdução oral.

Nesse momento, você deve explicar o que elas irão aprender, assim como o motivo da escolha do tema e a relação que ele tem com o universo de cada criança. Um início possível é pedir que os alunos relatem o que conhecem a respeito do tema, condição que lhe permitirá perceber o nível de compreensão e de experiência deles quanto ao tópico proposto. Outra parte da introdução pode contemplar uma revisão das habilidades e dos conceitos abordados em uma aula anterior, ou questões para a avaliação daquilo que eles lembram. Dessa forma, as crianças passam a entender o relacionamento existente entre as aulas, as quais fazem parte de uma sequência planejada. É interessante, também, que a introdução oral seja acompanhada da demonstração de elementos, como um movimento que será ensinado, um objeto, um vídeo, um livro, um mapa ou figuras relacionadas ao assunto.

A introdução para o ensino de uma dança cultural deve incluir informações históricas sobre a origem da dança e seus relacionamentos com a cultura ou o grupo étnico. A informação apresentada pode ser fundamentada com a ajuda de vídeos, figuras, mapas, vestimentas, artefatos, livros, jornais, música, ilustrações, peças de artesanato, alimentos ou outros elementos, como idioma e religião, os quais proporcionam um contexto para a dança. Trabalhe de modo a ajudar os alunos a compreender a influência de valores, tradições, estilo de vida, ambiente e história da cultura estudada sobre os movimentos, a música e as formações da dança. Apresente informações acuradas e baseadas em fontes fidedignas, e evite criar estereótipos dessa cultura ou fazer comentários preconceituosos.

O início de uma aula de dança de caráter social pode enfatizar conceitos relacionados com respeito, responsabilidade, cooperação, liderança, bondade e disposição a ajudar os outros. As crianças podem conversar sobre o significado que esses termos têm para elas e sobre formas de demonstrar esses conceitos por intermédio da dança. Esse tipo de introdução estabelece as expectativas em relação aos resultados do aprendizado e introduz o prazer da socialização através da dança em um contexto mais amplo. Sempre que possível, inclua informações históricas relativas às danças sociais e explique as espécies de reuniões sociais em que elas ocorrem.

Quanto a uma aula de dança criativa, é possível introduzi-la de diversas maneiras. Você pode começar contando uma história, mostrando uma fotografia, um acessório, um livro, ou até mesmo comentando um evento do noticiário. As crianças sempre demonstram curiosidade quando chegam à classe, e costumam perguntar: "O que vamos fazer hoje?" A primeira resposta estabelece o tom que irá pautar as atividades do dia. Mostre entusiasmo. Por exemplo, para apresentar a dança do espaguete (ver páginas 133-136, do Capítulo 8), você pode dizer: "Hoje vamos realizar uma dança sobre formas retilíneas e curvilíneas. Escolhi essas duas formas porque elas estão presentes em toda parte no nosso mundo. Para começar, vamos examinar nossas roupas e procurar nelas essas duas formas". Enquanto os alunos observam as roupas e apontam as formas, você pode fazer uma rápida avaliação, para verificar até que ponto eles estão aptos a identificá-las. Existe também a possibilidade de empregar um acessório, como uma corda, para ilustrar formas retilíneas e curvilíneas, ou desenhá-las na lousa ou em um pôster.

Depois da introdução oral, é realizado um aquecimento corporal, cujo padrão está diretamente relacionado com o tipo de movimento que os alunos executarão na aula de dança. O objetivo desse aquecimento é preparar o corpo para uma participação segura e ativa. Ele é composto de uma série de movimentos que aquecem os músculos e elevam o fluxo sanguíneo do corpo. Os alunos podem começar com movimentos motores, como andar, galopar ou pular no espaço, e depois continuar com movimentos não motores, como alongamento, flexão, torção ou oscilação do corpo ou de partes dele. Se, durante a experiência da dança, os estudantes forem correr, saltar, fazer torções e flexões, o aquecimento deve incluir movimentos que preparem o corpo para essas ações. É necessário que as atividades de aquecimento incluam movimentos motores e não motores que atuem sobre o corpo todo.

O aquecimento para uma dança cultural pode incluir movimentos que acompanhem a música usada na dança ou que reproduzam porções específicas da própria dança. Os alunos têm a opção de movimentar partes do corpo isoladamente, como mover a cabeça de um lado para outro, os ombros para cima e para baixo, e os quadris em círculos; pular com leve impulso dos joelhos; estender os braços para cima e para o lado; dar passos sem sair do lugar; e rodar o torso de um lado para outro. O aquecimento para danças sociais pode seguir um padrão semelhante ao das danças culturais. Para enfatizar o aspecto social, uma alternativa é o aquecimento em pequenos grupos, entre os quais os alunos circulam, de modo a praticar com companheiros diferentes. O aquecimento para uma dança criativa pode incluir uma breve sessão de exercícios aeróbicos; movimentos de partes isoladas do corpo; e exercícios de flexão, alongamento e torção. No caso de aulas sobre trajetórias, é possível incorporar as palavras e tipos de trajetórias na prática de aquecimento. Na dança do espaguete (ver Capítulo 8), por exemplo, é interessante incluir no aquecimento instruções relacionadas com a execução das formas: "Caminhe em volta da sala e procure formas retilíneas e curvilíneas. Onde você as vê? Olhe para cima e para baixo. Quando encontrar uma das formas, represente-a com seu corpo. Continue procurando outros exemplos dessas formas". Nesse momento, os estudantes caminham movimentando o corpo todo e, por meio dele, representam as formas propostas. Em resumo, a introdução permite que o tema da dança seja apresentado, sua relevância, estabelecida, e que os alunos demonstrem seu conhecimento prévio sobre esse assunto e estejam preparados para participar fisicamente da atividade.

Desenvolvimento

Na seção relativa ao desenvolvimento, os alunos vivenciam novas formas de se movimentar, quer seja por meio de movimentos padronizados de uma dança social ou cultural, ou por meio de uma série de movimentos criados por eles. Você pode definir um conjunto de tarefas que obedeçam a uma sequência coerente e levem as crianças a aprender e criar movimentos relevantes quanto ao resultado pretendido para a aula. Elas aprendem, exploram, improvisam e criam movimentos que expressam e transmitem conceitos, ideias, pensamentos e sentimentos. Em uma aula cuja proposta seja o ensino de uma dança cultural ou social, os estudantes podem aprender a sequência de movimentos e as formações inerentes à dança. Essa apresentação é feita, normalmente, usando a estratégia de ensino parte-todo ou todo-parte (ver Capítulo 5). Se o foco da aula for uma dança criativa, a tarefa precisa obedecer a uma sequência consistente em relação ao assunto tratado. Pedir aos alunos apenas que criem uma dança ou dancem acompanhando a música é um comando genérico demais, que não proporciona uma aprendizagem objetiva. Todavia, essa tarefa geral tem um valor importante quando você deseja verificar a capacidade criativa das crianças, e deve ser adotada como uma forma de avaliação prévia ou como uma dança da apoteose para uma aula (Cone, 2002). Nas situações em que o foco da aula é um dos elementos da dança, como comparar cadências rápidas e lentas, os alunos irão explorar inúmeros movimentos, usando cadências diferentes. As tarefas podem ser específicas ("Encontre um modo de caminhar oito passos para frente em cadência rápida, e depois oito para trás da forma mais lenta que você conseguir") ou mais genéricas ("De que maneira você pode mudar de nível, alternando entre cadências rápidas e lentas?"). Essa tarefa pode evoluir para uma dança ou uma sequência de movimentos selecionados que representem uma ideia; ou, alternativamente, o foco da aula pode ser um tema, como o circo, um esporte, um poema ou uma festa de aniversário. Os alunos praticam os movimentos que representam as ações, os eventos ou os sentimentos relevantes para o tema em questão. Nesse ponto, os elementos da dança são empregados como ferramentas de desenvolvimento do tipo e da característica dos movimentos exigidos pelo tema. Em vez de dizer "Aja como um leão" ou "Seja uma semente", amplie o repertório de imagens para incluir uma descrição da forma ou da natureza do movimento, com ênfase no próprio movimento (Kaufmann, 2006). Introduza uma modificação: aja como um leão, movendo-se bem próximo ao solo e vagarosamente, como ele faz quando está espreitando sua presa. Desse modo, o foco da criança é direcionado à característica do movimento, o que permite a ela ampliar o conjunto de movimentos que executa em resposta à tarefa. Em uma dança sobre animais do zoológico, você pode, por exemplo, pedir a cada criança que escolha um animal, e depois apresentar a elas as tarefas exploratórias descritas a seguir, que estão relacionadas com os elementos da dança (EOD, na sigla em inglês; ver Tab. 2.1, na página 23). As tarefas servem de fio condutor, à medida que os estudantes criam os próprios movimentos:

- Demonstre três formas de movimento de seu animal. Ele caminha, corre, pula, galopa, balança, faz torções, faz alongamento, arrasta-se, bamboleia, balança ou chuta? (Elemento da dança: ações corporais.)
- Mostre para mim como seu animal movimenta os braços, a cabeça, os ombros, as costas, as pernas e os pés. (Elemento da dança: o corpo.)
- Seu animal se deslocou com passos muito pequenos... e agora enormes. (Elemento da dança: espaço, amplitude.)
- Encontre uma forma segundo a qual seu animal possa se mover em diferentes direções. Ele consegue mover para a frente, para trás e para os lados? (Elemento da dança: espaço, direção.)
- Escolha um parceiro. Um de vocês será o líder e o outro, um seguidor, que espelha lentamente os movimentos do animal do companheiro. Em seguida, troquem os papéis. (Elemento da dança: relacionamentos.)
- Mostre para mim quão devagar seu animal consegue se mover. Ele é capaz de começar a se movimentar vagarosamente e depois aumentar a velocidade? (Elemento da dança: tempo, cadência.)
- Crie três formas estáticas que representem ações diferentes que o seu animal é capaz de executar. Sua forma é torcida, arredondada ou reta? (Elemento da dança: formas corporais.)
- Demonstre como seu animal se move com suavidade e, depois, com energia e rapidez. (Elemento da dança: peso.)
- Decida se seu animal irá mover-se suave e vagarosamente ou pesada e rapidamente; depois pratique o movimento. (Elemento da dança: peso e tempo.)
- Encontre uma forma de fazer seu animal se movimentar em uma trajetória retilínea. Então, altere para uma curvilínea. Modifique outra vez a trajetória, então para descrever um zigue-zague. (Elemento da dança: espaço, trajetória.)

Ao explorar temas em uma dança criativa, por meio dos elementos da dança, os alunos ampliam seu repertório de movimentos. Eles aprendem a encontrar múltiplas formas de expressão dos movimentos, ultrapassando os limites da ação inicial. O passo seguinte deve envolver a criação de uma dança sobre animais. Desse modo, as crianças executam uma sequência de movimentos que podem ser repetidos e melhorados. É possível basear a dança em uma breve história elaborada por você, ou em ideias sugeridas pelos próprios alunos. Eles deverão, então, escolher movimentos que praticaram. Por exemplo, nesta dança projetada pelo professor, os animais estão inicialmente dormindo, em uma formação rente ao solo; depois, bem devagar, acordam e se movimentam no ambiente para encontrar outros animais. Eles praticam a ação de acompanhar um líder, junto de um parceiro, e, para encerrar, retornam ao local onde começaram e dormem outra vez. Embora os estudantes obedeçam a sequência da história que você criou, eles escolhem o tipo e as características dos movimentos executados pelo animal.

A seção destinada ao desenvolvimento é um componente importante do processo de criação e aprendizagem, além de estar diretamente relacionada com a dança da apoteose e o produto ou resultado final da unidade ou da aula. Essa seção é a jornada que as crianças realizam enquanto criam, aprendem, praticam e aprimoram novos movimentos. Hawkins afirma: "Essa parte fundamental do período de aprendizagem deve promover novas percepções e fomentar o crescimento. O conteúdo pode ser um material novo ou novas formas de desenvolvimento de experiências prévias. O planejamento da atividade deve deixar claro o relacionamento com o foco da aula" (Hawkins, 1988, p. 128). Conhecer os resultados desejados – quer seja de uma dança coreografada específica, uma dança criativa sobre pesos ou uma que expresse as palavras de um poema – é um elemento-chave para o planejamento de tarefas completas e significativas. Em algumas experiências de dança criativa, a forma e a sequência exatas da dança da apoteose podem permanecer desconhecidas até que as crianças tenham explorado e improvisado movimentos; no entanto, um modelo ou um esboço geral dos resultados finais deve ser elaborado. Nesse contexto, o conceito de projeto em sentido inverso para o planejamento de uma unidade, formulado por Wiggins e McTighe (2005) e descrito anteriormente neste capítulo, também pode ser aplicado a cada uma das aulas.

A sequência das tarefas na seção de desenvolvimento é apresentada naquilo a que Mosston e Ashworth (2002) denominam uma descoberta guiada. As tarefas são projetadas e sequenciadas com o objetivo de preparar os alunos e orientá-los com vistas à criação e ao aprendizado de movimentos que são observados na dança da apoteose. Uma abordagem para o desenvolvimento de uma sequência adequada de tarefas é analisar como os elementos da dança são empregados em seu desfecho. As questões a seguir visam orientar a análise de uma dança da apoteose:

- Quais movimentos do corpo todo, ou de partes dele, são usados na dança?
- De que forma os níveis, trajetórias, amplitudes e direções são utilizados?
- Qual é a velocidade e o ritmo? Há marcação nos movimentos? Os movimentos se aceleram ou desaceleram? Existe alguma pausa nos movimentos? Todos se movimentam no mesmo compasso? Há contrastes em termos de velocidade? O ritmo sofre alterações?
- Que tipo de peso é utilizado? Em que momento os movimentos são marcados ou leves? Há alteração do peso?
- A fluência dos movimentos é solta ou presa? A fluência muda?
- Como os alunos serão organizados – individualmente, em pares ou em pequenos grupos? Eles acompanharão um ao outro, estarão conectados entre si, apoiarão um ao outro ou cada um espelhará os movimentos do outro? Que tipo de formação eles empregarão? Os relacionamentos e as formações mudarão no desenrolar da dança?

O Capítulo 8 traz uma descrição da apoteose para uma aula de dança do espaguete, aula esta cujo objetivo é representar com o corpo formas e movimentos retilíneos e curvilíneos. Ao ler a descrição você pode prever a sequência e as mudanças nas características dos movimentos, assim como as formações usadas na dança. Na seção dedicada ao desenvolvimento, a apresentação das tarefas lança mão da estratégia da descoberta guiada, para levar os alunos a experimentar e criar os tipos de movimento que são incluídos na dança da apoteose. As crianças começam a apoteose da dança do espaguete em uma forma retilínea e caminham por uma trajetória retilínea até uma panela de água. Na seção de desenvolvimento, elas praticam a representação de formas retas com seu corpo e descobrem diversas maneiras de trafegar em uma trajetória retilínea. Por meio do processo de exploração, você orienta os alunos através da experimentação dos movimentos que são utilizados no desfecho da dança do espaguete.

Uma análise semelhante em termos de elaboração de tarefa pode ser aplicada às danças sociais e culturais para as quais você tenha preparado uma apoteose. O exemplo a seguir demonstra as duas primeiras tarefas apresentadas durante a seção de desenvolvimento de uma aula voltada ao ensino da *troika* russa.

- Tarefa 1: "Cada um de vocês dará quatro passos, correndo para a frente; e depois irão parar. Então, tente novamente, começando com o pé direito; e dê os quatro passos correndo diagonalmente para a direita". Essa tarefa ensina os quatro primeiros passos da apoteose. Os elementos do movimento que devem ser enfatizados são: corrida, direção e deslocamento, com ritmo e cadência específicos.
- Tarefa 2: "Eu os reunirei em grupos de três alunos cada. Deem-se as mãos e pratiquem os quatro passos diagonalmente para a direita; depois, para a esquerda; e, em

seguida, oito passos para a frente". Nesta tarefa, os alunos aprendem a se locomover em uníssono, conectados entre si pelas mãos. Esses dezesseis passos formam a primeira seção da apoteose da *troika*. Os elementos da dança enfatizados são: corrida, relacionamento em conexão, cadência, ritmo e direção.

Cada tarefa prepara os alunos para os movimentos que executarão na dança da apoteose, além de destacar um ou mais elementos desta.

Dança da apoteose

O desfecho da dança reúne os movimentos praticados na seção de desenvolvimento. Nessa parte da aula, os movimentos que foram criados e aprendidos ganham estrutura. Os alunos selecionam, organizam e executam movimentos individualmente, em pequenos grupos ou em um grupo grande. As danças podem obedecer a uma estrutura coreográfica como roda, narrativa, ABA, AB, aleatória, temas e variações (ver Fig. 3.3) (Sprague, Scheff e McGreevy-Nichols, 2006). Tenha em mente que, até as crianças pequenas estarem prontas para trabalhar de forma mais independente e criar as próprias danças, pode ser interessante que elas tomem parte na dança da apoteose realizada em grupos grandes. Danças em grupos numerosos também são adequadas para alunos mais velhos cuja experiência com a prática seja limitada; porque, nesse caso, eles se sentem mais seguros executando os mesmos movimentos ao mesmo tempo que os demais. Uma dança criativa da apoteose, executada em grupos grandes, tem estrutura semelhante à de uma dança cultural ou social em que todos bailam em conjunto.

Danças da apoteose costumam ter começo, meio e fim bem definidos e identificáveis. A dança pode ter uma estrutura narrativa ou expressar um espectro de sentimentos. Ela pode ser composta de uma sequência de movimentos cuja finalidade é, por exemplo, demonstrar como uma forma redonda muda de tamanho e se movimenta em diferentes cadências ou diferentes trajetórias. É possível começar e terminar a dança em uma formação, como um círculo, uma linha ou elementos dispersos ao longo do perímetro de determinado espaço. Na seção intermediária, existe a possibilidade de os alunos manterem a formação inicial ou adotarem uma ou mais formações diferentes. Além da mudança de formação, o ritmo, os movimentos, o peso, a fluência e os relacionamentos dos dançarinos também podem passar por alterações. Outra abordagem para a criação de uma dança da apoteose pode ser a execução espontânea de movimentos praticados durante a seção de desenvolvimento. Para algumas crianças pequenas, o ato de criar espontaneamente os próprios movimentos é, por si só, uma dança. Elas não fazem distinção entre o processo de criação e a dança final (Cone, 2002). Em uma dança da apoteose espontânea não há uma estrutura coreográfica estabelecida; em vez disso, ela revela mais naturalidade, visto que é criada a cada segundo enquanto as crianças estão dançando. A dança pode

---

AB – Composição em duas partes. "A" representa um movimento e "B", outro.

ABA – Composição em três partes. Em primeiro lugar são executados os movimentos A. Depois, os da parte B; e os da parte A são repetidos em seguida.

Agregação – Uma dança que começa com um movimento e vai ganhando outros gradativamente. A cada nova inclusão, todos os movimentos são repetidos desde o início.

Narrativa – Uma dança que conta uma história ou uma série de eventos.

Tema e variações – Um movimento que é então alterado, mas mantém sua relação com o original.

Roda – Uma dança que simula um eco. Todos os dançarinos executam a mesma dança, porém, cada um deles começa, individualmente, um após o outro, com um pequeno intervalo de tempo entre eles.

Aleatória – Uma dança que é composta, de forma espontânea, de movimentos aleatórios.

Rearranjo – Uma dança cuja sequência de movimentos é organizada em outra ordem.

Retrocesso – Uma dança que é executada em ordem inversa.

Figura 3.3 Estruturas coreográficas usadas na dança.

terminar quando elas se sentirem cansadas, ou continuar até que você sinalize o fim.

Na condição de professor, você tem a possibilidade de criar sua própria dança da apoteose para uma dança criativa, em vez de adotar outra já existente, como a dança do espaguete. Nessa situação, é importante elaborar uma descrição escrita ou traçar alguns desenhos ou anotações para delinear sua ideia a respeito da dança. Você pode imaginar uma dança sobre folhas do outono e desenvolvê-la para expressar a ação e as características das folhas quando elas caem das árvores e são carregadas pelo vento nos campos. Analise, então, os movimentos previstos, as mudanças dos atributos e o uso do espaço; e depois planeje uma série de tarefas para a seção de desenvolvimento que orientará os alunos na direção da dança da apoteose.

Considere as seguintes questões quando estiver elaborando sua dança da apoteose:

- Que habilidades você pretende que os alunos desenvolvam como resultado da aprendizagem dessa dança?
- O que a dança deverá expressar em termos de imagem, tema, história, peça literária, ideia ou sentimento?
- Qual é a sequência de movimentos da dança da apoteose?
- Quais elementos específicos da dança podem ser enfatizados para apoiar os movimentos dessa dança?
- Quais formações serão adotadas? Linhas? Círculos? Dispersão?
- Como a dança deverá começar?
- Onde e como os alunos se movimentarão na parte intermediária da dança?
- De que forma a dança terminará?

Para criar a dança do espaguete, nossa ideia inicial era ensinar os alunos a representar com o próprio corpo formas retilíneas e curvilíneas e, também, a se locomover em trajetórias retas e curvas. Fazer diferentes formas com o corpo e encontrar diferentes caminhos para se movimentar podem constituir um modo adequado de explorar o conceito; entretanto, acreditamos que as crianças podem entender melhor esse conceito se criarmos uma história a respeito do que acontece com um pacote de espaguete. Sabemos que os alunos conhecem bem a imagem do espaguete e eles podem encontrar humor e interesse em dançar o evento imaginário do cozimento da massa. A dança da apoteose representa os eventos da história. Nela, os alunos fazem movimentos em trajetória retilínea, com o corpo ereto como hastes de espaguete, partindo do pacote imaginário até a também imaginária panela de água, dentro da qual se jogam. Então, à medida que a massa vai sendo cozida, o corpo das crianças assume uma forma curvilínea e elas se movimentam conjuntamente dentro da panela. Uma bolha gigante aparece e empurra os espaguetes para fora da panela. Curvados, eles correm e pulam, como se voassem pela cozinha, e vão parar, ainda com o corpo curvado, colados na parede. No final, os espaguetes cozidos se desgrudam lentamente da parede, caminham através de uma trajetória curva, entram no prato de jantar e aí permanecem deitados e enrolados. Os alunos vivenciam diversos tipos de mudança: de nível, ao passarem pelo cozimento, voarem pela cozinha e caírem no prato de jantar; de cadência; de forma; e de relacionamento, quando se aproximam e se afastam. Toda a classe dança a sequência ao mesmo tempo, embora cada um empregue as próprias ideias a respeito de como expressar formas e trajetórias curvas e retas.

Atividade de encerramento

É importante haver uma atividade de encerramento no final de cada aula, assim como no final da unidade (Graham, 2008). Ela pode ser a execução de uma dança da apoteose, uma revisão de todas as danças ensinadas na unidade, uma representação, escrita ou desenhada, da experiência, ou uma discussão a respeito daquilo que os alunos aprenderam. Essa atividade faz o fechamento da aula ou unidade e serve de avaliação do aprendizado e verificação do nível de compreensão dos alunos. As crianças devem ter um momento para refletir e fazer o resgate mental do que praticaram durante a aula ou unidade, para avaliar os conhecimentos e as habilidades que adquiriram. A natureza da atividade pode variar, mas deve proporcionar tempo para um encerramento significativo. Não se esqueça de que a forma de terminar é tão importante quanto a de começar.

EXEMPLO DE UNIDADE E DELINEAMENTO DA AULA

Apresentamos aqui um esboço do planejamento inicial para uma unidade de dança criativa. Com o objetivo de propiciar uma associação com a perda de folhas pelas árvores no outono e com o tópico de mudanças ambientais tratado pelo professor de ciências, a unidade deve ser ministrada durante essa estação.

Nível escolar: pré-escola e primeiro ano
Parâmetros nacionais (Meyer, 2010), conforme descrito a seguir*:
• 2: Compreender princípios, processos e estruturas da coreografia.
• 3: Compreender a dança como uma forma de produção e comunicação de significados.
• 7: Estabelecer conexões entre a dança e outras disciplinas.

Forma da dança: dança criativa.
Tema da dança: folhas caindo no outono.
Resultado da unidade: as crianças criarão e executarão uma dança que representa o formato e os movimentos das folhas.
Número de aulas da unidade: três.

Resultados para cada aula

Aula 1: as crianças criam formas estáticas para representar as diversas configurações das folhas, e empregam vários movimentos motores para demonstrar como elas caem das árvores e são sopradas pelo vento.

Aula 2: as crianças criam uma dança pessoal que utiliza três formas estáticas de folha e três movimentos motores.

Aula 3: as crianças dançam uma história sobre folhas que caem no outono, criada pelo professor.

Avaliação da unidade: lista de verificação usada na aula 2 – avalie as danças pessoais que contemplam três formas estáticas de folha e três movimentos motores.

Delineamento da aula 1

Introdução e aquecimento: o professor mostra formatos de folhas recolhidas na própria escola e também figuras do livro *Fall leaves fall* (As folhas do outono caem) (Hall e Halpern, 2000).

No aquecimento, os alunos caminham pela sala e, a um sinal do professor, param e permanecem estáticos em uma forma corporal determinada por ele.

Desenvolvimento: os alunos exercitam a representação corporal dos formatos de folhas usando diferentes níveis e amplitudes.

Os estudantes exploram movimentos de oscilação e giro com diversas direções, amplitudes e formatos de folha para representar o balanço delas ao vento, enquanto ainda estão presas à árvore.

As crianças exercitam movimentos motores, empregando várias trajetórias, para demonstrar as folhas carregadas pelo vento no espaço.

Atividade da apoteose: os alunos dançam uma sequência de movimentos projetados pelo professor, como balançar no formato de folha 1, no formato de folha 2 e no formato de folha 3, para depois, vagarosamente, oscilar para a frente e para trás, representando a folha soprada pelo vento. A seguir, eles correm em uma trajetória curvilínea para mostrar que a folha está voando sobre o jardim, e terminam a dança em posição estática, no formato de folha 1.

Encerramento: os alunos conversam e revelam o formato de folha e os movimentos motores preferidos.

Delineamento da aula 2

Introdução e aquecimento: o professor pede aos alunos que comentem os movimentos executados na aula anterior. "Sobre o que foi a dança que fizemos na primeira aula?"

No aquecimento, os alunos caminham pela sala e, a um sinal do professor, param e permanecem estáticos em um dos formatos de folha criados por eles na aula anterior. Essa atividade é repetida diversas vezes.

Desenvolvimento: cada uma das crianças escolhe três formatos de folha e pratica a representação corporal desses três formatos. O professor estabelece uma contagem, para determinar as paradas em que elas se mantêm imóveis no formato de folha que estiverem praticando. Os alunos exercitam, até que o professor ordene a mudança de um formato para outro. E, assim, o exercício continua.

O professor faz uma revisão dos movimentos motores e das trajetórias empregados na primeira aula, e os alunos praticam. O professor estabelece um número específico de passos para cada movimento motor.

As crianças escolhem três movimentos motores e a ordem em que eles serão executados; e, em seguida, praticam.

---

*O National Dance Standards (Padrões da Dança Nacional dos Estados Unidos) foi reimpresso pelo Consortium of National Arts Education Associations, em 1994.

Os alunos criam uma dança utilizando os três formatos de folha e os três movimentos motores.

O professor avalia enquanto as crianças praticam suas danças.

Atividade da apoteose: em pares, os alunos apresentam sua dança para os companheiros.

Encerramento: o professor pede a metade da turma que demonstre sua dança, enquanto a outra metade observa. Na sequência, os grupos trocam de posição. Durante essa atividade, o professor pode finalizar a avaliação, se necessário.

Delineamento da aula 3

Introdução e aquecimento: o professor pede aos alunos que criem, através de um trabalho colaborativo, uma história sobre folhas que caem.

No aquecimento, os alunos repetem a atividade do aquecimento da segunda aula. O professor estabelece uma contagem para determinar as paradas em que eles se mantêm no formato de folha imóveis; e inclui movimentos de balanço.

Desenvolvimento: o professor e os alunos criam uma história sobre folhas que caem. As palavras-chave da história são registradas em um cartaz. As crianças elaboram, junto com o professor, movimentos correspondentes a cada uma das palavras-chave e criam uma dança.

Atividade da apoteose: o professor conta a história enquanto as crianças dançam. A música utilizada varia. Uma é lenta e suave, e outra, rápida e forte.

Encerramento: o professor pede que os alunos expliquem o que sentiram dançando ao som de diferentes tipos de música.

CONEXÕES INTERDISCIPLINARES

Muitos termos, como *interdisciplinaridade*, *conexão*, *inter-relacionamento*, *intercurricular* ou *multidisciplinaridade*, são empregados para descrever uma experiência integrada de aprendizagem. Esses termos implicam a existência de duas ou mais áreas vinculadas entre si para a criação de uma experiência capaz de promover o aprimoramento da aprendizagem em cada uma dessas áreas (Cone, Werner e Cone, 2009). O ensino interdisciplinar respeita a integridade e a especificidade de cada área do conhecimento, reconhecendo, entretanto, o inter-relacionamento entre elas. Os alunos precisam ter experiências de aprendizagem que sejam específicas de cada uma das disciplinas, mas que, ao mesmo tempo, evidenciem o relacionamento existente entre elas (Jacobs, 1989). Jacobs, educador e estudioso do ensino interdisciplinar, afirma: "O currículo se torna mais relevante quando os assuntos estão conectados, e não isolados" (Jacobs, 1989, p. 5). As experiências de aprendizagem são menos fragmentadas e estimulam múltiplas perspectivas sobre um tema ou assunto. Os conhecimentos e as habilidades em uma área são aplicáveis a outras, e promovem o desenvolvimento do pensamento criativo e a formação de opiniões próprias.

A dança se integra facilmente com outras áreas do currículo. Ela oferece às crianças, que estão começando a perceber as partes de seu corpo e a forma como elas se movem (Gardner, 1983), a oportunidade de empregar o movimento como meio de percepção e comunicação de suas experiências de vida, tendo como base as próprias perspectivas. Para todas as crianças, o corpo e seus movimentos são um meio de adquirir e expressar conhecimentos e habilidades. De acordo com Lazaroff, o corpo pode ser interpretado como um "[...] recurso curricular potencial, capaz de enriquecer e ampliar o processo de aprendizagem de inúmeras disciplinas" (Lazaroff, 2001, p. 27). Os educadores que encaram a dança como um modo essencial de aprendizado não apenas atendem aos objetivos de um programa de ensino de dança, mas, principalmente, proporcionam aos alunos conhecimentos e habilidades que são profícuos para todos os aspectos de sua vida.

Embora a dança abarque um conjunto específico de conhecimentos, os temas que norteiam as danças praticadas pelas crianças estão frequentemente relacionados com outras áreas. Em uma dança sobre as flores da primavera, por exemplo, informações sobre o seu crescimento são essenciais para que a dança possa representar esse processo. As danças de caráter cultural interpretam aspectos da vida das pessoas, como valores, tradições, história e crenças, conceitos que compõem o currículo de estudos sociais. A dança é parte integrante de muitas culturas, devido a uma grande diversidade de razões, e, desse modo, sua integração com o programa de estudos sociais é uma estratégia de ensino bastante interessante para todas as disciplinas envolvidas. Em muitas salas de aula, o professor escolhe um tema comum, como comunidade, mudanças, padrões, conflitos e soluções, ou respeito. O tema é explorado em diferentes áreas do conhecimento e introduz diversas perspectivas ao processo de aprendizagem. Nessa abordagem temática, a dança desempenha um pa-

Crianças representando um floco de neve.

pel importante, ao acrescentar dimensões cinestésicas, criativas e estéticas a esse processo. As crianças podem expressar seu entendimento sobre um tema específico por meio do aprendizado ou da criação de danças que representem vários aspectos do tema (ver Fig. 3.4).

Muitas das experiências de aprendizagem apresentadas nos Capítulos 8 e 9 são aplicáveis em termos de integração. No final de cada experiência, são incluídas sugestões para conexões interdisciplinares. Para aqueles que desejam desenvolver aulas adicionais que integrem a dança com outras áreas do conhecimento, recomendamos a seção de leituras sugeridas incluída neste livro, com trabalhos de Benzwie (2011, 2002, 2000, 1987); Brehm e McNett (2008); Cone (2000); Cone, Werner e Cone (2009); Donnelly (2002); Gilbert (1977); Kane (1998); Overby, Post e Newman (2005); Rovegno (2003); e Stinson (1988). Esses educadores apresentam muitas ideias excelentes para a integração curricular. A seguir, sugerimos outras estratégias que podem proporcionar o desenvolvimento de conexões interdisciplinares:

• Faça visitas às salas de aula de seus alunos, para observar o que os outros professores estão ensinando a eles.
• Converse com professores, bibliotecários da escola e especialistas em música e em arte com o propósito de encontrar um meio de conectar o conteúdo que você está ensinando nas aulas de dança com o que as crianças estão aprendendo em sala de aula.

• Solicite aos professores que deixem um comentário em sua caixa de correspondência sobre as próximas unidades de estudo.
• Convide professores a assistir a suas aulas, para terem a oportunidade de observar seu programa em ação.
• Participe das reuniões pedagógicas ou marque reuniões mensais para o compartilhamento de ideias.
• Analise as diretrizes curriculares em busca de informações sobre o conteúdo das diversas áreas do conhecimento. Essas informações são úteis para o planejamento da incorporação, à dança, de conceitos e habilidades característicos de outras áreas.

O processo de integração de conteúdo de outras áreas requer um exame detalhado das habilidades e dos conceitos específicos de cada uma delas e, principalmente, do conteúdo com o qual você pretende estabelecer uma experiência de aprendizagem interdisciplinar.

Sugerimos três modelos de ensino interdisciplinar que operam em uma progressão contínua, com aumento gradativo do grau de complexidade. São eles: conexão, compartilhamento e parceria (Cone, Werner e Cone, 2009). Esses modelos tornam mais explícitos sua intenção e seus objetivos, agregando significado à aprendizagem dos alunos, assim como à tarefa do professor (ver Fig. 3.5). No modelo de conexão, as habilidades, os temas e os conceitos do currículo de dança são o foco principal do processo, e o conteúdo próprio de outra área de estudo é usado

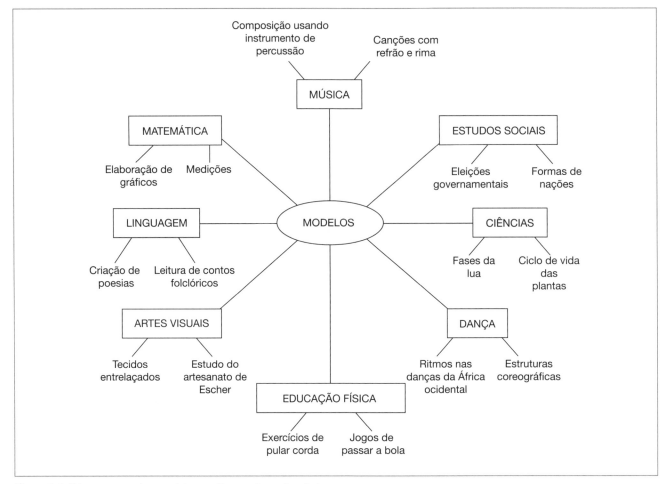

Figura 3.4 Crianças aprendem modelos em diversas áreas de estudo.

para aprimorar, expandir e complementar a experiência de aprendizagem. Por exemplo, em uma aula de danças culturais europeias, você pode, como forma de conexão com os estudos sociais, apresentar aos alunos um mapa, para que eles identifiquem a localização dos países, e distribuir figuras de pessoas que dançam vestidas com os trajes típicos da região. O modelo de compartilhamento integra dois ou mais temas, destacando habilidades semelhantes e tópicos ou conceitos que fazem parte do conteúdo desses temas integrados. Nesse modelo, o professor de dança ou de educação física atua em conjunto com os professores de outras áreas de ensino, com o intuito de localizar aspectos comuns que podem ser ensinados ao mesmo tempo. Uma aula de dança pode ser compartilhada com a aula de matemática que trata das frações. Na dança, os alunos aprendem a dar voltas completas e também quartos, metades e três quartos de uma volta, enquanto o professor de matemática está ensinando os conceitos relativos a frações. O terceiro modelo, parceria, baseia-se na igualdade para a representação de duas ou mais áreas ensinadas simultaneamente. A linha que separa as áreas do conhecimento não tem uma delimitação nítida, e as atividades de aprendizagem fundem os conteúdos com perfeição. Os professores de dança, artes visuais e música, por exemplo, trabalham em regime de colaboração para ministrar uma unidade baseada no modelo de parceria cujo foco seja a cultura *hip hop*. Os três professores trabalham a unidade como uma equipe unida. Eles lançam mão de sua qualificação profissional nas respectivas áreas de estudo para gerar resultados e avaliações comuns. Durante as aulas, os alunos aprendem e criam músicas, danças e artes visuais, além de discutir outros elementos culturais associados ao tema. Esse modelo requer considerável dedicação ao planejamento e a determinação de encarar o conteúdo sob um ponto de vista novo e diferente.

Na condição de educadores, procuramos estabelecer conexões entre a experiência de vida das crianças e o con-

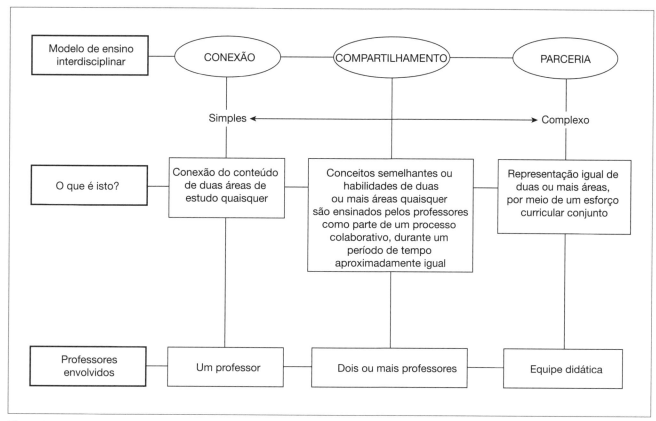

Figura 3.5 Uma comparação de três modelos de ensino interdisciplinar. Fonte: Adaptado de Cone, Werner e Cone (2009, p. 11).

teúdo da dança. O ensino em uma perspectiva interdisciplinar proporciona a oportunidade de transmitir conhecimentos e habilidades às crianças, de forma holística, para ajudá-las a perceber a relação entre o que aprendem nas diversas áreas de estudo. Experiências interdisciplinares de aprendizagem reconhecem e promovem múltiplas formas de absorção de um conceito ou uma habilidade, e ampliam nossa concepção sobre aquilo que podemos experimentar em nosso mundo. Eisner (1998) acredita que o aprendizado dos alunos é forjado pelas experiências a eles apresentadas ao longo do processo educacional. Os professores são responsáveis por propiciar experiências de aprendizagem que contestem os métodos convencionais e por embarcar em uma jornada junto com seus alunos, para a exploração do mundo por meio de uma imensa variedade de caminhos.

RESUMO

Uma experiência de aprendizagem bem-sucedida é o resultado do planejamento de uma sequência adequada de tarefas, a qual leve os alunos a entender como os movimentos podem ser utilizados para expressar uma ideia, uma tradição ou um sentimento. Você deverá escolher um tema que seja relevante para eles, que tenha significado em termos da vida de cada um deles e enfatize os elementos da dança.

Cada experiência de aprendizagem pode influenciar de maneira significativa a forma pela qual as crianças encaram a dança. Essa experiência deve ser muito bem talhada, de modo a permitir que os alunos desenvolvam uma ideia lógica e bem planejada. Esse processo começa com uma introdução oral e física do tema; em seguida, proporciona tempo para que os alunos explorem, aprendam e criem movimentos relacionados com a ideia; e termina com a composição ou execução de uma dança completa. A dança da apoteose passa a pertencer aos alunos na medida em que eles se engajam e descobrem significado pessoal nos movimentos.

A dança deve desempenhar um papel primordial no currículo escolar. Ela pode ser ensinada como uma experiência de aprendizagem simples, que costuma ocorrer ao longo do ano letivo, ou em unidades que se concentram em temas específicos. Tanto as danças criativas como aquelas desenvolvidas por outros precisam ser incluídas todos os anos no programa dos níveis primário e intermediário. Um programa abrangente que contemple todas as dimensões da dança, como forma de arte e movimento, proporciona aos alunos a oportunidade de criar, aprender, observar e executar danças, assim como de responder aos estímulos por elas gerados.

Questões para reflexão

Qual é a sua fonte de ideias para uma unidade de estudo? Elas estão presentes no currículo ou você planeja suas próprias unidades obedecendo a um modelo de resultados escolares?

Quais partes de uma unidade são fáceis de planejar? Por quê? Quais problemas você encontra ao planejar uma unidade? Como você os soluciona?

De que forma você prioriza o conteúdo de um programa anual de ensino de dança?

Os componentes de uma aula, descritos neste capítulo, representam um modo de organização e desenvolvimento de conteúdo. Quais ideias você acrescentaria ao plano da aula?

Que importância você identifica no ensino de uma unidade interdisciplinar que integre a dança com outra área do conhecimento? Quais áreas curriculares você pode integrar com a dança?

Capítulo 4

Criando um ambiente para o ensino da dança

A tarefa de ensinar fica mais fácil quando pode ser executada em um ambiente considerado ideal. Assim, a implementação de nosso planejamento ocorre sem percalços. O fato é que a condição de ensino que você encontra nem sempre disponibiliza todos os elementos necessários, o que o obriga a adaptar suas ideias de forma a tornar o aprendizado significativo, seguro e efetivo para os alunos. Todos nós compartilhamos algumas semelhanças... e algumas diferenças marcantes! Entre essas diferenças, encontramos: tamanho das turmas; frequência das aulas; duração de cada período de aula; instalações; equipamentos e materiais; comunidade; e um amplo conjunto de diferentes idades, aptidões e necessidades especiais, dentro da mesma classe de crianças (Newnam, 2002). Em 1995, a National Dance Association publicou, em colaboração com o Consortium of National Arts Education Associations, o *Opportunity-to-learn standards for dance education* (Parâmetros de aprendizagem para o ensino de dança). Esses parâmetros descrevem as condições físicas e educacionais necessárias para que os alunos aprendam a dançar e tenham êxito nessa atividade. Eles tratam de currículo, programação, materiais, equipamentos, instalações e equipes, apresentados na forma de diretrizes que devem ser adotadas no desenvolvimento de um programa de dança e critérios para a criação de um ambiente que facilite um efetivo processo de ensino e aprendizagem. Este capítulo traz estratégias para o planejamento e a implementação do conteúdo da dança em diversas situações pedagógicas, com o objetivo de atender melhor às necessidades das crianças e maximizar o prazer delas em aprender.

TAMANHO DA TURMA

Embora a National Association for Sport and Physical Education (2009) recomende que as turmas de educação física e de dança tenham o mesmo número de crianças que as turmas de disciplinas regulares (p. ex., 25 crianças por classe), algumas escolas e distritos programam aulas simultâneas para duas ou três turmas. Com isso, o professor de educação física ou de dança é obrigado a trabalhar com sessenta ou mais crianças em uma mesma sessão. Embora essa situação imponha um grande desafio, é possível encontrar maneiras de transmissão do conteúdo que proporcionem aos alunos uma experiência de aprendizagem positiva. Por exemplo, o uso de estações ou centros de aprendizado é uma forma eficiente de se organizar grupos numerosos de crianças. Cada estação pode conter instruções escritas, figuras ou diagramas que explicam a execução de um movimento específico de uma dança coreografada ou de uma dança folclórica tradicional. Após passar por todas as estações, os alunos têm condições de juntar todos os passos em uma sequência correta. Outros conjuntos de estações podem ter o foco concentrado em tarefas que explorem um elemento da dança. Em uma estação sobre o elemento tempo, é possível incluir as seguintes tarefas:

- Encontre uma forma de caminhar em círculo do modo mais rápido que você puder.
- Em seguida, caminhe em círculo o mais devagar possível ou comece a caminhar em círculo vagarosamente, acelerando até chegar a correr, e então desacelere para voltar a caminhar.
- Escolha um parceiro, e pratiquem juntos o espelhamento de todos os movimentos que vocês fizerem.

Segurança é um fator importante quando muitas crianças se movimentam simultaneamente. Elas podem evitar de se chocar entre si ou com outros objetos, ao se manterem conscientes de seu espaço pessoal (o espaço imediato ao redor do próprio corpo; ver Capítulo 2). Você precisa ensinar e reforçar esse conceito em todas as aulas. Outro modo de organizar uma turma numerosa é colocar as crianças em fileiras. Forme filas com o menor número possível de crianças para reduzir o tempo de espera e aumentar a atividade. Estabelecer o equilíbrio entre garantir às crianças a condição de fazerem movimentos expressivos e a segurança de estarem protegidas contra ferimentos requer um planejamento cuidadoso e a disposição de introduzir as modificações adequadas à aula.

A amplificação de sua voz contribui para a eficiência das aulas ministradas para um grupo numeroso, pois permite que os alunos escutem adequadamente as instruções. O uso de microfones pelas crianças, quando elas fazem e respondem perguntas, também é uma boa ideia. Desse modo, toda a turma tem condições de ouvir, sem que seja preciso repetir os comentários. Para apresentar as instruções e as informações necessárias para a aula, considere o uso de cartazes, de uma lousa, de um projetor de transparências ou de eslaides, ou um de cristal líquido (LCD).

EQUIPAMENTOS E MATERIAIS DIDÁTICOS

A inclusão de equipamentos e materiais como músicas, acessórios e vestimentas enriquece a experiência de aprendizagem da dança. Esses itens podem ser empregados como forma de estímulo para a criação de danças ou como acompanhamento para uma dança. Música e dança costumam ser parceiras em uma experiência de aprendizagem. A voz, os instrumentos de percussão e as músicas gravadas dão sustentação ao ritmo do movimento e criam a ambientação para a dança. Os acessórios ajudam a ilustrar o significado dos movimentos, assim como a enfatizá-los e a criar um componente visual que complementa a dança. A maioria deles é constituída de luzes e objetos que os alunos manipulam enquanto se movem pelo espaço. Algumas vezes, as crianças dançam ao redor, em cima ou embaixo de objetos maiores, os quais ajudam a delimitar o ambiente da dança. Vestimentas são, também, excelentes complementos para uma dança. As crianças se divertem ao se vestirem para representar um personagem, um animal, uma árvore, um monstro, ou para dar vida a qualquer ideia nascida de sua imaginação. Todo programa de dança deveria ter acesso a inúmeros materiais didáticos. DVD, CD, tocadores de MP3, livros, fotos, cartazes e computadores com acesso a *sites* da Internet, aplicativos e vídeos, podem ser catalisadores de novas ideias para danças, assim como veículos de apresentação de informações sobre danças de caráter social ou cultural e suporte para os conceitos de dança enfatizados nas experiências de aprendizagem.

Música

A maior parte das experiências de dança emprega a música para o acompanhamento dos movimentos, seja ela transmitida através da voz, por instrumentos de percussão, gravada ou ao vivo. As músicas podem estimular ideias para a dança, além de servir de suporte para a cadência e o ritmo e estabelecer a atmosfera do ambiente ou definir a estrutura da dança. A voz é um instrumento que nos acompanha por toda parte e pode, por meio de sons e palavras, expressar as características de um movi-

Formação inicial para uma dança da echarpe.

mento. Até mesmo o modo de utilização da voz quando você dá as instruções faz a diferença em termos da resposta dos alunos. Para ilustrar esse ponto, pense em como as seguintes palavras de ação podem ser expressas de maneiras diferentes para produzir uma forma específica de movimento. Você pode dizer "chapinhar" em voz alta, rápida e aguda; "comprimir", em voz alta e prolongada; e "cair", começando em tom agudo e terminando em tom grave.

Os alunos têm a possibilidade de empregar a voz para acompanhar as danças cantando canções. Considere, por exemplo, a alternativa de utilizar uma canção bastante familiar como "Reme, reme, reme seu barquinho" para acompanhar uma dança estruturada em círculo (também conhecida como cânone). As crianças criam movimentos para cada seção da canção e depois, em pequenos grupos, cantam e executam os movimentos para a realização de uma roda de dança. Outra opção é produzir uma canção que descreva uma sequência de movimentos. Por exemplo, em uma dança sobre a plantação de um jardim, você e os alunos podem cantar "Semear, semear, cobrir com terra e pular, pular". Nas palavras "semear, semear", as crianças simulam a colocação de sementes no chão. Em seguida, em cada uma das sílabas da frase "cobrir com terra", elas batem os pés rapidamente e com firmeza, fingindo enterrar as sementes. Um salto grande em cada palavra "pular" completa a frase, que é repetida diversas vezes, enquanto as crianças cantam e, ao mesmo tempo, movimentam-se. Existe também a possibilidade de elas vocalizarem ritmos, emitindo inúmeros sons com a voz. Em uma dança a respeito de máquinas, por exemplo, os alunos podem criar sons por meio do corpo ou da voz, de forma a acompanhar os movimentos da máquina. Palavras, poemas e histórias, expressos em tom alto, podem envolver a voz como acompanhamento.

Tenha à mão um conjunto de instrumentos de percussão para acompanhar as danças. A maioria dos recursos desse tipo pode ser facilmente carregada durante uma aula ou enquanto se dança. Quando você planejar uma aula de dança, leve em consideração movimentos passíveis de se sustentar pela percussão forte da batida de um tambor; pelo som suave e prolongado de um triângulo; ou pelos sons rápidos e vibratórios dos chocalhos (ver as danças com instrumentos de percussão, na página 140, do Capítulo 8). Considere, ainda, a criação de instrumentos, com o propósito de emitir sons interessantes e incomuns (ver Tab. 4.1). Você não precisa ser um músico exímio para utilizar instrumentos na dança. Reserve um tempo para se familiarizar com os instrumentos de percussão, e explore novas formas de percuti-los, friccioná-los ou sacudi-los com suas mãos. Peça ao professor de música da escola que o ensine a tocar alguns ritmos básicos. Avalie a possibilidade de emprestar instrumentos, ou tente encontrá-los em lojas de brinquedos ou de aparelhos musicais, em lojas de museus, vendas de garagem e catálogos escolares.

Tabela 4.1 Instrumentos de percussão.

Instrumentos tradicionais	Instrumentos incomuns ou achados
Tambores de diversos tamanhos	Tampas de potes
Triângulo	Colheres
Chocalho	Copos com água em diferentes níveis
Gongo	Latas de plástico para lixo
Carrilhão	Latas de plástico ou de metal
Pau de chuva	Caixas redondas de farinha de aveia
Sino	Colheres de madeira
Varetas	Tampas de lata em plástico ou metal
Tambor de madeira	Pedras para serem esfregadas ou batidas, uma contra a outra
Guizo	Baldes de plástico
Címbalo	Contêineres cheios de grãos
Xilofone	Sacos de papel

Encontrar músicas gravadas adequadas para uma experiência de dança é sempre uma tarefa desafiadora. A variedade de músicas é tão grande que se torna difícil saber por onde começar a procurar. Uma alternativa é comprar músicas que fazem parte de pacotes preparados especificamente para aulas de dança. Esse tipo de gravação pode ser um bom início para a criação de um acervo musical. Outra opção é dedicar parte de seu tempo a ouvir músicas, selecionando e gravando aquelas passíveis de utilização na dança. Etiquete sua seleção, destacando ideias para uso futuro, e depois experimente essas músicas com seus alunos. Inclua em sua coleção músicas que:

- tenham uma batida regular e bem definida;
- apresentem cadências variadas, que propiciem movimentos lentos e prolongados, assim como rápidos e percussivos;
- sejam compostas de ritmos diversos, que permitam saltar, correr e pular;
- promovam sensações diversificadas, como sentimentos de paz, ansiedade e poder;
- evoquem imagens e sentimentos (p. ex., sons que lembrem a música de criaturas estranhas aportando na Terra);
- representem outras culturas; e
- denotem um período de tempo específico.

Não se esqueça de incluir uma seleção de músicas que representem um amplo espectro de estilos e culturas. É possível que os alunos prefiram aquelas que são mais populares e conhecidas; no entanto, você deve aproveitar a aula de dança para apresentar diversos tipos de música, contribuindo dessa forma para ampliar o conhecimento deles sobre música e a exposição a ela. Sua lista pode incluir músicas clássicas e populares, *jazz*, *rap*, *reggae*, *hip hop*, *new age*, *rock*, *gospel*, ópera, diversas formas de música vocal, trilhas sonoras de filmes, sons da natureza, canções infantis e música étnica tradicional e contemporânea. É possível combinar diversos tipos de dança com diferentes tipos de música. A música africana, por exemplo, pode ser usada em uma dança que represente uma tempestade, ou uma música do gênero, como acompanhamento de uma dança sobre beisebol. As danças folclóricas tradicionais costumam exigir peças musicais específicas que podem ajudar a tornar a experiência mais autêntica. O professor de música é um profissional capaz de oferecer valiosa contribuição para a seleção musical, além da assistência na identificação de ritmos e estruturas musicais.

Uma vez que você tenha escolhido a música, procure familiarizar-se com a seleção. Toque-a no espaço a ser usado para a experiência da dança, de maneira a assegurar que o volume seja adequado e o equipamento de áudio esteja funcionando perfeitamente. Ao introduzir uma música em uma sessão de dança, nunca se esqueça de dar os créditos ao compositor e apresentar o nome da peça musical e do músico que a executa.

Um equipamento musical apropriado pode fazer uma diferença significativa na qualidade da música utilizada em uma experiência de dança. Nem sempre a aquisição de um equipamento topo de linha é viável; todavia, é possível que a escola tenha condições de disponibilizar um tocador de CD ou de MP3. Quando você tiver a oportunidade de adquirir um equipamento novo, considere a seguinte lista de recursos desejáveis:

• Um tocador de CD com conexão para MP3, além de controle remoto e alto-falantes capazes de abranger todo o espaço. O controle remoto lhe propicia mais liberdade para se posicionar adequadamente durante a aula.

• Microfone e alto-falante portáteis. Um microfone sem fio, para ser usado pendurado ao pescoço, permite que você se movimente em todo o espaço junto com os alunos, além de lhe garantir condições de dar instruções enquanto a música é tocada.

• CD em branco para a criação de seleções musicais.

• *Kits* de limpeza, para manter os tocadores de CD em bom estado.

• Estojos para armazenamento de CD. O acondicionamento adequado protege contra estragos.

Acessórios

As experiências de aprendizagem de dança costumam utilizar como acompanhamento acessórios de mão. As crianças podem manejar fitas, argolas, faixas elásticas, balões, bastões, cordas, echarpes e outros materiais enquanto dançam. Além disso, também é possível a utilização de equipamentos como cadeiras, tapetinhos, cones ou mesas, para que elas se movimentem passando ao redor, em cima, embaixo, dentro ou entre eles. A condição ideal é que, quando apropriado, as crianças tenham os próprios acessórios. Quando não houver acessórios do mesmo tipo suficientes para todos os alunos, eles devem compartilhar ou negociar esses objetos. Por exemplo, em uma aula que proponha a formação de diferentes figuras, um grupo utiliza uma corda elástica, outro grupo, bastões, e outro, longos pedaços de fita. Ao escolher os equipamentos ou acessórios, leve em consideração as habilidades que cada criança possui para manejá-los com segurança. Ela consegue movimentar facilmente o acessório? Se ela derrubar o objeto, há risco de ferimentos? Existe um espaço adequado, dentro do qual as crianças possam mover-se com o acessório?

Esse tipo de objeto é empregado para iniciação, extensão ou acompanhamento dos movimentos. Nas danças culturais, é possível utilizar echarpes, bastões, cordas, flores ou cestas como parte dos movimentos, ou como forma de expressão de um artefato ou característica cultural.

Em uma experiência de aprendizagem destinada a criar linhas curvas e retas, as crianças podem usar cordas para desenhar sobre o solo linhas que tenham essas características, e depois reproduzir com o corpo a mesma figura. Serpentinas ou fitas carregadas com as mãos podem representar pincéis imaginários usados para pintar letras no ar, ao passo que com as echarpes é possível criar chamas, folhas ou pétalas de flor (ver Fig. 4.1). Pares ou pequenos grupos de alunos podem compartilhar um acessório e descobrir maneiras de se movimentar em conjunto. Argolas podem ser empregadas como passagens fictícias no espaço ou como forma de conectar os alunos formando a figura dos raios do sol. Pequenos grupos de crianças conseguem usar com facilidade cortinas ou pedaços grandes de material para simular nuvens flutuantes, um rodamoinho em um rio ou o vento de um tornado. Muitas escolas possuem um paraquedas, que pode ser transformado em um monstro gigante quando um grupo o segura por um dos lados e corre deixando o resto do tecido flutuar no ar. São ilimitadas as possibilidades de uso de acessórios como parte de uma experiência de dança. Quando você pergunta às crianças "O que mais isto pode ser?", referindo-se a um acessório, elas apresentam muitas ideias interessantes.

Os acessórios também podem ser usados como uma forma de ilustração de um conceito ou elemento da dança. As crianças sempre precisam contar com um objeto

Figura 4.1 Crianças dançando com fitas para representar os movimentos de uma chama.

concreto que as ajude a visualizar as palavras e conceitos apresentados durante uma experiência de aprendizagem. Por exemplo, o conceito de redondo pode ser ilustrado por meio de uma bola ou um globo; o de aumento ou diminuição fica mais bem representado pela ação de inflar e esvaziar um balão; e a sensação de força fraca ou forte torna-se vívida quando você torce uma toalha ou faz um pedaço de papel flutuar. O uso de acessórios na produção de um ambiente para a dança transforma o espaço de forma mágica e estimula ideias para a criação de movimentos. Imagine uma sala cheia de serpentinas vermelhas e laranjas espalhadas pelo chão. Ao correr e pular entre as fitas, as crianças são imediatamente levadas a se imaginar dançando sobre o sol. Você pode, também, utilizar argolas, para delimitar espaços em que os alunos entram e saem, como se fossem mundos diferentes; por exemplo, um mundo veloz, um mundo agitado ou um mundo estático. Cordas amarradas a traves de voleibol podem formar uma teia usada em uma dança da aranha; cadeiras organizadas em linha servem para representar um trem ou um ônibus em uma dança sobre viagens que usem esses meios de transporte; e linhas coladas no chão funcionam como trajetórias. Um ambiente criado com a ajuda de acessórios estimula os alunos a usar a imaginação e os ajuda a encontrar uma representação real para ideias abstratas. Eis aqui algumas sugestões de acessórios criativos:

- Pompons (cubra um tubo de papel toalha com papel adesivo; corte fitas de plástico com 20 cm e grampeie de oito a dez fitas juntas, em uma das extremidades do tubo).
- Folhas grandes de plástico, cortadas em formatos diversos (toalhas plásticas para mesas são uma boa opção).
- Cortinas, folhas ou outros materiais translúcidos.
- Animais de pelúcia ou bonecas.
- Lenços de papel ou de tecido.
- Echarpes de mágicos.
- Fitas plásticas extensíveis ou pedaços de elástico.
- Faixas longas.
- Saquinhos de sementes.
- Ganchos (fitas podem ser grudadas).
- Sacos de papel.
- Rolos de papel higiênico.
- Bolas de praia.
- Guarda-chuvas.
- Batutas (bastões de madeira medindo 30 cm) e varinhas.

Vestimentas

As crianças, em especial as menores, recebem com satisfação a oportunidade de criar e vestir fantasias quando dançam. As vestimentas podem ser simples, como uma

Crianças do primeiro ano utilizam formas feitas de isopor como acessórios da dança.

echarpe amarrada ao redor dos pulsos, um pedaço de tecido drapeado sobre os ombros, ou fitas coladas na blusa. O uso de fantasias em uma dança pode ajudar a definir um personagem, um estado de espírito, um período de tempo, uma cultura ou um animal. Lâminas de alumínio podem ser enroladas nos braços ou moldadas na forma de um chapéu, para uma dança sobre relâmpagos. Fantasias de monstros podem ser confeccionadas a partir de grandes sacos plásticos de lixo, com um buraco para a cabeça e os lados cortados em tiras longas. Ao projetar a vestimenta para uma dança, tenha em mente a facilidade de movimento e a segurança. Certifique-se de que a fantasia esteja presa com firmeza e que os adereços da cabeça permitam que as crianças consigam enxergar e respirar normalmente.

INSTALAÇÕES

Embora alguns professores possam contar com espaços interno e externo adequados, outros não têm a mesma sorte. Na verdade, para alguns deles a disponibilidade de espaço interno praticamente inexiste. Em certas escolas, a dança é ensinada na própria sala de aula das crianças, no pátio asfaltado, na sala de almoço, em um palco, no vestíbulo ou em uma área externa coberta de grama. Apresentamos a seguir algumas sugestões para a adaptação do conteúdo deste livro no caso de limitação de espaço, interno ou externo.

Uma aula de dança pode ser ministrada tanto em um espaço interno como em um externo. O ensino da dança em áreas externas pode tornar-se inspirador, em especial quando esse ambiente exterior serve de tema para a atividade (ver Fig. 4.2). O desafio, nesse caso, reside em encontrar uma forma que permita a utilização de música para acompanhamento da dança. Nós sugerimos tocadores de CD ou de MP3 operados por bateria ou o emprego de extensão elétrica com comprimento suficiente. Os instrumentos de percussão, devido a sua portabilidade e facilidade de manejo, constituem uma boa alternativa para aulas em áreas externas; entretanto, alguns sons podem não se difundir bem em grandes espaços abertos. Antes de começar a aula, faça testes com sua voz e com acompanhamentos musicais na área aberta a ser utilizada, de modo a determinar se algum ajuste será necessário. Para manter o foco e a segurança dos alunos em um ambiente externo, você precisa fixar limites espaciais para a dança. Cones ou cordas colocados sobre o chão são úteis para a demarcação de espaço. Certifique-se da inexistência de objetos em que as crianças possam escorregar, como gravetos soltos, cacos de vidro ou manchas de óleo.

A maioria dos ginásios é um ambiente interno perfeitamente adequado para a dança. Todavia, uma sala de aula ou um corredor é o espaço algumas vezes destinado a essa atividade – uma situação longe da ideal. Defina claramente os limites do espaço e verifique a presença de objetos passíveis de causar ferimentos. Nem todas as superfícies

Figura 4.2 Após observar folhas levadas pelo vento, as crianças criam movimentos marcantes de estiramento para representar a sensação de serem transportadas pelo vento.

de revestimento do solo são adequadas para a dança e, nesse caso, pode ser necessário fazer adaptações. O excesso de exercícios de salto sobre o concreto, cambalhotas sobre o tapete ou a movimentação em um chão de ladrilhos encerado são atividades que podem causar lesões tanto em você como nos alunos; e é sempre sua a responsabilidade pela segurança deles. Esteja consciente das limitações oferecidas pelo ambiente e planeje aulas significativas e apropriadas para o espaço disponível, além de seguras do ponto de vista da movimentação ativa das crianças.

Quer sua aula seja em espaço interno ou externo, utilize uma parede ou um suporte portátil para exibir conceitos da dança, fotos, trabalhos de alunos, artigos ou desenhos. Uma lousa permitirá que você apresente o plano da aula e uma lista de palavras, ou desenhe trajetórias e diagramas de formação. É essencial que exista espaço disponível para o armazenamento de equipamentos de vídeo e de áudio, instrumentos, acessórios e outros materiais didáticos. A luminosidade e a ventilação do ambiente, assim como o acesso a banheiros e bebedouros, são fatores que podem ajudar os alunos a aprender melhor.

FREQUÊNCIA E DURAÇÃO DAS AULAS

As escolas diferem quanto ao número de dias na semana destinados a aulas de educação física ou de dança e, também, em relação à duração dessas aulas. Como é possível prever, crianças que participam diariamente de aulas de educação física ou dança com duração de 30 minutos têm melhores condições de aprender um volume maior de conteúdo e usufruir mais dos benefícios oferecidos por exercícios regulares do que crianças com menos tempo de contato com essa atividade. Em uma perspectiva realista, os objetivos que podem ser atingidos por um programa de dança são determinados pelo tempo total de participação das crianças durante o ano letivo. Ao planejar, tenha em mente eventos que afetam a programação das aulas, como as férias escolares, as viagens de estudo, os programas comunitários e outros eventos especiais. Uma forma de abordagem é obter a programação escolar anual e anotar quantas sessões estão disponíveis e o tempo destinado a cada período. Planeje, então, unidades que se enquadrem no tempo de que você dispõe.

A dança como parte do currículo de educação física pode ser ministrada em diversas unidades de aulas, concentradas ou em uma única sessão apresentada diversas vezes ao longo do ano letivo. Há situações em que é possível concluir uma experiência de aprendizagem em uma sessão de 30 minutos; em outras, pode ser necessário continuá-la em uma sessão adicional. Os alunos podem precisar de mais tempo para aprender e praticar uma dança, ou para concluir o processo de criação de outra. Quando uma experiência de aprendizagem se estende por diversas sessões, os alunos têm necessidade de rever o que aconteceu na sessão anterior. Essa conexão entre sessões é fundamental para que ocorra uma experiência significativa. Considere que, mais importante do que apenas se ater a uma programação estabelecida, é dar uma aula com elevado nível de qualidade. Propiciar às crianças o sentimento de realização na experiência de aprendizagem promove nelas uma compreensão mais acentuada do valor da dança. Essa compreensão gera atitudes positivas em relação à dança dentro da educação física e aos currículos de dança.

CARACTERÍSTICAS DA COMUNIDADE

As características da comunidade em que você ensina são elementos importantes a considerar quando do planejamento e da implementação de um programa de dança. Nessa comunidade estão incluídos não apenas a cidade ou o município, mas também a escola. Toda região possui cultura, tradições e história próprias, além de formas inerentes de funcionamento. Os valores e as crenças de uma comunidade exercem influência direta sobre as crianças que nela crescem.

Na qualidade de professor, você precisa conhecer a comunidade em que leciona. Procure saber quais são suas festividades e como são celebradas, onde vivem seus alunos, que tipo de atividades recreativas estão disponíveis, quais são as instituições religiosas estabelecidas na comunidade e quais são os idiomas falados. Procure familiarizar-se com o modo de vida na região. Como professor, você deve procurar compreender as comunidades em que trabalha, especialmente se elas possuírem costumes e tradições diferentes dos que compõem sua herança social. Compreender implica conhecer a composição étnica e socioeconômica da comunidade, assim como o valor que ela atribui à educação. Cada comunidade imagina um futuro para suas crianças, e ele se reflete nos objetivos da escola. Você precisa estar atento a esses objetivos e procurar garantir que seu programa de dança esteja em sintonia com eles.

A dança, como meio de expressão e comunicação, ajuda os alunos a entender a composição singular da comunidade em que vivem e a forma de relacionamento dessa comunidade com outras em todo o mundo. Uma população pertencente a uma etnia específica dentro de uma comunidade pode ser uma oportunidade de os alunos aprenderem danças características dessa herança étnica (ver Fig. 4.3). Procure referências na própria comunidade, se você não estiver seguro quanto à forma de ensinar essas danças. Em geral, os pais estão dispostos a compartilhar seus costumes e suas danças com a classe. Valores religiosos da comunidade também devem ser considerados. Em algumas religiões, as danças e os temas relacionados especificamente à dança não têm festividades como foco. Pode ser necessário eliminar ou modificar certas danças, de modo que as crianças não se sintam forçadas a colocar em questão as próprias crenças. Recorra a pais e outros membros da comunidade como fonte de informações sociais e culturais que possam ajudá-lo a compreender o que é adequado para tornar a experiência de dança significativa para seus alunos.

Figura 4.3 Danças folclóricas podem proporcionar aos alunos a oportunidade de aprender a respeito da própria herança étnica e da de seus colegas.

POLÍTICAS DA ESCOLA

Cada escola tem suas políticas e seus procedimentos para lidar com diversas situações. Isso significa que ela possui um planejamento em relação a como resolver situações inesperadas e já previu detalhadamente quais emergências são passíveis de ocorrer e como devem ser tratadas. Sendo um professor responsável, você deve conhecer as políticas e os protocolos da escola e estar preparado para agir quando necessário. Essas informações devem estar disponíveis em um manual da escola ou através do setor administrativo. Todas as escolas contam com requisitos para a prática de exercícios de incêndio e ações em caso de rebelião ou necessidade de evacuação. Reveja esses procedimentos, discutindo e praticando com seus alunos o comportamento apropriado nas situações de emergência. O plano de emergência de uma escola possui três partes que você precisa conhecer (Tanis e Hebel, 2010). Durante a crise, é necessário que você saiba como fazer contato quando precisar de ajuda, como solucionar uma situação de ferimento de algum aluno e quem deve ser envolvido no momento da tomada de decisão. A segunda parte ocorre depois da crise e diz respeito a ações como elaboração de relatórios acurados; reunião de provas do evento ou da lesão; e comunicação a pais, administradores e ao comando da escola. Na terceira parte, você avalia o incidente, verifica se os procedimentos foram seguidos e, se julgar necessário, faz recomendações quanto a mudanças nas políticas e nos protocolos.

Tenha um plano para o atendimento às crianças que se machucarem em suas aulas. A resposta inicial em caso de lesão requer uma avaliação cuidadosa, porém ágil, seguida de ações seguras e adequadas de ajuda à criança. É essencial procurar a orientação da enfermaria da escola sobre procedimentos a serem adotados no caso de ferimentos antes de alguém se machucar. Visando garantir um ambiente de aprendizagem seguro, o setor de enfermaria deve informar a você se existem crianças portadoras de alergias potencialmente perigosas do ponto de vista de risco à vida ou outras doenças como diabetes, asma ou epilepsia.

DEFESA DO PROGRAMA

É possível que você já esteja lecionando em uma escola em que a dança é considerada parte integral do currículo, ou, talvez, venha a receber uma solicitação para iniciar um programa de dança. Nas duas situações, lance mão de seus conhecimentos sobre a atividade para divulgar os benefícios da dança como componente do currículo de educação física ou de educação artística. Seus esforços para manter ou iniciar um programa de dança requerem que você se torne um convicto defensor dessa atividade, e isso implica ser o elemento de suporte da dança no currículo da escola.

A abordagem de defesa da dança é planejada para que você tenha voz dentro do processo decisório. Trata-se de comunicação com um propósito (Alperstein e Weyl, 1992). É necessário estar sempre pronto para expressar de forma concisa e clara a importância da dança na educação infantil. Ela pode ser uma área vulnerável do currículo, porque em muitas escolas não é considerada parte integrante do núcleo principal do programa, e está sempre sujeita a cortes orçamentários; assim, as oportunidades para que as crianças participem de experiências de dança acabam sendo bastante reduzidas. Apresentamos a seguir algumas dicas que podem ajudá-lo a atuar como efetivo defensor da dança. Para tanto é necessário que você:

- esteja bem informado quanto aos benefícios da dança para as crianças;
- tenha vontade de resolver problemas e colaborar com os colegas;
- esteja aberto a ouvir outras perspectivas;
- esteja preparado quando for falar para um grupo ou uma única pessoa;
- seja sincero, otimista e apaixonado por seus objetivos;
- esteja preparado para não deixar passar oportunidades de conversar sobre dança com seus colegas, administradores da escola e pais.

A defesa da dança pode ser proativa ou reativa. No primeiro caso, os esforços são contínuos ao longo de todo o ano letivo. A seguir, apresentamos ideias de esforços contínuos em defesa da dança:

- Publique no jornal da escola, ou em um jornal local, um artigo escrito por você ou por seus alunos sobre o programa de dança.
- Convide um fotógrafo ou repórter de um jornal para cobrir uma aula de dança ou uma apresentação realizada por seus alunos.
- Trabalhe em colaboração com os outros professores da escola para a integração da dança a outras áreas.
- Divulgue os eventos de dança no calendário semanal ou mensal da escola.
- Convide os pais ou os administradores para assistir a uma aula de dança.
- Prepare um resumo sobre o programa de dança para ser distribuído aos pais na noite do "de volta para a escola".
- Realize uma oficina sobre o ensino da dança voltada para os professores de sua escola ou seu distrito.
- Envie aos membros do conselho de educação, aos administradores da escola e aos líderes da comunidade cartas-convite acompanhadas de ingressos gratuitos para uma apresentação de dança em sua escola.
- Organize um evento especial, como uma noite de dança da família, visando promover a dança como atividade social.
- Convide membros da comunidade ou pais que sejam especialistas em alguma forma de dança para compartilhar com seus alunos os conhecimentos e as habilidades que possuem.
- Participe de conferências, oficinas ou convenções sobre o ensino de dança para se manter atualizado a respeito de questões atuais, pesquisas e práticas.
- Informe aos pais, administradores e colegas os objetivos de seu programa de dança, incluindo as habilidades e os conhecimentos que ele pode propiciar a seus alunos.
- Enfatize para seus alunos o que eles estão aprendendo. Articule seus objetivos de forma clara, explique suas estratégias de avaliação e mantenha as crianças ativamente envolvidas com o processo de aprendizagem durante as aulas.
- Crie um quadro de avisos para destacar o que os alunos estão aprendendo na aula de dança; inclua figuras, desenhos ou redações elaborados por eles.

Em uma situação reativa, na qual existe a possibilidade de redução ou até mesmo eliminação de um programa de dança, você precisará desenvolver um plano de ação. Comece o planejamento fazendo a você mesmo as seguintes perguntas:

- Que resultados eu vejo? O que eu desejo que ocorra?
- Por que essa questão deve ser tratada?
- Que mensagem a respeito da dança eu desejo transmitir?
- Qual é o meu público-alvo ou quem eu preciso influenciar?
- Que estratégias eu posso empregar para atingir meu público-alvo?
- Quem pode me ajudar a levar minha mensagem?

A melhor forma de defesa é a implementação de um programa sólido e fundamentado em parâmetros e objetivos. Um bom programa é adequado para os alunos, tem objetivos claros, apresenta informações em diferentes formatos e conta com múltiplas formas de avaliação. As crianças podem exercer grande influência por meio daquilo que dizem aos professores, ao administrador da escola e aos pais a respeito de suas experiências de aprendizagem na dança. Considere a opinião de seus alunos como meio de defesa do programa de dança. Ao experimentarem um sentimento de realização e sucesso, saberão quão significativa a dança pode ser para a vida de cada um, e estarão dispostos a compartilhar esse entusiasmo com os colegas.

RESUMO

Inúmeros fatores exercem influência sobre o ambiente de ensino e aprendizagem. Você pode vir a ensinar para um pequeno grupo de crianças em um chão acarpetado na própria sala de aula, ou para cinquenta alunos em uma parte de um amplo ginásio, enquanto outra turma se encontra em uma porção diferente desse ginásio. A melhor estratégia para se obter o máximo de uma situação aquém da ideal é manter seu foco nos objetivos da aula de dança e nas crianças às quais você estiver ensinando. As instalações, os equipamentos, a programação e o tamanho da turma certamente influenciam o planejamento e a implementação de seu programa; no entanto, ensinar é, por si só, uma experiência de aprendizagem, e os desafios que você enfrenta abrem novas possibilidades em termos da criatividade no ensino. Existem muitas maneiras diferentes de se ensinar dança, independentemente do espaço em que a atividade ocorre. Sua responsabilidade é ser realista em relação àquilo que você pretende alcançar, atendo-se aos parâmetros educacionais de seu ambiente e procurando sempre métodos de ensino mais efetivos. Alunos e colegas podem ser fontes valiosas de ideias para a implementação de seu programa. Peça a eles que o ajudem a encontrar soluções alternativas. Esse esforço colaborativo tem condições de incrementar o suporte para a dança, em especial quando você pede aos alunos que contribuam com ideias. Por último, a dança é uma experiência de aprendizagem de valor inestimável para as crianças. Na qualidade de professor de dança, você é responsável por defender seu programa e garantir que os alunos tenham a oportunidade de descobrir a relevância da dança na vida de cada um.

Questões para reflexão

- Pense a respeito de uma ocasião em que você precisou introduzir uma modificação de última hora na programação ou nas instalações de sua aula. Como você resolveu o problema? O que produziu melhores resultados? De que outra maneira você poderia ter agido?
- De que forma suas estratégias de ensino devem mudar de acordo com o tamanho da turma?
- Que benefícios você identifica no uso de acessórios ou equipamentos em uma aula de dança?
- Pense a respeito de diferentes espaços em que você poderia ensinar. Como você adaptaria uma aula para enquadrá-la a esses espaços?
- O que você conhece sobre a comunidade em que leciona? Que semelhanças e diferenças existem entre essa comunidade e aquela em que você vive?
- A segurança das crianças é de importância fundamental no ensino. Você está familiarizado com os procedimentos que deverá seguir em caso de emergências, como um incêndio, uma ameaça de bomba, alguma lesão ou uma violação da segurança? Quais são seus planos?
- O que você acha que seus alunos contarão aos pais a respeito das experiências de aprendizagem da dança que eles vivenciaram? O que você gostaria que eles dissessem?
- Por que é importante ser um defensor da dança em sua escola? Você já pensou sobre as diversas pessoas com as quais deverá entrar em contato? Que passos você pode dar com o objetivo de defender de forma efetiva a dança na educação?

Capítulo 5

Tornando o ensino mais efetivo

A efetividade do processo de ensino começa com o planejamento de uma experiência de aprendizagem que seja fundamentado no conhecimento do estágio de crescimento e desenvolvimento das crianças, assim como das formas pelas quais elas aprendem, do conteúdo do programa de dança e do processo de elaboração e implementação das aulas. O objetivo é proporcionar uma experiência de aprendizagem significativa que integre as necessidades das crianças com o conteúdo do programa de dança. Este capítulo apresenta estratégias que visam tornar mais positiva uma aula de dança, tanto para os alunos como para você, o professor.

AJUDANDO TODAS AS CRIANÇAS A APRENDER

Cada criança tem suas características únicas. O processo de aprendizagem difere de uma para outra, o que requer que você adapte o conteúdo e o método pedagógico para ajudá-las a se tornarem aprendizes bem-sucedidas. Huebner observa: "As salas de aula dos dias atuais estão repletas de aprendizes que se diferenciam não apenas do ponto de vista cultural e linguístico, mas também em suas aptidões cognitivas, sua bagagem de conhecimentos e preferências em termos de aprendizado" (Huebner, 2010, p. 79). Embora essa diversidade deva ser acolhida com entusiasmo, ela impõe um desafio a você, na qualidade de professor. Aulas de dança e de educação física incluem crianças dotadas de um amplo leque de habilidades; para algumas, movimentar-se é uma das melhores formas de expressão de ideias e sentimentos. Essas crianças dominam bem o uso dos movimentos como meio de comunicação e respondem entusiasticamente aos sons e ritmos da música. Nem todas elas, no entanto, encontram facilidade em se movimentar ou sentem-se tranquilas executando os movimentos. Para estar à altura das necessidades educacionais das crianças, é necessário começar conhecendo as características físicas, cognitivas, emocionais e sociais que elas possuem. Esse conhecimento o ajuda a diferenciar as instruções apresentadas, introduzindo variações no conteúdo, na forma de ensinar e nos resultados, de modo a satisfazer às necessidades de cada criança (Tomlinson, 1999). Observe os alunos nas respectivas salas de aula e converse com os professores dessas turmas, visando identificar as potencialidades e o estilo de aprendizagem de cada um, assim como entender quais estratégias de ensino se mostram mais efetivas. Aproveite também para conversar com os alunos para conhecer seus interesses e necessidades. O que eles sentem em relação à dança; que experiências anteriores possuem; e que tipo de dança sentiriam prazer em praticar? Seja, acima de tudo, flexível e esteja disposto a adaptar suas experiências de aprendizagem para assegurar que todos os alunos na classe sejam bem-sucedidos (ver Fig. 5.1). A acadêmica e professora de dança Karen Kaufmann observa: "Todos os alunos merecem ter novas oportunidades de expressar cineticamente seus pensamentos e sentimentos, em um ambiente seguro e apoiador" (Kaufmann, 2002, p. 16). Ensinar alunos dotados de diferentes habilidades e estilos de aprendizado impõe desafios que podem conduzir a novas percepções a respeito do ensino da dança.

Além do nível de habilidades, os professores precisam estar conscientes dos antecedentes culturais, étnicos, linguísticos e sociais de seus alunos. A abordagem holística requer que você respeite as tradições culturais e compreenda que a vida de cada aluno pode ser diferente da sua. A forma pela qual as crianças aprendem, comportam-se e sentem-se em relação à aprendizagem é culturalmente influenciada pelos valores e pelas experiências de suas famílias. Uma estratégia interessante é levar ao conhecimento dos pais e tutores o seu desejo de manter comunicação frequente a respeito dos progressos das crianças. Desse modo, eles recebem as boas notícias sobre conquistas, assim como compartilham as preocupações, quando surgirem. Convide membros da família de seus alunos para que assistam a suas aulas e apresentem as danças, músicas e a herança cultural que possuem. Quando as crianças têm a oportunidade de compartilhar festividades e eventos familiares, elas se sentem fortalecidas e passam a valorizar as próprias ideias, assim como valorizam as dos outros. O mais importante é que você institua um ambiente de aprendizagem seguro, no qual impere o respeito por todos. Estabeleça um alto nível de expectativa para todas as crianças. Acredite que todas elas são capazes de aprender, liderar, ajudar os outros, assumir responsabilidades e ter perspectivas que precisam ser reconhecidas. McCarthy-Brown comenta a importância de um ensino de dança relevante do ponto de vista cultural: "A aprendizagem está restrita a um espaço em que os indivíduos não se sentem bem-vindos. Todos possuem um ponto de entrada; e se o paradigma é circular, em vez de linear, todos os pontos de entrada são válidos e valiosos" (McCarthy-Brown, 2009, p. 122). Não existe uma abordagem para o ensino que atenda indistintamente a pessoas com características diferentes. Ao encarar cada aula como um momento de aprendizado para você e seus alunos, eles perceberão que sua forma de aceitação do modo de viver e, especificamente, dançar de cada um é um conceito es-

Figura 5.1 Os alunos trazem para a aula de dança a própria bagagem em termos de movimentos de dança e de potencial criativo. Como professor, você fornece informações sobre os elementos do movimento e o processo de aprendizagem da dança.

sencial a ser aprendido. Observe os tipos de figuras, vídeos, DVD e livros que você utiliza para embasar o ensino da dança. Ensine danças folclóricas de todo o mundo. Nas aulas de dança criativa, use músicas provenientes de outras culturas e de épocas diferentes. Todos os sexos e todas as culturas estão representados? Os alunos têm condições de recorrer a seu material, assim como de aprender novas perspectivas? Empregue materiais didáticos e metodologias pedagógicas adequados e culturalmente diversificados, e dê retornos que sejam compatíveis com a bagagem cultural de seus alunos.

Pode acontecer de você ter alunos que, em virtude de uma enfermidade ou lesão temporária, estejam fisicamente incapacitados de participar das aulas, ou que não estejam preparados para elas. Esses alunos, que costumam ficar sentados nas laterais da sala, observando os colegas, precisam ser envolvidos de forma adequada na aprendizagem do conteúdo. Se a participação da criança estiver restrita em decorrência de problema físico, você pode planejar para cada aula uma atividade voltada ao aprendizado cognitivo e afetivo. As crianças podem ouvir suas instruções, observar a dança dos colegas ou contribuir com ideias para uma dança em grupo. Existe, também, a possibilidade de você desenvolver formulários de observação que levem os alunos a prestar atenção aos movimentos e às formações e à maneira pela qual os elementos da dança são empregados. Os alunos podem ser avaliadores de seus pares durante parte da aula: eles relacionam os termos de dança que ouviram no decorrer da aula e compartilham essas listas com os colegas no final da sessão. Eles podem desenhar as figuras que os colegas estão representando com o corpo ou montá-las com o uso de bastões de tecido felpudo, ou ainda desenhar as figuras que representariam se estivessem em condições físicas para participar da aula. Algumas vezes, os alunos que não estiverem dançando poderão cuidar do tocador de CD ou MP3, ou tocar um instrumento de percussão para o acompanhamento. O fator mais importante é permitir que eles aprendam. Desse modo, eles se sentirão incluídos e prontos para continuar com o conteúdo quando estiverem fisicamente aptos.

DIVERSIFICANDO ESTILOS E ESTRATÉGIAS DE ENSINO

Educadores hábeis conhecem e empregam uma grande variedade de estilos de ensino que podem ser diferentes daqueles por meio dos quais eles aprenderam. Você precisa encarar a aprendizagem na perspectiva de seus alunos e elaborar um conteúdo que seja apropriado e significativo do ponto de vista do desenvolvimento deles. É necessário, também, que você tenha conhecimento da existência de estratégias comuns e adequadas para muitos alunos (Ball e Forzani, 2011). A escolha do estilo didático mais apropriado para a apresentação de um movimento de dança ou de uma dança completa depende de seus objetivos para essa aula. Um estilo didático conveniente para a apresentação de uma dança social ou cultural, que possui movimentos e formações definidos, pode ser diferente daquele empregado em uma aula de dança criativa, baseada na exploração e na espontaneidade dos movimentos. Pode ser proveitoso adotar diversos estilos de ensino dentro de uma única experiência de aprendizagem, de forma a atender aos objetivos da aula e à maneira pela qual cada aluno aprende.

Um estilo didático comum que se mostra eficiente no ensino de danças de caráter social e cultural, assim como nos exercícios aeróbicos e nas séries de aquecimento, é o estilo condutor, no qual você comanda a execução de todos os movimentos e os alunos acompanham, reproduzindo-os. Você escolhe os movimentos, indica como e em que sequência devem ser executados, e o número de repetições. Esse estilo é útil para o ensino de movimentos em que todos dançam simultaneamente os mesmos passos. Uma continuação natural do estilo condutor de ensino é o estilo aplicação prática (Mosston e Ashworth, 2002). Depois de demonstrar os movimentos ou a dança completa, você pede aos alunos que pratiquem o que foi mostrado, enquanto circula entre eles e indica correções ou faz comentários afirmativos.

Quando estiver trabalhando a criação ou a reorganização de movimentos de dança com os alunos, você pode adotar um estilo do tipo solução de problemas. Graham (2008) descreve esse estilo como solução divergente de problemas, o qual apresenta diversas formas para a resolução de um problema. Essa é a metodologia preferencial no ensino de danças criativas (Stinson, 1998). Os alunos decidem como devem movimentar-se, respeitando os limites da tarefa. A solução de problemas normalmente envolve exploração e improvisação. A primeira é uma reação ponderada ao estímulo provocado pela tarefa, reação por meio da qual os alunos encontram um conjunto variado de respostas. A tarefa "Descubra diversos modos de se movimentar sobre suas mãos e seus pés", por exemplo, leva as crianças a refletir sobre diferentes formas de realizá-la e a experimentar cada movimento idealizado. A improvisação é uma resposta espontânea à tarefa e envolve uma ação física imediata. Ao receber a instrução "Movimente-se de maneira tal que expresse a palavra *borrifar*", o aluno responde imediatamente movendo o corpo de acordo com a primeira ideia que lhe ocorre.

Ao utilizar o estilo didático solução de problemas, seja receptivo às respostas dos alunos. Mesmo que você consiga prever algumas dessas respostas, demonstre surpresa quando as crianças experimentarem algo que para elas é novo e inesperado. Você pode obter diversas respostas dos alunos, solicitando repetidas vezes que eles encontrem outra maneira de realizar aquela tarefa. Quando você apresentar a tarefa pela primeira vez, os alunos se movimentarão segundo padrões conhecidos, porém, à medida que forem solicitados a apresentar respostas diferentes, eles começarão a explorar e criar novas alternativas. É nessa situação que o pensamento criativo tem lugar.

A apresentação de uma tarefa que possui uma solução específica e que permite que os alunos descubram sozinhos a solução é denominada solução convergente de problema (Graham, 2008) ou descoberta orientada (Mosston e Ashworth, 2002). Esse estilo didático conduz os alunos a uma solução específica, por meio de uma sequência de questões planejadas. Você já conhece a solução e escolhe esse método para propiciar às crianças uma compreensão mais profunda de como se chegar até ela. Por exemplo, a seguinte sequência de perguntas conduz o aluno a descobrir como conseguir uma posição equilibrada enquanto se exercita junto com outra pessoa: "Fiquem em pé, em duplas, de frente para seu parceiro, com os pés de um encostados nos do outro e segurando-se um ao outro com as mãos, na altura dos punhos. Comecem, então, a se inclinar lentamente para trás, até que seus braços estejam esticados. Vocês dois conseguem se manter em equilíbrio sobre os pés? De que forma vocês estão empregando a energia na puxada? Repitam o mesmo tipo de equilíbrio com um parceiro puxando mais do que o outro. O que aconteceu? Quando você sentiu que estava desequilibrando, como alterou a energia da puxada para manter a posição de equilíbrio? Agora você está sentindo uma tensão contrária. Em sua opinião, o que faz isso funcionar?"

Quando os alunos já tiverem entendido o conceito e os princípios do uso da tensão contrária, passe para uma tarefa que exija deles aplicar aquilo que entenderam. Por exemplo, comande a classe da seguinte maneira: "Encontre outra forma de se equilibrar com seu parceiro usando a tensão contrária. Com quais outras partes de seu corpo você consegue puxar, no lugar das mãos? Criem um equilíbrio de tensão contrária com quatro pessoas". Os alunos podem compartilhar as soluções que encontrarem e empregar o estilo didático de imitação para apresentar essas soluções a outros grupos, para que sejam duplicadas.

As estratégias de ensino discutidas a seguir servem de opções a partir das quais você pode escolher diversas abordagens para a apresentação de danças. As estratégias são passíveis de aplicação no ensino para grupos grandes ou pequenos, em apresentações conduzidas pelo professor ou por um aluno, ou, ainda, na integração com recursos tecnológicos.

- Modelagem. Você demonstra os movimentos da dança. Os alunos observam e os reproduzem. A modelagem também é usada para a demonstração de um processo ou de um plano para a criação de uma dança, passo a passo. Os alunos assistem e depois repetem a sequência quando estiverem criando as próprias danças. Esse processo costuma ter o apoio de instruções impressas.

- Complemento parte-todo. Você pode ensinar os movimentos, um de cada vez, e depois agrupá-los na sequência correta. Você demonstra o primeiro movimento e os alunos observam para praticá-lo em seguida, junto com você ou sozinhos. Depois de fazer a mesma coisa com o segundo movimento, os alunos combinam os dois e os praticam. O mesmo procedimento é repetido com os movimentos seguintes, e, após a demonstração de cada um deles, os alunos o praticam combinado com os anteriores. Esse processo continua até que você tenha apresentado todos os movimentos da dança.

- Apresentação prévia do todo. Você demonstra a dança completa antes de ensinar os movimentos individualmente. Desse modo, os alunos veem o resultado final e entendem de que forma os movimentos que executarão compõem a dança. Depois de apresentar a dança completa, você ensina cada um dos movimentos empregando a estratégia parte-todo.

- Tela grande. Você projeta um DVD ou um vídeo *online* de uma dança na parede ou em uma tela, de forma que todas as crianças possam ver a dança. Elas acompanham e executam os movimentos junto com os bailarinos.

- Observe e junte-se. Você, ou um aluno, demonstra os movimentos de uma dança ou uma dança completa e os repete diversas vezes. Quando os alunos que ficaram observando se sentirem prontos para tentar alguns movimentos ou toda a dança, eles se juntam a quem estiver demonstrando e praticam o exercício. Essa estratégia permite que os alunos se exercitem no próprio ritmo para aprender a dança. Essa técnica costuma ser empregada nas situações em que os alunos se encontram em um evento social e desejam participar de uma dança que outros estão executando.

- **Ensino pelo parceiro.** Essa estratégia, introduzida por Mosston e Ashworth (2002), é conhecida também pela denominação de ensino recíproco. Os alunos são organizados em pares ou em grupos pequenos e trabalham de forma colaborativa, para se ajudar mutuamente a rever e praticar os movimentos ou a dança que lhes foram apresentados na aula.

- **Sequência fotográfica.** Uma fotografia de cada movimento é colocada na parede de acordo com uma sequência correta. Os alunos observam as fotos e reproduzem os movimentos. Essas fotografias são usadas como referência visual para ajudar as crianças a lembrar a sequência da dança. Uma descrição impressa pode ser acrescentada sob cada uma das fotos, visando oferecer uma explicação mais detalhada da forma de execução do respectivo movimento.

- **Estações.** Você estabelece estações no espaço contendo um movimento ou a dança completa. Em cada estação são colocados um cartaz com instruções impressas, um vídeo, fotografias, diagramas e, quando cabível, uma música de acompanhamento. Os alunos, organizados em pequenos grupos, ficam alguns minutos na estação, aprendendo e praticando o movimento ou a dança e, a seguir, passam para a próxima estação da sequência. A rotação continua até que os alunos tenham aprendido todos os movimentos ou todas as danças selecionadas. Finda a rotação, eles se juntam para praticar os movimentos na sequência correta. Uma ideia voltada para uma unidade de dança social é projetar estações focadas em danças de outras décadas. As crianças rodam entre as estações e aprendem danças ou passos de quatro ou cinco décadas.

- **Alunos líderes.** Um grupo pequeno de alunos aprende os movimentos ou a dança completa antes de estes serem apresentados para a turma. Durante a aula, esses alunos ensinam a dança para seus colegas. Ao ensinar uma dança coreografada, na qual os dançarinos se voltam para as quatro paredes, os líderes podem ser colocados ao longo do perímetro da sala, de modo que, quando os alunos virarem para uma parede diferente, exista um líder a quem possam acompanhar.

- **Vídeo de alunos dançando.** Antes de fazer a apresentação para a turma, um grupo pequeno de alunos aprende os movimentos, ou a dança completa, e grava um videoteipe com sua performance. Você utiliza o vídeo durante a aula como ferramenta instrucional, e adota a estratégia da tela grande ou das estações.

- **Sequência de símbolos.** Para cada movimento, é criado um símbolo, e eles são organizados na sequência correta. Esses símbolos podem ser empregados como referência visual para ajudar os alunos a lembrar da sequência. O resultado se assemelha a uma partitura musical ou notação de dança.

- **DVD ou vídeo *online* como professor.** Faça com que os alunos assistam à dança completa ou a partes dela e, em seguida, pare o vídeo. Peça a eles que tentem lembrar o que observaram e depois reproduzir os movimentos. A seguir, exiba o vídeo novamente para que os alunos verifiquem se esqueceram algum movimento. As crianças observam e praticam outra vez. Essa estratégia é adequada para trabalhos individuais ou em pequenos grupos. Quando um grupo pequeno observa a dança, cada um de seus membros tem condições de contribuir com aquilo que lembra; como resultado os grupos podem, em conjunto, organizar a sequência da dança.

- **Informações de apoio usando DVD ou vídeo *online*.** Você pode lançar mão de um vídeo para apresentar informações históricas e culturais que sirvam de embasamento para danças de caráter social ou cultural. Os alunos aprendem fatos históricos, costumes, localização geográfica, cenário político ou tradições e rituais locais. Essas informações são fundamentais para o ensino de danças que representam uma cultura ou um período histórico específico.

- **Troca de fileira.** Quando os alunos aprendem uma dança em que ficam organizados em fileiras, olhando todos na mesma direção, alguns deles acabam ficando na parte de trás da sala e outros, na frente. É possível fazer um rodízio das fileiras, para permitir que todos os alunos dancem na linha da frente e tenham melhor visão dos movimentos realizados por você.

- **Leitores de direção.** Entregue aos alunos instruções impressas para a execução de uma dança. Em pares ou em pequenos grupos, eles se revezam lendo as instruções e colaboram para que os colegas interpretem, pratiquem e executem a dança.

• **Ensino contextualizado.** Quando fizer a apresentação de uma dança para os alunos, inclua informações de cunho histórico, social e cultural que sirvam de embasamento para os passos, a formação e os ritmos da dança, assim como para o significado dos movimentos. Essas informações podem provir de livros, artigos, dados *online*, figuras, vídeos, histórias pessoais, comunicados da imprensa, artefatos, acessórios, vestimentas, mapas ou músicas.

• **Serra de vaivém.** Essa é uma metodologia cooperativa de ensino em que pequenos grupos são organizados de duas maneiras para aprenderem movimentos e criarem uma dança por meio de um trabalho colaborativo. Você começa atribuindo a cada grupo uma letra de identificação, como A, B ou C. Dentro do grupo, os alunos são identificados por números, começando em 1. Cada grupo cria um movimento ou recebe um movimento específico para aprender e praticar. Esse pode ser um passo de uma dança social ou cultural, ou um movimento produzido por eles em uma dança criativa. Em seguida, todos os alunos que tenham o número 1 passam a formar um novo grupo, identificado como grupo 1. O mesmo procedimento é repetido para os demais números, até que todos os alunos estejam realocados. Como resultado, cada aluno dentro de um grupo definido por um número sabe um passo ou um movimento diferente, o qual criou ou aprendeu no grupo identificado por letra. Eles ensinam, então, para os demais do grupo numérico esse passo ou movimento. Depois disso, todos eles terão aprendido todos os novos passos ou movimentos, os quais poderão ser organizados para formar uma dança completa.

• **Ensaio mental.** Depois de os alunos terem aprendido ou criado uma dança, eles fecham os olhos e assistem a um vídeo imaginário em que essa dança é executada. Eles visualizam os passos, a sequência e a formação. Essa estratégia os ajuda a melhorar a memória e prepara para a execução da dança.

• **Pistas verbais.** Ao ensinar a dança, você diz em voz alta as frases ou palavras-chave que ajudam os alunos a lembrar a sequência da dança. Quando eles estiverem familiarizados com a dança, essas dicas podem ser eliminadas.

APRENDIZES MOTIVADOS

Todo professor tem alunos que são relutantes em experimentar uma atividade nova – em especial a dança. A ideia de apresentar uma experiência de aprendizagem de dança que alguns alunos possam não receber com entusiasmo é potencialmente desanimadora. No entanto, em toda turma existem alunos que sentem satisfação em participar de uma aula de dança e acolhem de bom grado a oportunidade de fazê-lo. Você não pode deixar de considerar esses alunos. Envolva as crianças na experiência de aprendizagem da dança ao estabelecer um senso de conexão com o conteúdo (Anderson, 2002). Assegure aos alunos a condição de sentirem que você valoriza as percepções e contribuições de cada um, e que o conteúdo é relevante para a vida deles. Ao desenvolver seu planejamento, seja sensível à forma de entendimento dos alunos em relação ao assunto.

Embora você tenha diversas formas de despertar o entusiasmo em seus alunos, ainda encontrará alguns que hesitam em participar de uma dança. Bartholomew observa: "A boa formação começa quando o interesse e o entusiasmo são despertados. O aprendizado duradouro, em contrapartida, surge quando os desafios educacionais são cuidadosamente planejados para incitar o sucesso" (Bartholomew, 2008, p. 56). Uma abordagem voltada a enfrentar a relutância dos alunos é reconhecer os sentimentos que eles demonstram quando dizem: "Por que nós temos que dançar? Eu não gosto de dançar. A dança não é para mim. Não consigo dançar". Você pode responder: "Eu entendo o que você está dizendo. Compreendo que a dança não é sua atividade favorita. Eu sei que você se sente inseguro quando dança" ou "Eu sei que você não se sente satisfeito com seu desempenho na dança, mas todos os movimentos da aula de hoje você já conhece e sabe como fazer". Peça, então, aos alunos que tentem dançar, e reserve um tempo no final da aula para ouvir o que eles têm a dizer. É possível que as crianças achem divertida uma parte da experiência ou toda ela. No entanto, algumas ainda demonstrarão resistência, e é possível que não mudem de ideia durante todo o ano letivo.

Eis aqui algumas estratégias que você pode empregar para enfrentar as preocupações dos alunos relutantes:

• Reconheça perante eles que existem muitas definições de dança e que todas são representações válidas da forma pela qual as pessoas incorporam essa atividade em sua vida.

• Seja complacente com todos os alunos e elogie-os sinceramente no decorrer da aula de dança. O elogio pode aliviar o sentimento de "Não posso". Os alunos precisam acreditar que você os ajudará.

- Reserve um tempo no final da aula para conversar sobre a experiência. Discuta com os alunos as partes da aula que não foram agradáveis, o que funcionou bem, o que poderia ser modificado na próxima vez e o que deveria ser acrescentado para tornar a aula mais desafiadora. Esse tipo de questionamento permite que todos os alunos expressem sua opinião, e não apenas aqueles que acharam a experiência interessante.

- Ouça com atenção o que os alunos têm a lhe dizer. Converse com eles individualmente, fora do ambiente da aula, quer seja em um encontro formal ou em um casual, nos corredores da escola. Desse modo, você tem a oportunidade de demonstrar seu interesse por aquilo que eles pensam e seu desejo de ajudá-los a se sentirem mais seguros em relação ao aprendizado da dança. De acordo com Landsman, Moore e Simmons: "Aprendizes relutantes precisam sentir que são ouvidos e que suas histórias, suas vozes, seus questionamentos e suas contribuições têm importância" (2008, p. 65).

- Descubra ganchos. Deixe a música ou o vídeo da dança em execução quando os alunos entrarem na sala. Acrescente um mostrador pictórico que represente o conteúdo ou o tema; use uma roupa adequada ao assunto, como uma blusa esportiva, quando for ensinar danças relacionadas a esportes; ou peça aos alunos que venham vestidos de acordo com um tema ou tragam um acessório, como um animal de pelúcia ou o brinquedo favorito.

- Ensine por atração (Graham, 2008). Essa estratégia permite que os alunos mostrem sua preferência. Você pode dizer: "Escolha entre acrescentar um instrumento de percussão para acompanhamento de sua dança e criar uma dança sem acompanhamento".

- Estabeleça uma atmosfera positiva no início da experiência de aprendizagem, como você faria em qualquer área do currículo. As crianças não gostam de ser tratadas como tolas ou incompetentes na frente de seus colegas. Você pode dizer a elas que está testando essa aula pela primeira vez e que gostaria de ouvir comentários no final da sessão. Pergunte, então, a elas: Que partes da experiência foram mais interessantes? O que elas aprenderam hoje sobre a dança? E que modificações elas sugerem para a próxima aula? Enfatizamos que os alunos precisam respeitar as diferenças individuais entre os colegas. Todos nós trazemos contribuições positivas para a experiência e podemos aprender coisas novas sobre nós mesmos e sobre a maneira de nos movimentarmos. O que é desafiador para um aluno pode não ser para outro. Reconheça essas diferenças de uma forma positiva e tolerante que ajude a aliviar o sentimento de vulnerabilidade.

- Os alunos se mostram mais relutantes em participar de uma dança do que de atividades em outras áreas curriculares. No entanto, quando você demonstra entusiasmo sincero ao introduzir a experiência de aprendizagem e ao escolher um conteúdo relevante para os alunos, assegurando uma atmosfera positiva, eles começam a compreender o valor da dança como parte importante da formação de cada um.

Professores que preveem a relutância dos alunos ao ouvirem a palavra "dança" costumam começar a aula dizendo: "Hoje, nós vamos criar alguns movimentos novos" ou "O tema desta aula é executar movimentos no ritmo de uma música". Eles evitam propositalmente o uso da palavra "dança", porque a ideia preconcebida que algumas crianças têm sobre ela causaria uma repulsão imediata em relação à experiência de aprendizagem. O emprego de outras frases ou palavras como substitutas para "dança", no início de uma aula, pode estimular as crianças a participar da sessão. Recomendamos veementemente que em algum ponto, no final da aula ou da unidade, você explique que a atividade que elas estão praticando chama-se dança. Quando a experiência dos alunos é positiva, eles associam um novo significado à palavra "dança". As crianças precisam saber que estão dançando e que o aprendizado e a sensação de êxito e alegria que vivenciam são gerados pela experiência da dança.

ESTABELECENDO PROTOCOLOS E REGRAS

A maioria dos professores possui um conjunto de protocolos e regras preestabelecidos que emprega em suas aulas. Os protocolos são, em geral, modos de atuar durante uma aula, definidos pelo professor com o objetivo de facilitar o controle eficiente da turma e permitir maximização do tempo de participação (Graham, 2008). Eles incluem formas de entrar e sair das aulas, obter e devolver equipamentos, parar uma atividade e reagir a treinamentos de incêndio e outras situações de emergência. As regras estabelecem diretrizes para um comportamento responsável que estimule a aprendizagem (Brady et al., 2003). As crianças podem, muitas vezes, sugerir regras que tratam de respeito, atenção ao ouvir, compartilhamento e cooperação, conforme descrito mais adiante. As experiências de aprendizagem da dança seguem protocolos e regras semelhantes aos empregados em outras atividades educacionais.

Um protocolo importante é o que define o sinal de parada. Esclareça o que você entende por "parar". Explique aos alunos o tipo de comportamento que você espera – silêncio, corpo estático, todos olhando para você, acessórios colocados sobre o chão, imobilidade da figura formada com o corpo e soltura das mãos, quando presas entre si. O sinal pode ser o comando "parar" ou "congelar", ou outro qualquer. Ao usar música gravada, você pode dizer, por exemplo: "Quando a música parar, eu quero que vocês parem". Nas situações em que instrumentos de percussão forem usados, você pode dizer aos alunos: "Vou tocar um ritmo marcado no tambor. Quando eu bater assim no tambor, com força, parem". Ou diga: "Esse movimento não será acompanhado por música. Parem quando me ouvirem tocar o triângulo três vezes, desta maneira: um, dois e três". Existe, também, a alternativa de incorporar à tarefa de movimentação uma forma de parar: "Corra, salte, gire e congele em uma figura alongada" ou "Comece a correr e vá desacelerando aos poucos, até parar completamente".

Outro protocolo que fundamenta um ensino eficiente é estabelecer como uma aula de dança deve ser iniciada e finalizada. Para começar a aula, você pode fazer com que os alunos sentem em um círculo e realize a chamada pedindo a cada um deles que responda fazendo um movimento ou batendo palmas. Uma estratégia de chamada que lhe oferece condições de conhecer melhor seus alunos é selecionar uma categoria, como cores, alimentos, animais ou esportes, dentro da qual eles escolherão um nome para responder quando forem chamados. No final da aula, as crianças podem se reunir para conversar sobre o que aprenderam ou ficar sabendo o que está programado para a próxima aula. No livro *Teaching children physical education* (Ensinando educação física para as crianças), de 2008, Graham apresenta estratégias para a definição e manutenção de protocolos efetivos, visando à administração das aulas. Os professores podem estruturar um plano, levá-lo ao conhecimento dos alunos e monitorar a reação destes últimos. As crianças precisam de parâmetros que as ajudem a se concentrar na aprendizagem, com segurança e respeito aos colegas.

A criação de regras começa com a sua conscientização, como professor, e a dos alunos sobre os objetivos do aprendizado. Pergunte às crianças o que elas esperam e o que desejam aprender. Os comentários que fizerem se tornarão a base para o desenvolvimento de regras capazes de ajudá-las a atingir os objetivos. Em seguida, solicite aos alunos ideias para as regras. Durante a aula, eles podem fazer sugestões escritas ou faladas em relação a essas regras, ou, talvez, desenhar a representação de uma regra ou trabalhar em grupos pequenos para a elaboração de uma lista de regras. Estimule-os a enunciar as regras de forma positiva, em vez de iniciá-las com a palavra "Não" (Brady *et al.*, 2003). Consolide as listas elaboradas pelas crianças, tornando as regras globais e concisas (ver Fig. 5.2). Uma vez definidas, é hora de colocá-las em vigor. Pratique as regras com os alunos, de forma a lhes proporcionar a possibilidade de vivenciar cada uma delas e perceber como funcionam. Você pode perguntar: "O que significa respeito quando você está ouvindo alguém falar?" ou "O que você diria se estivesse compartilhando um acessório?" Interprete cada uma delas junto com as crianças, simulando as situações que ocorrem em uma aula de dança. Nesse ponto, os alunos terão condições de conectar as regras com as situações reais. Esses momentos de prática modelam para as crianças as formas aceitáveis de comportamento e permitem que elas entendam melhor as regras. As consequências da não observação de regras e protocolos devem ser lógicas. O objetivo é manter a integridade das crianças e lhes oferecer uma oportunidade de aprender com a prática. Apresente aos alunos as técnicas de solução de problemas para o apaziguamento de disputas, e a linguagem que devem utilizar para expressar os sentimentos de maneira adequada. Não resta a menor dúvida de que o processo de definição, prática e discussão de consequências de regras leva tempo; no entanto, estabelecer protocolos para a sala de aula é um investimento compensador, que gerará um ambiente positivo para o ensino e a aprendizagem.

Regras para o Aprendizado da Dança

Seja amável, prestativo e cuidadoso.
Respeite os colegas e os materiais da escola.
Sempre tente fazer o melhor.
Escute o que os colegas têm a dizer.

Figura 5.2 Modelo de lista de regras para uma aula de dança.

CRIANDO UM AMBIENTE DE APRENDIZAGEM SEGURO

Nas aulas de dança e de educação física, as crianças estão em constante movimento e, por isso, a possibilidade de ocorrência de ferimentos é maior do que nas atividades mais sedentárias. Estabeleça um ambiente seguro divulgando aos alunos os protocolos e as regras relativas à segurança e reforçando o comportamento adequado no decorrer da sessão. Antes de começar a ensinar, reveja a aula e verifique os pontos em que será necessário enfatizar a exigência de comportamento seguro. Por exemplo, quando pedir às crianças que se aninhem em um grupo, é possível prever que algumas delas empurrem e caiam, ferindo a si ou a outro colega. Antes do aninhamento, explique aos alunos que eles devem se aproximar vagarosamente, depois ficar imóveis para, em seguida, se afastar, também devagar. Quando as crianças estão se movimentando pela sala, elas precisam de um espaço adequado para que dancem livremente, sem esbarrar umas nas outras. Nem todas possuem o mesmo nível de agilidade e de capacidade perceptiva para fazer mudanças bruscas de direção e balancear as guinadas com o objetivo de evitar colisões. Assim, você deverá organizar os alunos visando a uma movimentação segura. Em primeiro lugar, reforce a compreensão dos conceitos de espaço pessoal (o espaço imediatamente ao redor do corpo, esteja este em movimento ou estacionário) e de espaço geral (todo o espaço restante disponível). A conscientização em relação ao espaço pessoal adequado requer prática. Muitas crianças tendem a se posicionar muito próximas umas das outras, ou mesmo de paredes e objetos. Pode ser útil lembrar aos alunos: "Olhe para a frente, para os lados e para trás, e certifique-se de que há espaço suficiente para os movimentos sem colisões com as outras pessoas". Identifique também uma área de segurança, marcada com linhas sobre o solo, e oriente os alunos a permanecerem dentro dos limites desse espaço, para que estejam protegidos de trombadas contra paredes, móveis e outros obstáculos. Verifique se as crianças estão usando calçado adequado, como tênis, e trajando roupas que garantam liberdade e segurança durante os movimentos.

Quando os alunos fazem deslocamentos rápidos, como correr ou saltar, faça com que todos eles se movam na mesma direção. Você pode organizá-los em fileiras de três ou quatro e fazer um revezamento, ou em um grande círculo ao redor do espaço de dança, não necessariamente um único círculo. Com grupos muito grandes, a melhor alternativa para permitir movimentos rápidos em um ambiente seguro é o revezamento. É necessário haver um equilíbrio entre o tempo que as crianças passam se movimentando e o tempo que elas despendem aguardando sua vez, de forma a promover uma participação ativa em um espaço livre de perigo.

Você deve, também, enfatizar a segurança pessoal, visando permitir que as crianças executem os movimentos da dança sem se ferir. Ensine a elas técnicas apropriadas que possam ajudá-las a se expressar e a evitar ferimentos (Joyce, 1984). Ensine-as a aterrissar suavemente, sobre os pés, na descida de saltos e pulos. Os dedos dos pés devem tocar o solo em primeiro lugar, vindo a seguir a planta e, por último, os calcanhares; e os joelhos precisam se dobrar na aterrissagem para absorver o impacto. Quando as crianças se abaixam, elas precisam utilizar as mãos para ajudar a controlar o peso do corpo e evitar uma queda diretamente sobre os joelhos. Exija delas cuidado ao se curvarem ou andarem para trás, ao mudarem o apoio do peso do corpo ou ao fazerem movimentos rápidos de giro e parada. Na qualidade de professor, você é o responsável pela segurança dos alunos. Avalie com antecedência a probabilidade de ocorrência de problemas, ensine formas seguras de se movimentar e socorra imediatamente crianças feridas. Sempre inicie todas as sessões com os exercícios adequados de aquecimento e finalize-as com um relaxamento apropriado.

FAZENDO DEMONSTRAÇÕES

Em muitas experiências de aprendizagem, é necessário que padrões e sequências de movimentos sejam demonstrados previamente pelo professor ou pelos alunos. São diversas as opções que podem ser usadas na demonstração de passos ou movimentos de dança para um grupo grande. Ao se posicionar de frente para os alunos, você tem a possibilidade de enxergar todos eles. Isso requer que você inverta a orientação direita e esquerda dos movimentos. Por exemplo, comande os alunos a darem um passo para a direita, enquanto você demonstra esse passo para a esquerda, como se eles olhassem para um espelho. Ao se posicionar de costas para a turma, você permite que as crianças observem os movimentos e os reproduzam do mesmo modo, porém, isso o impede de verificar se elas o estão acompanhando corretamente. Outra possibilidade na demonstração é você se posicionar ao lado de um aluno, o que dá a ambos a condição de se observarem. Essa metodologia, contudo, só se aplica a demonstrações feitas de forma individual, sendo útil no ensino de passos que os alunos encontram dificuldade em reproduzir.

Pode-se, também, fazer a apresentação no centro de um círculo grande, ao redor do qual os alunos se posicionam olhando para dentro. Nessa situação, as crianças acompanharão os movimentos de uma forma geral, em vez de reproduzi-los exatamente. Pode-se, por exemplo, dizer: "Vou me mover bem devagar. Quero que vocês acompanhem meu movimento e parem quando eu parar".

Certifique-se de que todos os alunos vejam a demonstração. O demonstrante pode repetir o movimento em diferentes lugares dentro da sala ou modificar a posição dos alunos (Graham, 2008). Aqueles que ficaram na parte posterior do espaço podem se deslocar para a frente, ou os que estiverem no centro, trocar de posição com os colegas da parte externa. Ao ministrar uma aula para um grupo numeroso, é possível a utilização de uma plataforma elevada ou de um palco, para permitir que todos os alunos enxerguem facilmente a demonstração.

Além de uma localização apropriada, a forma da apresentação também precisa ser considerada. Algumas vezes, a demonstração da dança completa ou de toda a sequência de movimentos oferece aos alunos uma visão global, o que permite que eles observem como os movimentos individuais compõem o todo. Em seguida, você pode separar os passos ou frases curtas dos movimentos. Pode ser necessário, antes de demonstrar a cadência e as características próprias do movimento, fazer uma demonstração inicial pausada para que as crianças tenham condições de acompanhar. Por último, verbalize, simultaneamente à demonstração, dicas ou direcionamento de foco para que as crianças mantenham a atenção no movimento (Graham, 2008).

FAZENDO COMENTÁRIOS

Comentários frequentes, positivos e construtivos ajudam a manter a motivação e a reforçar a aprendizagem das crianças (Graham, 2008). Como a dança é uma parte do currículo mais propensa a despertar nos alunos sentimentos de timidez e vulnerabilidade, é importante que as conquistas, grandes ou pequenas, sejam reconhecidas e, quando necessário, correções sejam feitas. Os dois tipos de comentário – reconhecimento ou correção – devem ser específicos e descritivos. Reconheça o trabalho de seus alunos com comentários como: "Muito bom. Percebi que você usou as costas e os braços para representar uma forma arredondada"; "Você está usando um ótimo controle para abaixar o corpo cuidadosamente até o chão"; "Todos aprenderam os passos muito depressa. A concentração e a coordenação de vocês estão melhorando". Ao empregar comentários corretivos, destaque em primeiro lugar os aspectos positivos do movimento, para depois acrescentar uma observação que ajude a criança a melhorar o desempenho. Diga, por exemplo: "Você está se movimentando no ritmo correto, mas precisa pensar a respeito do lado para o qual se moveu primeiro" ou "Vejo que você está se movimentando em um nível baixo. Você seria agora capaz de se deslocar usando apenas as mãos e os pés?" Sempre procure aspectos positivos para dizer às crianças. Elas valorizam seus comentários e os utilizam para se tranquilizar quanto ao progresso que estão fazendo.

Para que os comentários sejam efetivos, as crianças precisam ser capazes de ouvir o retorno positivo. Elas tendem a empregar a voz e ser bastante barulhentas quando se movimentam. Para garantir que ouçam seus comentários, esteja sempre perto delas. Algumas vezes, no entanto, é conveniente fazer uma apreciação a partir do outro lado da sala. Ter certeza de que os alunos escutem seus comentários positivos é muito importante e pode ajudá-los a se sentirem mais tranquilos a respeito dos movimentos executados. É útil também dizer o nome da criança antes de comentar alguma coisa. Desse modo, você chama a atenção dela para o que será dito. Eis um exemplo: "Tim, vejo que você está usando um salto em três direções para seu movimento que representa um estouro. Está muito bom!"

As crianças também querem a oportunidade de falar sobre as experiências que vivenciaram. Reserve alguns instantes no final da apresentação de uma dança ou da execução de uma série de tarefas para que elas falem. Os alunos costumam compartilhar os sentimentos com os colegas ou descrever para eles suas experiências, enquanto estão dançando ou aprendendo. Você pode escutar comentários como: "Isso foi muito divertido" ou "Não consegui fazer aquele passo. Você conseguiu?" Os alunos precisam ficar quietos quando você, ou outra criança, estiver falando, para que todos escutem os comentários logo na primeira vez. Quando um aluno responde a uma pergunta ou faz um comentário, você deve abster-se de repetir a frase todas as vezes. Essa atitude pode representar para as crianças que os comentários delas não têm valor e que você os faz melhor. Algumas crianças não falam suficientemente alto para serem ouvidas em um espaço amplo. Pode ser necessário um tempo extra para reunir a turma em uma distância próxima, de forma que todos possam escutar o que está sendo dito. Contudo, você deve respeitar a integridade da criança que está falando. Na dança, o valor reside não apenas na capacidade dos alunos de criar e aprender movimentos, mas também naquilo que eles pensam e dizem sobre os movimentos.

ENVOLVENDO OS ALUNOS EM APRESENTAÇÕES

Em uma aula de dança, o propósito das apresentações é compartilhar entre os alunos e o professor os movimentos que foram criados ou aprendidos. Nem todos os trabalhos dos alunos precisam ser apresentados; no entanto, há ocasiões em que isso é conveniente. Uma apresentação oferece a oportunidade de divulgação, para os outros, do objetivo da dança. Quando alunos executam uma dança folclórica, por exemplo, eles estão transmitindo um evento ou um costume de uma cultura específica. Uma dança sobre nuvens pode comunicar a ideia dos formatos das nuvens e da maneira pela qual elas se deslocam no céu. Essas oportunidades de apresentação podem ocorrer em momentos diversos ao longo da experiência de aprendizagem. O professor pede com frequência a um ou mais alunos que executem uma sequência específica de movimentos. Esse método de seleção de apresentações (Graham, 2008) é valioso quando você precisa ilustrar a acuidade e as características de movimentos ou demonstrar diferentes alternativas em uma tarefa de solução de problema. Outras vezes, a apresentação ocorre próximo do final de uma experiência de aprendizagem para demonstrar a dança de apoteose que foi aprendida ou criada.

Em geral, você pedirá a todos os alunos que apresentem o movimento da dança simultaneamente. Essa é uma abordagem tranquila no caso de crianças hesitantes em relação a dançar. Muitos alunos têm medo de cometer erros na frente dos demais ou acreditam que seu trabalho não será aceito e, portanto, relutam em demonstrá-lo; mesmo assim, desejam apresentar-se junto com toda a turma. Pedir a um aluno que se apresente sozinho quando ele ainda não estiver pronto ou não tiver se oferecido como voluntário pode colocá-lo em uma situação de vulnerabilidade. Não espere que as crianças se apresentem sozinhas, a menos que elas peçam para fazê-lo. Se uma criança se recusar a apresentar-se, mesmo depois de palavras de incentivo, não exija que ela o faça. A insistência servirá apenas para reforçar a resistência da criança. Respeite a decisão do aluno e encontre um momento apropriado para conversar com ele, fora da sala de aula, e discutir esses sentimentos. Juntos, vocês poderão explorar outras formas de a criança compartilhar aquilo que aprendeu.

Um trio executa uma dança para os colegas.

Ao projetar diferentes situações de apresentação, você permitirá que os alunos demonstrem suas danças para os colegas, dando a eles a oportunidade de observar outras pessoas dançando, e a você, a possibilidade de observar como seus alunos executam uma tarefa. A seguir, exemplos de oportunidades de apresentação:

- Um aluno se prontifica a fazer uma apresentação para o restante da turma.
- Um aluno compartilha um movimento ou uma sequência de movimentos com um grupo de três ou quatro alunos. Cada um deles, no grupo, é incentivado a fazer o mesmo.
- Alunos, agrupados em pares, fazem uma apresentação para outros grupos.
- Um aluno demonstra uma ideia de movimento ou uma dança completa para outro aluno.
- Dois ou três grupos pequenos fazem a apresentação simultaneamente para toda a classe.
- Metade da turma se apresenta de uma só vez, enquanto a outra metade observa. Depois, os papéis são invertidos.
- Um pequeno grupo se apresenta para outro pequeno grupo e depois eles invertem os papéis.
- Alunos se apresentam sozinhos ou em grupos pequenos para você, em um momento fora do horário da aula.
- Os alunos se apresentam para você ou para outros alunos em uma estação de apresentações.

Por razões perfeitamente compreensíveis, as crianças não podem e não devem ficar sentadas durante um tempo muito longo, observando os colegas dançarem ou esperando sua vez. Estabeleça períodos curtos de apresentação.

Quando os alunos estiverem prontos para se apresentar, faça um ou dois comentários específicos que atraiam a atenção para o modo de execução da dança. Diga, por exemplo: "Pense sobre o que você deseja expressar nesta dança e execute movimentos claros"; "Procure sentir a energia forte de seu movimento, em especial quando você salta no ar"; "Ao cair no chão, concentre-se na ideia de estar derretendo devagar e suavemente"; ou "Ouça com atenção as mudanças na música, as quais são dicas para a alteração na formação da dança". Exija que os alunos comecem e terminem a apresentação com o corpo estático. Essa imobilidade define o início e a finalização de um movimento específico ou de toda a dança, tanto para os dançarinos como para os observadores. Lembre aos alunos que estiverem observando que eles não devem esquecer de aplaudir ou fazer comentários respeitosos no final da apresentação. Uma excelente maneira de se mostrar apoio aos dançarinos é o aplauso dos observadores, tanto antes como no final da apresentação. Essa nota positiva no início colabora para o aumento da autoestima e funciona como incentivo para os alunos relutantes em se apresentar.

OBSERVANDO E REAGINDO À DANÇA

A observação de uma dança, quer seja uma apresentação de bailarinos profissionais ou o trabalho de aula dos alunos, é um componente valioso de um programa de dança. Essa atividade costuma ser negligenciada, porque a ênfase da aula é experimental, ou seja, as crianças ficam ativamente envolvidas no aspecto físico da aprendizagem ou criação de danças. A observação pode oferecer a elas a possibilidade de ver a dança como uma forma não verbal de comunicação e expressão, sendo um meio valioso de aprendizagem, se você preparar os alunos antecipadamente, de modo que eles respondam de maneira significativa e refletida. Um comando genérico como "Depois de assistir à apresentação, conte o que você gostou na dança" pode ser dado antes do início de uma observação. Além disso, é interessante expressar expectativas mais específicas, informando aos alunos o que eles devem observar na dança: "Preste atenção na forma como os bailarinos usam a energia suave e forte nos movimentos motores". Esse foco verbalizado torna a observação mais significativa e eleva o nível de compreensão a respeito da dança.

Outras sugestões para o direcionamento da observação dos alunos incluem pedir que eles procurem identificar:

- Como os bailarinos usam trajetórias retas e curvas.
- Movimentos durante os quais os bailarinos sobem no ar.
- Como os passos da dança se harmonizam com a batida da música.
- As semelhanças entre as danças.
- Se a dança conta uma história.
- Movimentos e formas que lembram nuvens (em uma dança sobre nuvens).
- Como a dança começa e termina.
- Sentimentos expressos pelos bailarinos.
- Respostas a questões formuladas pelos alunos sobre a observação.

Depois da atividade de observação, deve ocorrer uma discussão, na qual os alunos expressam suas ideias e suas sensações, e ouvem outros pontos de vista diferentes. Oriente a discussão da classe fazendo perguntas como estas:

• Que movimentos você viu? Descreva os movimentos dos dançarinos.
• Como as formações espaciais se modificaram no decorrer da dança?
• Como os dançarinos empregam gestos para representar um personagem?
• Que ideias ou sentimentos você acha que os dançarinos estavam tentando transmitir?
• O que essa dança significa para você?
• Que outros significados essa dança pode ter?
• O que você observou na dança?
• Que parte da dança foi mais empolgante, e por quê?
• Descreva a forma de relacionamento entre os dançarinos.
• A dança transmitiu alguma mensagem?
• Você pode sugerir outra forma de finalização para essa dança?
• Que parte da dança você gostaria de executar?
• O que você acha da música escolhida para acompanhamento da dança?
• Que influência as vestimentas, os acessórios ou os cenários tiveram sobre a dança?
• Que conexão você observou entre a dança e o título escolhido para ela?
• Como você se sente em relação ao que assistiu?
• O que havia de original ou criativo na dança?
• O que a dança transmitiu a você a respeito do período de tempo que ela representa?

Figura 5.3 Desenhos representando respostas das crianças depois de uma sessão de observação.

• O que a dança transmitiu a você a respeito das pessoas e do ambiente, das tradições e dos costumes a elas associados?

As crianças podem expressar suas observações desenhando figuras (ver Fig. 5.3), escrevendo textos no diário (ver Fig. 5.4), escrevendo uma revisão, compondo um poema ou manifestando-se por meio de movimentos ou de uma discussão. Em uma turma numerosa, nem sempre você terá tempo disponível para ouvir as respostas de todos os alunos. Uma estratégia útil para o compartilhamento de respostas verbais exige que as crianças estejam organizadas em pares ou em pequenos grupos e se revezem na apresentação de seus comentários para os colegas. Esse método é denominado resposta em par e compartilhamento. Incentive os alunos a empregar nos comentários o vocabulário de movimentos dos elementos da dança. Desse modo, eles terão condições de estender e esclarecer os co-

---

17 de maio de 2012

Achei a reunião da dança muito divertida e cheia de informações sobre danças de todo o mundo. Os três dançarinos apresentaram os movimentos e nos contaram de onde eles vieram. Eu gostei mais dos dançarinos brasileiros. A dança foi rápida e colorida. Eu fiquei impressionado de ver como os dançarinos lembram todos os movimentos e dançam tão bem em conjunto. Nunca fui muito interessado por dança, mas agora estou interessado por causa dos movimentos bacanas.

Figura 5.4 Texto de diário sobre uma observação de dança.

mentários além da simples afirmação "Eu gostei da dança" ou "Foi interessante". Instigue comentários mais detalhados, perguntando aos alunos do que eles gostaram na dança ou o que mais especificamente acharam interessante. A formulação de perguntas complementares estimula o pensamento crítico das crianças e as ajuda a compreender aquilo que observaram, além de ampliar a capacidade delas para articular suas percepções.

RESUMO

Desde o momento em que as crianças entram no espaço da dança até o último passo para fora da porta, a experiência da dança deve ser envolvente, relevante e divertida. Você conhece as necessidades dos alunos e planeja uma unidade e um conjunto de aulas que os convidem a experimentar a dança em formas diversas. As crianças são reconhecidas em função da bagagem pessoal em termos de perspectivas, estilo de aprendizagem e aptidões para aprender e criar movimentos de dança. Na condição de professor, você estabelece protocolos e regras que as ajudem a aprender e crescer em um ambiente seguro, agradável e organizado. Desse modo, as crianças sentem que sua forma de aprender é respeitada e se mostram prontas a assumir riscos, à medida que colaboram entre si para a criação, execução e observação de danças.

Questões para reflexão

Cite algumas características de um ensino eficiente de dança. Como elas se enquadrariam em sua sala de aula?

Nós todos concordamos que as crianças aprendem de muitas maneiras diferentes. Cite algumas estratégias que você pode empregar para ajudá-las a terem êxito.

Que frases de apoio você pode apresentar aos alunos na forma de comentários sobre a dança que eles realizaram? Crie uma lista de dez ou mais comentários.

Que estratégias você pode utilizar para incluir as crianças na elaboração de regras voltadas a um aprendizado efetivo?

Que estratégias sugeridas para o trabalho com alunos relutantes você acha adequadas dentro da condição de suas turmas? Que outras estratégias ou áreas do conteúdo você usou para ajudar os alunos a se sentirem tranquilos e motivados para aprender?

Os alunos sentem prazer em aprender novas atividades, mas, mesmo assim, eles necessitam da estabilidade de uma rotina. Que protocolos aplicáveis ao ensino da dança você pode empregar em suas turmas?

Pense a respeito de suas experiências em assistir a danças. O que você procura quando está observando os dançarinos?

Que precauções você toma para garantir que as crianças estejam seguras durante as aulas?

Capítulo 6

Avaliando o aprendizado da dança pelas crianças

A avaliação, um aspecto importante de um currículo de dança abrangente, pode ser conduzida de diversas formas. O mais importante é que o tipo de avaliação escolhido deve estar diretamente relacionado com os resultados esperados para a experiência de aprendizagem. Wiggins (1998) defende que o objetivo principal da avaliação deve ser a formação dos alunos e o incremento do nível de aprendizado, e não apenas sua medida. Sendo um componente essencial do processo de ensino e aprendizagem, a avaliação está totalmente inserida no currículo da dança. Aqueles que ensinam essa disciplina estão sempre procurando as melhores metodologias de avaliação daquilo que os alunos aprenderam. Esses profissionais buscam descobrir maneiras viáveis de medir, de modo válido e confiável, a criatividade, o desempenho, a cooperação no trabalho em grupo, a evolução pessoal e as mudanças em termos de atitudes e valores. Muitos métodos de avaliação usados na dança são projetados pelo professor e têm seu foco direcionado especificamente ao aprendizado que ocorre em uma aula ou unidade específica.

Essa espécie de avaliação concebida pelo professor reflete o nível de aptidões e de aquisição de conhecimentos por parte dos alunos, assim como a percepção que eles têm em relação àquilo que aprenderam. As avaliações proporcionam a você e aos estudantes um retorno quanto aos resultados alcançados. Elas podem ocorrer antes, durante e no final de uma unidade e reúnem diferentes tipos de informações preliminares sobre conhecimento, aptidões e progresso. Para completar um processo abrangente de avaliação, você precisa ter acesso aos três domínios de aprendizagem inerentes à dança. A avaliação psicomotora é uma das principais áreas de avaliação na dança e mede a capacidade de o aluno executar os movimentos propostos. Cone e Cone explicam a avaliação psicomotora de alunos do nível fundamental da seguinte maneira: "Esse tipo de avaliação leva em conta a precisão e a clareza na execução dos movimentos; a coordenação rítmica; a passagem de um movimento para o próximo; ou a habilidade nas mudanças de cadência, direção, nível, 'tamanho' [amplitude], trajetórias e energia" (Cone e Cone,

2005, p. 10). Você pode observar como um aluno emprega força, equilíbrio, flexibilidade, resistência cardiorrespiratória, consciência corporal e espacial e controle do corpo para a execução de um movimento ou de uma dança completa. Um exemplo de avaliação psicomotora em uma dança criativa, voltada à representação de três formas de nuvens diferentes, envolve observar um aluno executando uma sequência dessas três formas e avaliar o controle corporal que ele demonstra ao manter cada uma das formas estática por um período de quatro tempos, assim como a capacidade que ele tem de passar, suavemente, de uma forma para a seguinte (ver Fig. 6.1). Na avaliação, você pode considerar se o aluno tem condições de executar com precisão uma sequência de passos de uma dança folclórica ou de realizar os movimentos acompanhando o ritmo da música. O domínio psicomotor é avaliado por meio de observações do professor ou dos pares, as quais são baseadas em critérios bem definidos de resultados. Esse domínio exige que o observador se concentre nos movimentos e se lembre deles, especialmente durante apresentações ao vivo. Em contrapartida, se essas apresentações forem gravadas em vídeo, elas poderão ser vistas diversas vezes, o que facilita a avaliação dos critérios aplicados. Em muitas aulas de dança, não há disponibilidade de vídeo e, nesse caso, você conta, para avaliar, com seu conhecimento dos critérios e sua condição de se posicionar de forma adequada.

A avaliação cognitiva determina o tipo de conhecimento que as crianças possuem a respeito do conteúdo da unidade ou da aula. Ela se concentra na capacidade das crianças de relembrar a terminologia; identificar os passos da dança ou fatos sobre ela, como origem, formação, estrutura coreográfica ou sequência de movimentos; explicar suas percepções e opiniões sobre a dança que executaram ou a de seus colegas; e analisar as danças em termos de semelhanças e diferenças, ou as aplicações dos elementos da dança. Crianças pequenas podem demonstrar seu conhecimento quando você pede a elas que respondam a uma questão através de movimentos. Quando essas crianças associam movimento e linguagem, elas conseguem criar um amplo espectro de respostas, por meio das quais expressam sua compreensão dos fatos. Outra forma de avaliação cognitiva é a aplicação de um teste ou problema que deve ser respondido de forma escrita, ou a apresentação às crianças de perguntas relativas ao dia a dia, as quais podem ser respondidas verbalmente ou por meio do desenho de uma figura.

O domínio afetivo envolve sentimentos, reações, atitudes, preferências, interações sociais e autoconceito. A avaliação do domínio afetivo não pode ficar restrita à apreciação de aspectos como participação, esforço e atitudes. Worrell, Evans-Fletcher e Kovar observam: "Os professores devem considerar a inclusão de outros elementos, como responsabilidade pessoal, cooperação, compaixão, autoexpressão, interação positiva com outros alunos, respeito pelas diferenças e conduta na participação em equipes" (Worrell *et al.*, 2002, p. 31). Saber o que os alunos sentem a respeito do conteúdo ou de seu desempenho como dançarinos é um fator capaz de ajudá-lo a projetar aulas significativas e pertinentes. Em muitas aulas, os alunos trabalham de forma colaborativa para aprender, além de ensinarem uns aos outros, responderem a um colega ou criarem e executarem danças em conjunto. Essa interação social é um componente fundamental para a avalia-

Critérios

Formas: sim = incluiu 3 formas; não = incluiu 1 ou 2 formas.
Controle: sim = transição suave de uma forma para outra; não = hesitou, perdeu a fluência do movimento ou caiu.

Nome dos alunos	Três formas de nuvem	Controle
Mina	Sim	Sim
Shawn	Sim	Não – hesitou
Thomas	Não (apenas 2)	Sim
Genese	Sim	Sim
Pen Pen	Não (apenas 1)	Não – caiu

Figura 6.1 Exemplo de avaliação psicomotora.

ção de um aluno em termos do nível de liderança, da responsabilidade em manter um foco, da disposição para escutar outras ideias, da demonstração de respeito e da capacidade de negociar e se comprometer positivamente. Informações a respeito do domínio afetivo podem ser levantadas por meio de observações feitas pelo professor, por intermédio de pesquisas conduzidas pelos alunos, por comentários verbais, desenhos e diários.

Nas aulas, as crianças aprendem, executam, criam e observam danças, além de responder aos estímulos provocados por elas. Assim, é necessário contar com diversos tipos de avaliação. Em geral, avaliações relativas a como um aluno executa ou cria um movimento de dança ou uma dança completa estão inseridas na maioria das aulas ou unidades, e são realizadas de maneira formal ou informal. Não se esqueça de reservar um tempo para fazer avaliações no decorrer de uma aula ou unidade. Elas também podem ser realizadas na forma de testes escritos, com questões de múltipla escolha ou questões que exijam a redação de frases ou parágrafos curtos. Outros modos de avaliação escrita podem incluir a elaboração, pelos alunos, de diários sobre a dança que executaram ou sobre as danças apresentadas pelos colegas, assim como a criação de livros contendo descrições e ilustrações das danças, e listas dos vocabulários empregados na aula de dança. Os alunos podem, também, responder oralmente às perguntas, conduzir discussões, entrevistar parceiros, fazer apresentações sobre a dança ou desenvolver um projeto. A existência de um único tipo de avaliação não cobre todas as situações e restringe a coleta de informações sobre o aprendizado dos alunos. Não é suficiente medir apenas a capacidade que uma criança tem para resgatar mentalmente fatos memorizados ou executar um movimento isolado. Em vez disso, a avaliação daquilo que os alunos sabem e são capazes de realizar deve incluir um equilíbrio entre habilidades mentais de baixa e de alta ordem, conforme representado na taxonomia de Bloom, atualizada por Anderson e Krathwohl (2001; ver Fig. 6.2, na página 84).

A avaliação da dança impõe desafios, devido à sua natureza efêmera. A dança é uma forma viva de arte que acontece em uma esfera de espaço e tempo, cuja replicação exata não é possível. Sendo uma forma de movimento e arte tipicamente humanos, o dançarino incorpora a dança e, como a experiência exerce influência sobre ele, a própria dança acaba sendo influenciada. Essa é a razão pela qual a avaliação, vista por uma faceta limitada, captura apenas um momento, ao passo que um conjunto variado de formas de avaliação tem condições de proporcionar uma representação mais abrangente daquilo que a criança sabe, entende e está apta a executar. A gravação de vídeos das crianças dançando pode ser considerada uma forma de abordagem desse problema; no entanto, embora o vídeo seja uma ferramenta útil de avaliação, ele possui limitações. O vídeo reflete a perspectiva da pessoa que faz a gravação e, em consequência, pode fornecer uma visão limitada da dança.

Subjetividade é outro problema encontrado na avaliação da dança. A herança social, os valores e as preferências estéticas pessoais interferem naquilo que o avaliador enxerga. Os professores, sozinhos ou em colaboração com os alunos, precisam definir os critérios para as rubricas, os quais fornecem a descrição do que é considerado uma resposta adequada, ao passo que as rubricas delineiam o leque de respostas possíveis. Essas rubricas podem ser holísticas (contendo diversos critérios; ver Fig. 6.3, na página 84) ou analíticas (nas quais existe uma rubrica para cada critério; Wiggins, 1998). Uma rubrica para cinco elementos de coreografia, desenvolvida por Rovegno e Bandhauer (2000), é um exemplo claro de como uma rubrica analítica pode ser empregada para a realização de uma avaliação menos subjetiva. Para cada um dos cinco elementos de coreografia – originalidade, transições, expressão de uma ideia, foco e clareza, e contraste e destaques estéticos –, Rovegno e Bandhauer incluem um conjunto diferente de níveis de desempenho, acompanhados de uma descrição daquilo que você deve observar em cada nível. Quando as rubricas são usadas para orientar as autoavaliações e as avaliações por colegas, os alunos adquirem maior consciência a respeito de como mensurar o próprio trabalho e estabelecer objetivos em termos de melhoria. É aceitável a introdução de ajustes à avaliação no decorrer da unidade, pois, à medida que você ensina, passa também a conhecer melhor as respostas dos alunos ao conteúdo.

A avaliação na dança deve levar em conta os conhecimentos e as aptidões dos alunos na qualidade de aprendizes, criadores e agentes que dançam e respondem aos estímulos gerados pela dança. Neste capítulo, tratamos a avaliação por quatro abordagens diferentes: avaliação que o professor faz do programa e da efetividade de uma unidade ou aula; avaliação que o professor faz da aprendizagem de cada aluno; avaliação feita pelos pares; e autoavaliação dos próprios alunos.

Lembrança: recuperando, evocando ou resgatando conhecimentos da memória

Nomeie três movimentos da quadrilha.

Demonstre como saltar para a frente com velocidade.

Observe e repita os três movimentos que eu demonstrar.

Compreensão: criando significado por interpretação, sumarização, comparação, classificação ou explanação

Descreva os benefícios da participação em uma dança social.

Expresse raiva usando três formas diferentes.

Mostre-me a diferença entre um movimento de chegada forte e um de chegada suave.

Aplicação: criando ou usando um procedimento por meio de execução ou implementação

Pratique, em duas cadências diferentes, a dança que você aprendeu.

Desenvolva uma nova dança coreografada, usando os passos que você aprendeu.

Organize os membros de seu grupo em um círculo.

Análise: separando materiais e conceitos em partes, determinando como as partes se relacionam entre si ou com uma estrutura ou propósito global

Compare e identifique diferenças entre a dança de Samir e a de Kristen.

Experimente três trajetórias para a dança da folha e escolha aquela que mais bem representa folhas levadas pelo vento.

Assista a um vídeo de uma dança cultural e classifique os movimentos como motores ou não motores.

Avaliação: emitindo opinião com base em critérios e parâmetros, por meio de verificação e crítica

Depois de assistir a uma dança executada por seus colegas, diga o que você acha que eles estavam expressando por meio dessa dança.

Após assistir a um vídeo, escolha uma forma diferente para começar e finalizar a dança.

Após executar sua dança do esporte, verifique se você incluiu uma mudança de nível e de cadência.

Criação: juntando elementos para formar um todo funcional e coeso; reorganizando elementos em um novo padrão ou uma nova estrutura, por meio de criação, planejamento ou produção

Crie uma dança coreografada, usando cinco passos que você aprendeu.

Reorganize os passos do *cupid shuffle* para criar uma nova dança coreografada.

Planeje um mapa de dança para demonstrar as trajetórias que você utilizará quando se movimentar no espaço.

Figura 6.2 Exemplo de tarefas que refletem a taxonomia de Bloom. Adaptado de Anderson e Krathwohl, 2001.

Faça um círculo em torno do número que descreve o nível de desempenho de seu grupo na dança.		
3	Fantástico	Todos dançaram de forma excepcional.
2	Muito bom	Duas ou três pessoas cometeram erros, mas, ainda assim, a dança foi boa.
1	Tente novamente	Muitas pessoas cometeram erros e nós precisamos praticar mais.

Figura 6.3 Rubrica holística criada por alunos.

AVALIAÇÃO DA EFETIVIDADE DO PROCESSO DE ENSINO

Um processo efetivo de ensino resulta de um pensamento criativo, um planejamento claro de resultados, uma implementação dinâmica, além da reflexão a respeito da experiência de ensino e aprendizagem. O que funcionou, e por quê? O que pode ser modificado para a próxima aula? Essas questões influenciam um ciclo periódico que cobre planejamento, apresentação e reflexão. Sendo uma porção permanente do ensino, a experiência da dança compartilhada entre professor e alunos é avaliada com base em um conjunto de resultados que descrevem o que os alunos devem ser capazes de realizar e saber depois de tomar parte em uma aula de dança. As respostas às questões a seguir fornecem informações valiosas que você pode aplicar ao estimar o valor de seus procedimentos de preparação e apresentação de uma aula de dança específica ou de um programa de dança completo.

Questões para reflexão sobre a efetividade de um programa

• Os alunos já possuem experiência em todos os processos artísticos que cobrem todo o programa?
• Como as formas cultural, social e criativa da dança foram incluídas?
• Que espécies de instrumentos de avaliação foram usados para a reunião de provas do aprendizado? Como os resultados foram analisados e que modificações foram planejadas visando à melhoria do programa?
• Quais parâmetros, em âmbito nacional, estadual ou local, foram enfatizados e quais deles precisam ser reforçados?
• Que experiências novas de aprendizagem foram acrescentadas ao programa e quais, entre as já existentes, precisam ser excluídas ou modificadas?

Questões para reflexão sobre a conclusão de uma unidade de dança

Durante e depois de uma unidade ou aulas de dança, você avalia o plano de aula e a maneira pela qual ela foi apresentada aos alunos.

• Os resultados da unidade e da aula foram claros e se guiaram por um conjunto de parâmetros?
• O que você esperava que os alunos aprendessem nos domínios psicomotor, cognitivo e afetivo?
• De que forma a sequência de experiências de aprendizagem contribuiu para a consecução dos resultados?
• As unidades incluíram novas informações ou uma revisão do conhecimento prévio?
• Como as avaliações foram implementadas no decorrer da unidade? Houve emprego de avaliação formativa e acumulativa? Que espécies de instrumentos de avaliação foram usadas no que tange aos domínios psicomotor, cognitivo e afetivo?

Questões para reflexão sobre a conclusão de uma experiência de aprendizagem de dança

A avaliação do ensino é um processo contínuo. Você observa a resposta dos alunos a cada tarefa e as ajusta durante a experiência de aprendizagem, visando garantir que eles alcancem os resultados planejados. As seguintes questões devem ser consideradas:

• Os alunos tiveram tempo suficiente para praticar e criar danças? Eu apresentei o conteúdo muito depressa, sem propiciar tempo adequado para o desenvolvimento de habilidades e a aquisição de conhecimentos?
• O conteúdo foi difícil ou fácil demais para os alunos? Os alunos se sentiram desafiados ou entediados?
• A introdução proporcionou informações de fundamentação?
• O que eu aprendi sobre as experiências prévias dos alunos em relação ao tema ou à forma da dança?
• De que maneira o aquecimento estava relacionado com os movimentos empregados na dança?
• A progressão das tarefas obedeceu a uma sequência lógica e construtiva, do ponto de vista do desenvolvimento, de forma a permitir o bom desempenho dos alunos?
• Eu incluí uma dança da apoteose?
• Os alunos tiveram tempo para executar completamente a dança, com expressão e compreensão?
• Eu empreguei diferentes formas de encerramento das aulas? Quais dessas formas foram significativas para os alunos? Como eu sei o que eles aprenderam?

Uma abordagem mais direcionada para a avaliação de uma única experiência de aprendizagem é desenvolver uma lista de questões relacionadas com cada um dos resultados nos domínios psicomotor, cognitivo e afetivo. Por exemplo, ao ensinar uma dança cultural, o objetivo pode ser de que os alunos aprendam a sequência de passos (psicomotor), compreendam o contexto cultural da dança (cognitivo) e demonstrem entusiasmo e cooperação com os colegas (afetivo). As questões de avaliação da experiência de aprendizagem poderiam incluir o seguinte:

• Quantos alunos conseguem realizar com precisão os passos da dança? (domínio psicomotor)
• Quantos alunos conseguem lembrar a sequência de passos e executá-los sem necessidade de dicas? (domínio psicomotor)
• Os alunos conseguem mudar de direção com facilidade? (domínio psicomotor)
• Eles têm condições de manter a formação espacial da dança? (domínio psicomotor)
• Os alunos conseguem descrever o que os passos representam sobre a cultura em que a dança foi criada? (domínio cognitivo)
• Eles estão demonstrando alegria na experiência da dança? (domínio afetivo)
• Os alunos são capazes de se relacionar de forma positiva com os parceiros e com o grupo como um todo? (domínio afetivo)

Você pode também incluir a seguinte lista de questões genéricas que são apropriadas para a experiência em geral:

• Que partes da experiência de aprendizagem foram bem-sucedidas e por quê?
• Que resultados foram alcançados por todos os alunos e quais objetivos continuam a ser enfocados?
• Que partes da experiência de aprendizagem podem ser modificadas; o que indica a necessidade dessa modificação; e quais mudanças devem ser feitas?

No final da experiência de aprendizagem, é útil a gravação de algumas observações sobre cada classe, assim como a revisão dos planos escritos e a adição ou exclusão de tarefas para a próxima experiência. Além disso, convém fazer uma revisão dos aspectos bem-sucedidos em sua forma de ministrar a aula. Pergunte-se: "Foi assim que eu demonstrei um movimento? Como eu usei minha voz? Qual foi minha colocação espacial? Eu acrescentei um vídeo, uma figura ou um diagrama? Como foram minha energia e meu entusiasmo em relação ao tema?"

A avaliação da efetividade do processo de ensino é uma forma de autoavaliação do professor. A análise ponderada a respeito de como uma unidade ou as aulas foram planejadas e ensinadas e de como os alunos vivenciaram a aprendizagem desafiam você a reconsiderar concepções prévias, atitudes, crenças, comportamentos e percepções, e a estar aberto a mudanças. A autoavaliação lhe fornece informações adicionais sobre seu método de ensino e embasamento para uma prática melhor (Brookfield, 1995; McCollum, 2002). Você adquire condições de encarar objetivamente seu trabalho e saber, com certo grau de segurança, porque acredita no que acredita e porque faz o que faz.

AVALIAÇÃO DOS ALUNOS PELO PROFESSOR

A avaliação da aprendizagem dos alunos pode ser formal (por meio de testes especialmente planejados) ou informal (em geral, por meio de observações feitas enquanto os alunos participam da aula). Nos dois casos, você acompanha o progresso de um aluno no decorrer de uma única aula ou ao longo do tempo. Avaliar o aprendizado de um aluno na dança requer uma metodologia factível que lhe proporcione as informações necessárias para o acompanhamento de muitas crianças, dentro de um período de tempo limitado. Os instrumentos e formatos para a coleta de informações sobre aquilo que os alunos aprenderam podem incluir avaliações definidas pelo professor, normas de referência nacionais ou estaduais padronizadas sobre avaliação, observações em que o professor utiliza escala de classificação ou listas de verificação (ver Fig. 6.4), anotações escritas, comentários gravados e videoteipes. Você pode também reunir informações por meio de testes, problemas, frases escritas no diário, desenhos, respostas verbais (ver Fig. 6.5) e portfólios.

A avaliação do desempenho dos alunos, realizada pelo professor, começa com uma discussão de critérios e rubricas. Apresente aos alunos exemplos de trabalhos bons e regulares, e identifique as características de cada um deles. McTighe sugere: "Se esperamos que os alunos realizem um trabalho excelente, precisamos explicar a eles o que entendemos por trabalho excelente" (McTighe, 1997, p. 9). Articule graduações nas rubricas, como começar, aperfeiçoar e atingir a excelência, de maneira que os alunos tenham condições de estabelecer níveis próprios de consecução. Seja claro a respeito dos critérios para cada nível de rubrica. Por exemplo, em uma aula que trate da criação de danças sobre figuras geométricas e trajetórias, explique o que, especificamente, você observará quando

Turma: Sra. G			
Dança: padrão de dança coreografada			
+ = a criança consegue se apresentar			
x = a criança não consegue se apresentar			
Nome dos alunos	**Movimento correto**	**Na batida**	**Mudança de direção**
Sharia	+	+	+
Donovan	+	x	+
Robert	+	+	+
Zui	x	x	+

Figura 6.4 Lista de verificação do professor para uma avaliação individual.

eles executarem a dança final: "Eu quero que vocês comecem a dança em uma forma geométrica, depois se desloquem em uma trajetória geométrica e terminem em uma forma geométrica diferente. Não se esqueçam de introduzir em sua dança pelo menos uma mudança de cadência e uma de nível. Uma dança que apresente todas essas características e que tenha formas e trajetórias bem definidas será classificada como excelente. Em contrapartida, se uma dessas características não for incluída, a dança será considerada satisfatória e, por último, a classificação daquela que deixar de apresentar duas ou mais partes indicará que ela precisa de mais tempo para melhorar". Os alunos compreendem os níveis de conquista e podem estabelecer objetivos durante o processo de aprendizagem e criação. Depois de observar o desempenho de cada um deles, você registra na rubrica o quanto a dança dos alunos atendeu aos critérios.

Outro formato de avaliação dos alunos emprega um formulário em que são anotadas as rubricas e os critérios e registrados os nomes dos alunos na categoria da rubrica (ver Fig. 6.6, na página 88). Existe, ainda, espaço para o registro de comentários específicos. Além do desempenho na dança, você pode avaliar o nível de compreensão que um aluno demonstra em relação à figura geométrica representada pelo corpo dele, ao pedir, por exemplo, que ele desenhe o próprio corpo ou a figura usada na dança (ver Fig. 6.7, na página 88). Crianças mais velhas podem escrever a respeito do processo coreográfico da dança que executaram (ver Fig. 6.8, na página 89). Esteja consciente de que algumas crianças podem ter capacidade limitada para transmitir sua compreensão através do desenho e da escrita, em virtude de uma limitação no uso desses meios de expressão. Enfatizamos a importância de se em-

Figura 6.5 Aluno respondendo à pergunta feita pelo professor.

pregar amplo conjunto de instrumentos para a avaliação do conhecimento e da experiência dos alunos.

AVALIAÇÃO PELOS PARES

A avaliação pelos pares dá aos alunos a oportunidade de interagir com a dança de seus colegas, em um relacionamento um-para-um ou como parte de um grupo pequeno. Nessa modalidade de avaliação, as crianças observam seus parceiros enquanto eles dançam, compartilham

TIPO DE DANÇA: CULTURAL

Nível de desempenho	Evidência do comportamento do aluno	Aluno	Comentários do professor
Básico	Não consegue reproduzir com precisão todos os movimentos Perde o ritmo Realiza os passos, mas não os movimentos dos braços e da cabeça Partes do corpo sem coordenação Não obedece a formação Falta de concentração durante a dança Perde o controle	Sue	Precisa se concentrar na aula. Demonstrou dificuldade em manter o ritmo.
Proficiente	Reproduz com precisão todos os movimentos Perde o ritmo, mas consegue retomar Lembra-se da sequência da dança Mantém a concentração na dança Sai da formação, mas consegue retomar Perde a coordenação no movimento Perde controle no movimento	Steve Mary	Conseguiram lembrar a sequência da dança e o nome dos passos. Mantiveram o foco na aula. Demonstraram dificuldade inicial de coordenação no passo deslizado; êxito ao continuar praticando.
Avançado	Executa todos os movimentos com precisão e dentro do ritmo Inclui detalhes do movimento e movimentos dos braços e da cabeça Demonstra bom equilíbrio e boa firmeza Mantém a concentração Mantém a formação durante toda a dança Coordena os movimentos com os colegas	Mark	Foi bastante prestativo com os outros alunos e dedicou um tempo para mostrar a eles como fazer o deslizamento para a direita e para a esquerda, e como contar os passos no ritmo da música.

Figura 6.6 Folha de registro do desempenho em uma dança cultural, com rubrica e critérios.

Figura 6.7 Desenho de uma forma geométrica feito pelo aluno.

suas observações através de discussões, desenhos ou comentários escritos, além de entrevistas, para descobrir como o colega cria uma dança (ver Fig. 6.9, na página 89), ou apresentando respostas a situações em que outro aluno atua como professor ou tutor (Townsend e Mohr, 2002). Quando os alunos desenvolvem os critérios e as rubricas de avaliação, eles se apoderam da própria aprendizagem e estabelecem os próprios níveis de conquista. A avaliação pelos pares é uma estratégia de ensino com elevado grau de efetividade; no entanto, não deve compor a nota de classificação dos alunos. Seu foco deve ser o aperfeiçoamento e não a classificação (Leahy, Lyon, Thompson e Wiliam, 2005). Empregamos esse tipo de avaliação em uma unidade de dança de quadrilha para alunos de quarto e quinto anos. No decorrer da unidade, as crianças aprenderam quatro danças e escolheram uma para a avaliação final. Antes da avaliação, a turma definiu os critérios e as rubricas, atividade que ajudou os alunos a es-

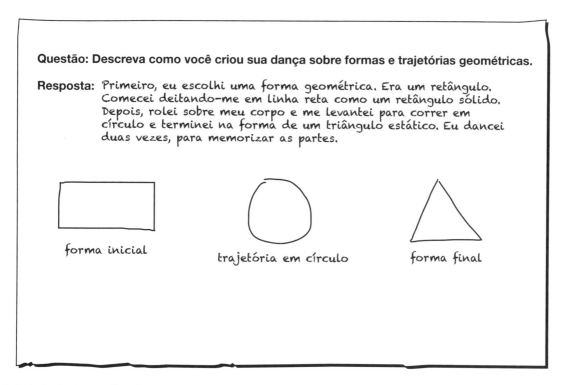

Figura 6.8 Redação do aluno explicando o processo de sua coreografia.

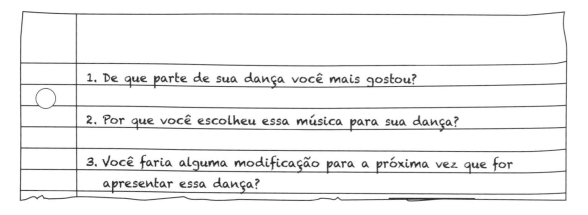

Figura 6.9 Perguntas elaboradas pelo aluno para uma avaliação pelos pares.

tabelecer um objetivo para a prática e para o desempenho do grupo. Grupos pequenos se avaliaram mutuamente. Os alunos desenvolveram os critérios relativos ao desempenho final. Eles escolheram uma rubrica holística (ver Fig. 6.3, na página 84). As crianças observaram-se umas às outras para depois assinalar o nível de desempenho que julgaram ter sido atingido pelo grupo. Elas acrescentaram uma justificativa escrita para a classificação atribuída.

A avaliação pelos pares, em uma dança criativa, pode incluir observações tanto objetivas como subjetivas, além de respostas. Por exemplo, um aluno opta por criar uma dança inspirada na evaporação da água e formação das nuvens, ao passo que outro escolhe uma dança sobre a erupção de um vulcão. Depois de uma sessão, durante a qual criam e praticam a dança, os alunos trabalham em pares, para avaliar a dança do companheiro. O professor elabora duas questões, cujo foco é a resposta à observação: (1) Nomeie três movimentos que você viu seus colegas executarem na dança (objetiva); e (2) Que parte da dança foi mais empolgante e por que (subjetiva)?

- Que movimentos os alunos empregaram para demonstrar a ideia da dança?
- Que direção, velocidade ou tipo de peso eles utilizaram?
- Houve mudança de nível?
- O dançarino executou os movimentos da maneira que você esperava?
- Que mudanças você recomendaria? Por quê?
- Que ideias você pode acrescentar à dança?
- Em que aspectos essa dança se assemelha à sua ou difere dela?
- Que perguntas você faria ao dançarino?
- Como a dança começa, e como termina?
- Em que direções o dançarino se movimentou no espaço? Você consegue desenhar a trajetória?
- Que aspectos da dança você considerou criativos?
- Você acha que a música estava de acordo com a dança?
- Qual era o propósito dos acessórios na dança?
- Quais foram os efeitos das vestimentas na dança?
- Você observou se o dançarino (ou dançarinos) estava concentrado na dança?

Figura 6.10 Questionário elaborado pelo professor para uma avaliação pelos pares.

As crianças escrevem suas respostas e discutem os comentários com os colegas. Perguntas adicionais são apresentadas na Fig. 6.10.

Crianças pequenas, que ainda não têm proficiência na leitura e na escrita, podem desenhar uma trajetória ou uma figura que observaram; demonstrar a parte de que gostaram; ou contar aos colegas o que lembram a respeito da dança. É interessante que suas questões direcionem a observação e facilitem a avaliação.

A conexão entre avaliação e aprendizagem se reforça quando os alunos têm a oportunidade de revisar, após a avaliação pelos pares, o trabalho que realizaram (Goodrich, 1997). Desse modo, as crianças refletem sobre a avaliação e introduzem modificações com o objetivo de melhorar a dança que criaram ou o desempenho pessoal nessa dança. Por meio da avaliação pelos pares, os alunos assumem a responsabilidade pela própria aprendizagem, assim como se tornam aprendizes mais autônomos e desenvolvem as habilidades pessoais transferíveis necessárias para o aprendizado ao longo de toda a vida. Essa atividade compartilhada promove a interação de ideias e a descoberta de preferências em termos de dança.

AUTOAVALIAÇÃO DOS ALUNOS

Na autoavaliação, os alunos consideram aquilo que sabem sobre dança, bem como seu desempenho ao aprender, executar ou criar uma dança, e seu sentimento a respeito da atividade de dançar. Essa modalidade de avaliação aumenta a responsabilidade dos alunos quanto à própria aprendizagem e torna mais claras para eles as expectativas em termos de êxito. As crianças podem avaliar seu nível de aprendizado por meio de um vasto conjunto de ferramentas, o qual inclui preencher questionários, registrar observações no diário, conversar individualmente com o professor, escrever uma carta sobre a experiência que vivenciaram, desenhar uma figura ou gravar comentários. Essas atividades consomem um tempo considerável e podem ocorrer durante ou depois de uma sessão. Você pode também pedir ajuda ao professor responsável pela classe dos alunos em relação à parte da avaliação que envolve escrever e desenhar. Consideramos que a resposta dos alunos à autoavaliação nos informa o que eles vivenciaram e aprenderam. Além disso, ela contribui para nossa revisão das aulas e das unidades. Algumas vezes, as questões são divulgadas no início ou no final de uma unidade ou aula, enquanto outras vezes elas são apresentadas durante a aula. Desenvolvemos um banco de questões que cobrem diversas situações de autoavaliação (ver Fig. 6.11). Você tem a possibilidade de escolher uma ou duas dessas perguntas, as quais lhe fornecerão as informações que você procura e colocarão ao seu alcance uma ferramenta que as crianças conseguirão ler e completar com facilidade.

Questões para reflexão sobre o aspecto cognitivo

1. O que você aprendeu hoje sobre dança?
2. A dança que você aprendeu hoje é semelhante a alguma outra que você dançou antes? Em que ela é semelhante ou diferente?
3. Qual foi a parte mais difícil da tarefa? Por quê?
4. Qual foi a coisa mais importante que você aprendeu realizando essa tarefa?
5. Que conhecimento novo você adquiriu hoje sobre dança?
6. De que forma você descreveria sua dança para alguém em casa?
7. Que parte de sua dança poderia ser modificada? De que maneira você a modificaria?
8. Você optou por usar música? Em caso afirmativo, por que você escolheu essa música para sua dança? Em caso contrário, por que você optou por não usar música?
9. Explique como você utilizou o acessório em sua dança.
10. Nomeie três movimentos diferentes que você executou na dança.
11. Relacione alguns motivos que as pessoas têm para dançar.
12. Descreva como os dançarinos empregaram direções e níveis nas danças.
13. Que movimentos são semelhantes nas duas danças culturais que aprendemos hoje?
14. Descreva um movimento de cada dança, o qual você considerou forte e poderoso.
15. O que os movimentos na dança [nome da dança] nos dizem a respeito da cultura?
16. Descreva a sequência da dança [nome da dança]. Como ela começa? O que acontece em seguida? Como ela termina?

Questões para reflexão sobre o aspecto psicomotor

1. Que movimentos você executou melhor em sua dança?
2. Qual foi a coisa mais importante que você aprendeu ao realizar essa tarefa?
3. Que movimentos você empregou em sua dança que utilizam equilíbrio?
4. Que movimentos você poderia praticar mais, para que fiquem melhores na próxima vez?
5. Que movimentos você executou que exigiram muita força?
6. Você teve energia suficiente para dançar sem se sentir cansado?

Questões para reflexão sobre o aspecto afetivo

1. Qual foi a coisa mais importante que você aprendeu ao realizar essa tarefa?
2. Você deu ideias para seu parceiro ou seu grupo?
3. Você cooperou com seu parceiro enquanto se movimentavam juntos?
4. Qual foi a parte de que você mais gostou na experiência de aprendizagem? Por que você gostou dessa parte?
5. Você gostaria de fazer essa aula novamente? Por que sim, ou por que não?
6. De que partes da experiência de aprendizagem você mais gostou? Por quê?
7. Você gostaria de executar essa dança outra vez? Por que sim, ou por que não?
8. De que aspectos você gosta mais na atividade de dançar? Do que gosta menos?
9. Como você se sente quando está dançando?
10. Você se acha criativo na dança?
11. Você gosta de dançar com outras pessoas em um grupo pequeno?
12. Você se sentiu inseguro em alguma das partes da experiência de aprendizagem de dança? Em caso afirmativo, em qual delas e por quê?

Figura 6.11 Exemplo de banco de questões para autoavaliação dos alunos.

Os portfólios são uma alternativa que fornece a alunos e professores uma perspectiva abrangente da aprendizagem. Essa ferramenta de avaliação é formada por uma coleção cronológica dos trabalhos realizados pelos estudantes, trabalhos estes que são reunidos ao longo do ano letivo ou de diversas unidades de dança, e que atendem ao objetivo de documentar a evolução e as realizações. McTighe descreve os portfólios usando esta analogia: "Se um teste ou problema representa um instantâneo (uma imagem da aprendizagem em um momento específico), então o portfólio se assemelha a um álbum de fotografias – uma coleção de fotos que demonstram o crescimento e as mudanças ao longo do tempo" (McTighe, 1997, p. 12). Um portfólio de dança deve incluir exemplos escritos, registros diários, desenhos, notações de danças, uma lista de ideias ou de músicas, testes, gravações em áudio, fotografias, vídeos, revisões feitas pelos pares, coleções de artigos e notícias, e ilustrações. Estabeleça e divulgue aos alunos o propósito do portfólio, e reserve um tempo para revisar seu conteúdo e refletir sobre ele frequentemente (ver Fig. 6.12). Além de ser um método para a documentação do trabalho dos alunos, os portfólios oferecem a eles uma forma tangível de visualização e celebração daquilo que conquistaram.

Quando as crianças levam seus portfólios para casa, podem compartilhar com os pais e outros adultos o trabalho realizado, o que facilita a comunicação para os pais do que foi aprendido no programa de dança. A gestão e o armazenamento dos portfólios podem ser problemáticos, além do que, sua revisão e seu arquivamento consomem tempo. Sugerimos que você forneça pastas para as crianças e organize essas pastas por classe em cestas ou caixas. Traga, então, as caixas para a aula de dança, de forma que os alunos tenham condições de guardar seus trabalhos e revisar o portfólio no final de cada unidade. Você terá uma percepção valiosa daquilo que seus alunos pensam e das diversas formas através das quais eles se expressam.

INSTRUMENTOS DE AVALIAÇÃO

A reunião, antes de uma aula ou unidade, de informações voltadas à avaliação é útil para determinar o nível atual dos alunos em termos de habilidades, conhecimentos, experiências ou interesses. Essa avaliação prévia ajuda você a identificar ajustes que podem ser necessários em suas aulas ou unidades planejadas, sendo uma forma de estimular o interesse dos alunos pelo tema da dança. A avaliação que acontece no decorrer de uma aula ou unidade, conhecida como avaliação formativa ou contínua, pode ser realizada em momentos diferentes e determina o desenvolvimento de habilidades, a compreensão e o progresso na consecução de resultados. Um terceiro momento para a realização da avaliação é o encerramento da aula ou unidade. Essa avaliação acumulativa determina a extensão da aprendizagem e proporciona aos alunos uma oportunidade de refletir sobre seu progresso no desenvolvimento de habilidades, na aquisição de conhecimentos e no que diz respeito a sentimentos e atitudes em relação ao conteúdo (Cone e Cone, 2005).

Uma vez estabelecidos os resultados esperados, o próximo passo é determinar que tipo de avaliação permitirá a identificação mais eficiente dos objetivos alcançados. Você decide o momento de realização da avaliação, os domínios a serem avaliados, quem conduzirá o processo e o melhor instrumento para a reunião de evidências. Apresentamos a seguir uma lista de instrumentos que podem ser empregados em avaliações psicomotoras, cognitivas e

---

O que você aprendeu sobre dança neste ano?
Qual foi, em sua opinião, a melhor dança que você já criou ou apresentou? Por que é a melhor?
Qual foi a dança mais difícil que você aprendeu neste ano e por quê?
Você melhorou sua habilidade para dançar ou criar danças?
Comente suas habilidades como dançarino ou como coreógrafo.
O que o ajuda a dançar melhor?
O que sua dança diz sobre você?
Você aprendeu o que esperava aprender sobre dança neste ano?

Figura 6.12 Questões de reflexão para o portfólio dos alunos.

afetivas. Não se esqueça de que a exequibilidade é importante para garantir que a avaliação seja possível em uma classe de crianças.

- **Lista de verificação.** É fácil de ser usada e contém uma rubrica de dois itens, como sim e não, para a verificação da presença de critérios. O formato normalmente empregado relaciona os nomes dos alunos em uma coluna, em um dos lados da folha de registro, e as habilidades ao longo do topo. Os critérios relativos às opções "sim" e "não" são definidos de forma clara (ver Fig. 6.13). Esse instrumento costuma ser usado para a avaliação de habilidades no domínio psicomotor.
- **Escala de classificação.** Esse instrumento de avaliação identifica três ou mais níveis de desempenho, tendo como base os critérios descritos para cada nível (ver Fig. 6.14). Trata-se de uma ferramenta efetiva para a avaliação da habilidade na execução de uma dança.
- **Teste ou problema escrito.** Essa avaliação cognitiva pode ter diversas formas: múltipla escolha, correspondência, preenchimento de espaços em branco, falso ou verdadeiro, ou uma resposta dissertativa curta (ver Fig. 6.15). Certifique-se de que os alunos estão capacitados a ler e escrever, e desenvolva um formulário com espaço adequado para eles escreverem as respostas.
- **Tira de papel depositada na saída.** Esse método de avaliação é aplicável para os domínios cognitivo e afetivo. Os alunos respondem a uma questão sobre o conteúdo ensinado ou são estimulados a informar como executaram as danças ou se sentiram em relação a elas. Eles

---

Realize 4 passos para o lado direito, 4 para o lado esquerdo, 4 chutes e um giro de 90 graus para a esquerda, de forma a ficar de frente para a próxima parede.
Repita a dança 2 vezes.
Sim = dentro da batida, nas duas repetições da dança.
Não = fora da batida em uma ou nas duas repetições da dança.

Nome dos alunos	Cupid shuffle
Rob	Sim
Sherri	Não
Greg	Sim
Melissa	Não

Figura 6.13 Lista de verificação do professor para os passos de uma dança *cupid shuffle*.

Verifique seu desempenho na dança que você criou.
Nome:

Habilidade	Fui muito bem	Perdi-me uma vez	Preciso praticar mais
Memorização dos movimentos			
Controle corporal			

Figura 6.14 Escala de classificação para autoavaliação dos alunos.

---

1. Nomeie duas danças que empreguem o passo *grapevine*.
2. Identifique duas danças que utilizem a formação em círculo.
3. Escolha uma das danças e explique como ela reflete a cultura do povo.

Figura 6.15 Itens de teste escrito para uma unidade sobre dança cultural.

escrevem as respostas em uma tira de papel e a depositam em uma caixa quando saem da sala de dança. A seguir, alguns exemplos de lembretes: "Escreva o nome da dança de que você mais gostou hoje na aula" e "Escreva o nome do movimento que você achou mais difícil de aprender".

• **Desenho.** Esse método de avaliação cognitiva e afetiva revela as percepções e os sentimentos dos alunos em relação à aula. Como as crianças costumam se alongar na realização dessa avaliação, você pode pedir que o professor responsável pela classe conceda um tempo durante o dia para a finalização do trabalho. Por exemplo, se a avaliação solicita aos alunos que desenhem uma das formas corporais empregadas na dança das nuvens, eles podem desenhar essa forma e acrescentar uma palavra que a descreva (ver Fig. 6.7, na página 88).

• **Cartões de resposta.** Essa avaliação psicomotora utiliza um observador e um dançarino. Cada cartão apresenta um símbolo relacionado com um nível de desempenho. Por exemplo, em uma avaliação com dois cartões, um deles pode exibir um rosto feliz (☺), que indica uma dança excelente, ao passo que o outro traz uma face neutra (a boca é uma linha reta), que representa a necessidade de mais prática. O observador presta atenção no desempenho do dançarino e depois levanta um dos cartões para indicar sua apreciação. Cartões coloridos também podem ser empregados. Identifique de forma clara os critérios correspondentes a cada um deles.

• **Gráfico humano.** Esse método de avaliação pergunta aos alunos quais são suas preferências. Você estabelece três sinais, cada um colado em um cone, e os alinha lado a lado. Um dos sinais recebe o rótulo "Incrível", o segundo, "OK", e o terceiro, "Não gostei". Você pode indicar um movimento ou uma dança executados na aula ou unidade, e os alunos se colocam atrás do sinal que reflete a opinião deles. Um gráfico humano é formado à medida que as crianças se alinham conforme as preferências individuais. Os rótulos podem ser modificados para representar outros termos de avaliação ou outras danças.

• **Redação de um diário.** Os alunos podem utilizar o diário para escrever ou desenhar as respostas das perguntas que você formular. As questões podem ser de cunho cognitivo ou afetivo. Recolha os diários, leia-os e faça comentários. A seguir, alguns exemplos de perguntas: "Que parte da aula mais agradou a você?" "Como você trabalhou junto com seu grupo para criar a dança do tornado?" "Descreva um movimento que você criou para a sua dança coreografada." "Identifique alguma coisa que você aprendeu hoje."

• **Mapas e teias de dança.** Esse método de avaliação cognitiva propicia aos alunos uma oportunidade de desenhar ou escrever aquilo que aprenderam a respeito da criação ou aprendizagem de uma dança. O mapa inclui o desenho de uma linha que representa o traçado da trajetória, ao mesmo tempo que indica os movimentos (ver Fig. 6.16), e a teia ajuda as crianças a definir a terminologia ou palavras que descrevem uma dança criada ou aprendida (ver Fig. 6.17).

• **Gravação de vídeo.** Você ou os alunos podem fazer a gravação em vídeo de uma dança completa que eles criaram ou aprenderam. É possível ensinar às crianças o manejo de uma pequena câmera de vídeo, para que elas registrem a própria apresentação ou a de seus colegas. Também é possível ligar uma câmera de vídeo em uma estação de avaliação, na qual você grava as respostas verbais ou as apresentações dos alunos.

• **Portfólio.** Essa modalidade de avaliação é a reunião das realizações dos alunos ao longo de um período de tempo. O portfólio contém testes escritos, desenhos, regis-

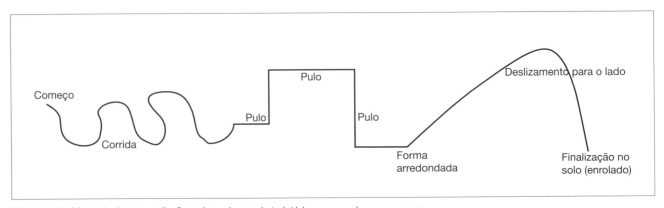

Figura 6.16 Mapa de dança: avaliação, pelos colegas, de trajetória em uma dança em pares.

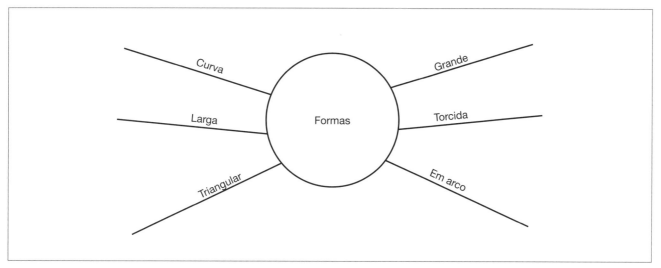
Figura 6.17 Teia da dança: autoavaliação dos alunos.

tros selecionados do diário, mapas de dança, relatórios sobre um tema de dança e fotografias. Além desses itens, um portfólio digital pode conter vídeos de aulas e apresentações de dança, entrevistas com alunos e explanações orais a respeito da criação de uma dança por um aluno, ou do processo através do qual ele aprendeu. Os dois tipos de portfólio podem ser empregados em reuniões com os pais ou, como aponta Niguidula: "À medida que os alunos examinam o portfólio e leem as anotações que fizeram, eles reconhecem a evolução de suas habilidades ao longo do tempo e começam a perceber para onde podem caminhar em seguida" (Niguidula, 2005, p. 46).

- **Ensino pelos pares.** Em uma avaliação construtiva de conhecimentos e de habilidades físicas, um aluno ensina uma dança ou um movimento para um ou mais colegas. A criança que faz o papel de professor explica como devem ser os movimentos ou a dança, e faz uma demonstração. Desse modo, a aquisição cognitiva e as habilidades físicas são integradas. Você ou os alunos que assistem podem estabelecer os critérios para a avaliação do desempenho da explicação e da demonstração do aluno-professor.

- **Avaliação por zona.** Esse método é usado em turmas grandes, e visa avaliar a capacidade dos alunos para executar um passo, uma sequência de alguns passos ou uma dança completa. O espaço da classe é organizado em três ou mais zonas, alocando-se de seis a oito alunos por zona. Você indica o conteúdo da dança que será avaliado e os alunos de uma zona executam os movimentos. Empregue uma lista de verificação e anote quais são aqueles que não conseguem repetir os movimentos com precisão. Passe para a zona seguinte e repita a avaliação com os mesmos movimentos ou outros diferentes. O processo continua até que todos os alunos tenham sido avaliados.

RESUMO

O projeto de procedimentos de avaliação de fácil implementação é um grande desafio. No entanto, para que a dança seja encarada como um componente importante do currículo de educação física ou educação artística, é necessário que se comprove o aprendizado dos alunos. Não se esqueça de que o processo de avaliação requer a definição de critérios bem claros e de rubricas práticas, para que tenha condições de ajudar as crianças a compreender o que se espera delas em termos de aprendizagem. O conteúdo e o tipo da avaliação escolhidos transmitem aos alunos uma mensagem marcante a respeito do que é importante que eles aprendam. Existem diversas metodologias de avaliação. Discutimos quatro delas: avaliação da efetividade do processo de ensino, avaliação do aprendizado dos alunos pelo professor, avaliação pelos pares e autoavaliação dos alunos. Cada um dos instrumentos empregados tem pontos fortes específicos e, quando combinados, oferecem uma visão abrangente daquilo que as crianças sabem e são capazes de fazer. Selecione um instrumento que vá ao encontro dos resultados esperados e que forneça evidências claras sobre as realizações dos alunos. O valor de avaliações factíveis e relevantes manifesta-se através de maior reconhecimento e compreensão da dança como veículo de expressão e comunicação.

Questões para reflexão

Que modalidades de avaliação você empregaria para determinar a habilidade de um aluno em executar uma dança composta por uma sequência específica de movimentos, como uma dança coreografada ou uma dança cultural?

A criatividade costuma ser um dos critérios de avaliação em uma dança coreografada pelo aluno. Como você criaria uma rubrica para descrever três diferentes níveis de criatividade?

Em geral, grupos pequenos trabalham juntos para criar uma dança. Que critérios você utilizaria para avaliar a dança final de um grupo?

Pense em como você poderia empregar a tecnologia na avaliação do desempenho de um aluno.

Com que espécie de tecnologia você conta para registrar observações, anotações de diário ou reflexões, no final de uma unidade ou uma experiência de aprendizagem?

Capítulo 7

Envolvendo todas as crianças na dança

Toda criança tem necessidade de se expressar e de comunicar seus sentimentos e ideias, seja por intermédio da fala, da escrita, dos movimentos ou das artes visuais ou cênicas. Por meio da dança, crianças com deficiência têm condições de descobrir que os movimentos podem ser uma forma de elas expressarem as emoções, de expandirem o espectro de movimentos, de interagirem socialmente e de explorarem novas maneiras de se conhecer e tomar consciência do mundo que as rodeia. Na qualidade de professor de dança, você deve assumir o compromisso de ajudar cada aluno a desenvolver todo o potencial que possui. Encare as crianças por meio da lente das aptidões, e não das limitações. Reconheça em cada uma delas um indivíduo e evite olhá-las como membros de uma categoria deficiente ou rotulá-las. Todas as crianças são respeitadas por seu estilo próprio de aprender, e o sucesso é definido por meio da adoção de parâmetros individualizados. Tortora, terapeuta da dança, observa: "A individualidade emerge à medida que as diferenças individuais são apoiadas. As crianças são incentivadas a aprender a respeito de si mesmas, percebendo e explorando a própria existência, a partir de um espaço sentido física e emocionalmente" (Tortora, 2006, p. 57). Educadores bem-sucedidos compreendem a importância de se empregar múltiplas estratégias para a apresentação de um conceito ou uma habilidade. O que produz bons resultados para uma criança pode não ser eficiente para outra. Criatividade, flexibilidade, empatia e vontade de fazer a diferença são características essenciais para um planejamento e uma implementação realmente efetivos. Cone e Cone afirmam: "A singularidade de cada aluno contribui para a experiência de aprendizagem de todos. Quando os alunos entendem que existem muitas variações de uma dança e muitas formas diferentes de se executar um movimento, a aceitação das diferenças é valorizada e os estereótipos são descartados" (Cone e Cone, 2011, p. 24). Ao ensinar, tenha sempre a mente aberta e o espírito curioso, e não se esqueça de que as crianças gostam de dançar e de fazer parte de grupos. E elas também desejam alcançar o sucesso.

CONHECENDO AS CRIANÇAS COM DEFICIÊNCIA

Na qualidade de professor, você ministrará aulas para crianças com deficiências físicas, cognitivas, emocionais e neurológicas. Todas essas crianças, quer elas façam parte de uma turma especial para crianças com deficiências ou convivam em uma classe inclusiva com colegas em processo normal de desenvolvimento, têm condições de aprender, criar e executar dança, assim como de responder aos estímulos gerados por ela. Nos dois ambientes, você precisa obter informações a respeito das deficiências dos alunos e acreditar firmemente que todos eles podem aprender. A lista de deficiências é abrangente, e elas se manifestam por meio de características diferentes em cada criança. Quando for ministrar aulas para uma criança com algum tipo de deficiência, compreenda que as capacidades, a personalidade, os interesses e as necessidades de cada uma delas são singulares. Conheça seus alunos. Qual é a preferência de cada um quando se trata de cores, time esportivo, personagens de desenho animado, comida, livros ou jogos? (Ver Fig. 7.1, que exibe questões adicionais.) Utilize essas informações para motivar seus alunos a participar do processo de ensino e aprendizagem e para torná-lo mais significativo e divertido. Cada criança tem suas preferências sensoriais. Uma delas pode, por exemplo, preferir tocar a lã, ou a cor vermelha, ou um cartaz do Bob Esponja. Para outra, a música pode ser perturbadora, as luzes, brilhantes demais, ou o som de um número excessivo de vozes causar confusão. Esteja atento a essas características e utilize-as como forma de suporte para o conteúdo da aula, evitando outros estímulos sensoriais que podem tornar-se irritantes para uma criança. Além disso, procure conhecer a amplitude física de movimento e a força de seus alunos. Os movimentos da dança precisam ser seguros. Preste atenção a movimentos contraindicados, em especial no caso de alunos que utilizam cadeira de rodas, muleta, patinete ou aparelhos de apoio à mobilidade. Verifique com o profissional responsável pela fisioterapia ou a enfermaria da escola informações específicas de cada aluno, além de entrar em contato com os pais ou tutores.

A quantidade de informações sobre qualquer deficiência específica, quer estejam disponíveis *online* ou em periódicos e textos profissionais, é enorme. Tenha cautela e certifique-se a respeito da confiabilidade das fontes. Todo educador deve buscar informações e ampliar seu conhecimento sobre causas, características e estratégias e recursos de ensino, para garantir a efetividade de suas aulas. Muitas organizações dedicadas a pessoas com deficiência fornecem informações sobre pesquisas e captação de fundos, além de histórias pessoais, fotografias e vídeos; além disso, elas também disponibilizam o acesso a outras fontes de informações. Ademais, você tem a possibilidade de recorrer a pais ou tutores, administradores da escola, equipe com a qual a criança estuda, fisioterapeutas, terapeutas ocupacionais, enfermeiros e outros educadores da instituição, pessoas capazes de lhe fornecer informações valiosas a respeito das deficiências da criança e de como ensiná-la. Procure informar-se sobre as leis e regulamentações relativas ao Individuals with Disabilities Education Act 2004 (Legislação para Educação de Indivíduos com Deficiências de 2004, do Governo dos Estados Unidos) e sua definição das treze categorias de deficiências (http://idea.ed.gov), assim como sobre a definição operacional de educação pública de acesso livre e de um ambiente menos restritivo, além do programa de educação individualizada para crianças (IEP, na sigla em inglês: *individualized education program*). Verifique o IEP dos alunos e incorpore os objetivos às suas aulas de dança.

CRIANDO UM AMBIENTE INCLUSIVO

Um sorriso em seu rosto diz à criança se ela é bem-vinda ao espaço das aulas e se você está disposto a ajudá-la a aprender. Esse simples gesto facial é bastante significativo para qualquer criança, e mais ainda para aquelas com deficiência. Um sorriso indica também às demais pessoas presentes na sala – alunos ou adultos – que você se preocupa em tornar a experiência de apren-

---

O que você deseja aprender neste ano em dança?

Cite três coisas que eu deveria saber a seu respeito.

Quais são seus principais objetivos na escola?

O que você gosta de fazer em suas horas livres?

O que você gostaria de ser quando crescer?

O que os outros professores fazem para ajudá-lo a ter êxito?

Você deseja me fazer alguma pergunta?

Figura 7.1 Perguntas para fazer às crianças sobre a personalidade e as preferências individuais.

dizagem significativa para todos. O ambiente é mais do que simplesmente o espaço; ele é uma atitude de aceitação que permeia todas as atividades realizadas durante uma aula. Desde o momento em que a criança entra na sala, você está lá para recebê-la e manifestar aprovação por alguma coisa pessoal, como uma nova camisa, um colar, um brinquedo que ela tenha nas mãos ou, talvez, um novo corte de cabelo. Essa conexão inicial lhe propicia informações a respeito de como o aluno está se sentindo física e socialmente naquele dia. Em seguida, você descreve a atividade da dança e explica como o espaço e os equipamentos estão organizados para a aula, o que ajuda as crianças a se colocarem no local onde a aula começará. Você pode dizer: "Hoje nós vamos dançar com as echarpes que estão na cesta vermelha perto da parede. Encontrem um lugar". Se uma criança com deficiência tiver um educador assistente ou um parceiro, essa pessoa a ajudará a encontrar um lugar para iniciar a aula. Algumas vezes, para estabelecer uma atmosfera de calma ou para enfatizar que esse local é destinado à dança, você pode tocar uma música enquanto os alunos entram na sala.

O espaço de ensino de dança precisa estar de acordo com os requisitos de acesso do Americans with Disabilities Act (Legislação do Governo dos Estados Unidos para Indivíduos com Deficiências), disponível na Internet (www.ada.gov/regs2010/RIA_2010regs/ria_appendix02.htm). Banheiros, bebedouros e espaços de entrada e saída devem permitir o acesso de qualquer criança. O chão precisa estar sempre limpo e a iluminação e a temperatura, adequadas. Equipamentos adicionais, como cadeiras, arquibancadas, caixas, tocadores de MP3, de CD e de DVD, assim como computadores, devem ficar colocados em carrinhos, de modo que possam ser facilmente movimentados quando for necessário mais espaço. Os limites do espaço de dança precisam ser claramente demarcados por meio de fitas, linhas pintadas sobre o chão ou cones. É necessário haver uma distância entre a extremidade da área de dança e as paredes, para que as crianças tenham condições de parar sem risco de se machucarem. Coloque nas paredes apenas as informações necessárias para a aula, evitando o excesso de cartazes ou outros mostradores visuais que possam desviar a atenção dos alunos.

Regras simples, relativas a segurança e aprendizagem, devem ser publicadas e revisadas periodicamente. Desenvolva uma estratégia destinada a cativar os alunos que fogem pelas portas de saída, chocam-se acidentalmente contra algum equipamento ou mostram resistência a participar da aula, ficando a perambular pela sala. Deixe disponível um espaço para descanso que esteja dentro da sala de aula, mas que seja um local tranquilo, onde as crianças possam repousar e se acalmar, caso estejam muito agitadas ou precisem de um intervalo durante a aula. O mais importante é assegurar que os alunos dancem em um espaço seguro que seja confortável e ofereça suporte ao processo de aprendizagem.

IMPLEMENTANDO ESTRATÉGIAS INCLUSIVAS DE APRENDIZAGEM

O objetivo da dança para crianças com deficiência é explorar e desenvolver o estilo particular de movimento de cada uma. Elin e Boswell pedem que os educadores entendam a estética das diferenças, o que significa que cada aluno tem preferências específicas em termos de música, cores, formatos, movimentos, texturas e outros itens sensoriais. Eles promovem "[...] uma abordagem baseada não na 'normalização' dos movimentos de alunos com deficiência, mas na percepção da fonte potencial de material artístico representada pelas diferenças associadas a essas deficiências" (Elin e Boswell, 2004, p. 427). Essa perspectiva enfatiza os processos de exploração e aprendizagem como os alicerces de uma aula de dança. A experiência de aprendizagem e de criação é primária para o surgimento de um produto. Ensinar crianças com deficiência, da mesma forma que ensinar qualquer criança, requer criatividade e capacidade de adaptação. As aulas devem ser apropriadas para a faixa etária dos alunos, assim como ter uma progressão sequencial, ser compatíveis com as aptidões de cada criança e empregar estratégias efetivas de ensino (Apache, 2004). Uma das estratégias mais efetivas para estabelecer um ambiente é pedir que os alunos digam como um movimento, um acessório, um espaço, uma formação ou uma dança completa podem ser modificados para incluí-los. Eles têm experiência em negociar o próprio ambiente e introduzir modificações, em termos de acesso, para que possam trabalhar e participar com êxito. Antes de qualquer coisa, zele pela dignidade dos alunos com deficiência. Assegure que eles aceitem as modificações e mantenha um elevado nível de participação (Dunphy e Scott, 2003). Apresentamos a seguir diversas estratégias aplicáveis ao ensino de dança para qualquer criança, estratégias estas que podem ser empregadas em classes em que todas as crianças tenham deficiências, em classes inclusivas ou classes formadas apenas por crianças em processo normal de desenvolvimento.

- Aplique o princípio de projeto universal. Esta estratégia reflete o princípio da arquitetura. A premissa é de que o projeto sirva a todas as pessoas. Por exemplo, todos podem beneficiar-se do uso de uma rampa ou de uma maçaneta para entrar em um edifício. Na dança, a formação em círculo é inerentemente inclusiva, porque nela todos podem ser vistos e ocupam posições iguais dentro do grupo. Uma dança criativa, cujo objetivo seja explorar formas retas e curvas, é adequada para todos os alunos. A tarefa de encontrar um modo de representar uma forma reta com uma parte do próprio corpo pode ser realizada de diversas maneiras. Esta estratégia é aplicável, em especial, a turmas formadas por crianças com deficiência e crianças em processo normal de desenvolvimento. Todos podem participar, cada um a seu modo, porque múltiplas respostas são incentivadas. Outra aplicação do projeto universal é o uso de diversos gestos da linguagem de sinais com todas as crianças, com o objetivo de dar suporte às diretivas verbais. Os professores costumam empregar palavras como "pare", "continue", "forme fila", "bom trabalho", "não" ou "olhe para mim". Dessa maneira, você utiliza simultaneamente duas formas de comunicação, verbal e gestual, para ajudar os alunos a ouvir e ver as orientações e seus comentários. As crianças aprendem que há diversos modos de aprendizagem e de comunicação, todos eles com o mesmo nível de efetividade.

- Estabeleça uma rotina de aula. Esta estratégia descreve um conjunto de atividades que ocorrem no mesmo espaço e ao mesmo tempo (no começo ou no final de cada aula). A rotina responde de forma clara e familiar às expectativas de cada criança e pode ajudar na organização e administração da classe.

- Use lugares designados. Cada aluno tem um lugar predeterminado, no qual começa e termina as aulas, e outro para onde deve retornar quando o professor der as instruções. Esses locais podem ser assinalados por meio de discos de plástico, um X colado no solo, uma linha identificada, uma letra pintada no chão, uma argola ou um cartão contendo o nome do aluno.

- Desenvolva danças para iniciar e terminar uma aula. Essas danças passam a fazer parte da rotina das aulas e enfatizam padrões rítmicos e repetições de movimentos. Uma mesma dança pode ser usada no decorrer de todo o ano letivo, ou pode ser substituída todos os meses. Um exemplo que dá boas-vindas aos alunos e incentiva a comunicação verbal associada a ritmo e repetições é a dança *We are glad to see you* (Estamos felizes em ver você). Nessa dança, os alunos sentam-se em círculo, no chão ou em cadeiras. Todos eles repetem juntos a sequência a seguir, acompanhando-a com gestos das mãos. Essa dança é ideal para grupos pequenos. É possível que um aluno precise de sua ajuda, ou a de um educador assistente, para movimentar as mãos e os braços. Nesse caso, há a possibilidade de você excluir o movimento e usar apenas a voz.

– Nós estamos (duas batidas nas coxas com as mãos; uma em cada palavra)

– Felizes em (duas palmas; uma em cada palavra)

– Ver você (as duas mãos apontam para um aluno no círculo)

– Nome do aluno (mãos apontando para esse aluno)

- Use os colegas como ajudantes. Os ajudantes costumam ser crianças em processo normal de desenvolvimento que participam de uma turma inclusiva, ou colegas mais velhos ou da mesma idade que ajudam em uma classe autônoma. Esses colegas são alunos aos quais você ensinou como devem reforçar instruções e demonstrações, fazer comentários de retorno e aumentar o tempo de exercícios práticos. Os colegas não podem manipular o corpo das crianças, tampouco movimentar crianças que usem cadeira de rodas, ou prestar assistência àquelas que precisem ir ao banheiro.

- Ofereça ajuda aos educadores assistentes para que eles tenham condições de apoiar o processo de aprendizagem. Esses adultos, também conhecidos como ajudantes, assistentes educacionais ou assistentes de ensino, podem acompanhar uma criança ou oferecer suporte a várias delas. É possível que eles não tenham familiaridade com o conteúdo da dança e não saibam como ajudar efetivamente a criança com segurança. Uma alternativa é promover um encontro com eles, antes da aula, e discutir estratégias de ajuda específicas, como reforçar ou ler instruções, fazer demonstrações, fazer comentários de retorno e ajudar a criança a manter o foco na aula. Outra alternativa é enviar antecipadamente a eles um *e-mail* ou uma descrição impressa da aula, ou apresentar, ao chegar à sessão, um cartão de tarefas que descreva dicas verbais, estratégias adequadas para comentários e lembretes táticos ou visuais, os quais ajudem os alunos a aprender (ver Fig. 7.2).

- Desenvolva uma programação visual. Esta estratégia é um mostrador pictórico da aula de dança que exibe a ordem em que as tarefas ou atividades serão apresenta-

> ### CARTÃO DE TAREFAS DE DANÇA PARA KARA
>
> **Dança de aquecimento** – Dicas: "Kara, levante e abaixe as mãos".
> **Exploração de formas** – Dicas: "Kara, rode para trás"; "Gire sua cintura"; "Faça um alongamento longo".
> **Dança da nuvem** – Ajude-a a se segurar na cortina. Coloque mão sobre mão, se necessário.
> **Retorno** – Bata as mãos em sinal de sucesso ou diga: "Ótimo trabalho!"

Figura 7.2 Cartão de tarefas para um educador assistente.

das. A programação pode ser afixada em uma parede perto da entrada ou do local onde as diretivas são dadas. São incluídos um número, uma figura e uma palavra que descreva a figura (ver Fig. 7.3, na página 102). O emprego de uma programação visual permite que as crianças vejam o que acontecerá na sessão de dança e as ajuda a se sentirem mais organizadas e seguras. Após cada tarefa ou atividade, você pode retornar à programação e marcar aquilo que já foi realizado ou mostrar qual é a próxima atividade.

- Fale sempre o nome da pessoa em primeiro lugar. Quando se referir a alguém com deficiência, seja respeitoso e use o nome ou o tipo de pessoa em primeiro lugar, e a deficiência em segundo. Por exemplo, use "a criança que tem autismo" em vez de "o autista"; ou o nome da criança (p. ex., "Malik, que possui uma deficiência intelectual") em vez de "a criança retardada" ou "com problemas mentais"; ou "Jan, que usa uma cadeira de rodas" em vez de "a garota da cadeira de rodas". Na qualidade de professor, você deve sempre ver primeiro a criança, e compreender que a deficiência é apenas uma das características dela. Lembre-se, acima de tudo, que as crianças não são identificadas por suas deficiências. Cada uma delas é vista como uma entre as muitas crianças às quais você dá aulas, fazendo parte do mesmo mundo e tendo um estilo de aprendizagem próprio.

- Estabeleça sinais claros de parada e partida. Um sinal de parada é necessário quando você precisa fazer uma pausa na aula e dar instruções adicionais, passar para outra dança, encerrar a sessão ou atender a uma emergência. Esse sinal pode ser um comando verbal, o som de um instrumento de percussão, um sinal de mãos ou um acessório levantado para que todos vejam. Uma sinalização verbal acompanhada de uma visual é mais efetiva. Esteja atento às crianças que tenham sensibilidade a determinados sons ou precisem de mais tempo para controlar o corpo e parar. Pratique utilizando os sinais de parada e partida e empregue-os de forma coerente.

- Torne os comentários de retorno significativos. A resposta a uma ação de uma criança pode ser afirmativa ou corretiva. Palavras como "fantástico", "ótimo trabalho", "excelente" ou "você conseguiu" confirmam uma ação positiva; entretanto, elas serão mais efetivas se forem acompanhadas por uma breve descrição daquilo que a criança fez bem. Por exemplo, a frase "bom trabalho", acompanhada por "você levantou os braços bem no alto". Desse modo, a criança fica sabendo o que ela fez bem e estará mais propensa a repetir a ação. Ao empregar afirmações corretivas, aplique a abordagem do sanduíche, que começa com um comentário positivo, seguido da correção, e fecha com uma afirmação positiva. Por exemplo: "Alicia, aquele giro foi completo, mas você precisa conservar a cabeça erguida para poder manter o equilíbrio. Eu sei que você consegue". É possível, também, a utilização de uma parede de palavras positivas (Cone e Cone, 2011), na qual fica exibida uma lista de palavras afirmativas. Você, ou um aluno, pode apontar para a palavra que qualifica o desempenho de uma criança na atividade.

- Crie uma pasta pessoal. Esta estratégia ajuda cada uma das crianças a prestar atenção na sequência da aula de dança ou no comportamento esperado. Na pasta fica uma lista das atividades da dança, na qual, ao lado de cada item, há um espaço para a criança marcar aquelas que já completou (ver Fig. 7.4, na página 103). A criança, o educador assistente ou você marca os itens na lista, durante ou no final da sessão.

- Introduza modificações no espaço, nos equipamentos, na música ou nos acessórios. Embora muitas crianças com deficiência necessitem de poucas mudanças em uma aula, quando estão aprendendo, criando ou apresentando uma dança, algumas delas precisam que o espaço, os equipamentos, a música ou os acessórios sofram alte-

102 Ensinando dança para crianças

1	Local de escuta	●
2	Dança circular de aquecimento	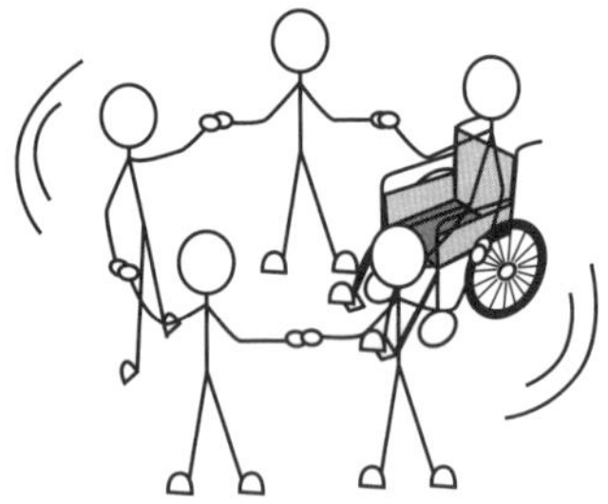
3	Dança do sapateiro	
4	*Tanko bushi*	
5	Local de escuta	●
6	Fila	

Figura 7.3 Programação visual.

Data:

Atividade da dança	Realizada
Dança de aquecimento	
Movimentos lentos e rápidos	
Aprendendo a dança do gato	
Apresentando a história da dança do gato	
Compartilhando tempo	
Meu comportamento	
Segui as instruções	
Não gritei durante a aula	

Figura 7.4 Lista pessoal de verificação.

rações adicionais para que estejam compatíveis com sua forma de aprender. Você pode reduzir ou dividir o espaço total em porções que ajudem as crianças a saber para onde estão se movendo. Empregue linhas e setas para indicar direções, trajetórias e formações. Você pode modificar a textura dos acessórios ou dos equipamentos, de forma a proporcionar mais firmeza ao segurar ou torná-los mais agradáveis ao tato. Além disso, também é possível prender os acessórios à cadeira de rodas (verifique com a administração da escola antes de adotar essa abordagem).

• Empregue mnemônicos e palavras-chave como lembretes para a identificação de uma dança. A mnemônica é uma estratégia de memorização que utiliza letras organizadas em palavras que representam uma frase relacionada com uma dança específica. Por exemplo, RET significa "reúnam-se todos". A dança correspondente pode ser denominada dança RET, que é executada como parte de uma rotina de início da aula. Outro exemplo é uma dança de abertura chamada CEV ou "como está você". Palavras-chave como "dança do tempo restante" ou "dança do adeus" podem indicar que essa é a dança executada no final da sessão.

• Forneça informações em blocos. Nesta estratégia, você divide as instruções em porções menores de informação e apresenta uma instrução de cada vez. Verifique se todos entenderam ao observar se as crianças atendem à orientação ou ao pedir a elas que repitam a instrução dada. Instruções verbais devem ser acompanhadas por uma demonstração ou por figuras ou objetos capazes de transmitir o conteúdo de formas diferentes.

• Espere por uma resposta. Depois de formular uma pergunta ou dar uma instrução, espere algum tempo para que os alunos processem a informação e elaborem uma resposta. Alguns estudantes precisam de tempo para formular as palavras e preparar os gestos ou usar sua tecnologia de suporte para responder. O tempo de espera permite que todos pensem sobre o que e como eles desejam apresentar sua resposta ou fazer um comentário.

• Adote abordagens de ensino baseadas em competências abertas e fechadas. No ensino com base em competências fechadas, os movimentos da dança são ensinados isoladamente ou fora do contexto da dança completa. Eles são repetidos de maneiras previsíveis, visando reforçar o aspecto cognitivo e os padrões motores. Depois disso, os movimentos são inseridos na situação de competências abertas, ou dança completa. Nesse caso, podem ocorrer variações nos movimentos, ou chegar um momento em que os parceiros mudam; o espaço e a cadência são alterados; ou surja uma formação espontânea.

DANÇAS INCLUSIVAS

Todas as danças podem ser modificadas com o objetivo de incluir alunos com diferentes níveis de aptidões. Conhecendo o estágio de desenvolvimento das habilidades de seus alunos, assim como o estilo de aprendizagem e os interesses de cada um, você pode introduzir adaptações de modo a proporcionar a todos condições de participar. É possível que algumas crianças não tenham consciência de que gostam de dançar, porque ainda não lhes foi dada a oportunidade de experimentar ou de comunicar seu interesse. Outras podem necessitar de ajuda adicional para se manterem atentas ou de tempo para observar os colegas dançando, antes que se sintam seguras para participar. Crianças com deficiência auditiva precisam enxergar claramente você ou o colega que estiver falando ou demonstrando a dança. A um aluno cego, ou com qualquer deficiência visual, você deve fornecer uma descrição precisa da atividade e da organização espacial, e pode ser que ele necessite também da ajuda de um colega ou de um educador assistente quando se movimentar no espaço. Crianças com deficiências ortopédicas, quer caminhem por si ou com o auxílio de cadeira de rodas, muletas ou andadores, podem participar de todas as danças se contarem com espaço e tempo adequados para a execução dos movimentos. A dança traz benefícios para todos os alunos. O processo de inclusão lhes propicia a consciência de que há outras pessoas interessadas em ajudá-los a aprender e em integrá-los em seu grupo. As crianças incrementam, de diversas formas, sua experiência com danças sociais, culturais e criativas, assim como usufruem dos benefícios da melhoria em termos de condição física, interações sociais, capacidade decisória e desenvolvimento motor.

Danças sociais e culturais

Em qualquer dança de caráter social ou cultural que seja adequada para alunos do ciclo fundamental, você pode modificar a formação, a cadência, a complexidade das aptidões exigidas e o número de movimentos, de forma a adaptá-las ao nível de habilidade das crianças. Embora essas danças tenham movimentos e formações tradicionais, a introdução de variações é aceitável, desde que não se perca a essência da dança. Os alunos podem, por exemplo, dançar a popular dança da galinha utilizando uma formação aleatória, em vez do círculo, e reduzindo para uma só as quatro repetições rápidas normalmente feitas dos quatro movimentos que representam o bico, as asas, o rabo e o papo. Na segunda parte dessa dança, as crianças podem movimentar-se de forma aleatória no espaço, em vez de se moverem na mesma direção ao redor do círculo. Você deve ser criativo para introduzir modificações que todas as crianças sejam capazes de executar. Um aluno com deficiência não deve ser colocado sozinho para fazer um movimento completamente diferente daquele que as outras crianças estão fazendo. Um exemplo de dança social é a "círculo duplo da socialização".

Círculo duplo da socialização

Os alunos dançam com vários parceiros, o que promove a aceitação e uma interação social positiva. As crianças aprendem um padrão de movimento que é repetido diversas vezes e, em cada repetição, elas dançam com um parceiro diferente.

Organização

Cada aluno tem um parceiro. Os parceiros são posicionados lado a lado, voltados para o sentido anti-horário. Esse posicionamento forma o círculo duplo.

Descrição da dança

Todos os alunos se movem para a frente, na formação circular, durante 16 tempos. Em seguida, eles param e viram de frente para seus parceiros empregando 8 tempos. Em seguida, o parceiro se distancia para trás contando até oito. Eles batem palmas quatro vezes, em 8 tempos, sendo dois para cada batida das mãos. A seguir, apontam para o aluno que se encontra diagonalmente à sua direita, no círculo oposto, contando até oito. Este passa a ser o novo parceiro. Eles se movem para a frente na direção do novo parceiro, retornando à posição lado a lado. Essa parte corresponde a 8 tempos. Então a dança começa outra vez, com os novos parceiros. Os alunos podem cumprimentar o novo parceiro, batendo a mão espalmada contra a dele, no alto, ou acenar para ele, à medida que caminham adiante para encontrá-lo. Eles podem caminhar, pular, correr devagar, galopar, rodar ou serem puxados em sua cadeira de rodas, enquanto andam no círculo durante um período de 16 tempos. Crianças que estejam usando cadeira de rodas, muletas ou andadores têm condições de participar e fazer o movimento de 16 tempos para a frente, no círculo, junto com as outras crianças que estão caminhando. A cadência pode ser mais lenta, ou qualquer parte da dança, eliminada. O objetivo é manter a ideia de dançar com um novo parceiro cada vez que a dança é repetida.

Danças criativas

As danças criativas descritas aqui são exemplos de danças que toda a turma pode executar, e permitem que os alunos criem movimentos dentro da estrutura existente. Está incluído o posicionamento para alunos com deficiência. No artigo "Strategies for teaching dancers of all abilities" (Estratégias para ensino de dança a alunos com qualquer nível de habilidade), de Cone e Cone (2011), você encontra ideias adicionais para danças.

Dança do encontro e da saudação

Esta dança é apropriada para uma atividade de abertura da aula, em turmas inclusivas e autônomas. As crianças se movimentam na direção do centro do círculo e se afastam dele diversas vezes, para estabelecer o padrão básico de movimento usado na dança. Diferentes elementos da dança podem ser utilizados para a criação de variações dos movimentos.

Organização

Esta dança emprega uma formação em círculo, com as crianças olhando para dentro, na direção do centro. Os alunos usam discos de plástico ou fitas para definir seu lugar no círculo.

Descrição da dança

A música começa e as crianças batem palmas, pulam, dão passos, sem sair do lugar, ou acenam as mãos, acompanhando o ritmo da batida. Então, a um sinal seu, todos se movem para a frente, na direção do centro do círculo. Uma argola pode ser colocada no centro, para marcar visualmente a posição dele. Ao atingir o centro, as crianças podem acenar umas para as outras, ou bater palmas. Nesse momento, você faz um sinal para elas retornarem à posição original no círculo. Os alunos repetem o movimento para a frente e para trás diversas vezes, de modo a estabelecer um padrão de movimento. A seguir, você ou os alunos podem sugerir movimentos que expressem um cumprimento a alguém, como bater com a mão espalmada contra a do outro, no alto, bater a mão fechada contra a do outro, ou qualquer tipo de cumprimento em outro idioma ou língua de sinais. Crianças usando cadeira de rodas, andadores ou muletas podem participar facilmente desta dança, movimentando-se em uma cadência compatível. Alunos com deficiência visual podem recorrer a você, a um colega ou a um educador assistente, para lhes oferecer o cotovelo ou a mão como apoio. É necessário explicar a eles a distância que estão andando no círculo e como as demais crianças estão se movimentando. Dependendo do nível de deficiência cognitiva, os alunos podem acompanhar os outros, ser auxiliados por meio de dicas ou segurar na mão de alguém. Crianças com distúrbios mentais generalizados ou distúrbios do espectro do autismo podem precisar assistir a toda a dança para ver o que acontece, antes de terem condições de participar junto com o grupo, ou de dançar os mesmos movimentos fora do círculo. Um educador assistente pode usar dicas como "movimente-se para dentro", "acene" e "mova-se para trás", ou segurar nas mãos da criança e movimentá-las para indicar o aceno. Quando os alunos estiverem prontos, você poderá sugerir diversos modos de movimento para dentro e para fora do círculo, assim como diferentes direções, trajetórias, tamanhos de passos, níveis e cadências. Uma alternativa é, em vez de todos se moverem ao mesmo tempo para dentro do círculo, você chamar alguns alunos para executar a dança. Por exemplo, chame-os por categorias, como todos os meninos ou todas as meninas, crianças que estiverem usando alguma coisa azul, ou crianças que façam aniversário em determinado mês. O emprego de variações pode ajudar os membros de um grupo a identificar suas semelhanças e diferenças em relação aos demais (Cone e Cone, 2011).

Dança do congelamento

Esta dança emprega movimentos motores ou com cadeiras de rodas, e formas estáticas. Ela pode ser usada em turmas inclusivas e autônomas. Enquanto a música toca, as crianças atravessam o espaço da sala em diferentes direções e com cadências variadas. Quando a música para, elas também param, formando com o corpo uma figura imóvel. Você ou os alunos podem decidir quais serão os movimentos utilizados para cruzar a sala e quais serão as formas estáticas.

Organização

Os alunos se movimentam aleatoriamente no espaço.

Descrição da dança

Informe às crianças que, enquanto a música estiver tocando, elas se movimentarão pela sala e, quando ela parar, deverão parar também e formar com o corpo uma figura estática. Peça que empreguem um movimento motor e uma direção ou uma cadência, como "Caminhem vagarosamente para a frente". Se o número de conceitos envolvidos for demasiado para os alunos entenderem, proponha apenas a execução do movimento motor e acrescente uma demonstração. Depois disso, pare a música e mande que todos congelem a posição que estiverem. Alguns tipos de forma congelada são: arredondada, larga ou baixa, entre outros. As instruções verbais devem ser acompanhadas de um sinal impresso para cada movimento motor e cada uma das formas. Repita diversas vezes o padrão mover-congelar e, depois, inclua a movimentação com um parceiro ou o congelamento em conexão com outro aluno. Crianças com deficiência auditiva total ou parcial têm a possibilidade de observar as outras; e você pode utilizar um sinal visual de parada para indicar que a música parou. Crianças com deficiência visual total ou parcial podem ouvir a música e se movimentar no espaço enquanto as outras observam, para garantir que não haja encontrões. Esta dança é apropriada também para alunos que estejam utilizando cadeira de rodas – mecânica ou manual –, andadores ou muletas. Elas podem empregar todo o corpo, ou partes dele, para representar as formas. Conte com a ajuda de um educador assistente ou de outro aluno no trabalho com crianças que necessitem de reforço das diretivas e dicas.

Formas agrupadas

Esta dança em grupo exige que os alunos observem a demonstração feita pelos demais e depois reproduzam as formas com o próprio corpo. Todas as formas apresentadas por cada aluno são agrupadas, uma de cada vez, em uma dança.

Organização

Os alunos são organizados em grupos de três a cinco pessoas e formam um círculo.

Descrição da dança

Cada aluno do grupo recebe um número de identificação, o qual começa em 1 e vai até a quantidade de pessoas que existem no grupo. Cada um dos alunos cria uma forma, como grande, torcida, arredondada, ou qualquer outra. Eles praticam com o objetivo de conseguir manter essa forma estática durante o tempo de 4 batidas lentas. O número de batidas pode variar. O aluno identificado pelo número 1 demonstra sua forma para o grupo e este a repete em conjunto. Em seguida, o segundo aluno faz sua apresentação e o grupo reproduz a ação, repetindo, na sequência, a primeira forma e a segunda. A seguir, vem o terceiro aluno e, depois de repetir a forma feita por ele, o grupo executa outra vez todas as três, a partir da primeira. Esse padrão de demonstração, repetição e adição da nova forma à sequência continua até que todos os alunos tenham apresentado sua contribuição para a dança. O objetivo reside em memorizar a sequência, executar as formas em conjunto e manter cada uma delas congelada durante o tempo de 4 batidas. Para atender a crianças com deficiência cognitiva, você, um colega ou um educador assistente pode sugerir uma ideia de forma e empregar palavras que a descrevam, enriquecendo a ação com aquisição linguística. Crianças com deficiência visual podem sentir pelo tato o corpo da pessoa que está realizando a forma. Esse método é conhecido como braile corporal. O emprego de palavras descritivas também ajuda na identificação das formas.

Dança da echarpe ou da fita

Os alunos usam echarpes ou fitas para criar relações de espelhamento e de sombra. No primeiro caso, o líder cria diversos movimentos não motores e, no segundo, ele usa movimentos motores e formas estáticas. Todos os alunos assumem a liderança, um de cada vez.

Organização e equipamentos necessários

Empregue uma formação espacial aleatória. Os alunos são organizados em pares ou em grupos de três. Cada aluno segura uma echarpe ou uma fita. As fitas podem ser de papel ou de plástico e o tamanho delas é determinado pela altura e pela amplitude do movimento de cada aluno. O comprimento das fitas varia de 30 cm a 1 metro.

Descrição da dança

Cada aluno segura uma echarpe ou uma fita. Um dos parceiros é o líder e o outro, o seguidor. O líder pode escolher um modo de movimentar lentamente a echarpe ou a fita, e o seguidor observa e reproduz o movimento à medida que o líder o executa. Esse movimento precisa ser lento, para que os alunos consigam processá-lo e reproduzi-lo. Esta dança ocorre em um espaço fixo, e utiliza principalmente movimentos não motores. Os parceiros ou demais alunos do grupo assumem, um de cada vez, a liderança. O movimento lento do corpo é apoiado por uma música com cadência lenta. Depois disso, os alunos substituem o relacionamento de espelhamento por um de sombra. Um dos alunos é o líder e o outro, o seguidor. O líder emprega movimentos motores para cruzar o espaço e o seguidor o acompanha. A liderança é assumida por um aluno de cada vez. O líder pode, também, parar o movimento, mantendo o corpo em uma forma estática, e retomá-lo em seguida. Com o objetivo de adaptar a dança para crianças com deficiência visual, faça com que um colega ou um educador assistente descreva, por meio de dicas, o movimento do líder. Quando essas crianças estiverem no papel de líder na dança da sombra, elas poderão segurar no cotovelo de um colega ou de um educador assistente, à medida que se movimentarem no espaço.

Dança do motorista

Esta dança representa os procedimentos de um motorista. Os alunos sugerem ações como colocar o cinto de segurança, virar a direção, tocar a buzina ou pisar no acelerador. Cada palavra ou frase é representada por uma ação, e as ações se repetem diversas vezes para compor um padrão de movimento. Os alunos podem permanecer sentados ou executar movimentos motores.

Organização e equipamentos necessários

Empregue formações espaciais aleatórias. Você precisará de um grande quadro de papel, de um cartaz ou de uma lousa, além de marcadores e figuras de diferentes tipos de automóvel.

Descrição da dança

Solicite aos alunos que respondam à seguinte questão: "Cite algumas ações que um motorista executa enquanto dirige". Escreva as respostas dos alunos em um quadro de papel, em um cartaz ou na lousa. Você pode pedir que eles soletrem ou escrevam as palavras. A seguir, cada palavra é transformada em uma ação. Por exemplo, para criar um movimento que represente a ação de virar a direção, pergunte às crianças: "De que forma as mãos e os braços de um motorista se movem enquanto ele dirige?" Em geral, os alunos fingem segurar a direção e movimentam as mãos e os braços para cima e para baixo. Para converter essa ação em uma dança, peça que eles comecem fazendo esse movimento devagar, aumentem a velocidade em seguida, para depois reduzi-la outra vez, desenvolvendo, desse modo, um padrão baseado no elemento cadência da dança. Os alunos praticam os movimentos e podem acrescentar inclinações do corpo para a direita e para a esquerda. A seguir, escolha uma segunda palavra e empregue o mesmo processo: demonstre como o corpo se move para representar a palavra; repita os movimentos diversas vezes; adicione um elemento da dança; e pratique esse novo padrão várias vezes. Esse processo continua até que todas as palavras sugeridas tenham se transformado em movimentos de dança. Depois de os alunos praticarem todos os movimentos, você ou um aluno pode apontar ou dizer uma palavra, aleatoriamente, e as crianças respondem executando os movimentos associados a essa palavra. O responsável por escolher a palavra pode determinar durante quanto tempo o movimento será executado antes de citar outra palavra.

Dança das bandanas

Todos os alunos ficam conectados entre si segurando echarpes ou bandanas. Eles se movimentam em trajetórias circulares, curvilíneas, espiraladas ou em uma fila. Você pode comandar a dança e os alunos a conduzem à medida que se movem no espaço.

Organização e equipamentos necessários

Os alunos começam em um círculo simples, mudam para uma formação em espiral e depois para uma linha curva. Cada aluno segura uma bandana com a mão direita, ou a traz amarrada na mão. No caso de prender a bandana em uma cadeira de rodas ou um andador, utilize diversas bandanas amarradas, de modo a formar uma mais longa e proporcionar um espaço maior para as crianças se movimentarem. Sempre verifique com o administrador se é seguro e apropriado prender uma bandana no equipamento de mobilidade usado por um aluno.

Descrição da dança

Os alunos começam em uma formação circular, voltados para o centro. Cada criança segura uma echarpe com a mão direita e, com a esquerda, a echarpe do colega ao lado. Desse modo, todos ficam conectados entre si, em um círculo, por meio de echarpes. O primeiro movimento é erguer e abaixar as echarpes três a quatro vezes, em uma cadência lenta. A seguir, todos os alunos erguem a mão direita e, enquanto a abaixam, levantam a esquerda. Esse movimento é repetido três a quatro vezes, lentamente. Depois, as crianças se movem para o centro do círculo e então retornam à posição original. Isso é repetido duas vezes. Em seguida, você, que faz parte do círculo, orienta a criança à sua direita a soltar a echarpe, ficando, porém, todas as demais conectadas. Você, que então assume o papel de líder, movimenta-se devagar à frente, para dentro do círculo, e os alunos o acompanham. À medida que você caminha para a frente, em uma trajetória espiralada, o círculo passa a formar uma espiral. Ao chegar ao centro do círculo, vire para a direita, invertendo a espiral. Enquanto os alunos acompanham, eles passam ao lado dos outros colegas. Quando a espiral se desenrolar, conduza os alunos ao redor do espaço da dança em uma trajetória curva. A dança termina com você formando um círculo de alunos. Os movimentos iniciais, nos quais eles levantam e abaixam as echarpes e se aproximam e se afastam do centro, são repetidos como finalização da dança. O emprego de echarpes proporciona mais espaço entre os alunos e facilita a movimentação deles ao longo de uma trajetória. Além disso, aqueles que não gostam de dar as mãos têm a alternativa de segurar as echarpes. Se necessitar de mais espaço, você pode unir duas ou mais echarpes. Uma variação desta dança é organizar os alunos em grupos de cinco ou seis, e formar com eles uma fila em vez de um círculo. O aluno em uma das extremidades da fila é designado o líder; ele se movimenta vagarosamente no espaço, escolhendo aonde deseja ir, enquanto os demais alunos, conectados por bandanas, seguem-no. Todos os alunos, cada um à sua vez, assumem a liderança.

Dança do esporte olímpico

Os alunos observam figuras de atletas participando de esportes olímpicos e depois representam com o corpo formas iguais às dos corpos dos atletas mostrados nessas figuras. Três figuras e diversos movimentos motores são combinados para formar uma dança de cinco partes.

Organização e equipamentos necessários

Os alunos se posicionam aleatoriamente. Adote três fotos de atletas em posições que representam esportes olímpicos de inverno ou de verão. Você precisará, também, de um cartaz, ou um quadro de papel, e três placas, cada uma com um número: 1, 2 e 3.

Descrição da dança

Cole as três fotos em uma parede, um cartaz ou um quadro. Acima de cada foto cole um dos números, para mostrar qual é a primeira, a segunda e a terceira fotografia. Os alunos começam observando a primeira foto e repetem com o corpo a mesma forma representada pelo corpo do atleta. Eles se mantêm nessa forma durante 8 tempos. Em seguida, observam a segunda fotografia e executam o mesmo procedimento anterior, também durante 8 tempos. A seguir, repetem o processo com a foto de número 3. Pratique diversas vezes cada uma das formas. Depois disso, entre cada pose estática, os alunos executam um movimento motor ou se movem com a cadeira de rodas, durante 16 tempos. Eles podem escolher a trajetória, o tipo de movimento motor e a direção. Comande a dança por meio de dicas como: "Figura 1, permaneça imóvel, 1, 2, 3, 4, 5, 6, 7, 8 e movimente-se no espaço (contagem até 16). Figura 2, permaneça imóvel, 1, 2, 3, 4, 5, 6, 7, 8 e movimente-se no espaço (contagem até 16). Figura 3, permaneça imóvel, 1, 2, 3, 4, 5, 6, 7, 8".

Uma sequência de dança baseada em esporte olímpico pode ser a seguinte: forma da foto 1 + movimento motor + forma da foto 2 + movimento motor + forma da foto 3. Depois de repetir a dança diversas vezes com suas dicas, os alunos podem executá-la sozinhos, cada um a seu tempo. Você pode introduzir diversas variações a esta dança. Peça aos alunos que alterem a ordem das fotografias e tentem uma nova dança, nessa nova ordem. Uma variação alternativa é substituir uma das fotos por outra que exiba um atleta em um esporte olímpico diferente. Por fim, você pode aumentar ou diminuir o número de fotografias usadas na dança.

RESUMO

Crianças com deficiência têm o direito de aprender, criar, executar e observar danças, assim como apresentar respostas aos estímulos por elas gerados. Você é responsável pelo desenvolvimento de um espaço de aprendizagem inclusivo, no qual as crianças sejam respeitadas pelas habilidades características de cada uma. Isso implica envolver as crianças com deficiência em todas as danças e, quando necessário, acomodá-las de forma a lhes proporcionar uma participação significativa. Os colegas se mostram sempre prontos a oferecer ideias para promover a inclusão e desejosos por auxiliar todas as vezes que for possível. Desse modo, todos se beneficiam ao compreender a importância da aceitação e aprender diferentes formas de criação e execução de uma dança. O prazer de dançar ao som de uma música e de compartilhar as danças com os amigos é o resultado de um programa de dança fundamentado em uma filosofia que reconhece o talento natural de todas as crianças. Quando as crianças – todas elas – dançam, elas aprendem que um movimento, seja ele pequeno ou não, pode expressar ideias poderosas, assim como sentimentos e formas de conhecer o mundo.

Questões para reflexão

Que benefícios as crianças com deficiência obtêm ao participar de uma dança?

Considere uma acomodação para uma dança social. Ela é segura para todos, além de proporcionar a inclusão de crianças com algum tipo de deficiência?

Pense a respeito de um tema para uma aula de dança criativa, como o ciclo da água ou ações de animais. De que maneira você utilizaria uma programação visual como suporte para uma sequência de atividades da aula?

Que estratégias você pode empregar para ajudar um educador assistente ou um auxiliar a desempenhar efetivamente sua função quando prestar assistência a um aluno com deficiência?

Em que local você pode encontrar informações sobre uma criança com algum tipo de deficiência? Que recursos estão disponíveis?

De que modo você pode incluir em sua aula de dança os objetivos do programa de educação individualizada da criança (IEP, na sigla em inglês)?

Parte II

Experiências de aprendizagem para a dança infantil

A Parte II apresenta 23 estimulantes experiências de aprendizagem de dança, prontas para serem aplicadas. Elas descrevem como serão as aulas quando uma turma de crianças estiver ativamente envolvida com o processo de aprendizagem. As descrições lhe fornecem a linguagem que você deve adotar para fazer a apresentação inicial da aula, e depois adaptar o conteúdo ao seu próprio estilo de ensino. Notas colocadas entre colchetes têm o objetivo de orientá-lo ao longo do processo. Embora o foco dessas experiências de aprendizagem esteja concentrado nas danças criativas, sugerimos que empregue outros recursos voltados para danças sociais e culturais, de forma a oferecer um programa de dança abrangente (consulte as leituras sugeridas nas páginas 210-214, no final do livro).

Neste livro, o termo "experiência de aprendizagem" é usado para descrever a evolução de uma aula cujo objetivo é a obtenção de um conjunto de resultados, começando com uma introdução e terminando com a dança da apoteose. Dependendo da quantidade de tempo dedicado às sessões de dança, uma experiência de aprendizagem pode se estender por uma ou mais sessões.

Nesta parte, você encontrará dois capítulos. O Capítulo 8 contém doze experiências de aprendizagem, apropriadas para crianças desde a pré-escola até o segundo ano. O conteúdo e o fluxo dessas aulas são interessantes e adequados, do ponto de vista do desenvolvimento, para crianças pequenas. As onze experiências do Capítulo 9 são voltadas para alunos da terceira à quinta séries, pois eles têm mais condições de criar e aprender danças com maior grau de independência do que as crianças menores. No entanto, as ideias dos dois capítulos podem ser adaptadas para todos os níveis. Durante muitos anos, essas experiências de aprendizagem fizeram parte dos programas de educação física e de dança na Brunswick Acres Elementary School e são agora ensinadas no curso Teaching Concepts of Dance in Physical Education (Ensinando conceitos da dança na educação física), da Rowan University. Tanto as crianças como os alunos da faculdade consideram as experiências de aprendizagem interessantes e, ao mesmo tempo, desafiadoras. Quando uma unidade de dança é anunciada, as crianças recebem com alegria a oportunidade de se expressarem através da dança e de experimentarem o prazer de dançar com outras pessoas.

As experiências de aprendizagem da Parte II estão organizadas de forma a ajudá-lo a acessar as informações necessárias para fazer uma escolha em termos de ensino. Cada uma delas está formatada da seguinte maneira:

1. **Nome** é o título da experiência de aprendizagem.
2. **Resultados** explicam o que as crianças vão adquirir pela participação na experiência.
3. **Organização** descreve como as crianças são organizadas durante a experiência de aprendizagem e especifica se elas participarão individualmente, em pares ou em grupos pequenos.
4. **Equipamentos necessários** são uma lista que relaciona o tipo e a quantidade de equipamentos necessários para a apresentação da experiência de aprendizagem para as crianças.
5. **Introdução e aquecimento**, **desenvolvimento**, **dança da apoteose** e **encerramento** descrevem as sessões específicas de uma experiência de aprendizagem completa.
6. **Observar** contém pontos-chave que você deve ter em mente quando acompanhar informalmente o progresso das crianças na experiência de aprendizagem. Esses pontos estão relacionados aos resultados esperados.
7. **Como posso alterar isso?** Traz ideias para a extensão de uma aula ou apresentação de variações.
8. **Sugestões de avaliação** são ideias para o desenvolvimento de instrumentos voltados à autoavaliação pelos alunos, à avaliação pelo professor e à avaliação pelos pares, dos domínios psicomotor, cognitivo e afetivo.
9. **Conexões interdisciplinares** são sugestões para o estabelecimento de conexões entre a experiência da dança e o conteúdo de outras áreas de estudo.

Explore, experimente e aproveite essas experiências de aprendizagem. Compartilhe-as com seus alunos, à medida que vocês todos descobrem a alegria de criar e executar danças, além de responder aos estímulos por ela gerados. Esperamos que, devido à sua disposição para ensinar dança, um número maior de crianças tenha a oportunidade de aprender essa significativa forma de expressão. As habilidades e o conhecimento que elas adquirem persistirão por toda a vida.

Capítulo 8

Experiências de aprendizagem para pré-escola e primeiro e segundo anos

Crianças pequenas sentem grande alegria nas danças que envolvem imagens vívidas, histórias, animais e personagens bem conhecidos. Muitas das experiências de aprendizagem deste capítulo oferecem às crianças a oportunidade de expressar suas ideias a respeito de personagens circenses, animais e experiências reais ou imaginárias. Na qualidade de professor, você desempenha um papel importante quanto ao planejamento de tarefas adequadas às necessidades físicas, cognitivas, emocionais e sociais de uma faixa etária específica. Nas experiências de dança criativa apresentadas nesta obra, você orienta as crianças na criação e na expansão de movimentos dentro de uma estrutura planejada da dança da apoteose. Para facilitar sua seleção de experiências de aprendizagem, resumimos cada uma delas na Tab. 8.1.

Você verificará que cada experiência de aprendizagem é esquematizada, em linhas gerais, em doze seções que identificam resultados e avaliações, equipamentos e organização, além de uma descrição detalhada de como implementar a introdução, o aquecimento, o desenvolvimento, a dança da apoteose e o encerramento. Também estão incluídas ideias adicionais para a introdução de variações na experiência de aprendizagem e sua conexão com outras áreas de estudo. A descrição de cada experiência de aprendizagem segue o seguinte formato:

- Título
- Resultados
- Organização
- Equipamentos necessários
- Introdução e aquecimento
- Desenvolvimento
- Dança da apoteose
- Encerramento
- Observar
- Como posso alterar isso?
- Sugestões de avaliação
- Conexões interdisciplinares

Os instrumentos para cada experiência de aprendizagem de dança são semelhantes àqueles que você empregaria no diálogo com seus alunos. Os textos entre colchetes são sugestões de instruções que você pode utilizar.

Tabela 8.1 Índice de experiências de aprendizagem para pré-escola, primeiro ano e segundo ano.

Nome da experiência de aprendizagem de dança	Descrição da experiência de aprendizagem de dança
Dança das fitas da amizade na vizinhança	As crianças utilizam fitas coloridas em uma dança sobre a comemoração da amizade em uma comunidade.
Nuvens flutuantes e pancadas de chuva	As crianças exploram e expressam as formas e os movimentos das nuvens em uma dança que representa a conexão de nuvens isoladas para formar uma grande nuvem carregada de chuva.
Correr, saltitar, pular e saltar	Um texto poético serve de acompanhamento para quatro danças cujo objetivo é expressar as palavras que formam um ritmo por meio da rima.
O parque infantil	As crianças recriam as atividades relacionadas com brincar em um escorregador, um balanço ou uma gangorra, movimentando-se em diferentes níveis e direções.
Ondas do oceano e nadadores	O espaço da dança se transforma em um oceano e uma praia, nesta atividade que emprega a mudança de nível das ondas e as ações dos nadadores para a criação de uma dança sobre um dia na praia.
Dança do espaguete	Você está preparado para um prato de espaguete? Essa experiência, cujo foco é a criação de formas e trajetórias retilíneas e curvilíneas, simultaneamente à variação de nível e cadência, converte-se em uma dança sobre a aventura de uma caixa de espaguete.
Dança do balão	Inflar, murchar, flutuar e estourar são as ações exploradas em uma experiência de aprendizagem que emprega a imagem de um balão, em uma dança sobre formas e movimentos de pequena e grande amplitudes.
Dança dos instrumentos de percussão	Energias forte e fraca são o foco dessa experiência de dança que utiliza os sons de um tambor, um triângulo e um maracá para a criação de três danças que expressam as características dos sons.
O gato faminto	Nessa experiência de aprendizagem, as crianças representam os movimentos lentos e rápidos de um gato que acorda, persegue e captura um rato e, então, volta a dormir.
Dança do circo	Boas-vindas ao circo! Um conjunto de danças representa as ações de quatro atos em um circo: o galope do cavalo, os equilibristas da corda bamba, os leões e os tigres, e os palhaços engraçados.
Dança dos pontos conectados	As crianças criam formas e movimentos motores, à medida que mapeiam os pontos de dança no espaço. Essa dança enfatiza a memorização de sequências, a coordenação corporal e o equilíbrio.
Dança do sapo	Alguma vez você já se perguntou como é a vida de um sapo que um dia é pequeno e, no outro, um sapo grandão? Essa dança explora o uso da amplitude na mudança de movimentos do pequeno para o grande.

Dança das fitas da amizade na vizinhança

Resultados
Depois de participar desta experiência de aprendizagem, as crianças estarão aptas a:
1. Criar e executar movimentos motores e não motores que utilizem trajetórias circulares no solo e no ar (domínios cognitivo e psicomotor).
2. Criar e executar quatro movimentos de giro (domínios cognitivo e psicomotor).
3. Realizar trajetórias circulares usando uma fita (domínio psicomotor).
4. Demonstrar a compreensão de como uma comunidade celebra a amizade por meio da dança (domínio cognitivo).
5. Trabalhar de forma colaborativa em um grupo para dançar em conjunto (domínio afetivo).
6. Executar a dança completa, com e sem dicas do professor (domínios cognitivo e psicomotor).

Organização
As crianças começam a aula explorando os movimentos individualmente; depois dançam em grupos pequenos; e, por fim, todos os grupos dançam em conjunto.

Equipamentos necessários
- Tocador de MP3 ou de CD
- Música de cadência moderada, para acompanhamento de suporte a um ritmo de saltar
- Fitas de papel ou plástico (1 metro de comprimento) divididas igualmente em quatro cores – azul, verde, amarelo e vermelho –, com quantidade suficiente para que todas as crianças tenham uma fita
- Quatro cones de altura média a alta, para marcar os cantos do espaço – um de cada uma das cores: vermelha, azul, verde e amarela

Introdução e aquecimento
Hoje, vamos fazer uma dança da amizade. A dança emprega diversos círculos. Vocês descobrirão maneiras de se deslocar em um círculo, girar em um círculo e usar fitas para formar um círculo no ar. Essa fita será a parceira de cada um de vocês da dança. Depois de lhes dar uma fita, encontrem seu espaço pessoal e comecem a traçar círculos no ar.

Descubram todos os lugares ao redor de seu corpo onde vocês conseguem traçar um círculo com a fita. Vocês conseguiriam fazê-lo sobre a cabeça, ao lado do corpo, ao redor da cintura, na sua frente e nas suas costas? Tentem outra maneira.

Tracem o maior círculo que vocês conseguirem. Alcancem o mais alto que puderem, o mais distante possível na lateral, abaixo e na direção do chão. Não se esqueçam de traçar círculos com as duas mãos. Vocês conseguiriam desenhar um grande círculo bem devagar? Agora, um círculo pequeno, do modo mais rápido que vocês puderem.

Em seguida, caminhem em um círculo, saltando, galopando e deslizando para os lados, ao mesmo tempo que fazem círculos com sua fita. Caminhem de um modo diferente e escolham outra maneira de traçar círculos. Agora, movimentem-se do mesmo modo que vocês acabaram de fazer, e escolham outra forma diferente de traçar um círculo com a fita.

Desenvolvimento
Agora, vocês vão traçar círculos com sua fita, aprendendo quatro maneiras de girar. Em seu espaço pessoal, tracem um círculo com o corpo, rodando sobre um pé. De que modo vocês poderiam usar a fita à medida que giram? Em seguida, tentem um giro com um salto. Esse giro pode ser completo ou apenas parcial. Não se esqueçam de aterrissar em seus pés e dobrar os joelhos enquanto abaixam. Agora, encontrem um modo de rodar usando uma forma larga e estendida. No quarto giro, façam isso o mais vagarosamente que conseguirem. Mostrem-me como vocês mudam os níveis à medida que giram devagar. [As crianças praticam diversas vezes cada um dos giros.]

A seguir, vocês vão praticar os quatro giros diferentes, mas, desta vez, acrescentando um salto antes do giro. Eis aqui o padrão: saltar, saltar, saltar, saltar e girar em volta. Experimentem reproduzir esse padrão com cada um dos giros. [Galopes podem ser empregados em vez de saltos, e você pode estabelecer uma sequência para a prática de cada giro, em vez de deixar a escolha a cargo das crianças.]

No próximo movimento, eu quero que vocês rodem a fita bem no alto, acima de sua cabeça, soltem-na (tomando cuidado para que não atinja ninguém) e observem-na à medida que ela cai no chão. Qual é a forma da fita caída no chão? Ela está torcida, dobrada, reta ou fazendo uma curva?

Descubram um jeito de representar com seu corpo o mesmo formato da fita. Rodem novamente sua fita no ar, soltem-na e vejam de que forma ela está agora sobre o chão. Tentem fazer essa nova forma com seu corpo. Pratiquem o exercício mais algumas vezes.

Dança da apoteose

Agora, vamos combinar em uma dança todas as ideias que exploramos com a fita. Essa é uma dança sobre a celebração da amizade em uma vizinhança. Nessa comunidade existem quatro ruas. Todas as crianças com fita azul viverão na Rua Azul, em um dos cantos da sala. Crianças com fita vermelha viverão na Rua Vermelha, no segundo canto; fitas amarelas, na Rua Amarela, no terceiro canto; e, finalmente, fitas verdes, na Rua Verde, no quarto canto (ver Fig. 8.1).

Os grupos, cada um na sua vez, irão saltando para o centro da classe, farão um giro e voltarão saltando para seu canto. O grupo da Rua Vermelha fará o giro em um pé, o da Rua Azul, um giro lento movimentando-se para cima e para baixo. O grupo da Rua Verde fará um giro pulando, e o da Rua Amarela, um giro em uma forma estendida ampla. [Conceda um tempo para que cada grupo pratique a movimentação conjunta até o centro da sala, enquanto saltam e giram.]

Neste momento, vou contar uma história sobre a dança da amizade na vizinhança, enquanto vocês dançam cada uma das partes. As pessoas decidiram realizar, durante três dias, uma dança da amizade na comunidade. No primeiro dia, aqueles que viviam na Rua Vermelha foram saltando até o centro da região, para mostrar a todos seu giro em um pé só, e voltaram saltando para casa. Agora, os dançarinos da Rua Vermelha nos mostram como eles saltam e giram. Em seguida, as crianças que vivem na Rua Azul queriam mostrar ao resto da vizinhança seu giro lento e, assim, foram saltando até o centro, realizaram o giro lento e retornaram saltando para casa. Então, Rua Azul, estamos prontos para vê-los. A seguir, do terceiro canto, as crianças da Rua Verde saltaram até o centro da vizinhança para exibir seu giro pulando e saltaram de volta para casa. Prontos, então, dançarinos da Rua Verde? É a sua vez. E os dançarinos da Rua Amarela disseram: "Não se esqueçam de nós! Queremos mostrar nosso giro em forma larga e estendida". Desse modo, os habitantes da Rua Amarela saltaram até o centro, fizeram um amplo giro estendido e voltaram saltando para casa. Chegou sua vez, dançarinos da Rua Amarela.

No segundo dia da dança, as crianças da Rua Vermelha olharam para as crianças da Rua Azul, do outro lado da vizinhança, e se perguntaram como seria viver lá. Ao mesmo tempo, as crianças da Rua Azul olharam para as da Rua Vermelha e se fizeram a mesma pergunta. Os dois grupos decidiram fazer uma visita para a outra rua. Ambos deslizaram lateralmente, para a direita, passando pelo meio da vizinhança, até a rua oposta, e foram acenando com suas fitas enquanto passavam uns pelos outros. [As crianças deslizam para o canto oposto, passando pelo outro grupo ao longo do caminho.] Então, as crianças da Rua Verde olharam para as da Rua Amarela e se perguntaram como seria viver naquele canto. Ao mesmo tempo, as moradoras da Rua Amarela tiveram o mesmo sentimento. Assim, os dois grupos deslizaram lateralmente através do espaço até o canto oposto, acenando com suas fitas enquanto passavam umas pelas ou-

Figura 8.1 Crianças com fitas nas mãos começam a dança nos quatro cantos da sala.

tras. [As crianças deslizam para o canto oposto.] Em seguida, as crianças da Rua Vermelha se sentiram abandonadas e quiseram voltar para casa, sentimento partilhado pelas da Rua Azul. Desse modo, os dois grupos deslizaram lateralmente, de volta para casa, acenando com as fitas ao se cruzarem no caminho. [As crianças retornam para o canto original.] Depois disso, o grupo da Rua Verde e o da Rua Amarela também decidiram voltar para casa. Por isso, deslizaram lateralmente, através da vizinhança, de volta para seu canto original, acenando com as fitas ao se cruzarem. [As crianças retornam para o canto original.]

No terceiro dia da festa, o grupo da Rua Vermelha decidiu fazer a própria celebração e convidou toda a vizinhança. [Escolha duas crianças para serem líderes do grupo da Rua Vermelha.] Agora, o grupo vermelho vai pulando até o grupo da Rua Verde, acena para eles e diz: "Olá, venham conosco!" [O grupo da Rua Vermelha vai pulando até o grupo da Rua Verde.] A seguir, o grupo vermelho e o verde vão saltando até o canto da Rua Azul, param, acenam e dizem: "Olá, venham conosco!" [Vermelhos e verdes vão pulando até o grupo azul, que se junta a eles para formar um grupo maior.] E, finalmente, todos vão pulando, juntos, até as crianças da Rua Amarela, param, acenam para elas e dizem: "Olá, venham conosco!" [As crianças do grupo amarelo se unem às demais.] Nesse momento, todos saltam em um círculo grande ao redor da sala, agitando suas fitas no ar.

Em seguida, os líderes do grupo da Rua Vermelha param, olham-se e seguram as pontas de suas fitas, formando uma porta de entrada para a festa. Agora, uma criança de cada vez passa pela porta e entra na festa. Estando lá, todos giram e agitam suas fitas. Vocês podem dançar sozinhos ou junto com outra pessoa que tenha uma fita de cor diferente da sua. Começar! Estou vendo algumas crianças girando devagar, algumas muito rapidamente e outras, saltando de mãos dadas. [As crianças improvisam durante 1 ou 2 minutos.] Agora, todos param – a festa acabou. A dança termina com todas as crianças atirando a fita para o ar e reproduzindo com o corpo a mesma forma, como fizemos no começo da aula. Prontos? Atirar! Deixem a fita cair no chão e, devagar, caiam também, exibindo com seu corpo a mesma forma da fita. [Você pode indicar o final da festa, ou uma das crianças pode criar um sinal que todos acompanhem.] Muito bom! Vamos praticar a dança completa novamente. Desta vez, executem-na sem que eu precise contar a história. Representem a história por meio de sua dança.

Encerramento

Foi muito divertido. De que parte da dança você gostou mais? O que mais o agradou nela? [Peça que diversas crianças façam comentários.] Como você acha que a dança demonstrou a amizade? [Mais crianças respondem.] Levem sua fita para casa hoje à noite e conversem com sua família sobre a nossa dança. Vocês podem mostrar seu giro e as formas que fizeram com as fitas.

Observar

- De que forma as crianças conseguem coordenar a sequência salto-giro e manter um bom equilíbrio. Algumas delas podem pular rápido demais e não serem capazes de passar do salto para o giro sem cair.
- Crianças que necessitam de ajuda adicional para reproduzir com o corpo a forma da fita. Algumas crianças o surpreenderão com interpretações únicas e outras não conseguirão reproduzir a forma da fita com o próprio corpo. Você pode pedir a elas que imitem apenas uma parte da forma da fita.
- Crianças que se chocam com as outras na troca de cantos. Peça a elas sugestões para solucionar esse problema.

Como posso alterar isso?

- Substitua os saltos por galope ou caminhada.
- Peça a cada grupo que trabalhe de forma colaborativa e escolha um movimento motor e uma trajetória, para atravessar até o centro da vizinhança. Os alunos podem movimentar-se conectados, ou rente ao solo, ou usar diferentes direções e cadências.
- Permita que as crianças escolham a cor da fita. Isso pode gerar grupos de tamanhos irregulares; porém, o fato de alguns grupos terem um número maior de crianças pode deixar a dança mais interessante.
- Na seção da dança da apoteose, na qual duas crianças se dão as mãos para criar uma porta, você pode fazer com que todos do grupo vermelho fiquem de mãos dadas com um parceiro, para a criação de diversas portas, através das quais os outros três grupos entrarão na festa. Essa estratégia ajuda a diminuir o tempo de espera para a entrada.

Sugestões de avaliação

- Avaliação pelo professor – domínio cognitivo: Peça aos alunos que descrevam verbalmente o que acontece em cada dia da dança das fitas da amizade. Com isso, você consegue avaliar a capacidade que eles têm de memorizar a sequência da dança (resultado 6).
- Avaliação pelo professor – domínio psicomotor: Empregue uma lista de verificação e registre nela (sim ou não) se os alunos conseguem executar movimentos moto-

res e não motores em uma trajetória circular, e se eles são capazes de realizar os quatro movimentos de giro (resultados 1 e 2).
- Avaliação pelo professor – domínio cognitivo: Os alunos podem criar um vocabulário de palavras que descrevem as figuras formadas pelas fitas e pelo corpo deles, depois que elas foram lançadas. Eles também podem fazer desenhos que representem as formas (resultado 2).
- Autoavaliação dos alunos – domínio psicomotor: Os alunos, reunidos nos grupos das ruas, demonstram uns aos outros de que maneira eles criaram círculos com as fitas (resultados 1 e 3).
- Autoavaliação dos alunos – domínios afetivo e cognitivo: Os alunos desenham uma figura dos amigos dançando juntos e com as fitas (resultados 4 e 5).

Conexões interdisciplinares

- Estudos sociais: Empregue essa dança para iniciar ou finalizar uma unidade de estudos sociais sobre comunidades ou amizade.
- Artes visuais: Integre a dança com as artes visuais, pedindo às crianças que façam desenhos que as representem dançando em trajetórias circulares ou executando os giros.

Nuvens flutuantes e pancadas de chuva

Resultados
Depois de participar desta experiência de aprendizagem, as crianças estarão aptas a:
1. Criar formas com o próprio corpo representando diversos formatos de nuvens (domínio cognitivo).
2. Demonstrar movimentos lentos e suaves, e rápidos e fortes (domínio psicomotor).
3. Movimentar-se com segurança em diferentes relacionamentos – com um parceiro, em grupos pequenos e em grandes (domínios psicomotor e cognitivo).
4. Empregar coordenação e controle ao mudar de forma e de movimento (domínio psicomotor).

Organização
As crianças dançam individualmente e depois com um parceiro. Em seguida, os pares se unem a outros pares para formar pequenos grupos. Por fim, toda a classe se junta em uma única formação.

Equipamentos necessários
- Tocador de MP3 ou de CD
- Músicas lentas e rápidas para acompanhamento; ou um instrumento de percussão
- Papel e lápis de cor para desenho
- Lousa ou quadro de papel

Introdução e aquecimento
Hoje, vamos executar uma dança denominada nuvens flutuantes e pancadas de chuva. Esta dança representa as formas e os movimentos das nuvens. De que maneira você descreveria os formatos de nuvens que vê? Amy diz que elas são redondas; Tim, que são longas. Ouvi, também, dizerem fofas, grandes, macias, ovais e retas. [Escreva essas palavras que descrevem as formas em uma lousa ou um quadro de papel.] Como as suas nuvens se movem no céu? Escutei descreverem como depressa, devagar, flutuando, girando. Mas algumas vezes elas ficam paradas ou se movimentam para cima e para baixo. [Escreva na lousa ou no quadro de papel as palavras que descrevem os movimentos.] Agora, vamos usar as formas das nuvens e os modos como elas se movem para criar uma dança. Encontrem seu espaço pessoal na sala para nosso aquecimento.

Iniciem o aquecimento acompanhando-me. Eu farei movimentos lentos enquanto estamos em nossos espaços pessoais e, depois, movimentos rápidos, à medida que nos movermos pela sala. [Movimente vagarosamente diversas partes do corpo, curvando-se e alongando-se em diferentes direções. Então, peça às crianças que comecem a caminhar ao redor da sala, passando depois a galopar e, por fim, a correr.]

Desenvolvimento
As palavras usadas no início da aula para descrever as formas de nuvem estão na lousa ou no quadro de papel. Permanecendo em seu espaço pessoal, representem com seu corpo uma daquelas formas. Experimentem outra forma e depois outra. Vamos tentar representar uma nuvem redonda. Vocês conseguiriam fazer uma forma redonda, usando apenas os braços? Tentem fazer uma forma larga, depois, uma longa e reta e, agora, uma pequena. Vocês conseguiriam representar uma forma de nuvem em que outra parte de seu corpo, não o pé, fique em contato com o chão? Meredith criou uma forma longa deitando-se sobre a lateral do corpo e Tamika está representando uma forma larga e estendida, apoiada nas mãos e nos pés. Tentem outra forma e, depois, mais outra.

Escolham três formas de nuvem e determinem uma sequência para elas: primeira, segunda e terceira. Pratiquem a mudança da primeira para a segunda forma, e desta para a terceira. Pronto! Façam lentamente sua primeira forma; mudem rapidamente para a segunda e, então, vagarosamente, para a terceira. Pratiquem as três formas outra vez, empregando cadência lenta, rápida e lenta. Agora, tentem uma sequência diferente de cadências, como rápida, rápida e lenta, ou rápida, lenta e lenta. Pratiquem algumas vezes essa dança dos formatos de nuvem. [As crianças praticam os formatos de nuvens.]

Escolham um formato de nuvem e encontrem um modo de fazê-lo movimentar-se vagarosamente através do espaço geral; agora, bem depressa. Escolham outra forma de nuvem e uma velocidade de movimentação para ela. Estou vendo nuvens redondas movendo-se devagar, nuvens largas deslizando lateralmente e nuvens longas e retas rolando sobre o chão.

Sintam como se sua nuvem flutuasse no céu, mudando de formato e de cadência, à medida que se move. Tomem cuidado ao se movimentarem ao redor de outras nuvens. [As crianças praticam os movimentos das nuvens. Toque uma música ou um instrumento de percussão enquanto elas se exercitam.]

Alguém deseja mostrar para nós sua dança das nuvens? Vamos observar e verificar que formas os dançarinos representam, e se eles realizam mudanças de cadência. [Três ou quatro crianças fazem a demonstração, e você pede àquelas que ficaram observando que comentem o que viram.]

Agora, vou formar pares de nuvens, e quero que cada par encontre formas diferentes de conectar uma nuvem à outra e flutuar através do céu. [Organize as crianças em pares e conceda um tempo para que elas explorem formas de conexão.] Que partes do corpo vocês conseguem utilizar para se conectar com a outra nuvem? Vejo que estas duas crianças estão usando as mãos; outras, os pés. Vejo, também, cotovelo conectado com ombro, mãos com costas e cabeça com cabeça.

A seguir, descubram um modo de você e seu parceiro combinarem suas nuvens para formar uma nova forma de nuvem. Tentem criar três diferentes formatos de nuvem. Não se esqueçam de permanecer conectados. Que outras formas de nuvem vocês conseguiriam fazer, estando conectados?

Agora, encontrem um modo de movimentar sua nova nuvem pelo céu. Decidam se apenas um será o líder ou se vocês se revezarão para todos assumirem a liderança. Vocês conseguem manter a conexão enquanto se movimentam?

Encontrem outra nuvem e se conectem a ela para formar uma nuvem maior. Que partes do corpo vocês podem usar para se conectar uns com os outros? Vocês conseguiriam descobrir uma forma de fazer essa nuvem se deslocar pelo espaço? Quem será o líder? Qual é a forma de sua nuvem grande? Quando vocês tiverem criado uma nuvem grande, movimentem-se lentamente, de modo que todos possam se mover juntos sem perder a conexão. Deixem-me ver como vocês conseguem mover devagar sua nuvem, permanecendo conectados. [Quando as crianças se movimentam como nuvens conectadas, seu objetivo é que elas enfrentem o desafio de se mover junto de outra pessoa sem comprometer a segurança. Aproveite essa oportunidade para discutir com os alunos a cooperação na tomada de decisões. Não se esqueça de estabelecer com elas, antes do início, um acordo sobre como e para onde se movimentarão. Enfatize que o movimento deve ser vagaroso.]

Neste momento, todos os grupos pequenos de nuvens vão se reunir em uma única nuvem, realmente muito grande. Antes de começarmos a nos mover, precisamos conversar a respeito da forma que terá essa nuvem grande, assim como da maneira que nós nos conectaremos uns com os outros e do movimento executado pela nuvem. Que formato utilizaremos para essa nuvem? Carmen sugere uma forma longa e reta. Como nós nos conectaremos? Joe propõe mãos dadas. De que modo a nuvem se movimentará? Constantine diz que caminhando é a melhor opção. Vamos nos dar as mãos em uma longa fila, com Carmen na liderança e Joe no final da linha. [As crianças se juntam.] Carmen começa a levar a nuvem ao redor da sala, com todos caminhando lentamente. Traga a nuvem na direção do meio da sala, para formar um círculo e, então, feche a formação, segurando a mão de Joe. Vamos tentar outra vez, com um novo líder. Alguém poderia sugerir outra forma grande de nuvem? [Você pode testar diversas ideias fornecidas pelas crianças, em relação ao formato e ao tipo de movimento.]

Dança da apoteose

Vamos agora empregar todos os formatos de nuvem em uma dança. Ela começará com as formas individuais de nuvem, que depois se transformarão em nuvens de pares ou trios. Na sequência, todos se reunirão em uma nuvem gigante. Então, localizem seu espaço pessoal para começar a dança da nuvem. Vagarosamente, representem com seu corpo um dos formatos individuais de nuvem e movimentem-se pelo espaço. Enquanto vocês se deslocam, escolham outra pessoa e se conectem com ela. Lembrem-se de fazer essa conexão usando diferentes partes do corpo. Depois disso, encontrem outra nuvem, conectem-se com ela e percorram o céu. Movam-se bem devagar, para que todos possam permanecer conectados e se deslocar juntos, em segurança. Agora, todas as nuvens se juntam, dando-se as mãos em uma grande fila, tendo Gary como o líder e Rae no final da fila. Estou vendo todos se movimentando lentamente, de mãos dadas, seguindo Gary ao redor da sala. Gary, forme com o grupo um círculo bem amplo, dando as mãos para Rae e formando uma grande nuvem redonda. Vamos, então, executar a dança outra vez desde o início, com um novo líder.

Encerramento da dança da nuvem

Para finalizar a aula, deitem-se no chão e descansem, pensando a respeito da dança da nuvem. Imaginem que vocês estão assistindo a um filme sobre essa dança. Vejam-se criando formas de nuvem. Que formas vocês estão usando? Agora vocês estão conectados a outra nuvem. Que partes do corpo empregaram para fazer a conexão? Em seguida, as nuvens formadas por um par estão conectadas à de outro par, e todos vocês estão se movendo no céu. Esse movimento é vagaroso? E, finalmente, todos se conectam em uma nuvem gigante. Que forma tem essa nuvem?

[Você tem a possibilidade de finalizar a experiência de aprendizagem neste ponto, ou continuar, acrescentando a próxima seção, a das pancadas de chuva.]

A próxima parte da experiência de aprendizagem começa com todos em pé, formando um círculo grande, como se fosse uma grande nuvem redonda. Nesta parte da dança, a nuvem vai se encher de chuva e arrebentar. De que modo nós podemos fazer essa nuvem se tornar cada vez maior? Sari está sugerindo soltarmos as mãos e andarmos para trás. A sugestão de Brad é fazermos uma grande forma estendida. Vamos tentar as duas ideias. Primeiro, soltamos as mãos e nos movemos quatro passos para trás, passando a formar uma grande nuvem esticada (ver Fig. 8.2). Pronto! 1, 2, 3, 4. Mantenham estática essa forma grande. Vamos tentar novamente.

Uma vez que a nuvem esteja cheia de chuva, ela explodirá. Que palavras podemos empregar, em vez de "explodir"? Ouço vocês sugerirem "estourar", "abrir-se", "romper", "arrebentar". Que movimento seu corpo pode fazer para representar uma explosão? Estou ouvindo sugestões como para cima, aberto, estendido, salto, giro. Que tipo de peso é necessário? Sim, forte. Em que lugar você vai se movimentar no espaço? Isso mesmo, acima e à frente, acima e para trás, ou acima e para o lado. Criem três movimentos de explosão diferentes. Pronto! Explosão, explosão e explosão. Experimentem fazer cada uma das explosões em uma direção diferente. Explosão, explosão e explosão. Pratiquem seus três movimentos, cada um em uma direção.

Agora, vamos combinar a nuvem cheia de chuva e a explosão. Para começar, o círculo se torna maior: 1, 2, 3 e 4; e, então, explosão, explosão e explosão. Vamos tentar essa parte novamente: 1, 2, 3 e 4; e, então, explosão, explosão e explosão. [Você pode pedir a algumas crianças que demonstrem os movimentos de explosão, enquanto as outras observam as diferentes direções em que ela ocorre.]

Depois de as nuvens explodirem, começa a chover sobre toda a sala. De que maneira podemos empregar os movimentos para representar a chuva? A ideia da Jennifer é corrermos em todo o espaço da sala, dando saltos largos no ar, como se o vento estivesse espalhando a chuva por toda parte. Trevor diz que a chuva cai em linha reta e, assim sendo, nós deveríamos mostrá-la erguendo nossos braços e abaixando-os rapidamente diversas vezes. Vocês podem usar qualquer uma dessas sugestões ou criar seus próprios movimentos para representar a chuva. Esses movimentos vão cobrir todo o espaço ou permanecer em seu espaço pessoal? Deixem-me ver a escolha que vocês fizeram para demonstrar a chuva. [As crianças praticam a representação da chuva caindo, enquanto você observa.]

Na última parte desta dança, a chuva para e os derradeiros pingos caem vagarosamente até o chão. Parem seu movimento de chuva e permaneçam com o corpo estático. Agora, devagar, bem devagar, caiam no chão. Vocês conseguiriam acrescentar um giro ao seu lento movimento de queda? Mantenham o controle de seu corpo à medida que vocês caem. Em que formato seu corpo ficará no final da queda? Pensem sobre isso! Agora, combinem seu movimento de chuva com a parada e a queda lenta até o chão, terminando em uma forma qualquer. Pronto! Chuva, chuva, chuva, chuva, chuva, chuva, chuva, chu-

Figura 8.2 A nuvem se torna cada vez maior, enchendo-se de chuva.

va e parar. Agora, caiam lentamente no chão, finalizando com uma forma. [As crianças podem praticar essa sequência diversas vezes, para desenvolverem a coordenação das transições entre os movimentos.]

Vamos agora juntar todos os movimentos da dança da pancada de chuva. Comecem todos de mãos dadas em um grande círculo. Soltem as mãos à medida que as nuvens se enchem de chuva. Andem para trás; 1, 2, 3, 4 e façam uma forma grande com o corpo, mantendo-o imóvel; 1, 2, 3. Agora, explosão, explosão e explosão; e, então, chuva, chuva, chuva, chuva, chuva, chuva, chuva, chuva, chuva e parem; agora, caiam vagarosamente até o chão, finalizando com uma forma. [Anote a sequência dos movimentos em uma lousa, ou desenhe símbolos que representem essa ordem.]

Agora, vamos combinar a dança da nuvem com a da pancada de chuva. Pronto! Descubram seu espaço pessoal para começar com a nuvem individual. Lentamente, representem com seu corpo a forma da nuvem e comecem a viajar pelo espaço. Cada um de vocês, encontre outra nuvem e se junte a ela. Agora, cada nuvem se junta a outra, para formar uma nuvem maior. Conectem-se todos em uma grande e longa nuvem, ficando Carmen como líder e Joe no final da fila. Carmen conduz a nuvem ao redor da sala e vem para o meio, dando a mão para Joe, de modo a formar um círculo. Soltem as mãos, à medida que as nuvens se enchem de chuva. Andem para trás e formem uma grande nuvem estendida. Agora, explosão, explosão e explosão; e chuva, chuva, chuva, chuva, chuva, chuva, chuva, chuva e parem; caiam vagarosamente até o chão e terminem em uma forma qualquer.

Encerramento para a dança da pancada de chuva

Pergunte às crianças: "Que tipo de energia vocês empregaram para representar as diferentes partes da pancada de chuva? Que parte da pancada de chuva vocês gostaram mais de dançar? Por que vocês gostaram dessa parte?"

Observar

- As formas criadas pelas crianças. Elas são capazes de representar diferentes formatos de nuvem com o corpo?
- De que maneira as crianças controlam os movimentos nos segmentos da nuvem e da pancada de chuva. Mais especificamente, elas conseguem coordenar sem problemas as transições entre as partes da dança?
- Como as crianças empregam as direções para as explosões da pancada de chuva. Você vê todo o corpo delas, ou partes do corpo, movimentando-se em uma direção específica?

Como posso alterar isso?

- Em vez de uma única nuvem grande, as crianças podem criar nuvens menores que se enchem de chuva e explodem.
- Acrescente a criação de um arco-íris e um sol brilhante no final da pancada de chuva. As crianças podem criar formas em grupos pequenos para representar a linha curva do arco-íris e os formatos do Sol. Peça a elas que sugiram outras ideias.

Sugestões de avaliação

- Avaliação pelo professor – domínio cognitivo: As crianças podem desenhar as formas que representaram na dança da nuvem, e atribuir rótulos a elas (resultado 1).
- Autoavaliação dos alunos – domínio cognitivo: Cada dupla de alunos pode escrever uma lista das partes do corpo que usaram para se conectar na dança da nuvem (resultado 3).
- Autoavaliação dos alunos – domínio psicomotor: As crianças utilizam uma escala de classificação para avaliar a própria habilidade em se movimentar vagarosamente como uma nuvem, ou com grande energia, na pancada de chuva. As rubricas incluem estes três níveis: eu mantive o controle de todos os movimentos, eu consegui controlar alguns movimentos, eu não consegui controlar os movimentos (resultados 2 e 3).
- Avaliação pelo professor – domínio psicomotor: Registre observações para avaliar se as crianças conseguem explodir em três direções diferentes, mantendo o controle quando aterrissam sobre os pés (resultado 4).

Conexões interdisciplinares

- Artes visuais: Estabeleça conexão com as artes visuais, pedindo às crianças que observem e desenhem formatos de nuvens em uma folha grande de papel.
- Linguagem (literatura): Crie integração com o conteúdo de literatura das crianças usando o livro *Little cloud* (Pequena nuvem), de Carle (1996), como guia para a criação dos formatos de nuvem e o desenvolvimento de uma dança que acompanhe a história.
- Linguagem (literatura): Crie integração com o conteúdo de literatura das crianças usando o livro *Listen to the rain* (Escute a chuva), de Endicott (1988). O texto e as ilustrações propiciarão ideias para a criação de movimentos de dança.
- Ciências: Use esta dança para reforçar os conceitos de ciências sobre o ciclo da água, a formação de nuvens e os tipos de clima.

Correr, saltitar, pular e saltar

Resultados
Depois de participar desta experiência de aprendizagem, as crianças estarão aptas a:
1. Executar quatro movimentos motores: correr, saltitar, pular e saltar (domínio psicomotor).
2. Identificar as semelhanças e diferenças entre os movimentos de correr, saltitar, pular e saltar (domínio cognitivo).
3. Executar uma sequência de movimentos (domínio psicomotor).

Organização
Nas danças de correr, saltar e saltitar, as crianças se movimentarão individualmente em seu espaço pessoal. A dança dos pulos começa de forma individual e termina em grupos pequenos.

Equipamentos necessários
Uma lousa ou um quadro de papel, no qual serão listadas as palavras relativas aos quatro movimentos motores e às rimas (ver Fig. 8.3).

Introdução e aquecimento
Hoje, nós vamos fazer uma dança de palavras que rimem com "correr", "saltitar", "pular" e "saltar". [As palavras são escritas em uma lousa ou um quadro de papel.] Vocês saberiam sugerir palavras que rimem com "correr", "saltitar", "pular" e "saltar"? [Anote as sugestões das crianças.] Utilizaremos todas essas palavras em nosso aquecimento e depois selecionaremos algumas delas para a dança.

Em seu espaço pessoal, comecem a correr sem sair do lugar, enquanto dizemos as palavras relacionadas embaixo de "correr". "Correr", "prender", "bater", "prazer", "benzer", "aquecer" e "abater". Agora, saltitem com o pé direito enquanto dizemos as palavras escritas embaixo de "saltitar". Depois, repitam as palavras, enquanto saltitam sobre o pé esquerdo. "Saltitar", "estourar", "esfregar", "socar", "trancar", "abaixar", "agitar", "vibrar", "aparar", "cortar", "elevar", "derrubar", "parar" e "sustentar". Em seguida, pulem, sem sair do lugar, enquanto dizemos as palavras listadas embaixo de "pular". "Trombar", "juntar", "aparar", "desprezar", "esvaziar", "insultar", "reclamar", "empurrar", "agrupar", "infetar", "inflar" e "engordar". O último movimento do aquecimento é saltar enquanto dizemos as palavras escritas embaixo de "saltar". "Apagar", "juntar", "tragar", "afundar", "girar", "pingar", "segurar", "deslizar", "beijar", "beliscar" e "rasgar".

Desenvolvimento
Eu selecionei algumas palavras da lista para usarmos no aquecimento da dança. Vou ler o primeiro poema que utiliza as palavras "correr", "prazer" e "aquecer", e depois criaremos formas diferentes de movimento para cada palavra. [Leia o poema do correr.]

Vamos começar a correr
Correr, correr e correr
Todo mundo vai parar,
E sentir algum prazer
Prazer, prazer e prazer,
Com o sol para aquecer, aquecer e aquecer.

Em primeiro lugar, vamos encontrar diversas maneiras de correr. Que maneiras são essas? Vamos experimentar a sugestão de Jessica e correr com passos bem pequenos. Vocês conseguiriam imaginar outras formas diferentes de correr? Miguel está correndo com os braços estendidos para o lado. [As crianças experimentam essa sugestão.] Agora, cada um de vocês experimentará a própria ideia. E, agora, mais outra. [Este pode ser um bom momento para as crianças descansarem e compartilharem suas ideias com toda a turma, ou com um parceiro.] Pense qual é a sua forma favorita de correr para esta dança. Nós a utilizaremos daqui a pouco.

Para a palavra "prazer", vamos criar movimentos que nos mostrem fazendo alguma coisa divertida, como jogar bola, pular corda, acariciar um cãozinho, andar de patins ou brincar de pega-pega. Pensem em outras formas de diversão. Como vo-

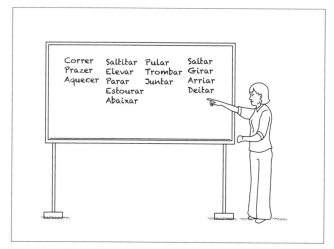

Figura 8.3 Rimas apresentadas em uma lista na lousa.

cês poderiam expressá-las por meio de um movimento? Mostrem-me. Exagerem esse movimento; façam-no bem grande. Escolham um que vocês gostariam de usar nesta dança. A última rima é "aquecer". Criem com seus braços uma forma redonda como o sol, que aquece. Movimentem os braços da direita para a esquerda, começando embaixo, no lado direito de seu corpo; estendam os braços curvados bem no alto sobre a cabeça; e terminem embaixo, do lado esquerdo de seu corpo. Vocês saberiam me dizer com o que se parece esse movimento de braço? Ele mostra o sol nascendo pela manhã, movimentando-se no céu e pondo-se à noite. Tentem fazer esse movimento novamente, começando bem devagar, no lado direito, alcançando uma altura grande e descendo do lado esquerdo. Mantenham o movimento suave e lento.

Desta vez, enquanto eu leio o poema, movimentem-se, empregando o movimento da palavra "correr" que vocês escolheram; depois, o da palavra "prazer"; e, por fim, nós faremos juntos o movimento do sol. Pronto! Façam o movimento de corrida. "Vamos começar a correr, correr, correr e correr." Agora, façam o da diversão. "Todo mundo vai parar e sentir algum prazer, prazer, prazer e prazer." Quais são seus movimentos da diversão? Todos fazem juntos o movimento do sol. "Com o sol para aquecer, aquecer e aquecer." Tentem novamente. Porém, desta vez, eu não vou dizer o que vocês devem fazer. [Leia o poema de novo, enquanto as crianças dançam.]

Nossa próxima dança emprega palavras que rimam com "saltitar". Vou ler o poema e vocês devem escutar atentamente as palavras que rimam com "saltitar".

*Certo dia todos nós saímos para saltitar
Lembrando, de nossas mãos ao alto elevar.
Então, alguém chegou e gritou "parar!"
Foi a ordem para estourar e abaixar.*

Quais foram as palavras rimadas com "saltitar"? Sim, "abaixar", "parar", "elevar" e "estourar". Vocês escutaram muito bem!

Vamos começar com a palavra "saltitar". Que direções vocês podem usar para saltitar? Estou vendo algumas crianças saltitando para a frente, algumas, para trás e outras, para os lados. Ao saltitarem, não se esqueçam de que um pé fica no chão, e o outro, fora dele. Enquanto saltitam, vocês conseguem trazer para a frente do corpo a perna que está fora do chão? E estendê-la para trás? E para o lado? Saltitem com uma perna de cada vez.

A próxima palavra é "elevar". Criem diferentes formas com as mãos enquanto elas estiverem no alto de sua cabeça. Finjam que as mãos formam um chapéu colocado sobre a cabeça. Estou vendo chapéus pontudos, chapéus arredondados, alguns achatados, outros parecem cornos e outros lembram uma coroa. Vocês acham que conseguiriam saltitar com as mãos para o alto? Escolham um formato de chapéu e uma forma de saltitar, e experimentem.

A terceira palavra é "parar". Criem uma forma estática. Façam uma redonda, uma trançada, uma estendida e outra que forme diversos ângulos no corpo. Toda vez que eu bater palmas, quero que vocês façam uma forma diferente e a congelem. Pronto! [Bata palmas de 6 a 8 vezes.] Memorizem suas formas congeladas; nós as utilizaremos quando fizermos a dança do poema.

A quarta palavra é "estourar". Vamos explorar maneiras diferentes de estourar no ar. Isso parece um pulo. Não se esqueçam de aterrissar sobre os pés com os joelhos dobrados. Vocês conseguem estourar no ar e fazer uma forma estendida? E pular com os dois pés e aterrissar com um só? Vocês seriam capazes de dar um giro enquanto estouram no ar? Tentem fazer um estouro em que vocês sobem bem alto e outro, não muito alto.

A última das rimas é "abaixar". Quero que vocês estejam seguros e abaixem lentamente até o chão, como se estivessem derretendo. Mostrem-me de que maneira vocês conseguem abaixar o seu corpo, bem devagar e com toda segurança. Usem a ajuda das mãos à medida que abaixam. Vocês seriam capazes de fazer um giro enquanto abaixam? Vamos praticar as palavras "estourar" e "abaixar" juntas. Prontos, e estourar! Agora, abaixem vagarosamente. Vejo que vocês conseguem mudar de um movimento forte e rápido para um suave e lento.

Neste momento, vou ler o poema completo e, à medida que eu disser as palavras, gostaria que vocês dançassem os movimentos que criaram. Eis aqui o poema: "Certo dia todos nós saímos para saltitar, lembrando de nossas mãos ao alto elevar". [As crianças saltitam com as mãos formando um chapéu, no alto da cabeça.] "Então, alguém chegou e gritou 'parar!'" [As crianças congelam em uma forma escolhida por elas.] "Foi a ordem para estourar e abaixar." [As crianças saltam no ar para o estouro e abaixam lentamente até o chão.] Tentem executar a dança outra vez, enquanto eu leio o poema. [Leia o poema de novo.]

Nossa próxima dança utilizará palavras que rimam com "pular". Eis aqui o poema:

*Saímos todos para pular
Pular, pular e pular.
Pulamos tão juntos
Que começamos delicadamente a trombar
Trombar, trombar e trombar
E lentamente vamos nos juntar.*

Que palavras rimaram com "pular"? Muito bem, Alyssa, uma delas é "juntar". Sim, Min-Su, a outra é "trombar". Começaremos usando a palavra "pular". Quando eu disser "pronto", quero que vocês encontrem um espaço e tentem diferentes maneiras de pular, sem sair do lugar. Pronto! Vocês conseguiriam pular tirando os dois pés do chão e mantendo-os separados? Que formas vocês conseguem fazer com os braços enquanto pulam? Tentem pular para a frente com uma trajetória em zigue-zague. Encontrem um modo de começar com pulos pequenos, e passar para pulos grandes, fazendo em primeiro lugar um movimento para a frente, em seguida para trás e, por último, para o lado. Quando eu ler a primeira parte do poema, escolham a forma de pular que vocês preferirem. [Leia as primeiras duas linhas do poema, enquanto as crianças pulam.]

A próxima palavra é "trombar". Vamos empregar diferentes partes do corpo para trombar delicadamente com outra pessoa. Ao caminharem ao redor da sala, quando vocês se aproximarem de outro aluno, trombem de leve com ele, usando seu braço. Quero que Curtis e Tamika demonstrem uma trombada delicada com os braços. [As crianças fazem uma demonstração.] Eles estão empregando um leve toque para a trombada. Agora, todos vocês tentem trombar de leve com seus colegas. Experimentem trombar usando outra parte do corpo, como o pé, o joelho, o cotovelo, a mão, o ombro, o quadril, as costas ou os dedos. Para a trombada, haverá uma grande mudança de peso a partir do pulo. Vamos combinar o pulo com a trombada. Escolham um lugar na sala onde cada um de vocês tenha bastante espaço ao redor do corpo. Vou ler o poema, e quero ver como vocês alteram a energia forte do pulo para a suave da trombada. Preparem-se para se movimentar! [Leia as primeiras cinco linhas do poema, enquanto as crianças pulam e dão trombadas.]

A última palavra do poema é "juntar". O que é juntar? Ryan diz que é reunir um monte de coisas. No final do poema, nós vamos formar um amontoado de crianças. Para tanto, vamos cair lentamente até o chão, terminando em uma forma arredondada. Em seu espaço pessoal, tentem cair bem devagar em uma forma arredondada. Agora, quero que dois, três ou quatro de vocês se reúnam em um grupo, e juntos, em uma cadência lenta, desçam até o chão. Vocês conseguiriam permanecer juntos, em um espaço pequeno, e cair vagarosamente, todos ao mesmo tempo? Tentem outra vez.

Agora, vou ler o poema inteiro e quero que vocês terminem a dança juntando-se no mesmo grupo em que estão neste momento. Comecem a dançar separados e movimentem-se, pulando na direção uns dos outros, para se juntarem e trombarem delicadamente com as pessoas de seu grupo; depois, caiam bem devagar formando um amontoado. [Leia o poema completo enquanto as crianças dançam.] Muito bem! Vocês foram muito bem ao pular, trombar e se juntar!

Esta última dança rima três palavras cujo som é o mesmo de "saltar". Ouçam o poema com as rimas de "saltar".

Todos nós começamos a saltar
Saltar, saltar e saltar.
Então, tentamos girar
Girar, girar e girar.
Mas começamos a arriar
Para, no final, sobre o quadril deitar.

Iniciem a dança experimentando saltar em trajetórias diferentes. Em primeiro lugar, tentem saltar em linha reta. Depois, em uma trajetória curva. Vocês conseguiriam saltar para trás em linha reta ou em curva? Experimentem movimentar-se de maneiras diferentes ou criar formas com seus braços enquanto saltam. Vou determinar um parceiro para cada um e quero que vocês mostrem para seu par sua trajetória preferida para fazer o salto. Conte a seu colega que tipos de trajetória você observou enquanto ele saltava. Agora, vou ler as duas primeiras linhas do poema e vocês poderão saltar usando sua trajetória favorita ou a que seu parceiro utilizou. [Leia as primeiras duas linhas para as crianças saltarem.]

A segunda rima é "girar". Na verdade, nós não vamos executar o giro. Isso pode ser perigoso demais; contudo, vamos criar um giro com mudança de nível. Descubram uma forma de girar sobre um pé, ou sobre os dois pés, de modo que seu giro comece em um nível alto, mude para um mais baixo e depois retorne para o alto. [As crianças praticam o giro enquanto você dá dicas do movimento.] Pronto! Girem no alto, embaixo e no alto. Experimentem girar de outra forma empregando os níveis alto, baixo e alto. Enquanto eu leio a terceira e a quarta linhas do poema, tentem executar seus giros com mudança de nível. [Leia o poema.]

A terceira palavra é "arriar". Nós vamos cair lentamente no chão, usando as mãos para ajudar o corpo a abaixar. Vocês conseguiriam acrescentar um giro à sua queda lenta? [As crianças praticam a queda vagarosa até o solo.]

A última rima do poema é "deitar". Apontem para seu quadril. Vocês são capazes de deitar sobre o quadril direito, deixando-o tocar o chão? Agora tentem sobre o lado esquerdo. Encontrem outra maneira de deitar, com os quadris tocando o chão. Experimentem outra maneira diferente. Agora, vamos combinar uma queda lenta até o chão, terminando em uma das formas que vocês escolheram para deitar sobre os quadris. Prontos?

Caiam lentamente e encostem os quadris no chão. Agora, enquanto eu leio as duas últimas linhas do poema, façam o movimento de queda, terminando deitados sobre os quadris. [Leia as duas últimas linhas do poema.]

Desta vez, enquanto eu leio o poema completo, executem os movimentos que vocês criaram para representar as palavras "saltar", "girar", "arriar" e "deitar". Em primeiro lugar, vamos repassar os movimentos. Eis aqui as primeiras linhas: "Todos nós começamos a saltar, saltar, saltar e saltar". Mostrem-me a trajetória que vocês escolheram para saltar. "Então, tentamos girar, girar, girar e girar." Façam, então, o giro em nível alto, baixo e alto. "Mas começamos a arriar." Caiam lentamente até o chão. "Para, no final, sobre o quadril deitar." Terminem em uma forma qualquer, com seu quadril encostado no chão. Vou ler o poema outra vez, e quero que, enquanto eu leio, vocês dancem os movimentos que criaram para representar as rimas à medida que as forem ouvindo. No entanto, desta vez eu não vou dizer o que vocês devem fazer. Prontos? [Repita o poema.]

Dança da apoteose
A dança da apoteose pode ser formada por apenas um desses poemas, ou por uma combinação de dois, três ou todos os quatro em uma sequência mais longa.

Encerramento
Pergunte às crianças: "Qual foi seu poema favorito? Levantem a mão quando eu disser o nome daquele que vocês preferiram. O poema da corrida. O poema de saltitar. O poema de pular. O poema de saltar. Alguém se lembra de outro movimento que possa ser usado para criar uma dança com um poema?"

Observar
- Crianças que ainda não estejam preparadas para fazer saltos. Você pode substituir por um galope ou apresentar a dança quando todos souberem saltar.
- Crianças que se cansam facilmente quando executam muitas repetições de movimentos motores que exigem força e equilíbrio. Proporcione mais tempo de descanso.
- As mudanças no uso do peso pelas crianças, nas quatro danças. Todas as danças começam com movimentos de muito peso e terminam com peso leve.

Como posso alterar isso?
- As crianças podem escolher o poema favorito (correr, saltar, saltitar, pular) e executar a dança, enquanto as outras acompanham a dança tocando instrumentos de percussão.
- Empregue outros movimentos motores e não motores como inspiração para a criação de rimas e movimentos.

Sugestões de avaliação
- Avaliação pelos pares – domínios psicomotor e cognitivo: Os alunos, organizados em pares ou pequenos grupos, escolhem dois poemas, praticam os movimentos correspondentes e executam a dança do poema para outros pares ou grupos. Os alunos que estiverem observando identificam os movimentos utilizados (resultados 1 e 2).
- Avaliação pelo professor – domínio psicomotor: Use uma lista de verificação para anotar o desempenho de cada criança na execução dos movimentos motores das danças dos poemas. Empregue, também, o formato de lista de verificação para avaliar como os alunos passam de um movimento para outro, na sequência da dança (resultados 1 e 3).

Conexões interdisciplinares
- Linguagem (vocabulário): Peça informações ao professor responsável pela turma a respeito do vocabulário que as crianças aprenderam e que possa ser empregado em danças envolvendo rimas.
- Linguagem (redação): As crianças podem escrever poemas usando verbos de ação, para depois criar movimentos que expressem essas palavras.
- Linguagem (leitura e redação): Esta dança oferece suporte ao conteúdo de linguagem, tendo como foco as rimas.
- Linguagem (leitura): Inclua livros infantis cujo conteúdo esteja relacionado com movimentos motores, como *Hop jump* (Pulo em um pé só), de Walsh (1993); *Jump, frog, jump* (Salte, sapo, salte), de Kalan e Barton (1981); ou *In the small, small pond* (No pequeno, pequeno lago), de Fleming (1993).

O parque infantil

Resultados
Depois de participar desta experiência de aprendizagem, as crianças estarão aptas a:
1. Executar os três movimentos de balanço de braços, para representar os balanços do parque infantil (domínio psicomotor).
2. Coordenar as mudanças de nível com um parceiro, para representar uma gangorra (domínios psicomotor e afetivo).
3. Resgatar mentalmente e demonstrar a sequência de movimentos associada a um escorregador (domínios psicomotor e cognitivo).

Organização
As crianças se movimentam individualmente, em pares, e dentro de um grupo grande, à medida que visitam os diversos espaços de um parque infantil imaginário.

Equipamentos necessários
- Tocador de MP3 ou de CD
- Música ao vivo, para acompanhamento
- Placas indicativas dos espaços do parque infantil
- Fita

Introdução e aquecimento
Hoje, nós vamos criar uma dança sobre um parque infantil. Vamos fazer de conta que esta sala é um parque infantil. De que maneiras diferentes vocês brincam em um parque infantil? Ouço opções como escorregando em um escorregador, subindo e descendo na gangorra, balançando nos balanços, brincando de escalar barras (barras dos macacos). Vamos escolher três áreas para visitar em nosso parque de diversões: a gangorra, o escorregador e os balanços. Tenho uma placa para indicar cada uma dessas áreas, e vou colocá-las nas paredes. O escorregador ficará neste canto da sala [coloque a placa na parede], a gangorra ficará neste canto [coloque o sinalizador], e os balanços, no meio da sala, ao redor do círculo central [coloque a placa no chão].

Para fazer o aquecimento, nós vamos procurar maneiras de vagar pelo parque. Vamos fingir que estamos caminhando dentro dele. Vamos caminhar rapidamente, em uma trajetória curvilínea; agora, para trás, bem devagar. Vocês conseguiriam fingir que estão pedalando uma bicicleta e virando para a direita e para a esquerda? Em seguida, vamos aquecer nossos braços, balançando-os para a frente e para trás; depois, de um lado a outro. Comecem com uma oscilação de pequena amplitude e aumentem-na cada vez mais, até o máximo que puderem; então, diminuam até o mínimo que conseguirem.

Desenvolvimento
Agora que chegamos ao parque de diversões, vamos, em primeiro lugar, ao escorregador. Todos se posicionem em um dos lados da sala. Imaginem que o espaço à frente de vocês é um enorme escorregador. Vamos começar usando os braços e as pernas para subir a escada, em 8 tempos. Iniciem embaixo e subam um pouco a cada tempo: 1, 2, 3, 4, 5, 6, 7 e 8. [Demonstre enquanto você conta até 8.] Agora, vamos subir todos juntos em 8 tempos. Comecem agachados no chão e subam um pouco a cada tempo contado. [As crianças praticam a subida imaginária enquanto contam até 8.] Vamos, então, fingir que descemos pelo escorregador. Abaixem o corpo até o chão e encontrem uma forma de se movimentar para a frente como se estivessem descendo pelo escorregador. Estou vendo algumas crianças deitadas sobre a frente do corpo, empurrando o corpo com as mãos apoiadas no chão; outras estão sentadas e usando os braços e as pernas para empurrar e puxar; e outras movem-se para a frente andando com o apoio das mãos e dos pés. Quando vocês chegarem ao lado oposto da sala, voltem para o local de onde começaram. Subam a escada, contando 8 tempos, e tentem descer de maneira diferente. Vocês conseguiriam descer o escorregador apoiados no lado do corpo?

Em seguida, vamos para os balanços. Nesta dança, todos vocês irão movimentar-se em uníssono. Isso significa que todos farão o mesmo movimento, ao mesmo tempo. Quero que vocês se juntem e façam um círculo. Agora, balancem os braços para a frente e para trás, para a frente e para trás, contando 4 tempos. Vamos experimentar fazendo juntos: para a frente, para trás, para a frente, para trás, ou 1, 2, 3, 4. [Conduza a prática junto com as crianças.] Coloquem, então, um pé à frente. Balancem para a frente, na direção do pé dianteiro, e depois para trás, apoiando o peso sobre o pé traseiro. Juntem o movimento dos braços, que acabamos de praticar, com o dos pés. Todos juntos, balançando para a frente, para trás, para a frente, para trás. [Conduza a prática em uníssono.]

Vamos acrescentar uma segunda parte a esta dança. Desta vez, façam uma ampla oscilação do braço para a frente, andem quatro passos gigantes adiante e estendam-no para cima no quarto passo. [Demonstre a caminhada e o alongamento.] Pronto, todos juntos comigo. Braços para a frente e passo, passo, passo, passo e alongamento (ver Fig. 8.4, na página 128). O que acontece com o círculo quando vocês fazem isso ao mes-

Figura 8.4 Parte do balanço, na dança do parque infantil.

mo tempo? Sim, fica menor. Agora, balancem os braços para trás e deem quatro passos para trás. Vamos experimentar o balanço e os passos diversas vezes. Prontos? Balancem para a frente; 1, 2, 3 e 4; balancem para trás; 1, 2, 3 e 4. [Você pratica junto com as crianças o balanço para a frente e para trás, diversas vezes.]

Vamos combinar a primeira e a segunda partes da dança do balanço. Lembrem-se, são 4 oscilações com os braços (4 tempos), 4 oscilações com os pés (4 tempos), balanço caminhando para a frente (4 tempos) e balanço caminhando para trás (4 tempos). A dança completa tem 16 tempos. Vamos tentar executá-la juntos, três vezes.

Agora, vamos passar para a gangorra. Vou dividir vocês em pares, ou fazer grupos pequenos de três pessoas. Alguém saberia nos dizer como uma gangorra se move? Marcos diz que quando um lado está no alto, o outro está embaixo, e essa posição muda o tempo todo. Fiquem de frente para seus parceiros e encontrem uma forma de uma pessoa começar embaixo e a outra, no alto, trocando depois as posições, ao mesmo tempo. Vocês conseguiriam dar as mãos e fazer o movimento da gangorra? Vocês conseguiriam se conectar por meio de outra parte do corpo? Descubram um modo de fazer o movimento de sobe e desce da gangorra, estando sentados no chão. Cada um de vocês, com os respectivos parceiros, deve criar três maneiras diferentes de se movimentar em direções opostas para representar o movimento de uma gangorra. Pratiquem três vezes cada uma dessas formas de movimento. Mostrem-me de que modo vocês podem passar suavemente da primeira forma para a segunda, e desta para a terceira.

Dança da apoteose

Agora, nós vamos combinar as três danças curtas em uma mais longa. Na primeira vez que dançarmos, percorreremos os mesmos lugares, na mesma ordem. Na segunda vez, vocês poderão escolher a ordem em que farão sua dança. Pronto! Vamos vagar pelo parque pedalando nossas bicicletas. Podemos começar. [As crianças podem seguir você ou escolher as próprias trajetórias, para se encontrarem nos escorregadores.] Muito bem, aqui estamos nós no parque infantil. Vamos iniciar pelo escorregador. Prontos para subir? Comecem abaixados: 1, 2, 3, 4, 5, 6, 7, 8 e escorreguem para a frente ou para trás. Retornem para o outro lado da sala e tentem contar os tempos e subir novamente; desta vez, escolham outra forma de escorregar.

Vamos, então, passar para os balanços. Façam um grande círculo. Todos estão prontos? Faremos juntos esta dança. Oscilação dos braços, 1, 2, 3, 4; balanço, 1, 2, 3, 4; balanço andando para a frente, 1, 2, 3, 4; balanço andando para trás, 1, 2, 3, 4.

Em seguida, vamos passar para a terceira área, a gangorra. Descubram seus parceiros e façam o movimento da gangorra, que pode ser em pé e abaixados, ou sentados em níveis alto e baixo. Contem até 12 e depois me encontrem perto da lousa.

Agora, vocês podem dançar sozinhos, enquanto eu toco a música. Desta vez, escolham a área do parque onde vocês irão executar a primeira, a segunda e a terceira dança. Façam os movimentos que nós praticamos em cada área. Iniciem quando a música começar a tocar e encontrem-me na lousa, depois que terminarem. [Comece a música.] Estou vendo Danielle no escorregador – consigo ouvir que ela está contando 8 tempos à medida que sobe – e Hector no balanço, movendo-se para a frente e para trás. Theresa e Steve estão na gangorra, movimentando-se em direções opostas, um subindo e o outro descendo.

Encerramento

Quero que todos vocês me mostrem o movimento da dança de que mais gostaram. Em seguida, mostrem qual foi o movimento mais difícil de executar. Vocês conseguiriam pensar em outro brinquedo para acrescentarmos a esse parque infantil? De que maneira vocês criariam uma dança sobre esse brinquedo?

Observar

- Como as crianças colocam em prática as habilidades, tendo como base o desenvolvimento motor e o nível de aptidão física. Elas são capazes de alternar as mãos e os pés enquanto representam a subida? As crianças demonstram força adequada para abaixar até o chão, conforme exigido pelo escorregador? Na gangorra, elas

conseguem coordenar os músculos para subir e descer em ritmo uniforme?
- Crianças que podem necessitar de ajuda para escolher a área do parque onde executarão a segunda parte da dança da apoteose. É possível que essas crianças precisem acompanhar o que as outras fazem.

Como posso alterar isso?

- As crianças podem representar com o próprio corpo, individualmente ou junto com outras crianças, formas que simulem o formato do balanço, do escorregador e da gangorra.
- As crianças podem desenhar figuras das áreas do parque infantil e colocá-las debaixo das respectivas placas.
- As crianças podem sugerir outros brinquedos do parque para a execução da dança.
- Reserve um tempo antes de as crianças tentarem executar a segunda parte da dança da apoteose, de modo que elas possam planejar a ordem e escrever ou desenhar figuras das áreas do parque que visitarão em primeiro, segundo e em terceiro lugar.

Sugestões de avaliação

- Avaliação pelo professor – domínio psicomotor: Utilize uma escala para registrar o desempenho dos alunos na execução da sequência de oscilações dos braços. Essa escala emprega as seguintes rubricas: A = o aluno completou com precisão as três partes; B = o aluno completou com precisão duas das três partes; C = o aluno completou uma das três partes. Anote as partes incompletas (resultado 1).
- Autoavaliação do aluno – domínios psicomotor e afetivo: Avalie, solicitando uma resposta verbal para estas perguntas: Você e seu parceiro conseguiram executar a dança da gangorra, com um em cima e o outro embaixo, para depois fazer a troca? De que modo vocês trabalharam juntos para executar os movimentos da gangorra? (resultado 2)
- Avaliação pelo professor – domínios psicomotor e cognitivo: Utilize uma lista de verificação para registrar se os alunos lembram e executam a sequência de movimentos de subida e descida do escorregador. Essa lista de verificação emprega as seguintes rubricas: sim = o aluno consegue lembrar e executar as duas partes; não = o aluno lembra e executa apenas uma parte (resultado 3).

Conexões interdisciplinares

- Matemática: A sequência da dança reforça os conceitos de contagem e os padrões da matemática.
- Estudos sociais e matemática: As crianças podem utilizar habilidades de mapeamento para desenhar um mapa do parque infantil, assim como organizar os brinquedos do parque em espaços diferentes, em correspondência com a dança, ou criando um novo mapa.

Ondas do oceano e nadadores

Resultados

Depois de participar desta experiência de aprendizagem, as crianças estarão aptas a:

1. Coordenar os movimentos dos braços e das pernas para representar os movimentos de um nadador (domínio psicomotor).
2. Relembrar os três movimentos usados para a representação da parte da dança que simula um oceano (domínios psicomotor e cognitivo).
3. Descrever o papel que preferem na dança: o do oceano ou o do nadador (domínio afetivo).

Organização

As crianças exploram movimentos individualmente e empregam níveis, trajetórias e direções, para depois, em dois grupos grandes, executar a dança da apoteose.

Equipamentos necessários

- Tocador de MP3 ou de CD
- Música com o som das ondas do oceano
- Figuras ou vídeo de ondas ou de nadadores
- Tambor ou outros instrumentos de percussão

Introdução e aquecimento

Hoje, nós vamos à praia. Vocês trouxeram o maiô e a toalha? O oceano será esta metade da sala, e a praia, a outra metade (ver Fig. 8.5). Nesta dança, nós vamos nos movimentar em níveis alto e baixo, e utilizar diferentes trajetórias e direções. Vocês já estiveram em uma praia? Alguém conseguiria descrever como as ondas se movem? Vamos, então, fazer nosso aquecimento, pois assim estaremos preparados para um dia de diversão na praia.

Comecem o aquecimento caminhando pelo espaço. Vamos imaginar que estamos andando na praia. Vou tocar o tambor com uma batida uniforme e constante. À medida que vocês caminharem, harmonizem a cadência da batida do tambor com seus passos. Oscilem os braços enquanto caminham. Vocês conseguiriam andar e mudar de nível, alcançando o alto e curvando-se para um nível bem baixo? Agora, troquem a caminhada por saltinhos ou um galope, acompanhando a mudança na batida do tambor. Mantenham o balanço dos braços.

Desenvolvimento

Vamos, primeiramente, criar em seu espaço pessoal alguns movimentos que representam as ondas do oceano. Mostrem-me, usando as mãos e os braços, como a onda se move. Vejo que vocês estão movimentando as mãos e os braços para cima e para baixo. Façam o movimento superior mais amplo e mais alto, e o inferior chegando bem baixo, próximo ao chão. Tentem usar os dois braços ao mesmo tempo. Agora, movimentem todo o corpo ao alcançar o alto com os braços e, depois, ao se curvarem e atingirem o chão com eles. Deixem que sua cabeça também acompanhe o movimento de subida e o de descida. Acrescentem ao movimento uma contagem de 4 tempos para cima e 4 tempos para baixo, enquanto eu toco o tambor. Usem os 4 tempos para subir e os 4 para descer. Subir, subir, subir, subir e descer, descer, descer, descer; e subir, subir, subir, subir e descer, descer, descer, descer.

Desta vez, descubram uma forma de andar para a frente no espaço e movimentar seu corpo para cima e para baixo. Acrescentem os tempos: subir, subir, subir, subir e descer, descer, descer, descer. Memorizem esses passos; nós os utilizaremos posteriormente na dança, para representar o movimento das ondas do oceano.

Vamos, então, criar movimentos que simulam o esparramar das ondas do oceano quando elas atingem a praia. Mantendo seu corpo abaixado, de que maneira vocês poderiam usar os braços e as pernas para mostrar o movimento das ondas se esparramando na praia? Em que direção seus braços e suas pernas se movimentam no espaço? Que tipo de peso vocês escolheriam? Vocês conseguiriam se esparramar em diferentes direções?

O que acontece com a onda depois de ela atingir a praia e se esparramar? Sim, ela rola de volta para o oceano. Mostrem-me como vocês rolariam o corpo lateralmente, para simular uma onda voltando para o oceano. Acrescentem alguns movimentos de esparramar, à medida que vocês rolam.

Vamos, então, juntar os três tipos diferentes de movimento de uma onda. Em primeiro lugar, façam, em seu espaço pessoal, o movimento de subida e descida das ondas. Pronto! Subir, subir, subir, subir e descer, descer, descer, descer. Repitam esse movimento. Agora, andando para a frente: subir, subir, subir, subir e descer, descer, descer, descer; terminando abaixados no chão. Vamos repetir tudo desde o início: no lugar; subir, subir, subir, subir e descer, descer, descer, descer; novamente no lugar; subir, subir, subir, subir e descer, descer, descer, descer; agora, andando para a frente; subir, subir, subir, subir e descer, descer, descer, descer; terminando no chão.

Em seguida, incluam o movimento de esparramar, em seu espaço pessoal, no chão. Pronto! Esparramando, esparramando, esparramando e esparramando. Na verdade, vocês preci-

Figura 8.5 Posições iniciais para as ondas do oceano e os nadadores.

sam usar bastante peso nos braços e nas pernas. Agora, esparramando em diferentes direções.

O terceiro movimento das ondas é rolar para trás, retornando ao oceano, com borrifos feitos com os braços e as pernas. Pronto! Rolar, rolar, rolar e rolar; acrescentando borrifos cada vez que vocês rolam sobre as costas.

Memorizem os três movimentos do oceano. Nós os utilizaremos posteriormente em nossa dança. Agora, vamos criar os movimentos dos nadadores. De que modo seus braços se movem quando vocês nadam? Vejo braços movendo para a frente, para trás e para os lados. Tentem fazer um movimento em que vocês alternam os braços. Experimentem movimentar os braços de outra maneira, de modo que eles se movam juntos, depois separados, depois juntos, depois separados. Agora, andem enquanto movimentam os braços. Andem para a frente, para trás e para os lados e também movam os braços nessas três direções. Nadem em todo o espaço da sala, empregando trajetórias curvas, como se estivessem nadando por todo o oceano.

Vou dividir a turma em dois grupos. Um deles representará as ondas do oceano, e o outro, os nadadores. Hoje, todas as crianças terão a oportunidade de ser uma onda e um nadador. As ondas e os nadadores começarão a dança em lados opostos da sala.

Dança da apoteose

[Neste ponto, você conta a história e as crianças ouvem sem dançar.] Esta é uma história sobre as ondas do oceano e os nadadores. Escutem toda a história, antes de começarem a dançar. Inicialmente, os nadadores colocam o maiô; pegam a toalha; e andam, saltam ou galopam até a praia. Eles se movimentam no lado da sala que representa a praia. A seguir, encontram um lugar na praia e fingem colocar a toalha no chão, empregando um movimento de balanço dos braços. Os nadadores deitam sobre a toalha para sentir o sol. Pensem em que formato estará seu corpo quando vocês se deitarem sobre a toalha. O dia está muito quente e os nadadores decidem nadar. Eles se levantam sobre a toalha e olham na direção do oceano. Enquanto os nadadores estão em pé, olhando o oceano, as ondas começam a levantar e abaixar, para depois se moverem para a frente e se esparramarem na praia. Os nadadores caminham entre as ondas esparramadas, com os braços fazendo os movimentos de natação. Alguns deles nadam para trás, alguns para a frente, e outros para os lados. Todos empregam movimentos de braço diferentes para nadar. Alguns nadadores podem surfar. Então, eles andam para trás, retornando à praia, e sentam-se para descansar sobre suas toalhas, enquanto as ondas rolam de volta para o oceano. Elas esparramam borrifos à medida que rolam para trás. Este é o final da dança. Então, as ondas e os nadadores trocam de lugar.

Vamos começar a dança. Desta vez, quando eu contar a história, vocês dançarão. [Divida os grupos e peça às crianças que se posicionem nos lugares correspondentes ao papel que você atribuiu a cada uma. Conte a história novamente, enquanto elas se movimentam. Esse processo as ajuda a memorizar a sequência dos movimentos e esclarece a forma de interação entre as ondas do oceano e os nadadores.] Pronto! Nadadores se movem primeiro. [Conte a parte da história relativa aos nadadores.] Agora, as ondas do oceano começam a se mover. Lembrem-se de contar: subir, subir, subir, subir e descer, descer, descer, descer; e subir, subir, subir, subir e descer, descer, descer, descer. Em seguida, andar para a frente e subir, subir, subir, subir e descer, descer, descer, descer, e abaixar para se esparramar sobre a praia. Não se esqueçam de deixar bastante espaço ao redor de seu corpo, para que os nadadores consigam se movimentar entre vocês. Agora, os nadadores se movimentam entre as ondas. Depois, eles retornam para suas toalhas e as ondas rolam de volta para o oceano. [Sempre que necessário, forneça dicas para as crianças sobre os movimentos.] Agora, vamos trocar os papéis. Vocês conseguiriam dançar por conta própria, sem que eu precise contar a história? Tentem, ouvindo o som das ondas do oceano.

Encerramento

Apresente às crianças as seguintes questões: "Se vocês gostaram de dançar a parte das ondas, mostrem-me um dos três movimentos. Se vocês preferiram a parte dos nadadores, mostrem-me o movimento de braços que vocês fizeram para nadar".

Observar

- Crianças que exageram ao subir ou ao se abaixar como as ondas do oceano. Elas estão fazendo os movimentos do oceano com uma grande mudança de nível?
- O nível de coordenação das crianças entre os movimentos de subida e descida das ondas e a contagem dos tempos. Elas conseguem se movimentar empregando todos os 4 tempos para subir e todos os 4 para descer?
- A habilidade dos nadadores para manter os braços em movimento contínuo enquanto andam entre as ondas esparramadas. Eles conseguem utilizar diferentes direções?
- O desempenho das crianças no uso do espaço pessoal, quando se esparramam como ondas. Discuta com elas a importância da atenção a esse aspecto de segurança.

Como posso alterar isso?

- Você pode melhorar a história adicionando brincadeiras na areia antes de as crianças irem nadar. Além disso, é possível pedir aos nadadores que, ao se deitarem nas toalhas, fiquem sobre a frente, as costas ou o lado do corpo, ou fazê-los secar diferentes partes do corpo depois de nadar.
- Empregue, como acessório dos nadadores, toalhas de verdade ou folhas de plástico do tamanho de uma toalha. Os dançarinos que representam as ondas do oceano podem segurar fitas azuis e movimentá-las para cima e para baixo, de forma a dar ênfase às ondas.
- As crianças podem, ao representar as ondas do oceano, dançar em pares, movimentando-se em uníssono. Crie pares também para os nadadores, de modo que eles se movam juntos.
- Você pode dar às crianças a opção de dançarem sem suas dicas. Explique a elas como saberão quando devem iniciar as diferentes partes da sequência.
- Você pode enfatizar o conceito de uníssono com o movimento das ondas para cima e para baixo. Converse com elas a respeito do que significa esse conceito e de como elas poderão empregá-lo na dança.
- Inclua peixes, crustáceos e pássaros como personagens que vivem no oceano (p. ex., pelicanos, golfinhos, caranguejos, gaivotas, lagostas, moluscos).

Sugestões de avaliação

- Autoavaliação dos alunos – domínio afetivo: As crianças desenham uma figura que as representa executando a dança de que mais gostaram (tanto os nadadores como as ondas do oceano). Elas podem atribuir um rótulo para a figura ou escrever uma sentença a respeito do significado dela (resultado 3).
- Avaliação pelo professor – domínios psicomotor e cognitivo: Observe quantos alunos memorizaram todas as partes da dança do oceano. Tendo por base essa observação, você pode reavaliar a sequência e acrescentar outras práticas (resultado 2).
- Avaliação pelo professor – domínio psicomotor: Observe os movimentos dos nadadores enquanto eles se movem ao redor e entre as ondas do oceano, para verificar se as crianças são capazes de continuar a movimentar os braços, enquanto andam, como se estivessem nadando (resultado 1).

Conexões interdisciplinares

- Ciências: Relacione esta dança com os conceitos da área de ciências que tratam dos estados da água e estudam os oceanos.
- Música: Faça conexão com a área de música ao incluir canções e composições musicais sobre praia e oceano.
- Linguagem (literatura): Introduza a dança por meio de poesias ou histórias, cujo foco seja a vida no oceano ou experiências na praia.

Dança do espaguete

Resultados
Depois de participar desta experiência de aprendizagem, as crianças estarão aptas a:
1. Movimentar os braços, as pernas e todo o corpo para criar formas retas e curvas (domínio psicomotor).
2. Percorrer o espaço usando formas e trajetórias retas e curvas (domínio psicomotor).
3. Passar de uma forma reta para uma curva (domínio psicomotor).
4. Refletir a respeito da própria apresentação na dança e descrever o progresso que fizeram da primeira para a segunda apresentação (domínio cognitivo).
5. Identificar formas curvas e retas criadas com o corpo (domínio cognitivo).

Organização
As crianças se movimentam individualmente, em seu espaço pessoal, nas seções de introdução e de desenvolvimento da aula. Na dança da apoteose, elas começam em grupos pequenos e depois dançam como parte de um grupo maior.

Equipamentos necessários
- Tocador de MP3 ou de CD
- Música com batida uniforme
- Tambor ou bloco de madeira

Introdução e aquecimento
Hoje, vamos fazer uma dança a respeito de linhas retas e curvas. Olhem para suas roupas. Alguém conseguiria identificar alguma linha reta ou curva na própria roupa? Vejo que Becka possui linhas retas em sua blusa e Michael está mostrando para nós linhas retas em sua calça. Sydney encontrou muitas linhas curvas em sua camisa e Tinesha está apontando para seu cinto, que faz diversas curvas ao redor de sua cintura.

Em nosso aquecimento, vamos fazer um passeio ao redor da sala e procurar linhas retas. À medida que vocês caminharem pela sala, quero que procurem linhas retas no teto, nas paredes, no chão e nos objetos. Quando encontrarem uma linha reta, parem e reproduzam essa linha com seu corpo. Vejo que Kelly está representando uma linha reta deitada perto de uma linha no chão. Fernando está em pé em uma forma reta, próximo à porta. Agora, dirijam-se a outro lugar e procurem mais linhas retas.

Tentem fazer linhas curvas nos locais em que vocês visualizarem uma linha curva na sala. Lana encontrou o relógio redondo e está fazendo uma forma curva no chão. Mario encontra-se em pé com as costas curvadas para o lado, perto de uma cadeira que possui o espaldar curvo. Andem e procurem outros locais para representar formas curvas.

Desenvolvimento
Agora, vocês vão fazer formas retas com seus braços, suas pernas e, depois, com todo o corpo. Fiquem em pé em seu espaço pessoal. Representem uma forma reta com o braço. Encontrem outra maneira de mostrar uma forma reta com um braço, e depois com os dois. Toda vez que eu tocar o tambor, coloquem os braços em uma forma reta diferente. [Toque o tambor 8 vezes.] Tentem representar formas retas com suas pernas, em cada uma das 8 batidas do tambor. Agora, alonguem o seu corpo para que ele fique bem reto. Usem as pernas, os braços e as costas. Façam uma forma reta em cada batida do tambor. [Toque o tambor 8 vezes.]

Desta vez, quero que façam uma forma curva com seus braços. Usem o tempo das 4 batidas do tambor para fazer a curva. [Dê 4 batidas no tambor, enquanto as crianças fazem lentamente a forma com os braços.] Agora, façam uma curva diferente com o braço; mais uma; e outra ainda. Empreguem, então, o corpo todo para representar uma forma curva. Façam as curvas em diferentes níveis – algumas no alto, algumas em altura média e outras baixas, próximas ao solo. Pronto! Começar! Façam uma forma curva com todo o corpo, agora outra, outra, e mais uma. [Dê 4 batidas no tambor, cada vez que as crianças, vagarosamente, curvarem o corpo.]

Agora, vou pedir a vocês que passem o corpo de uma forma reta para uma curva, empregando esta sequência: façam 4 formas retas com uma parte do corpo, ou com ele todo, e, em seguida, uma forma curva. As primeiras 4 batidas do tambor são para as 4 figuras retas, e as 4 seguintes, para uma lenta forma curva. As formas retas serão rápidas e rígidas, enquanto a forma curva será lenta e suave. Prontos? Reta, reta, reta, reta e curva. Vamos repetir mais uma vez, usando formas diferentes, em níveis também diferentes.

A seguir, vamos tentar movimentar nossas formas em trajetórias retas e curvas. Desta vez, quero que vocês descubram um modo de manter reta a maior parte de seu corpo e caminhar em trajetória retilínea. Vocês conseguiriam manter a forma reta e alterar a direção do movimento para trás? Tentem fazer outra forma reta e andem para o lado. Vocês conseguiriam encontrar um modo de se mover que seja diferente de andar? Não se esqueçam de empregar uma trajetória reta.

Vamos criar maneiras diferentes de andar com uma forma curva, em uma trajetória também curva. Vocês conseguiriam andar para a frente, para trás e para os lados? Agora, tentem representar muitas formas curvas diferentes, enquanto vocês transitam, deixando que essa forma curva algumas vezes os conduza para cima, e outras, para baixo. Mantenham o corpo se movendo em diversas formas curvas. Alterem a velocidade, corram e pulem no ar, enquanto fazem as figuras curvas com seu corpo. Tentem conservar o corpo curvado ao pular. Esse movimento é semelhante ao que se faz ao atirar uma corda no ar.

Dança da apoteose

Vamos usar, em uma dança do espaguete, todos os movimentos que vocês criaram. Inicialmente, vou lhes contar o que acontece com o espaguete nesta dança. Ela começa com os espaguetes em uma caixa. São pedaços retos de massa. A caixa é aberta e os espaguetes pulam para fora e caminham da caixa até uma grande panela de água fervendo, que fica no meio da cozinha. Os espaguetes pulam para dentro da água e começam a cozinhar. Eles passam da forma reta para a curva e transitam, nessa forma curva, dentro da panela de água. Depois, uma grande bolha aparece lentamente no centro da panela. Ela vai aumentando e empurrando os espaguetes para as bordas, até que eles pulam para fora e voam pela cozinha. Os espaguetes grudam nas paredes, em uma forma curva, e vão escorregando, bem devagar, da parede para o meio da cozinha, caindo no prato do jantar.

Nesta dança, vocês serão os espaguetes retos e, depois, curvos. A dança começa com quatro caixas de espaguete, uma em cada canto da sala (ver Fig. 8.6). Vou determinar as caixas de espaguete para o início da dança. Ao chegarem ao canto da sala, organizem o grupo em fila. Todos vão ficar em pé, em forma reta. A um sinal meu, o primeiro pedaço de espaguete de cada caixa se desloca da caixa até a panela gigante de água – o círculo pintado ou marcado com fita no meio da sala –, mantendo o corpo em linha reta e movendo-se em uma trajetória também retilínea. Assim que as primeiras pessoas começam a dança, as seguintes podem começar, até que todos estejam em pé ao redor do círculo.

A seguir, assim que eu tocar o tambor, o espaguete dará um pequeno pulo para dentro da panela de água. Pronto! Pular! Vagarosamente, comecem a mudar a forma reta para uma forma curva, iniciando pelos pés; depois, as pernas; a cintura; as costas; os braços; e, por último, a cabeça. Desloquem-se bem devagar no círculo, movimentando-se entre si, sem se tocar. Enquanto caminham, representem diversas formas curvas com o corpo. Empreguem níveis altos e baixos, como se vocês estivessem nadando dentro da panela de água. Vejo que Krista está curvando de fato as costas de várias maneiras, enquanto vai sendo cozida dentro da água. Theo está se movendo no alto e embaixo, enquanto altera as formas curvas.

Agora, escutem-me contar como vamos incluir a parte em que a bolha gigante aparece. Vou representar uma bolha que começa a crescer lentamente no meio da panela. Iniciarei abaixado, em uma forma curva, no centro da panela, e, então, minha forma vai se expandir, tornando-se cada vez maior, até que eu esteja estendido em uma forma ampla. [Faça uma demonstração dos movimentos da bolha.] Os espaguetes se moverão para as laterais da panela, até o momento em que eu balançar meus braços como se estivesse empurrando vocês para fora dela. Ao atingirem a beirada, pulem para fora. Quando todos estiverem fora da panela, a bolha rodará e os espaguetes começarão a correr e pular como se voassem pela cozinha. Todos vocês precisam correr e pular em uma direção ao redor do círculo. Não se esqueçam de manter a forma curva enquanto se movimentam. Prontos? Vamos tentar fazer a bolha. Quero que vocês permaneçam cozinhando, enquanto a bolha cresce. Estou crescendo, tornando-me cada vez maior, e agora vou me estender em uma forma ampla. Comecem a se mover para a beirada da panela e, quando eu balançar os braços, pulem para fora. Estes pedaços de espaguete serão os primeiros a pular; depois estes e, por último, estes aqui. Ah, não posso me esquecer destes pedaços! Agora, todos estão fora. Eu começarei a girar e vocês devem correr e pular, mantendo o corpo em forma curva.

Então, os espaguetes grudam nas paredes. Quando eu tocar o tambor, quero que vocês encontrem um local para se grudarem na parede, em forma curva. Que parte do corpo vocês utilizarão para grudar na parede? Ótimo! Vejam o Andrew! Ele está apoiado em um pé só, com o corpo curvado e o braço grudado na parede. Descubram outra maneira de se grudar, mantendo uma forma curva. Agora, muito lentamente, tentem manter essa forma curva e passear da parede até o centro da sala, onde a panela de água se converteu em um prato de jantar. Caiam bem devagar no chão, dentro do prato, terminando em uma forma curvilínea. É assim que a dança acaba. [Você pode repetir esta seção, para que os alunos pratiquem um pouco mais.]

Vamos voltar para o começo da dança e tentar executar todas as partes juntas. [Faça uma revisão, propondo a eles as seguintes questões.] Quem poderia me dizer como a dança começa? Em que forma vocês estão naquele momento? O que acontece em seguida? Em que momento os espaguetes passam de uma forma reta para uma curva? De que maneira vocês podem se movimentar dentro da panela de água, sem trombar com seus amigos? O que acontece com os espaguetes

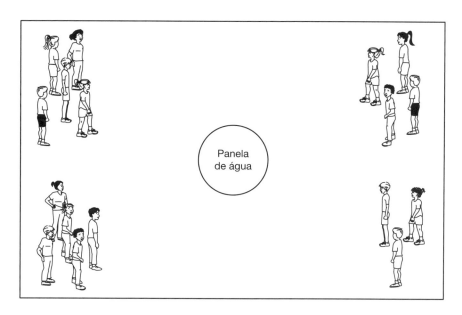

Figura 8.6 As crianças iniciam a dança em quatro caixas e fingem que são espaguete cru.

quando a bolha aparece? Que movimentos vocês fazem quando estão voando pela cozinha? Ao ouvirem a batida do tambor, o que acontece? Em que forma vocês estão nesse momento? De que modo vocês se movimentam da parede para o prato? Em que forma vocês podem estar quando a dança termina? Esta dança começa lentamente, torna-se um pouco mais rápida, depois muito rápida, em seguida para e termina bem devagar. Alguém deseja fazer alguma pergunta? Prontos?

Vamos tentar outra vez, desde o começo. Na primeira vez, eu vou contar a história enquanto vocês se movimentam e, em seguida, vocês dançarão sem as minhas orientações. [As crianças dançam, acompanhando a história, enquanto você fornece as dicas necessárias.]

Encerramento

Peça às crianças que identifiquem as partes da dança que empregam energia fraca, energia forte, movimentos amplos, movimentos pequenos, cadência lenta e cadência rápida. Peça a elas que conversem entre si sobre a parte da dança de que mais gostaram. Essa discussão em pares é denominada compartilhamento em par.

Observar

- As muitas maneiras usadas pelas crianças para criar formas retas e curvas.
- De que modo as crianças se movimentam entre si quando estão no processo de cozimento, dentro da panela de água. Elas conseguem se mover sem trombar com os colegas?
- A transição de uma forma reta para uma curva. Essa mudança ocorre de forma gradual ou de maneira abrupta?

Como posso alterar isso?

- Utilize duas ou três panelas de água na dança da apoteose, o que permite que as crianças escolham aquela em que desejam dançar. Você pode, também, empregar dois ou três pratos para o encerramento da dança.
- Execute diversas vezes, e não uma apenas, a seção da dança da apoteose, na qual os espaguetes voam pela cozinha e grudam nas paredes, de maneira que as crianças possam encontrar lugares diferentes da parede para se grudar.
- As crianças podem andar até a panela de água conectadas entre si. É possível, também, deixar que elas se grudem umas às outras, em vez de grudarem na parede, e caminhem conectadas até o prato.
- Três ou quatro crianças podem substituí-lo na representação da bolha.
- Introduza a dança lendo o poema "Spaghetti" (Espaguete), de Shel Silverstein (1974).
- Traga uma caixa de espaguetes crus e uma panela com espaguetes cozidos para fazer uma demonstração quando estiver contando a história.

Sugestões de avaliação

- Autoavaliação dos alunos – domínios psicomotor e cognitivo: Grave um vídeo da turma dançando e, depois, mostre-o para as crianças, pedindo a elas que observem e descrevam a maneira que empregaram para executar as formas retas e curvas (resultados 1, 2, 3 e 5).
- Avaliação pelo professor – domínio psicomotor: Verifique se as crianças são capazes de passar de uma forma reta para uma curva ao pularem para dentro da panela de água, quando começam a ser cozidas. Registre as observações em uma lista de verificação (resultado 3).
- Autoavaliação dos alunos – domínio cognitivo: As crianças resgatam mentalmente a apresentação feita e escolhem uma parte que gostariam de melhorar e, então, apresentá-la outra vez e conversar a respeito das alterações que introduziram e da melhoria que essas modificações produziram (resultado 4).
- Autoavaliação dos alunos – domínio cognitivo: As crianças fazem um desenho em que se representam executando uma das formas retas ou curvas que empregaram na dança e, depois, criam um rótulo para o desenho (resultado 5).

Conexões interdisciplinares

- Linguagem (literatura): Introduza a dança por meio do divertido poema "Spaghetti" (Espaguete), de Shel Silverstein (1974).
- Artes visuais: Estabeleça uma ligação com os conceitos da área de artes visuais relativos ao uso de linhas retas e curvas na pintura e na escultura.
- Estudos sociais: Inclua conceitos da área de estudos sociais que discutem a presença do macarrão na cozinha de diversas culturas.
- Linguagem (leitura): Leia o livro *Noodles* (Macarrões), de Weeks e Carter (1996), como uma introdução para a dança.

Dança do balão

Resultados

Depois de participar desta experiência de aprendizagem, as crianças estarão aptas a:

1. Identificar como elas empregaram o próprio corpo para passar de um movimento de pequena amplitude para um bem maior e, deste, de volta para o pequeno (domínio cognitivo).
2. Trabalhar de forma colaborativa em um grupo para criar e praticar uma dança (domínio afetivo).
3. Executar a dança do balão em uníssono e demonstrar uma mudança lenta de um movimento de pequena para um de grande amplitude (domínio psicomotor).

Organização

As crianças dançam individualmente, com um parceiro ou em pequenos grupos.

Equipamentos necessários

- Balão
- Tocador de MP3 ou de CD
- Música lenta para acompanhamento
- Tambor

Introdução e aquecimento

Hoje, vamos dançar fazendo movimentos de pequena amplitude que vão se tornando cada vez mais amplos. Pensem em algumas coisas que começam pequenas e se tornam grandes. Nosso aquecimento inclui movimentos estreitos e largos. Encontrem um espaço pessoal e façam movimentos estreitos, abrindo e fechando seus dedos. Agora, façam movimentos mais amplos, abrindo e fechando suas mãos diversas vezes e, então, aumentem ainda mais essa amplitude, abrindo e fechando seus braços. Tentem fazer o movimento de abrir e fechar pulando com os pés separados e depois juntos. Comecem com alguns pequenos pulos; a seguir, deem pulos cada vez mais abertos. A última parte do aquecimento emprega corrida, saltos ou galope. Escolham uma dessas três formas de locomoção para atravessar a sala. Deem 10 passos pequenos, 10 médios e 10 bem grandes. Agora, repitam esses 30 passos. [Peça às crianças que repitam o aquecimento diversas vezes.]

Desenvolvimento

Sentem-se no chão e façam uma pequena forma redonda usando todo o corpo. Ótimo! Posso ver que vocês curvaram as costas, as pernas, os braços e a cabeça para fazer essa forma. Vou bater no tambor 8 vezes. A cada batida, aumentem sua forma: 1, 2, 3, 4, 5, 6, 7, 8. [Toque o tambor e conte alto, enquanto as crianças se movimentam.] Agora, retornem para a forma pequena e redonda, em 4 tempos, diminuindo-a cada vez mais: 1, 2, 3, 4. Vamos tentar aumentar e diminuir a forma mais uma vez. Estão prontos para se tornarem maiores à medida que eu conto? Façam, agora, uma pequena forma redonda diferente. Escolham um nível alto, médio ou baixo, enquanto a forma diminui. Enquanto eu toco o tambor, façam sua forma crescer, em 8 tempos, e depois diminuir, em 4 tempos. Pronto! Crescer, 1, 2, 3, 4, 5, 6, 7, 8; e diminuir, 1, 2, 3, 4. Agora, façam sua forma crescer em 4 tempos e diminuir em 2. Será mais rápido. Pronto! Crescer, 1, 2, 3, 4; e diminuir, 1, 2. Vocês gostariam de sugerir outra contagem para o crescimento e a diminuição? Sanam sugere 3 tempos para crescer e 13 para diminuir. Vamos experimentar. Marcarei a contagem com o tambor.

Vamos, agora, explorar movimentos amplos e estreitos, com um ou mais parceiros. Vocês se colocarão frente a frente, e cada um vai espelhar os movimentos do outro. Um dos parceiros começará como líder, e depois vocês trocarão os papéis. Brian e eu vamos demonstrar. Eu começarei como líder e Brian reproduzirá meus movimentos. Sendo o primeiro parceiro, eu vou criar movimentos que começam estreitos e embaixo e se tornam cada vez mais amplos e altos. Lembrem-se de se moverem lentamente, de modo que seu parceiro tenha condições de acompanhá-los. [Demonstre com uma das crianças.] Então, o parceiro seguinte criará movimentos que começam amplos e altos e vão diminuindo e ficando baixos. Eu lhes direi quando devem trocar os papéis. [Empregue uma música lenta para acompanhar esse exercício.] Definirei os pares e vocês decidirão qual dos dois será o primeiro líder. Iniciem quando a música começar a tocar e troquem o líder quando ela parar.

Agora, vou organizá-los em grupos de quatro ou cinco crianças e vocês ficarão em pé, formando um círculo. Quero que vocês trabalhem juntos para encontrar uma forma de aumentar e diminuir seu círculo. Tentem se mover ao mesmo tempo, como fizeram ao espelharem os movimentos de seu par. Escolham no grupo um líder que dirá quando devem começar o movimento e quando parar. Prestem atenção às ideias de todos e, então, experimentem essas ideias e decidam como seu círculo se tornará maior e depois menor novamente. Depois que todos os grupos praticarem, vamos compartilhar nossa dança com outro grupo.

Dança da apoteose

Nesta parte, vocês permanecerão em seus grupos pequenos e criarão uma dança sobre um balão que enche e esvazia e do qual, quando está cheio, todo o ar vaza, fazendo um chiado. Sua dança será como este balão que eu vou encher. [Encha um balão, de acordo com os seguintes passos.] Na primeira vez, vou introduzir apenas um pouco de ar no balão e depois, segurando-o, vou deixar o ar sair. Na segunda vez, encherei com mais ar, de modo que ele fique maior; e, novamente, deixarei o ar sair. Então, encherei o balão uma terceira vez, deixando-o maior que nas duas primeiras e, de novo, deixarei o ar sair. Por último, na quarta vez, encherei o balão até sua capacidade máxima e o soltarei para que voe pela sala enquanto se esvazia. Vejam como ele voa. Como é o movimento? Mostrem-me com sua mão. [Solte o balão totalmente cheio.]

Empreguem essa sequência para a dança de seu grupo. Vocês precisarão decidir que movimentos irão fazer de modo a representar o balão se enchendo e se esvaziando quatro vezes, e em cada uma delas ele fica maior antes de o ar sair. Então, escolham o movimento que farão para mostrar o balão voando pela sala, enquanto o ar vaza. De que maneira o balão aterrissará no chão? Escutem as ideias de todos os colegas para a dança, testem essas ideias e decidam como será o movimento do grupo. Uma pessoa será o líder, que dirá às outras quando o balão deve encher e esvaziar, e quando deve liberar todo o ar e cair no chão. Eu me aproximarei de cada grupo para ver se vocês necessitam de ajuda. Pratiquem sua sequência diversas vezes, de modo a garantir que todos estão se movendo juntos. Vocês conseguiriam incluir algum acompanhamento de voz em sua dança? Quando estiverem preparados, faremos uma pausa para mostrar as danças aos outros grupos. [Passe por todos os grupos enquanto eles criam a dança.]

Todos os grupos compartilharão sua dança do balão com o restante da turma. Antes de se apresentarem, contem para os colegas como seu grupo escolheu os movimentos da dança. Os observadores devem prestar atenção à trajetória do movimento de esvaziamento.

Encerramento

Quero que os grupos sentem-se juntos para conversar a respeito do trabalho colaborativo de criação da dança. Todos devem dizer alguma coisa sobre a dança. Depois, criem um nome para sua dança do balão. [As crianças passam alguns minutos conversando e, em seguida, você pede a elas que compartilhem com os colegas alguns dos comentários que fizeram e contem para eles o nome escolhido para a dança.]

Observar

- Como as crianças executaram a atividade de espelhamento. Os movimentos foram rápidos demais para que pudessem ser acompanhados, ou as crianças se movimentaram muito devagar?
- Com que precisão as crianças executaram, simultaneamente, dentro dos grupos pequenos, os movimentos de crescer e diminuir. Elas conseguiram fazê-los ao mesmo tempo?
- Qual foi o desempenho dos grupos no compartilhamento de ideias.

Como posso alterar isso?

- A dança pode ser ensinada como uma experiência de toda a classe, com os alunos fazendo parte de um único balão. O trabalho em um único grupo grande pode ser mais proveitoso para as crianças pequenas.
- As crianças podem acrescentar uma parte de flutuação à dança, depois de o balão estar totalmente cheio, e antes de se esvaziar por completo. Elas podem se movimentar lentamente para cima e para baixo, como se estivessem flutuando no ar.
- A dança pode terminar com o balão estourando, em vez de esvaziar.

Sugestões de avaliação

- Avaliação pelo professor – domínio afetivo: Enquanto as crianças estiverem criando suas danças, observe o padrão de colaboração dentro do grupo. Todas as pessoas têm oportunidade de expressar sua ideia? O grupo testa diferentes ideias antes de escolher uma ou mais para a dança? Eles estão usando o tempo para praticar a dança, movendo-se em uníssono (resultado 2)?
- Avaliação pelo professor – domínio cognitivo: Quando os grupos estiverem envolvidos na discussão a respeito do encerramento, passe por cada um deles e pergunte: Como vocês alteraram seus movimentos para mostrar que o balão está se tornando cada vez maior, à medida que é inflado (resultado 1)?
- Avaliação pelo professor – domínio psicomotor: Avalie a capacidade dos alunos de se movimentarem em uníssono, como um grupo, e de mostrar, lentamente, como a forma do corpo se altera de pequena para grande (ver Fig. 8.7) (resultado 3).

Conexões interdisciplinares

- Linguagem (poesia): Introduza a dança por meio dos poemas "Eight balloons" (Oito balões), de Silverstein (1981), ou "Balloons" (Balões), de Chandra (1993).
- Ciências: Estabeleça conexão com os conceitos da área de ciências relativos a correntes de ar, voos ou pesos.
- Estudos sociais: Para criar uma ligação com os conceitos de celebrações e tradições, da área de estudos sociais, introduza uma discussão sobre a forma como as pessoas usam os balões na comemoração de eventos.

Grupos para a dança do balão	Rubrica: Excelente Critérios: Todos os alunos executaram a dança em uníssono e demonstraram nitidamente uma pequena mudança de cadência na passagem dos movimentos de pequena amplitude para os de grande amplitude.	Rubrica: Bom Critérios: Apenas dois ou três alunos dançaram em uníssono e a passagem dos movimentos de pequena amplitude para os de grande amplitude apresentou cadências diferentes.
Grupo A: John, Sasha, Steph, Arthur	X	
Grupo B: Chelsea, Nijah, Joe, Carly		X Joe pulou muito depressa. Carly não se movimentou.
Grupo C: Al, Mora, Ken, Meaghan	X	
Grupo D: Alexa, Jermaine, Kendra, Rob	X	

Figura 8.7 Instrumentos de avaliação para a dança do balão.

Dança dos instrumentos de percussão

Resultados
Depois de participar desta experiência de aprendizagem, as crianças estarão aptas a:

1. Coordenar as características e a cadência dos movimentos que executam, de acordo com o som de um tambor, de um triângulo e de um conjunto de maracás (domínios psicomotor e cognitivo).
2. Movimentar-se empregando peso fraco ou intenso, assim como cadência rápida ou lenta (domínio psicomotor).
3. Equilibrar-se enquanto se movem e enquanto mantêm as formas estáticas com o corpo (domínio psicomotor).

Organização
As crianças iniciam a aula movimentando-se individualmente e, em seguida, são divididas em três grupos para a execução da dança da apoteose. Cada um dos instrumentos é colocado em um espaço diferente da sala (ver Fig. 8.8).

Equipamentos necessários
- Tambor
- Triângulo
- Conjunto de maracás

Introdução e aquecimento
Hoje, vamos criar movimentos para acompanhar o som de um tambor, um triângulo e de um conjunto de maracás. Eu lhes mostrarei os instrumentos e, então, demonstrarei os diferentes sons que eles emitem. [Toque cada um dos instrumentos para demonstrar o som que eles emitem. Comece tocando 8 batidas leves de tambor, seguidas por 8 batidas fortes. Na sequência, toque o triângulo uma vez e, depois que o som se extinguir, toque-o de novo. A seguir, execute rápido e suavemente o triângulo. Para terminar, agite os maracás, inicialmente de forma leve e vagarosa, e finalize com força e velocidade.]

Utilizaremos todos os instrumentos em nosso exercício de aquecimento. Vamos começar com o som do tambor. Enquanto eu toco, lenta e suavemente, deitem-se no chão e estiquem seus braços e suas pernas bem devagar, como se vocês estivessem acordando. Agora, sentem-se e façam um alongamento, levantando-se em seguida, enquanto continuam a se alongar. Vamos repetir o alongamento com o tambor. Agora, vou tocar o tambor com força e bem rápido, e quero que vocês se estendam em diferentes direções a cada batida. Na sequência, tocarei o triângulo. Em cada toque, deem um enorme passo para a frente, devagarinho. [Toque o triângulo 8 vezes.] Desta vez, andem para trás, enquanto eu toco o triângulo. Quando eu agitar os maracás, quero que vocês corram pela sala com passos curtos. Ao perceberem que o som dos maracás parou, parem, mantendo o corpo em uma forma congelada. [Toque e pare de tocar os maracás diversas vezes.]

Desenvolvimento
Vamos todos para o local onde se encontra o tambor. Começaremos a explorar os movimentos ao som de batidas leves e fortes do tambor. Iniciem em pé, com o corpo em uma forma congelada. Enquanto eu toco de leve o tambor, vocês deverão procurar maneiras de saltar, saltitar e pular, com passos curtos

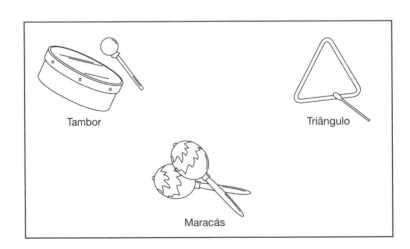

Figura 8.8 Os instrumentos são colocados em três espaços dentro da sala.

e suaves em diferentes direções; e devem parar quando o som do tambor parar. [Toque 8 batidas suaves em uma cadência média, para que as crianças acompanhem com saltos e pulos curtos e suaves.] Vamos repetir esse exercício mais algumas vezes. Vocês conseguiriam alterar o movimento e a direção dele?

A seguir, tocarei 8 batidas fortes de tambor e, a cada uma delas, quero que vocês deem saltos e pulos grandes e fortes, para, depois, congelarem em uma forma qualquer. [Dê o sinal de prontidão e toque 8 batidas fortes em uma cadência média.] Vamos tentar novamente. Desta vez, variem os saltos e os pulos, enquanto se movimentam ao som das 8 batidas. Não se esqueçam de manter o corpo em uma forma estática ao aterrissarem. [Toque 8 batidas fortes.] Vamos repetir esta parte.

Agora, tocarei 8 batidas leves e, em seguida, 8 fortes. Deem saltos ou pulos pequenos e suaves e, depois, grandes e fortes, acrescentando as formas congeladas. [Toque 8 batidas leves e 8 fortes.] Vamos, então, repetir, com 6 batidas leves e 6 fortes. Agora, com 4 leves e 4 fortes. E, por fim, movimentem-se ao som de 2 batidas leves e 2 fortes. Esta é a dança do tambor. Vamos juntar tudo, começando com 8 batidas leves e 8 fortes, passando para 6, 4 e terminando com 2. Vocês acham que conseguem fazer isso? [Toque o tambor, enquanto as crianças dançam.]

Agora, vamos todos para o local do triângulo. Escutem por quanto tempo o som se mantém depois de cada batida. Sentem-se no chão, movam seus braços vagarosamente e conservem esse movimento até que vocês não consigam mais ouvir o som da primeira batida do triângulo. [Toque o triângulo.] Vamos tentar novamente. Agora, levantem-se e, a cada vez que me escutarem bater no triângulo, deem um passo. [Dê 4 batidas.] Passo, passo, passo, passo. Agora, tentem dar os passos para trás ou para o lado. [Toque o triângulo.] Passo, passo, passo, passo. Vamos, então, combinar os passos com o movimento suave dos braços ao longo de 4 batidas. [Toque o triângulo.] Agora, enquanto eu toco o triângulo rapidamente, encontrem um modo de girar seu corpo bem depressa. Vocês podem escolher em que nível desejam fazer o giro. [Toque o triângulo, rapidamente, 8 vezes.] Tentem um giro diferente. [Toque o triângulo, rapidamente, 8 vezes.] Agora, combinem os 4 passos lentos, usando os braços, com as 8 batidas rápidas para o giro. [Toque 4 batidas lentas e, depois, 8 rápidas.] Vamos repetir esta dança do triângulo. Lembrem-se de dar 4 passos lentos e, em seguida, fazer os giros rápidos.

Vamos nos deslocar para o terceiro espaço, onde dançaremos ao som de dois maracás. Escutem como o som se altera, quando eu os agito levemente e, depois, com força. Começarei com uma sacudida leve, mexendo os maracás apenas um pouquinho. [Toque os maracás para demonstrar os diferentes sons.] Iniciem fazendo um pequeno movimento com a ponta de seus dedos, à medida que agito levemente os maracás. Conservem o movimento leve e pequeno. Agora, permitam que o tremor passe para suas mãos, depois para o antebraço, os cotovelos e, por fim, para todo o braço, chegando até os ombros. Tentem, então, começar a sacudir pelos dedos dos pés, passando para todo o pé, as pernas e os quadris. Há outra parte do corpo pela qual vocês poderiam iniciar o movimento vibratório, alcançando depois outras partes? Estou vendo que Cole e Jenny começaram com a cabeça; outros, com a barriga; e Carmen optou por iniciar pelos ombros. Desta vez, prestem atenção à alteração do som, de fraco para forte, enquanto eu toco, e demonstrem essa mudança no balanço de seus braços. Comecem com um balanço leve e pequeno e deixem que ele se torne forte e grande quando o som dos maracás ficar mais alto. [Agite os maracás.] Tentem agora alterar de leve para forte o balanço de suas pernas, iniciando com os dedos dos pés e chegando até os quadris. Experimentem, então, sacudir o corpo todo, passando a vibração de pequena e leve para grande e forte. Façam isso deitados no chão, depois, sentados e, por último, em pé. Toda vez que eu alterar o toque dos maracás de leve para forte, comecem a agitar uma parte diferente do corpo. Escolham, também, se vocês querem fazer o exercício deitados, sentados ou em pé. [Agite os maracás durante 10 a 15 segundos.] Encontrem um modo de se deslocarem no espaço, ao mesmo tempo que executam as vibrações, começando com movimentos pequenos e leves, que passam gradativamente para grandes e fortes. Vocês conseguiriam sacudir o corpo enquanto saem do chão em um pulo? [Agite os maracás durante 10 a 15 segundos.]

Agora, vamos combinar as vibrações leves e fortes para criar uma dança. Prontos? [As crianças se movimentam, enquanto você conta a história.] As crianças estão dormindo no chão. Elas acordam lentamente e se sacodem de leve. Depois, levantam-se e continuam a sacudir bem devagar. As sacudidas iniciam em uma parte do corpo, passando para outras partes, até que todo o corpo esteja tremendo. As crianças saem, então, para brincar. As vibrações aumentam e os movimentos passam a ser mais amplos e mais fortes, enquanto elas passeiam pelo espaço. De repente, as vibrações param e elas ficam estáticas, com o corpo em uma forma congelada. As crianças retomam as sacudidas à medida que retornam para casa e, vagarosamente, caem no chão e voltam a dormir.

Dança da apoteose

Agora, vocês vão executar as três danças, e podem escolher a ordem em que desejam fazê-las. Pensem a respeito da sequência em que desejam executar as danças. Neste momento, todos que optaram por dançar primeiro a dança do tambor devem se dirigir para o espaço do tambor. Aqueles que escolheram começar pelo triângulo vão para o local do triângulo. E os dos maracás posicionam-se no local onde os maracás estão colocados. Apenas um grupo dançará de cada vez, enquanto os outros dois ficarão sentados, observando.

Vou começar pelo tambor. Os dançarinos do tambor estão prontos? Não se esqueçam de fazer mudanças bem definidas entre os movimentos leves e fortes, enquanto eu toco o tambor. [Toque a sequência de batidas enquanto as crianças dançam.]

Agora, vou tocar para os dançarinos do triângulo. Quem saberia nos contar que tipo de dança fazemos com o triângulo? Juwon explica: "Você dá quatro passos lentos em cada batida, depois giros rápidos, acompanhando as batidas rápidas". Isso mesmo. Todos prontos? Vamos tentar fazer juntos. [Toque a sequência do triângulo enquanto as crianças dançam.]

A terceira dança é a dos maracás. Nesta, os dançarinos apresentam uma história sobre acordar, sair para brincar e voltar a dormir – toda ela por meio de movimentos de sacudir. Vocês, que estão observando, vejam como os movimentos vibratórios começam suaves e pequenos e vão se tornando maiores e mais fortes. Eu contarei a história, ao mesmo tempo que toco os maracás. Os dançarinos começam a acordar, sacudindo levemente o corpo. Agora, eles se levantam, agitando de leve uma parte do corpo, e passando, gradativamente, a sacudir outras partes, com movimentos suaves. Em seguida, enquanto saem para brincar, as vibrações vão ficando maiores e mais fortes. Os dançarinos começam a se deslocar no espaço, sempre sacudindo o corpo e, algumas vezes, dando saltos no ar. De repente, os maracás param de tocar e os dançarinos também param, com o corpo em uma forma congelada. Então, vão perdendo a energia das vibrações fortes e começam a sacudir suavemente ao longo de todo o caminho de retorno para casa, voltando a dormir.

Agora, quero que todos apontem na direção do instrumento que desejam dançar em seguida, e caminhem para lá. [Faça as crianças se lembrarem de passar de uma área para outra caminhando. Crianças mais inquietas tendem a correr, em vez de andar.] Tocarei os instrumentos da mesma forma que já fiz, começando com a dança do tambor, passando para a do triângulo e, por último, a dos maracás. Quando vocês não estiverem dançando, quero que prestem atenção à demonstração de peso leve e forte de seus colegas enquanto eles dançam. [As crianças executam a segunda dança e, depois, se movem para o terceiro instrumento, onde apresentarão a terceira dança.]

Encerramento

Vou dividi-los em pares, e quero que cada um conte ao parceiro a sequência em que dançou e qual foi sua dança preferida. [As crianças ficam alguns minutos compartilhando suas experiências com os colegas.] Agora, vocês vão falar para mim a respeito da dança de que mais gostaram. [Peça a algumas crianças que falem sobre a dança que mais as agradou.]

Observar

- Como as crianças executam movimentos fortes e suaves. Elas são capazes de demonstrar claramente a diferença de peso?
- A sequência escolhida pelas crianças para a execução das danças. Você pode conduzi-las a justificar a razão pela qual escolheram determinada ordem. Quais foram as danças que elas mais gostaram e aquelas que menos gostaram de dançar?

Como posso alterar isso?

- Toque instrumentos diferentes.
- Utilize um número maior ou menor de instrumentos.
- Inclua um ritmo específico para cada instrumento, em vez de tocá-los no padrão habitual.
- As crianças podem desenvolver as próprias histórias, para acompanhar os instrumentos dançando.
- Peça às crianças que toquem os instrumentos.

Sugestões de avaliação

- Autoavaliação dos alunos – domínio cognitivo: Os alunos desenham uma figura que representa os instrumentos ou que simboliza eles próprios dançando ao som de um dos instrumentos. Depois acrescentam uma descrição dos movimentos que executaram com o corpo (resultado 1).
- Avaliação pelos pares – domínio psicomotor: Os alunos são divididos em pares, como observadores ou dançarinos. Um dos dois, escolhido como dançarino, executa os movimentos da dança, ao som do instrumento, enquanto o parceiro observa. Depois da apresentação, o observador fala para o dançarino se os movimentos estavam compatíveis com o instrumento. Em seguida, os parceiros invertem os papéis (resultado 1).
- Avaliação pelo professor – domínio psicomotor: Registre os episódios relativos às crianças que demonstraram dificuldade em relação ao equilíbrio nos movimentos lentos e nas paradas congeladas. Por exemplo,

Shanida não foi capaz de manter uma forma estática e perdeu o equilíbrio três vezes (resultado 3).
- Avaliação pelo professor – domínio psicomotor: Empregue uma lista de verificação para registrar se as crianças são capazes de demonstrar movimentos fortes e leves, assim como rápidos e lentos. No final da experiência de aprendizagem, trabalhando com quatro alunos de cada vez, peça a eles que executem um movimento forte, em seguida um leve, depois um rápido e, então, um lento. Repita esse procedimento até que todos os alunos tenham tido oportunidade de se apresentar (resultado 2).

Conexões interdisciplinares

- Música: Estabeleça conexão com os conceitos musicais relacionados com instrumentos de percussão, timbre e cadência.
- Linguagem (redação): As crianças escrevem histórias inspiradas nas sequências da dança, ou representam por meio da dança e de instrumentos de percussão as histórias que escreveram.

O gato faminto

Resultados
Depois de participar desta experiência de aprendizagem, as crianças estarão aptas a:
1. Executar movimentos empregando cadência rápida e cadência lenta (domínio psicomotor).
2. Movimentar o corpo em partes isoladas (domínio psicomotor).
3. Lembrar a sequência de uma dança e executá-la sem necessidade de dicas do professor (domínios psicomotor e cognitivo).

Organização
As crianças dançarão individualmente ao longo de toda a experiência de aprendizagem.

Equipamentos necessários
Instrumentos de percussão – um tambor e um triângulo

Introdução e aquecimento
Nesta experiência de aprendizagem de dança, vamos descobrir diferentes maneiras de realizar movimentos lentos e rápidos. Faremos, então, uma dança sobre um gato faminto que se move lenta e rapidamente. Vamos começar com um aquecimento que emprega movimentos lentos e rápidos.

Quando eu disser "começar", encontrem seu espaço pessoal e corram, sem sair do lugar, da forma mais rápida que vocês conseguirem. Começar! Agora corram, sem sair do lugar, o mais vagarosamente que puderem. Tentem, então, encontrar um modo de se deslocar no espaço geral, do modo mais rápido possível. Encontrem outra maneira de fazê-lo. Quais foram as alternativas em que vocês conseguiram se mover mais depressa? [As crianças compartilham as respostas com toda a turma.] Agora, movimentem-se pelo espaço o mais lentamente que conseguirem, gastando um longo tempo em cada passo. Descubram outra maneira lenta de se mover. Quão lentos vocês conseguem ser? Alguém poderia mostrar aos colegas a lentidão com que consegue vagar pelo espaço? [Escolha diversas crianças para que demonstrem o movimento lento que executaram.]

Pensem em algumas coisas que vocês fazem quando se aprontam para ir à escola pela manhã. [As crianças respondem relatando atividades de sua rotina matinal, como escovar os dentes, vestir-se ou comer cereais.] Vamos imaginar que estamos executando uma dessas ações, primeiro lentamente e, depois, depressa. Prontos? Vamos todos fazer os movimentos de escovação de dentes o mais depressa que pudermos e, em seguida, o mais devagar possível. Agora, tentem vestir as roupas vagarosamente; depois, o mais rápido que conseguirem. O terceiro movimento é comer um pote de cereais, muito devagar. Misturem os cereais dentro do pote, coloquem o leite, peguem a colher e levem uma colherada à boca, tudo muito lentamente. Agora, comam com a maior rapidez que conseguirem. Sintam a diferença em seus músculos, quando se movimentam devagar e quando o fazem rapidamente. Alguém poderia nos contar como é?

Desenvolvimento
Hoje, vou tocar um triângulo para todos os nossos movimentos lentos. Escutem por quanto tempo o som permanece depois que eu bato no triângulo. Agora, comecem a movimentar seus braços quando eu bater no triângulo, e continuem a movimentá-los enquanto vocês ainda escutarem o som. [Toque o triângulo uma vez.] Mantenham um movimento suave e vagaroso. Sintam seus braços se movendo durante algum tempo. Vocês conseguem manter o movimento? Agora, tentem o mesmo exercício com outra parte do corpo. Eu quero observar se vocês conseguem escutar o triângulo e movimentar lentamente uma parte do corpo, até que o som desapareça. Vejo que alguns de vocês estão movendo os braços para a frente e para trás, outros, juntando e afastando os braços, e há também alguns que estão movimentando primeiro um braço e depois o outro. Vejo crianças movendo os ombros, as pernas e todo o corpo. Observem como cada movimento é demorado quando vocês se movem bem devagar.

Vou tocar batidas rápidas no tambor para acompanhar os movimentos rápidos. Tentem mover os braços o mais depressa que conseguirem, até o momento em que ouvirem o tambor parar. [Toque batidas rápidas no tambor durante alguns segundos.] Experimentem mover os braços para cima e para baixo, para a frente e para trás, juntos e separados. [Toque, outra vez, batidas rápidas durante alguns segundos.] Desta vez, em cada uma das 4 batidas, apontem, o mais rapidamente que puderem, para um canto diferente da sala. [Toque 4 batidas no tambor, enquanto as crianças apontam.] Tentem apontar com o outro braço. [Toque, outra vez, 4 batidas no tambor, enquanto as crianças apontam.] Nós vamos empregar esse movimento em nossa dança do gato.

Agora, corram o mais depressa que conseguirem, e parem quando não ouvirem mais o tambor. [Toque batidas rápidas durante 10 segundos.] Desta vez, acrescentem um salto ou um pulo à corrida, acompanhando as batidas rápidas do tambor. [Toque batidas rápidas durante 10 segundos.] Tentem novamente, e não se esqueçam de que, no final do salto ou pulo, devem aterrissar sobre os pés e com os joelhos dobrados. [Toque batidas rápidas durante 10 segundos. As crianças praticam esse movimento diversas vezes.]

Dança da apoteose

Agora, chegou a hora de o gato faminto dançar. Encontrem seu espaço pessoal e deitem-se no chão. A princípio, vamos praticar cada uma das partes da dança, para depois juntá-las. Na primeira parte, o gato está dormindo. Quais são as diferentes formas em que um gato pode dormir? Isso mesmo, curvado ou, talvez, estendido. Tentem outras formas nas quais um gato pode dormir. Estou vendo muitos de vocês enrolados em uma forma arredondada, alguns deitados sobre as costas e outros dormindo de lado (ver Fig. 8.9). Mudem, lentamente, de uma forma para outra, quando escutarem o som do triângulo. Vou bater no triângulo 4 vezes. Prontos? [Toque 4 vezes o triângulo.] Representem sua primeira forma de dormir e, agora, vagarosamente, mudem para a segunda, depois para a terceira e terminem na quarta forma. Muito bom! Vocês usaram quatro formas diferentes de dormir e passaram bem devagar de uma para a outra.

A seguir, ainda deitado no chão, o gato começa a acordar, e se alonga lentamente. A cada batida do triângulo, eu indicarei uma parte do corpo que vocês deverão alongar. [Dê uma batida no triângulo.] O gato estica um braço, alcançando bem alto com sua pata. [Dê uma segunda batida no triângulo.] Agora, o outro braço se estica para o alto. [Dê uma terceira batida no triângulo.] Então, o gato estica uma perna, levantando o pé para cima. [Dê uma quarta batida no triângulo.] Depois, a outra perna. O gato senta-se e, bem devagar, movimenta a cabeça, as costas e os ombros. [Dê três batidas no triângulo: uma para cada parte do corpo.] O gato se levanta, vagarosamente, e fica apoiado sobre os dois pés. Não se esqueçam de que não devem ter pressa ao alongar cada parte do corpo, quando acordam. Este é o começo da dança. Todos os movimentos são suaves e lentos. Vamos praticar essa parte outra vez.

Agora, na segunda parte, vamos fazer movimentos rápidos a cada batida do tambor. O gato irá se mover rapidamente quando, de repente, vê um rato e aponta para ele. Mexam seus braços bem depressa, apontando para um canto da sala. O gato está vendo um rato lá! Então, o rato passa para outro canto; apontem para ele. Ah, não! O rato se moveu de novo! Apontem para ele! E, agora, apontem para o último canto, porque o rato passou para lá. Façam seus movimentos de apontar com bastante força e rapidez. Vou tocar o tambor uma vez para cada movimento de apontar. Prontos? Apontar, apontar, apontar, apontar. [Toque o tambor.]

Na terceira parte, o gato persegue o rato ao redor da sala. Vou tocar o tambor bem depressa e vocês vão correr, dando saltos e pulos. Prontos? [Toque o tambor, rapidamente, durante cerca de 10 segundos, enquanto as crianças perseguem o rato imaginário.]

Na próxima parte, o gato caça o rato, dando um grande pulo. O gato se curva devagar à frente, para pegar o rato pelo rabo; abre a boca e o joga para dentro dela. Agora, o gato está tão cansado, depois de perseguir e comer o rato, que retorna lentamente para o local onde estava dormindo. Darei uma batida bem alta no tambor para sinalizar o pulo. [Dê uma batida bem

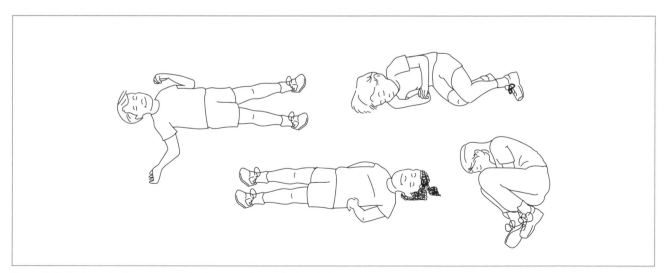

Figura 8.9 No início da dança do gato faminto, os gatos estão dormindo.

alta no tambor.] Então, tocarei o triângulo para acompanhar os movimentos vagarosos, enquanto vocês fingem pegar o rato, comê-lo e voltar para o lugar de dormir. Vamos experimentar dançar esta parte da história do gato. Comecem com um pulo e inclinem-se para a frente bem devagar, para pegar o rato; finjam jogá-lo na boca e, antes de voltar, lentamente, a dormir, façam um alongamento e um bocejo para mostrar que estão cansados. [Toque o tambor e o triângulo, enquanto as crianças dançam a sequência de movimentos.] Vamos praticar esta parte outra vez.

Agora, vamos juntar todas as partes em uma grande dança. Vou tocar os instrumentos enquanto conto a história. Depois, na segunda vez, vocês dançarão sozinhos. [Toque os instrumentos e conte a história, enquanto as crianças dançam.] Desta vez, vou tocar os instrumentos, sem contar a história. Vocês podem dançar porque já praticaram algumas vezes. Antes de começarmos, alguém poderia descrever a dança? [Uma ou diversas crianças descrevem toda a dança ou parte dela.] Não se esqueçam de demonstrar os movimentos lentos bem devagar, e os rápidos, bem depressa. Sintam a diferença na cadência enquanto dançam.

Encerramento

Alguém poderia sugerir uma parte nova para esta dança do gato? Há alguma parte da dança que vocês gostariam de eliminar?

Observar

- O nível de desempenho das crianças na mudança de um movimento rápido para um lento. A diferença é bem nítida?
- A habilidade das crianças em se movimentarem no espaço sem trombar com os colegas, durante a perseguição ao rato.

Como posso alterar isso?

- Na seção de desenvolvimento, você pode dividir a sala em duas zonas: a zona rápida, na qual as crianças podem executar movimentos rápidos, e a lenta, onde são realizados os movimentos lentos.
- Desenvolva sequências curtas que associem movimentos rápidos e movimentos lentos. Por exemplo, as crianças podem escolher um movimento e executá-lo empregando a seguinte sequência: lento-rápido-lento ou rápido-lento-rápido. Experimente combinações diferentes, com movimentos motores e não motores.
- Organize as crianças em pares. Uma delas faz um movimento rápido ou um lento, e o parceiro responde, fazendo o mesmo movimento em cadência oposta. Por exemplo, um dos parceiros toca a cabeça com as mãos, gira e termina em uma forma alongada, empregando cadência rápida. O outro responde reproduzindo os mesmos três movimentos em cadência lenta.

Sugestões de avaliação

- Avaliação pelos pares – domínio psicomotor: Os alunos são organizados em pares. Um dos parceiros escolhe um movimento não motor e uma cadência rápida ou lenta. O outro executa esse movimento. Por exemplo: "Balance todo seu corpo rapidamente" ou "Torça o corpo devagar". Os alunos se revezam. Repita esta atividade com a utilização de movimentos motores (resultado 1).
- Avaliação pelo professor – domínio psicomotor: Empregue uma lista de verificação para registrar se as crianças conseguem isolar as partes do corpo na etapa da dança em que o gato acorda. Você pode avaliar essa parte da dança enquanto as crianças estiverem dançando (resultado 2).
- Avaliação pelo professor – domínios psicomotor e cognitivo: Grave um vídeo em que metade da turma dança, sem dicas do professor, e depois grave a outra metade. Mais tarde, reveja o vídeo e avalie se as crianças são capazes de lembrar a sequência e demonstrar claramente os movimentos rápidos e os lentos (resultado 3).

Conexões interdisciplinares

- Linguagem (leitura): Introduza a dança do gato por meio de histórias ou poemas que versem sobre aventuras de um gato.
- Ciências: Integre esta dança com os conceitos das ciências relativos à vida animal.
- Artes visuais: Inclua artes visuais e música por meio da criação de máscaras de gatos e ratos e do uso de música com ênfase em cadências lenta e rápida.

Dança do circo

Resultados
Depois de participar desta experiência de aprendizagem, as crianças estarão aptas a:

1. Identificar e executar, em alturas diferentes, movimentos motores e não motores, relacionados com animais e atores circenses (domínios cognitivo e psicomotor).
2. Executar uma das quatro danças do circo (domínio psicomotor).
3. Manter o equilíbrio enquanto se deslocam e conservam o corpo em formas congeladas (domínio psicomotor).
4. Escolher o ator circense ou o animal que mais gostaram de representar na dança do circo (domínio afetivo).

Organização
Esta experiência de aprendizagem inclui quatro danças: o galope dos cavalos, os equilibristas da corda bamba, os leões e tigres, e os palhaços engraçados. Nas três primeiras danças, as crianças dançam individualmente e, na dos palhaços engraçados, dançam em pares ou em grupos pequenos.

Equipamentos necessários
- Tocador de MP3 ou de CD
- Música circense ou música ao vivo
- Um bastão com diversas fitas presas em uma das extremidades, para ser usado pelo condutor do circo
- Três argolas, para os leões e tigres
- Linhas pintadas, marcadas com giz ou coladas no chão, para os equilibristas da corda bamba
- Lousa ou painel, para registrar a sequência das danças do circo

Introdução e aquecimento
Alguém de vocês já foi a um circo? O que viram? [As crianças compartilham suas experiências.] Hoje, vamos transformar nossa sala em um circo, com cavalos galopantes, equilibristas da corda bamba, leões, tigres e palhaços engraçados. Vocês serão os atores do circo e eu, o condutor. [Você pode apresentar livros e figuras sobre circo.]

Para nosso aquecimento de hoje, vamos praticar movimentos para o alto, para baixo, para a frente, para trás e para os lados. Eu dividirei vocês em grupos de quatro ou cinco pessoas, e cada um será identificado por um número, de 1 a 4, ou 5. Então, quando eu tocar a música, o aluno número 1 irá para o centro do círculo e criará um movimento para o alto e para baixo.

Vocês podem usar todo o corpo ou apenas uma parte dele. Todos os componentes do grupo acompanharão o líder, reproduzindo o mesmo movimento. Em seguida, eu direi "mudar", e a pessoa número 2 fará um movimento diferente para o alto e para baixo, sendo acompanhada pelos demais. Todos terão sua vez de criar um movimento. [Toque a música e, depois de 15 segundos, diga "mudar", repetindo o procedimento até que todos tenham tido a oportunidade de assumir a liderança.] A segunda parte do aquecimento é igual à primeira, exceto pelos movimentos que serão para a frente, para trás e de um lado para o outro. Vamos começar, desta vez, com a pessoa que tiver o último número, 4 ou 5, e terminar com a de número 1. [Toque a música e, depois de 15 segundos, diga "mudar", repetindo o procedimento até que todos tenham tido a oportunidade de assumir a liderança.]

Desenvolvimento
Esta experiência de aprendizagem é composta por quatro danças curtas sobre um circo. A primeira trata de cavalos galopantes. Vamos explorar diferentes formas de galope. Comecem representando com as mãos e os braços a figura de duas patas dianteiras. As mãos podem ficar juntas, separadas ou uma mais alta que a outra. Mantenham esse formato com as mãos e os braços enquanto galopam para a frente. Vocês conseguiriam galopar em uma grande trajetória circular? Agora, tentem fazê-lo em um círculo pequeno. Vocês conseguiriam fingir que são cavalos saltando no ar enquanto galopam? Dois ou três cavalos poderiam galopar acompanhando um líder. Agora, troquem o líder e a trajetória. [Toque a música enquanto as crianças praticam.]

Em seguida, é a vez dos equilibristas da corda bamba. Para este ato do circo, nós utilizaremos as linhas no chão como corda bamba. Encontrem uma linha e comecem a caminhar para a frente. Vocês conseguiriam mudar a altura, passando a um nível mais alto ou mais baixo, enquanto andam? E andar para trás? Vocês conseguiriam caminhar e girar, ou saltitar ou pular, sem sair da linha? Descubram uma forma de se equilibrarem em um pé só. Fiquem imóveis e contem até 5. Vocês conseguiriam encontrar outra maneira de permanecer em uma forma estática e equilibrada? E outra forma equilibrada? Agora, vocês vão escolher três truques para seu ato de equilibrista da corda bamba. Será necessário encontrar um movimento motor, um equilíbrio estático e um giro. É permitido mudar o nível e a direção, porém, os movimentos devem ser lentos. Pratiquem, então, seu ato da corda bamba. [Toque a música enquanto as crianças praticam. Você pode também escrever, na lousa ou em um painel de papel, os três componentes do ato da corda bamba.]

Os próximos atores do nosso circo são os leões e os tigres. Neste ato, eles começam abaixados, andando apoiados sobre as mãos e os pés; depois se esticam para cima ao emitirem um rugido bem alto, pulam através de uma argola e rolam no chão. Vamos praticar a caminhada sobre as mãos e os pés. Mostrem-me se vocês conseguem andar sobre as mãos e os pés, dando passos curtos e, depois, passos largos. [As crianças podem precisar de um breve descanso, em virtude da força envolvida no uso dos braços para suportar o peso do corpo.] Agora, vamos praticar o rugido do leão e do tigre. Ajoelhem-se, sentando-se sobre os calcanhares, com as mãos encostadas no chão. Esta é a posição de tocaia. [Você está segurando um bastão com fitas presas em uma extremidade e, ao levantá-lo, as crianças se esticam para cima e emitem um rugido bem alto.] Quando eu levantar o bastão, os leões e os tigres vão esticar as patas dianteiras e emitir um rugido bem alto. Ao abaixar o bastão, eles deverão silenciar os rugidos e retornar para a posição de tocaia. Vamos praticar algumas vezes. Mostrem-me qual é a maior altura a que vocês conseguem esticar os braços e o rugido mais alto que são capazes de fazer. [Levante e abaixe o bastão algumas vezes, para que as crianças acompanhem o sinal.] No próximo truque, os leões e os tigres vão pular através da argola e rolar sobre o chão, esticando, ao mesmo tempo, as suas patas. [Você pode segurar argolas verticalmente, ou deixar que algumas crianças o façam, enquanto as outras pulam através dessas argolas e depois rolam sobre a lateral do corpo. As argolas podem ser posicionadas em locais diferentes dentro do espaço da sala. Toque uma música enquanto as crianças praticam.]

O último ato do circo é dos palhaços malabaristas engraçados. Vocês vão fingir que estão fazendo malabarismos. Vamos criar métodos diferentes de fazer malabarismos. [Uma echarpe leve pode ser incluída como acessório.] Primeiramente, iluminem seu rosto com um enorme sorriso e movam os braços e as mãos para simular movimentos de malabarismo. Vocês conseguiriam fazer malabarismos enquanto caminham para a frente ou para trás? Tentem fazer truques deitados de costas, ajoelhados, sentados e em pé, apoiados em um pé só. De que outras maneiras vocês conseguiriam fazer malabarismos? Virem-se de frente para outra pessoa e finjam que estão executando truques juntos. Vocês conseguiriam se movimentar juntos para cima e para baixo, ou fazê-lo de forma oposta? Vocês conseguiriam se aproximar e depois se afastar, enquanto fazem malabarismos?

Escolham três truques e uma sequência, e pratiquem os três, sem parar. [Toque a música enquanto as crianças praticam.]

Dança da apoteose

Bem-vindos ao circo! Agora, vamos juntar as quatro danças para formar uma só. Na primeira vez que a executarmos, todos dançarão na ordem em que aprenderam. Na segunda vez, vocês poderão escolher as danças que preferem praticar. Aqueles que não estiverem dançando serão o público presente no circo. Desenhei na lousa uma figura de cada um dos atos do circo, na ordem em que os executaremos (ver Fig. 8.10).

Os cavalos galopantes serão os primeiros. Quero que todos vocês formem uma fila. Quando eu fizer a apresentação dos cavalos galopantes, vocês deverão galopar em um grande círculo. Prestem atenção às instruções que vou dar sobre a demonstração dos truques de seu cavalo. Vamos lá! E agora, os habilidosos cavalos galopantes! [Empregue o bastão com as fitas para orientar a primeira criança da fila a conduzir o galope. Este é, também, um bom momento para tocar a música.] Observem seus cavalos, enquanto galopam juntos em um grande círculo. Agora, para o primeiro truque, os cavalos fazem galopes curtos em seu próprio círculo pequeno. Vocês conseguiriam galopar na outra direção? A seguir, galopem e saltem, ou pulem, no ar. Os cavalos param, giram no lugar e fazem uma reverência.

Figura 8.10 As crianças podem recorrer aos desenhos na lousa, ou em um pôster, para verificar a sequência dos atos no circo.

No próximo ato de nosso circo, pedirei a vocês que olhem para o alto, bem acima da multidão, para ver os incríveis equilibristas da corda bamba. [Peça a todos para que tomem seus lugares sobre uma linha.] Hoje, os equilibristas da corda bamba apresentarão três truques: caminhar para a frente e para trás, equilibrar-se em uma posição estática e fazer um giro. Vamos lá! [Toque a música enquanto as crianças executam os movimentos.] Todos estão sobre a linha – excelente equilíbrio e controle! Que extraordinário grupo de artistas. Incrível! Equilibristas, façam uma reverência.

O terceiro ato do circo apresenta os fabulosos leões e tigres. Quero que todos se sentem lado a lado, em uma fila, olhando para mim. Quando eu apresentar os leões e os tigres, vocês deverão dar 10 passos para a frente sobre as mãos e os pés e se ajoelhar na posição de espera. Depois, farão o alongamento do rugido, três vezes, pularão através das argolas e rolarão de volta ao lugar da fila onde começaram. [Escolha três crianças para segurar a argola. Um terço dos artistas será atribuído a cada argola.] E, então, os fabulosos leões e tigres – aí vêm eles! Não tenham medo – eles são mansos. Observem agora como rugem com destreza quando eu ergo meu bastão. Rugido! [Levante e abaixe o bastão três vezes.] Vejam como são habilidosos ao pularem através das argolas e rolarem no chão. Meus assistentes podem segurar as argolas, por favor? [As crianças formam três filas e pulam através da argola atribuída a cada fila. O pulo pode ser repetido diversas vezes.] Muito bem, leões e tigres, façam uma reverência.

O ato final de nosso circo será dos divertidos palhaços malabaristas. Eles executarão muitos truques de malabarismo. [As crianças ficam em pé ao redor da sala e começam a fazer seus truques imaginários de malabarismo, quando a música é tocada.] Algumas crianças se movimentam abaixadas, próximas ao chão, outras movem-se para trás e algumas fazem seus malabarismos junto com outros palhaços. Uau! Vejam só os incríveis malabaristas! Excelente! Agora, façam uma reverência.

Desta vez, apresentarei os atos do circo e vocês poderão optar por executá-los ou fazer parte do público.

Encerramento

Cada criança exibe um movimento de qualquer uma das danças, e as demais terão de adivinhar qual dos atos do circo ele representa.

Observar

- Formas de incentivar a função de líder nas danças, atribuindo às crianças um papel específico ou solicitando a elas que assumam a liderança dentro de um grupo pequeno ou de toda a turma.
- Crianças que podem necessitar de ajuda para organizar a sequência de movimentos na dança da corda bamba e na do palhaço. Elas podem escrever ou desenhar a sequência, de forma a memorizar a dança.

Como posso alterar isso?

- Empregue diferentes atos circenses, como elefantes equilibristas, trapezistas, ursos dançantes, focas que saltam e giram ou cavaleiros galopantes.
- As crianças podem trabalhar em grupos pequenos para a criação da própria dança do cavalo galopante, movimentando-se para a frente, para trás, à direita e à esquerda, em trajetórias circulares.
- Os equilibristas da corda bamba podem trabalhar em pares, com um relacionamento de líder e seguidor.
- Os leões e os tigres podem criar diversos tipos de pulo através das argolas, utilizando diferentes direções e formas.
- Os palhaços malabaristas podem criar saudações engraçadas para a finalização de sua apresentação.
- É possível acrescentar acessórios e vestimentas, como echarpes e fitas.
- Utilize uma música diferente para cada ato circense. Empregue músicas populares ou procure músicas tradicionalmente associadas ao circo.
- A dança da apoteose pode incluir um desfile circense, para o qual as crianças escolherão o personagem que desejam representar.

Sugestões de avaliação

- Autoavaliação dos alunos – domínio afetivo: Os alunos desenham uma figura que simboliza a parte do circo de que mais gostaram. Eles podem incluir um movimento que executaram ou desenhar um personagem do circo (resultado 4).
- Avaliação pelo professor – domínio psicomotor: Preencha uma lista de verificação, registrando se os alunos são capazes de executar os movimentos motores e os não motores na sequência correta, representando os animais ou os artistas em uma das quatro danças do circo (resultados 1 e 2).
- Avaliação pelo professor – domínio cognitivo: Os alunos escrevem uma lista de movimentos motores que usaram em cada uma das danças. Analise a lista para

avaliar a precisão dos alunos na identificação de movimentos motores (resultado 1).
- Avaliação pelos pares – domínio psicomotor: Os alunos são organizados em grupos de três ou quatro e demonstram, uns aos outros, os diferentes tipos de equilíbrio que executaram na dança da corda bamba. Os colegas comentam o desempenho dos artistas na manutenção de uma forma estática (resultado 3).

Conexões interdisciplinares

- Linguagem (literatura): Estabeleça a conexão com o conteúdo de literatura trabalhado pelas crianças usando as ilustrações de *Circus* (Circo), de Wildsmith (1970); ou *Circus 1-2-3* (Circo 1-2-3), de Halsey (2000).
- Estudos sociais ou ciências: Integre a dança do circo com uma unidade de estudos sociais ou de ciências, cujo foco seja a interação entre pessoas e animais ou características dos animais.
- Linguagem (redação): Use a dança para iniciar a redação de histórias sobre atos circenses.
- Linguagem (vocabulário): Crie uma lista de vocabulário baseada em palavras relacionadas com a dança, como "equilibristas da corda bamba", "galope", "leões", "tigres", "rolamento", "equilíbrio", "patas", "palhaços", "malabarismo" ou "rugido".

Dança dos pontos conectados

Resultados
Depois de participar desta experiência de aprendizagem, as crianças estarão aptas a:
1. Executar movimentos motores como correr, trotar, saltar, deslizar, pular, galopar e caminhar (domínio psicomotor).
2. Praticar formas corporais torcidas, retas, curvas e arredondadas, mantendo a imobilidade durante 8 tempos (domínio psicomotor).
3. Criar e executar uma dança empregando formas corporais torcidas, retas, curvas e arredondadas, e também movimentos motores (domínios cognitivo e psicomotor).

Organização
As crianças dançam individualmente, junto com toda a turma.

Equipamentos necessários
- Uma lousa ou um painel de papel, no qual são relacionados os movimentos motores e as formas
- Pequenos discos de plástico

Introdução e aquecimento
O objetivo da aula de hoje é a criação de uma dança que emprega movimentos motores e formas estáticas (também conhecidas como formas congeladas). O aquecimento é uma revisão de movimentos motores e formas. Ele é denominado "mover e congelar". Enquanto a música estiver tocando, vocês deverão se deslocar com movimentos motores. Quando ela parar, vocês se imobilizarão em uma forma congelada. Vou começar especificando um movimento motor e vocês se deslocarão empregando esse movimento. Quando eu parar a música, direi o nome de um tipo de forma, e vocês ficarão com o corpo imóvel nessa forma. [A seguir, está uma relação de movimentos motores e formas para serem utilizados. A música pode ser tocada durante 10 a 15 segundos, e as formas, mantidas congeladas por 5 a 10 segundos.]

Caminhem lentamente, com passos bem largos (forma torcida).

Saltem e balancem os braços (forma alta e estendida).

Caminhem em velocidade média (forma arredondada e baixa).

Galopem, alternando o pé direito e o esquerdo (forma larga).

Deslizem para o lado direito (forma curva).

Saltitem no pé direito 4 vezes, depois, outras 4 no esquerdo, e repitam o padrão (forma torcida, com os braços estendidos).

Corram para a frente, com passos curtos (forma grande, sobre um único pé).

Deslizem para o lado esquerdo (forma estendida, da cintura para baixo, e torcida, da cintura para cima).

Caminhem para trás, com passos bem largos (forma torcida e baixa).

Solicite às crianças sugestões de movimentos motores e formas. Este exercício pode ser repetido duas ou três vezes.

Desenvolvimento
A seguir, você utilizará três discos de plástico, com os quais marcará os pontos no espaço para a dança dos pontos conectados (ver Fig. 8.11). O primeiro ponto é como uma primeira base, e, nele, vocês ficarão, durante 8 tempos, em uma forma congelada. Dirijam-se para seu primeiro ponto, coloquem o disco de plástico no chão e fiquem imóveis em uma forma torcida, enquanto todos nós contamos até 8. [Defina um tempo médio para a contagem até 8 e peça às crianças que contem alto, na mesma cadência.] Em seguida, apontem para outro ponto no espaço; este será a segunda base. Nela, vocês colocarão o segundo disco de plástico e permanecerão imóveis, durante 8 tempos, em uma forma arredondada e baixa. Agora, dirijam-se a esse ponto e fiquem estáticos em uma forma arredondada e baixa, enquanto contamos até 8. Por fim, escolham um terceiro ponto, que esteja distante dos outros dois, e, nele, congelem em uma forma alongada, que seja alta ou larga. Caminhem para esse ponto, mantenham-se imóveis em uma forma alongada, enquanto contamos até 8. Vamos rever os três pontos. Caminhem para o primeiro, imobilizem o corpo em uma forma torcida e contem alto os 8 tempos; agora, mudem para o segundo ponto e congelem o corpo em uma forma baixa e arredondada, contando alto até 8; e, por último, dirijam-se para o terceiro ponto e fiquem estáticos em uma forma alongada, contando, mais uma vez, os 8 tempos. Agora, pratiquem sozinhos, movimentando-se para seus pontos, congelando na forma correspondente a cada um e contanto até 8. [Observe se as crianças representam as formas congeladas e contam os 8 tempos.]

Chegou, enfim, o momento de criarmos uma dança chamada pontos conectados. Vocês escolherão um movimento motor que será empregado no deslocamento de um ponto para o outro. Por exemplo, vocês podem começar no ponto 1, saltar até o 2 e fazer sua forma corporal congelada, e, depois, saltar até o ponto 3, onde farão a terceira forma. É possível também utilizar dois movimentos motores diferentes – um para ir do ponto 1 até o 2, e outro para ir do 2 ao 3. Vamos dançar juntos. Dirijam-se

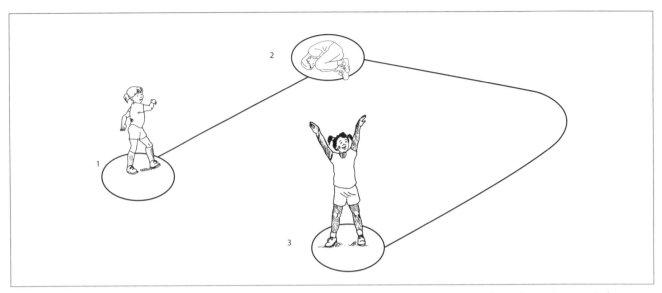

Figura 8.11 As crianças utilizam discos de plástico, colocados no espaço geral, para marcar os pontos na dança dos pontos conectados.

todos para o ponto 1, façam sua forma torcida e contem até 8. Agora, mostrem-me como vocês vão passar do ponto 1 para o 2. Fiquem imóveis na forma baixa e arredondada e vamos contar os 8 tempos. Mostrem-me, então, como vão passar do ponto 2 para o 3. Congelem a forma alongada e contem até 8. Pratiquem a dança novamente. Comecem no ponto 1 em sua forma torcida e contem alto até 8. Agora, executem o movimento motor que escolheram para ir até o ponto 2. Fiquem estáticos na forma baixa e arredondada, contando até 8. Empreguem, então, outro movimento motor para se deslocarem até o terceiro ponto, e me mostrem como vocês conseguem ficar imóveis em uma forma alongada, enquanto contam até 8. Agora, retornem ao ponto inicial e executem toda a dança sozinhos. Não se esqueçam de suas formas e seus movimentos motores. [Observe se as crianças são capazes de manter as formas congeladas e de utilizar os movimentos motores para se deslocarem entre os pontos; preste atenção à contagem.]

Dança da apoteose

[Com o objetivo de proporcionar imagens visuais e significado às formas e aos movimentos, peça às crianças que imaginem que são um animal qualquer, e que esse animal executará a dança dos pontos conectados.] Pensem em um animal que vocês gostariam de representar enquanto apresentam a dança dos pontos conectados. A dança contará a história desse animal. No ponto número 1, o animal está dormindo em uma forma torcida e, então, acorda e sai para brincar, movendo-se até o ponto 2. Vamos tentar representar essa primeira parte da história. Mostrem-me seu animal dormindo no ponto 1. Ele está retorcido? Agora, acordem e passem para o ponto 2, empregando um movimento motor. [Observe as ações das crianças; você pode repetir esta parte da história, se considerar necessário.] No ponto número 2, seu animal está imóvel em uma forma baixa e arredondada, como se estivesse procurando comida no chão. Vocês conseguiriam permanecer estáticos, movendo apenas os dedos? Em seguida, esse animal sai para brincar e se desloca para o ponto 3. Mostrem-me como vocês se movem até o terceiro ponto e congelam o corpo em uma forma alongada. Nesta forma, o animal está demonstrando sua felicidade. Esse é o final da história e da dança. Vamos executá-la novamente desde o começo. Prontos? No ponto 1, seu animal está imóvel, dormindo. Contem, em silêncio, até 8. Acordem e dirijam-se para o segundo ponto. Congelem e mordisquem uma comida deliciosa. Contem, em silêncio, até 8. Muito bem, é hora de sair para brincar e ir até o ponto 3. Imobilizem o corpo em sua forma alongada de felicidade. Contem, em silêncio, até 8. Tentem dançar outra vez, sozinhos. Não se esqueçam de suas formas e da contagem até 8. [Todas as crianças executam a dança, individualmente, enquanto você as observa.]

Encerramento

Existem algumas alternativas para realizar o encerramento desta experiência de aprendizagem. Uma delas é acrescentar música à dança. Você pode empregar canções infantis populares, assim como música folclórica ou de quadrilha, que tenham uma cadência dinâmica. Uma segunda opção é posicionar metade da turma como plateia, enquanto o restante da classe apresenta a dança. Antes de dançar, as crianças podem contar ao público o tipo de animal que escolheram para sua dança. Depois, troque os grupos, de modo a permitir que todas as crianças sejam dançarinas e membros da plateia.

Observar

- Crianças que demonstram dificuldade em manter uma forma corporal estática por 8 tempos. Você pode se posicionar ao lado dessas crianças, no momento da execução da forma congelada, e contar junto com elas, ou pedir a elas que fiquem com um parceiro que tenha condições de ajudar com a contagem.
- Crianças que necessitam de ajuda para lembrar a localização de seus três pontos. Você pode identificar os discos de plástico com números que indiquem a sequência da dança.

Como posso alterar isso?

- O próximo passo é incluir uma trajetória para os movimentos motores. Através de que trajetórias diferentes vocês podem se deslocar? Chantelle sugere uma trajetória reta ou curva, e Gina, uma em círculo ou em zigue-zague. Existem outras? Karen propõe um caminho cheio de ângulos, ou um que lembre rabiscos feitos sobre uma folha de papel. Essas ideias são muito boas. Vamos experimentá-las com os movimentos motores. [A seguir, estão algumas tarefas que você pode empregar para fazer a associação de movimentos motores com as trajetórias.]

  – Corram para a frente em uma trajetória curva e, ao meu sinal, parem em uma forma congelada, baixa e arredondada.

  – Saltem em uma trajetória reta e, chegando perto da parede, girem e se movimentem em outra trajetória reta. Parem em uma forma estática, larga e estendida.

  – Galopem em uma trajetória espiralada que comece em um grande círculo e se torne gradativamente menor. Quando a trajetória estiver muito pequena, invertam o espiral, movendo-se de um círculo pequeno para um grande. Parem e congelem em uma forma torcida, usando uma mão e um pé para suportar o peso do corpo.

  – Deslizem através de uma trajetória em zigue-zague, escorregando duas vezes antes de mudar o ângulo.

  – Agora, escolham um movimento motor e, toda vez que ouvirem o som do tambor, alterem a trajetória. Pronto, vamos lá! [Permita que as crianças se movam durante 5 a 10 segundos e, então, finalize com uma batida da mão sobre o tambor. Esta tarefa deve ser repetida diversas vezes, para que as crianças tenham a oportunidade de se movimentar em diferentes trajetórias.]

Sugestões de avaliação

- Avaliação pelo professor – domínios psicomotor e cognitivo: Use uma escala de classificação e uma planilha para registrar se as crianças são capazes de permanecer estáticas, na forma correta, durante 8 tempos. Enquanto os alunos estiverem praticando ou se apresentando, observe a acuidade da forma e a habilidade deles para manter a forma congelada. Você pode escolher um ponto para focar sua observação. Esta estratégia é funcional para uma turma numerosa, com todos os alunos se movimentando ao mesmo tempo (resultados 2 e 3).

  – Registre ++, se a criança executou a forma corretamente, no ponto correspondente, e foi capaz de mantê-la durante 8 tempos.

  – Registre +S, se a criança executou a forma correta, no ponto correspondente, porém, não conseguiu mantê-la congelada por 8 tempos.

  – Registre +C, se a criança não utilizou a forma certa, no ponto correspondente, todavia, foi capaz de mantê-la congelada durante 8 tempos.

  – Registre O, se a criança não utilizou a forma certa, no ponto correspondente, tampouco foi capaz de mantê-la congelada durante 8 tempos.

- Avaliação pelos pares – domínios psicomotor e cognitivo: Escolha um aluno para ser o observador e o parceiro dele para ser o dançarino. Depois de este finalizar a dança, o observador relata a ele os movimentos motores que notou. Em seguida, os parceiros trocam de papéis (resultados 1 e 3).

Conexões interdisciplinares

- Linguagem (redação ou "contação" de histórias): As crianças podem desenvolver as próprias histórias para ilustrar as formas e os movimentos motores.
- Matemática: As crianças contam o número de passos que executam para se deslocar de um ponto a outro, ou empregam escalas de medida – padronizadas ou não – para medir o espaço entre dois pontos.
- Artes visuais: As crianças podem desenhar um mapa dos pontos no espaço, e incluir um desenho que represente como o corpo delas aparece na forma estática executada.

Dança do sapo

Resultados
Depois de participar desta experiência de aprendizagem, as crianças estarão aptas a:
1. Apresentar movimentos motores e não motores, de grande e pequena amplitudes (domínio psicomotor).
2. Memorizar e executar a sequência de ações empregadas na dança que conta a história do sapo (domínios cognitivo e psicomotor).
3. Escolher a parte da dança do sapo de que mais gostaram (domínio afetivo).

Organização
Todas as crianças dançam individualmente e ao mesmo tempo.

Equipamentos necessários
- Figuras de sapos
- A seguinte lista de palavras colocadas em placas simples ou múltiplas, na ordem apresentada (ver Fig. 8.12):
  Dormir
  Acordar e olhar ao redor
  Espreguiçar
  Acenar
  Pular
  Comer insetos
  Pular
  Dormir
- Músicas que reproduzem sons de uma floresta tropical ou do coaxar dos sapos

Introdução e aquecimento
Hoje, vamos executar uma dança sobre um dia na vida de um sapo. Coloquei na parede algumas figuras de sapos. Alguém poderia descrever um deles? Sim, Carly diz que está vendo um sapo pequenino e coberto de manchas vermelhas. [Peça a diversas crianças que façam uma descrição.] Em seguida, precisamos aquecer nosso corpo de sapo antes de iniciar a dança. Vamos começar caminhando pelo espaço da sala. Tentem dar passos bem pequenos enquanto andam para a frente e, depois, para trás. Passem a dar passos bem grandes. Qual é o maior passo que vocês são capazes de dar? Mostrem-me de que maneira vocês conseguem executar o menor movimento de alongamento e curvatura, com seu corpo subindo e descendo. Ago-

Figura 8.12 Placas para a dança do sapo.

ra, como fica esse movimento quando vocês o fazem com o maior tamanho possível? Quem poderia me contar um movimento que fez esta manhã, no caminho para a escola? Vejam, Anthony diz que ficou balançando sua mochila enquanto esperava o ônibus escolar. Excelente! Quero que todos me mostrem um pequeno movimento de balanço dos braços. Agora, façam-no um pouco maior e, depois, maior ainda, até o máximo que conseguirem. Muito bem, acho que já estamos suficientemente aquecidos. Vamos descobrir o que acontece na dança do sapo.

Desenvolvimento

Enquanto eu conto a história, vocês podem criar seus próprios movimentos de sapo para acompanhá-la. Coloquei na parede as ações que o sapo irá executar. Vamos ler essas ações: dormir, acordar, espreguiçar, acenar, pular, comer insetos, pular, dormir. [Aponte para cada uma das palavras.] Inicialmente, cada um deve encontrar seu espaço pessoal e deitar no chão. Então, vou começar a contar a história. Era uma vez uma lagoa muito pequena, cheia de sapinhos que dormiam em folhas de lírio muito pequenas. [As crianças fazem com o corpo uma forma encaracolada e pequena sobre o chão.] Certa manhã, os sapinhos acordaram e olharam ao redor com suas cabeças pequeninas. Eles só conseguiam fazer movimentos pequenos, olhando para cima, para baixo e para os lados. [As crianças se sentam no chão e olham para cima, para baixo, para a direita e para a esquerda.] Então, os sapinhos começam a se espreguiçar, porém, conseguem esticar só um pouco os braços, as pernas e as costas. [As crianças alongam braços, pernas e costas, para cima e para baixo.] Os sapinhos se levantam sobre as pequeninas folhas de lírio e acenam timidamente para os colegas. [As crianças acenam para os colegas, agitando de leve as mãos.] Em seguida, os pequenos sapos decidem sair e procurar alguma coisa para comer. Assim, dão pequenos pulos ao redor da lagoa. Alguns pulam para a frente, outros, para trás, e outros, para os lados. [As crianças dão diversos pulos pequenos em diferentes direções.] Em seguida, os sapos param e começam a apanhar avidamente pequenos insetos para comer. Eles encontram insetos acima da cabeça, atrás, ao lado e embaixo, no chão. [As crianças fingem que apanham insetos no ar, rapidamente, e os trazem à boca, para comer.] Agora, os sapinhos estão satisfeitos, depois de comer todos aqueles insetos, e retornam com pequenos pulos para suas folhas de lírio e, vagarosamente, voltam a dormir. [As crianças retornam pulando para o local onde começaram a dança e encaracolam o corpo em uma pequena forma sobre o chão, como se estivessem dormindo.]

Naquela noite, algo estranho aconteceu com os sapinhos. Eles começaram a crescer e se tornar cada vez maiores. [As crianças se alongam, passando de uma pequena forma encaracolada sobre o chão para outra, grande e estendida.] Pela manhã, quando os sapos acordaram, ficaram bastante surpresos ao verem o quanto haviam crescido durante a noite. Eles se sentaram, em uma forma grande e alongada, e observaram a lagoa, que também havia aumentado bastante. Os sapos conseguiam olhar para cima, para baixo e de um lado a outro, fazendo movimentos amplos com a cabeça. [As crianças se sentam, deixando o corpo em uma forma larga e alongada, com os braços estendidos, e movimentam a cabeça em todas as direções, com movimentos amplos.] Então, os sapos começam a espreguiçar e, como são tão grandes, esticam os braços, as pernas e as costas, em uma grande extensão. [As crianças executam alongamentos extensos com os braços, as pernas e as costas.] Os sapões se levantam sobre as enormes folhas de lírio e fazem um grande aceno para os colegas. [As crianças acenam umas para as outras, com movimentos amplos e exagerados.] Depois, os sapões decidem sair para procurar comida. Então, eles dão saltos bem altos ao redor da lagoa. Alguns pulam para a frente, alguns para trás, e outros, para os lados. [As crianças dão grandes saltos no espaço.] Agora, os sapos param e começam a apanhar, avidamente, insetos enormes para comer. Eles encontram insetos bem acima da cabeça, atrás deles, distantes, na lateral e embaixo, no chão. [As crianças fingem apanhar insetos no ar, utilizando as duas mãos para levá-los à boca e comê-los.] Agora, os sapões estão tão satisfeitos, depois de comer todos aqueles insetos, que começam a dar grandes pulos, retornando para suas folhas de lírio, onde voltam a dormir. [As crianças pulam de volta para o ponto em que iniciaram a dança e se deitam no chão, em uma ampla forma alongada, como se estivessem dormindo.]

À noite, outra coisa estranha aconteceu aos sapões. Eles começaram a encolher e se tornaram muito pequenos. Então, pelo resto da vida, um dia os sapos estavam muito pequenos, no dia seguinte, muito grandes, e assim sucessivamente, em uma sequência infinita. Fim!

Dança da apoteose

Nesta etapa, vocês poderão escolher que parte da dança do sapo desejam apresentar. A dança dos sapinhos é a primeira e a dos sapões, a segunda. Aqueles que quiserem fazer a dança dos sapinhos devem procurar um local para começar. Desta vez, eu não vou contar a história; vocês terão que lembrar todas as partes dela. Os alunos que ficarem esperando pela dança dos sapões serão a plateia para a dos sapinhos, e, então, inverteremos os papéis na hora da dança dos sapões. Quando eu tocar a música, os sapinhos podem começar.

Encerramento

Pergunte: "Alguém que dançou a parte dos sapinhos poderia contar-me por que a escolheu? Agora, alguém que dançou a parte dos sapões poderia fazer a mesma coisa?"

Observar

- Crianças que necessitam da ajuda de um lembrete para pular e aterrissar nos dois pés, para fazer um pulo de forma correta e segura.
- Se as crianças se movimentam bem entre si, enquanto pulam na lagoa, sem trombar com as demais.
- Se as crianças utilizam energia pouco intensa nos movimentos de pequena amplitude, e como elas conseguem isolar o movimento de pequenas partes do corpo, como as mãos, a cabeça e os pés.

Como posso alterar isso?

- Inclua outros elementos ao dia na vida dos sapos, como nadar, deitar-se em uma pedra e sentir o calor do sol.
- Modifique a história para contar a vida de outro animal, de um pássaro ou de uma criatura do mar.
- Peça às crianças que dancem com um parceiro, como sapos gêmeos que se movimentam em uníssono.

Sugestões de avaliação

- Avaliação pelo professor – domínio psicomotor: Observe se os alunos conseguem executar a mesma sequência de movimentos, em amplitude pequena e grande. Você notou uma diferença clara entre os movimentos grandes e pequenos apresentados pelos alunos (resultado 1)?
- Avaliação pelo professor – domínios cognitivo e psicomotor: Observe durante a dança da apoteose quantas crianças são capazes de lembrar e executar todas as partes da dança (resultado 2).
- Autoavaliação dos alunos – domínio afetivo: Os alunos escolhem e executam sua dança preferida – como sapinho ou sapão – na dança da apoteose. No final da apresentação, eles compartilham com os colegas as razões que os levarão a optar por uma ou por outra (resultado 3).

Conexões interdisciplinares

- Linguagem (leitura): Leia, no início da experiência de aprendizagem, uma história sobre sapos, como *Frogs sing songs* (Sapos cantam canções), de Winer e Oliver (2003); ou *Hop jump* (Saltinhos em uma perna só), de Walsh (1993); ou *Jump, frog, jump* (Pule, sapo, pule), de Kalan e Barton (1981).
- Linguagem (redação e leitura): As crianças podem escrever e ler histórias de sapos compostas por elas, e depois criar uma dança que represente as ações da história.
- Matemática: As crianças podem contar o número de pulos que executam ou o número de insetos que comem.
- Artes cênicas: As crianças criam vestimentas com echarpes, fitas de papel ou cartolina.

Capítulo 9

Experiências de aprendizagem para terceiro, quarto e quinto anos

Alunos do terceiro, quarto e quinto anos já praticaram movimentos motores e não motores e podem empregá-los para a criação de danças individuais, em pares ou em pequenos grupos. Eles estão aptos a memorizar sequências de movimentos, mover-se em uníssono acompanhando os tempos dos movimentos e a organizar movimentos para a composição de uma dança. Você pode promover discussões a respeito dos contextos histórico, social e cultural dos conteúdos da dança, assim como pedir aos alunos que façam uma autoavaliação e avaliem seus pares. Embora seja possível que alguns alunos nessa faixa etária demonstrem certa relutância em dançar, as experiências de aprendizagem apresentadas neste capítulo proporcionam condições de envolvimento com a dança, sem riscos, usando movimentos já conhecidos. Para facilitar a seleção de experiências de aprendizagem, cada uma delas apresenta-se resumida na Tab. 9.1.

Você verificará que cada experiência de aprendizagem é esquematizada em linhas gerais em doze seções que identificam resultados e avaliações, equipamentos e organização, além de uma descrição detalhada de como implementar a introdução, o aquecimento, o desenvolvimento, a dança da apoteose e o encerramento. Também estão incluídas ideias adicionais para a introdução de variações na experiência de aprendizagem e sua conexão com outras áreas de estudo. A descrição de cada experiência de aprendizagem segue o seguinte formato:

- Título
- Resultados
- Organização
- Equipamentos necessários
- Introdução e aquecimento
- Desenvolvimento
- Dança da apoteose
- Encerramento
- Observar
- Como posso alterar isso?
- Sugestões de avaliação
- Conexões interdisciplinares

As instruções para cada experiência de aprendizagem de dança são semelhantes àquelas que você empregaria no diálogo com seus alunos. Os textos entre colchetes são sugestões de instruções que você pode utilizar.

Tabela 9.1 Índice de experiências de aprendizagem para terceiro, quarto e quinto anos.

Nome da experiência de aprendizagem de dança	Descrição da experiência de aprendizagem de dança
Dança da máquina de lição de casa	Uma experiência de aprendizagem que começa com os alunos explorando individualmente o conceito de repetição e se encerra por meio de um esforço colaborativo, que visa à utilização de movimentos repetitivos para a criação de peças de uma máquina, cuja função é fazer as lições de casa.
Quadrilha criativa	Essa experiência de dança criativa é um excelente complemento para uma unidade de quadrilha tradicional. Os alunos têm a oportunidade de empregar o conhecimento que possuem sobre quadrilha para criar novos movimentos e adotá-los como sua própria dança de quadrilha.
Palavras de ação	Os alunos exploram diferentes direções, níveis, formas, amplitudes e cadências ao tentarem encontrar maneiras diferentes de demonstrar a ação de verbos como "correr", "pausar", "girar" e "desfalecer". Os verbos são, então, combinados para formar uma dança. Os alunos podem, também, criar as próprias danças, usando palavras de ação escolhidas por eles.
Dança do beisebol	Essa conhecida experiência de aprendizagem é uma forma bastante interessante de comemoração da abertura da temporada de beisebol ou da World Series (Série mundial). Os alunos criam variações de movimentos para arremesso, corrida, rebatida e pegada, enfatizando cadências, níveis e direções. Esses movimentos são, então, reunidos em uma dança executada em uníssono, dentro de uma formação em círculo duplo.
Festa de aniversário	As festas de aniversário fazem parte da tradição de diversas culturas. O foco dessa experiência de aprendizagem é a representação de eventos comuns às festas de aniversário, como dirigir-se à festa, apagar as velinhas, desembrulhar os presentes, brincar e retornar para casa. A dança da apoteose é executada em uníssono, com uma formação circular, e inclui todos os eventos da festa.
Dança dos parceiros	O foco dessa experiência de aprendizagem é ensinar os alunos a colaborar com outras pessoas. Eles aprendem quatro relacionamentos em pares – espelhamento, sombra, eco, e estímulo e resposta –, para depois empregá-los na coreografia de uma dança que utiliza a estrutura ABA.
Três danças do esporte	Uma dança do esporte é uma alternativa excelente para o envolvimento de alunos que mostram resistência à dança. Ela utiliza ações realizadas em esportes conhecidos dos alunos e explora formas diferentes de execução dessas ações, empregando cadência, amplitude e níveis. Apresentamos três formas de criação de danças do esporte. Cada uma delas pode ser ensinada como uma sessão única, ou as três podem ser combinadas para formar uma unidade de dança criativa.
Mapas da dança	Os alunos criam formas e trajetórias que geram o traçado de mapas de sua dança. Inicialmente, eles criam mapas individuais e depois trabalham de forma colaborativa, em pequenos grupos, para combinar suas danças em uma só. Essa experiência de aprendizagem é um processo passo a passo para a criação de danças, e requer que os alunos trabalhem sozinhos, cabendo ao professor o papel de facilitador.
Criando a sua própria dança *hip hop*	Os alunos demonstram e ensinam para a turma os movimentos de *hip hop* que criaram. Em seguida, trabalham em grupos pequenos para criar uma nova dança *hip hop*, usando os movimentos que aprenderam.
Museu das figuras bizarras	Essa experiência de aprendizagem utiliza movimentos motores e formas congeladas para a criação de danças individuais e em grupos. Os alunos dançam representando o papel de esculturas estranhas e de visitantes do museu.
Figuras de palito ganham vida	Os alunos se inspiram em desenhos de figuras formadas por palitos para a criação de danças em pares e em grupos pequenos.

Dança da máquina de lição de casa

Resultados
Depois de participar desta experiência de aprendizagem, as crianças estarão aptas a:
1. Criar movimentos repetitivos com todo o corpo ou apenas partes isoladas dele (domínio cognitivo).
2. Executar movimentos repetitivos com variação de nível, direção, cadência, amplitude e quantidade de peso (domínio psicomotor).
3. Criar movimentos repetitivos que representem peças da máquina de lição de casa (domínio cognitivo).
4. Trabalhar de forma colaborativa, em grupos pequenos, para a criação de uma parte de uma máquina usando movimentos repetitivos (domínio afetivo).

Organização
As crianças se movimentam individualmente, depois em pares e, por fim, em grupos pequenos.

Equipamentos necessários
- Tocador de MP3 ou de CD
- Música com batida regular
- Tambor ou bloco de madeira
- Lousa ou quadro de papel
- Placas presas a cones, para sinalização dos nomes das peças da máquina: abertura de entrada, desamassador, computador, verificador, abertura de saída, lição de casa

Introdução e aquecimento
Hoje, criaremos movimentos que se repetem indefinidamente, sempre do mesmo modo. Esses movimentos são denominados "repetitivos". Nós os utilizaremos para criar uma dança sobre uma máquina que faz as suas lições de casa. Vamos, então, começar nosso aquecimento.

Em seu espaço pessoal, movimentem os braços para cima e para baixo, sempre da mesma forma, cada vez que eu tocar o tambor. [Os alunos movem os braços a cada batida do tambor.] Agora, deem um passo para frente, a cada batida. Deem passos sempre iguais. Agora, movimentem-se para trás. Enquanto eu toco o tambor, em diferentes cadências, tentem coordenar os passos com cada batida. [Alterne as batidas do tambor entre cadência rápida e lenta.] Mudem a direção de seus passos enquanto se movem depressa e devagar.

Agora, vou tocar o tambor em batidas regulares. Quero que vocês criem um movimento repetitivo com a cabeça, acompanhando a mesma cadência do tambor. Tentem, então, fazer um movimento repetitivo com os ombros; depois, com um braço; agora, alternando os braços; depois, com as pernas.

Escolham uma parte do corpo que possa repetir o mesmo movimento enquanto eu toco o tambor rapidamente e, depois, lentamente. Tornem o movimento mais rápido ao escutarem o tambor tocado mais depressa e, a seguir, mais devagar, quando o tambor tocar em cadência lenta.

Desta vez, escolham duas partes diferentes do corpo e alternem entre elas, fazendo um movimento repetitivo ao som das batidas do tambor. Por exemplo, se vocês escolherem a cabeça e os braços, movam a cabeça para cima e para baixo durante 8 tempos; depois, afastem e aproximem os braços, também durante 8 tempos. Na sequência, repitam o movimento da cabeça seguido pelo dos braços. [Os alunos escolhem partes do corpo e praticam ao som das batidas do tambor.]

Criem um movimento repetitivo que empregue todo o seu corpo e tenha mudança de nível. Andem para a frente, enquanto alteram os níveis.

Desenvolvimento
Vou dividi-los em pares, e vocês irão criar uma sequência de movimentos repetitivos que possa ser executada em uníssono. Essa sequência deve ter três movimentos diferentes, e cada um deles, a duração de 8 tempos. Escolham uma cadência e pratiquem juntos. [Os alunos exploram, selecionam e praticam uma sequência de movimentos.] Agora, cada par vai executar sua sequência para outro par, que serão os observadores. Depois disso, vocês trocarão de lugar. Os observadores devem prestar atenção ao desempenho de cada par na execução dos movimentos para ver se eles dançam em uníssono. Depois da apresentação, os observadores dirão aos dançarinos se eles conseguiram se movimentar em uníssono enquanto executavam os três movimentos diferentes, em 8 tempos cada. [Você pode exemplificar com dois pares a apresentação e a tarefa de observação.]

Hoje, vamos construir uma máquina humana que faz lições de casa usando movimentos repetitivos. Escrevi na lousa as cinco peças da nossa máquina: a abertura de entrada, que introduz a lição na máquina; o desamassador, que a desamassa, depois de ela sair amarrotada de sua mochila; o computador, que faz a lição de casa; o verificador, que avalia se ela está correta; e a abertura de saída, que a ejeta para fora da máquina. Nós precisaremos, também, de uma lição de casa humana, que passará por todas as partes da máquina. Na primeira etapa, todos criarão um movimento repetitivo para cada peça da máquina. Vou marcar com o toque do tambor a cadência de acompanhamento dos seus movimentos.

Vamos começar com a abertura de entrada. Criem um movimento que repita a ação de pegar a lição de casa e puxá-la para dentro da máquina. Façam um movimento inicialmente pequeno, que vai se tornando cada vez maior. É possível que vocês precisem dar alguns passos para a frente e para trás, enquanto pegam a lição e a puxam. [Toque uma batida regular de cadência média, enquanto os alunos praticam o movimento repetitivo de pegar e puxar.] Alguém poderia nos mostrar um movimento da abertura de entrada? Vamos observar como o movimento se repete sempre do mesmo modo. [Vários alunos demonstram os movimentos que criaram.]

A próxima peça da máquina é o desamassador. Mostrem-me um movimento que represente a forma pela qual vocês desamassariam uma lição de casa amarrotada. Escolham um nível para esse movimento – alto, médio ou baixo. Não se esqueçam da repetição uniforme do movimento. Que partes de seu corpo vocês poderiam empregar para desamassar a lição de casa? [Toque uma batida regular de cadência média, enquanto os alunos praticam o movimento repetitivo de desamassar.] Vamos compartilhar suas ideias, como fizemos com as ações da abertura de entrada.

A próxima peça da máquina é o computador. Que espécie de movimento vocês poderiam criar para demonstrar o trabalho interno do computador? Façam um movimento muito amplo usando todo o corpo; exagerem o tamanho desse movimento. Mantenham a repetição constante. Vamos compartilhar nossas ideias outra vez.

Em seguida, vem o verificador, cuja função é garantir que a lição de casa seja feita corretamente. Criem dois movimentos diferentes para o verificador. Vocês conseguiriam alternar esses movimentos a cada 8 batidas do tambor? Vou tocar uma batida regular, enquanto vocês criam seu movimento e o praticam. [Os alunos compartilham ideias com toda a turma ou com um parceiro.]

A última peça da máquina é a abertura de saída. Criem um movimento que empurre a lição de casa para fora da máquina. Tentem executá-lo com peso leve. Agora, tentem com muito peso. De que maneira a mudança de peso altera a sensação dada pelo movimento? Vocês conseguiriam utilizar diferentes partes do corpo para ejetar a lição de casa? Vamos compartilhar nossas ideias.

Agora, precisamos trabalhar para fazer com que a lição de casa passe pela máquina. De que forma vocês acham que ela se moverá? [Os alunos mostram movimentos motores.] Vamos todos experimentar a sugestão de Sarina, que é saltar. Vocês conseguiriam mudar o nível enquanto saltam? Agora, a proposta de Jamal, que é caminhar em uma trajetória curva. Vocês conseguiriam começar embaixo e subir, bem alto, à medida que caminham, voltando a abaixar depois? [Você pode pedir outras respostas e utilizar elementos de espaço, cadência e peso para criar variações.]

Dança da apoteose

Neste momento, vocês trabalharão em grupos pequenos e irão juntar os movimentos que criaram para as peças da máquina. Cada grupo representará uma parte diferente da máquina de lição de casa. Eu coloquei cones ao redor da sala, em um semicírculo, com placas indicativas da área correspondente a cada peça da máquina (ver Fig. 9.1). Na primeira vez que dançarmos, determinarei para cada grupo uma peça da máquina ou a lição de casa; na segunda vez, vocês poderão escolher a parte que desejam representar. [Atribua aos alunos uma peça da máquina e solicite a eles que trabalhem em conjunto para a criação de um movimento repetitivo que represente aquele segmento da máquina de lição de casa. Em seguida, atribua a outros alunos o papel de lição de casa humana.] Enquanto os grupos estão criando e exercitando seus movimentos, os alunos que têm a função de lição de casa humana devem praticar, por meio de movimentos motores, diferentes formas de se mover através das partes da máquina.

Agora, os grupos vão apresentar aquilo que criaram e praticaram. [Faça com que cada grupo demonstre sua parte da máquina, enquanto os demais alunos observam.] Vamos colocar a máquina em funcionamento, e todos dançarão juntos. As peças da máquina começam em uma forma congelada. [Toque a música e oriente os alunos, em relação a quando começar a se movimentar.] Inicialmente, uma parte da lição de casa começa a se mover para a abertura de entrada. Agora, a abertura de entrada entra em funcionamento e as porções da lição de casa vão passando através dela. Em seguida, quando a primeira parte da lição chega ao desamassador, a segunda entra em movimento. Então, o desamassador começa a trabalhar. Cada uma das peças da máquina entra em funcionamento assim que a primeira parte da lição de casa se movimenta por ela; as peças se mantêm em movimento enquanto as outras porções da lição vão passando. Agora, o computador começa a se movimentar; depois, o verificador e, então, a abertura de saída – todas as peças executam seus movimentos repetitivos. Continuem dançando! Quero que a lição de casa nos mostre diferentes maneiras de se deslocar entre as peças da máquina. À medida que a lição de casa se aproxima do desamassador, mostrem-me em

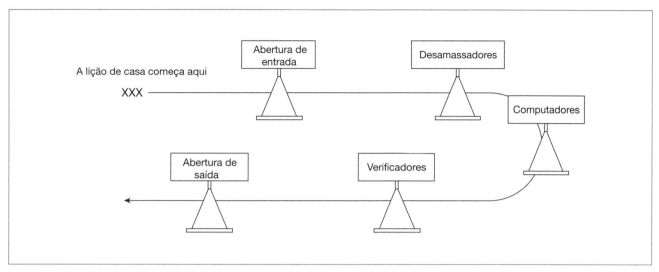

Figura 9.1 Plano do espaço para a dança da máquina de lição de casa.

que forma vocês poderiam estar, antes de serem desamassados. Comecem curvados e, então, alonguem-se, enquanto passam pelo desamassador. Depois de todas as partes da lição de casa terem passado uma vez pela máquina, parem. Vamos praticar novamente.

Agora, vou acrescentar uma história à máquina de lição de casa. A princípio, ouçam a sequência e, então, nós a executaremos. A máquina começa a funcionar lentamente, iniciando pela abertura de entrada; depois, o desamassador, o computador, o verificador e a abertura de saída. A lição de casa começa a passar através das peças da máquina, enquanto ela se move devagar. Depois de toda a lição ter atravessado a máquina pela primeira vez, esta ganha velocidade e a lição passa por ela de novo, desta vez um pouco mais depressa. Há muita lição para ser feita, assim, a máquina começa a se movimentar cada vez mais rapidamente, até que explode! As peças voam pelo espaço em pedaços, indo parar em diversos lugares, onde executam o movimento que faziam quando a máquina estava inteira. A lição de casa chama as peças da máquina de volta e elas, vagarosamente, reagrupam-se nas posições originais. A lição de casa passa uma vez mais através da máquina, que diminui a velocidade e para por completo. As partes ficam estáticas em uma forma congelada.

Vamos dançar a história com nossa máquina. Vou contá-la de novo, enquanto vocês dançam. Desta vez, vocês poderão escolher que peça da máquina desejam ser. É possível que alguns grupos tenham muitas pessoas que precisam trabalhar juntas. Vamos nos organizar, criar as partes da máquina, praticar e dançar a história.

Encerramento
Esta atividade os fez pensar a respeito do funcionamento de uma máquina, não é? Todas as peças precisam trabalhar juntas. Quais são as outras situações em que vocês precisam trabalhar junto com outras pessoas? Vamos falar sobre movimentos repetitivos e a forma como nós os utilizamos em nossa vida cotidiana. Em que condições vocês precisam usar movimentos repetitivos para realizar uma tarefa? Deem exemplos de máquinas criadas para substituir os movimentos humanos.

Observar
- O desempenho dos alunos na execução de movimentos repetitivos, tanto em uma parte isolada do corpo como em partes alternadas.
- O nível de coordenação dos alunos na mudança de cadência durante os movimentos.
- Grupos que necessitam de ajuda para colaborar com os colegas, compartilhar ideias e praticar juntos.
- A variedade de movimentos motores executados pelos dançarinos da lição de casa, enquanto passam através das peças da máquina.

Como posso alterar isso?
- A dança pode ser repetida diversas vezes e, em cada uma delas, os alunos podem escolher uma parte diferente para representar.
- Em vez de toda a turma representar uma máquina grande, pequenos grupos de alunos podem ser máquinas de lição de casa menores.

- Os alunos criam as próprias histórias a respeito do que acontece à máquina durante a dança.
- Os alunos criam as próprias listas de peças de máquina e, depois, movimentos repetitivos que representam cada parte.
- Os alunos podem acrescentar acessórios, vestimentas e sons vocais ou de instrumentos de percussão para acompanhar a dança.
- Os alunos criam uma dança sobre outro tipo de máquina.

Sugestões de avaliação

- Autoavaliação dos alunos – domínio cognitivo: Os alunos escrevem em seu diário de educação física ou de dança sobre como executar os movimentos da peça da máquina de que mais gostaram. Eles nomeiam essa peça e descrevem o uso que fizeram de um ou mais elementos da dança (resultado 1).
- Avaliação pelo professor – domínio psicomotor: Preencha uma escala de classificação de critérios de desempenho para a avaliação da sequência de pares e a indicação do correspondente nível de desempenho de cada aluno (ver Fig. 9.2) (resultado 2).
- Autoavaliação dos alunos – domínios cognitivo e afetivo: Os alunos preenchem, individualmente, uma folha de registro que reflete o desempenho da peça da máquina que eles escolheram representar. A folha deve incluir as informações a seguir (resultados 3 e 4).
- Nomes dos membros do grupo
- Peça da máquina
- Um movimento que muda de nível
- Um movimento que muda de direção
- Descrição do nível de cooperação dentro do grupo, quando da criação e apresentação da peça da máquina
- Modificações sugeridas para esta dança

Conexões interdisciplinares

- Linguagem (poesia): Leia o poema "Homework machine" (Máquina da lição de casa), de Shel Silverstein (1981), para a apresentação da dança.
- Linguagem e ciências: Exiba livros ou figuras de diversos tipos de máquina. Explique como as repetições são empregadas nas partes dessas máquinas.
- Ciências: Estabeleça conexão com conceitos de ciências relativos a formas de aplicação de pesos, como empurrar, puxar, espremer, balançar, dar voltas e erguer.

Nomes dos alunos	1	2

Critérios

1 = O aluno consegue executar uma sequência composta por três movimentos repetitivos diferentes, com 8 tempos cada um, na cadência correta.

2 = O aluno consegue realizar os três movimentos, porém, fora de cadência.

Figura 9.2 Ferramenta de avaliação para a dança da máquina de lição de casa.

Quadrilha criativa

Resultados
Depois de participar desta experiência de aprendizagem, as crianças estarão aptas a:
1. Aplicar os conhecimentos sobre os movimentos e as formações da dança tradicional de quadrilha para a criação dos próprios movimentos de uma nova quadrilha (domínio cognitivo).
2. Ensinar a outras pessoas os movimentos que criaram (domínio psicomotor).
3. Criar, identificar e executar um movimento de quadrilha junto de um parceiro (domínios cognitivo e psicomotor).
4. Executar uma dança de quadrilha criativa, indicada por você ou por um aluno (domínio psicomotor).
5. Cooperar dentro de um grupo para a criação e execução de uma quadrilha criativa (domínios afetivo, cognitivo e psicomotor).
6. Demonstrar respeito pelas ideias dos colegas e assumir a responsabilidade como membro provedor de um grupo (domínio afetivo).

Organização
Os alunos se posicionam em uma formação de dança de quadrilha em pares. Quando uma turma não tiver conjuntos completos de oito, você pode adotar uma formação com menos alunos em um dos lados, ou uma formação em triângulo.

Equipamentos necessários
- Tocador de MP3 ou de CD
- Uma música que pode tanto ser escolhida pelos alunos e apropriada para uso em um ambiente escolar, como uma música tradicional de quadrilha
- Lousa ou quadro de papel
- Microfone para anunciar as dicas sobre a dança

Introdução e aquecimento
Hoje, vamos criar, ensinar e executar uma nova dança de quadrilha, utilizando os movimentos que vocês criarão. [Esta experiência de aprendizagem pode ser uma extensão de uma unidade de quadrilha tradicional.] Inicialmente, nós precisamos nos aquecer. Encontrem seu espaço pessoal. Mostrem-me como vocês conseguem se movimentar enquanto se deslocam em 8 tempos. Lisa sugere uma corrida. Quero que vocês se desloquem no espaço geral com um passo de corrida em cada um dos 8 tempos e depois parem. Pronto! Correr, 1, 2, 3, 4, 5, 6, 7, 8. Tentem outra vez. Mostrem-me outras alternativas de movimento. Nick propõe saltar, Yuh-lin sugere deslizar, a ideia de Evan é caminhar e a de Keisha é pular e saltitar. Escolham uma dessas maneiras de se deslocar, movimentem-se em 8 tempos e parem. Escolham outra opção. [Você pode especificar os movimentos motores e o número de tempos.]

Desenvolvimento
Agora, vou dividi-los em grupos de quatro. Fiquem em pé em uma formação quadrada ou circular e pratiquem o seguinte movimento, que tem 32 tempos. Deslizem para o seu lado direito durante 8 tempos e, depois, para o esquerdo, em outros 8. Em seguida, deem 4 passos para a frente, entrando no quadrado, e 4 para trás, para fora do quadrado; repitam, então, os 4 passos para a frente e os 4 para trás. O objetivo é mover-se em uníssono, procurando uma forma de começar e executar os movimentos exatamente ao mesmo tempo. Depois de praticar algum tempo, acrescentem movimentos de braços simultâneos aos deslizamentos e aos passos para a frente e para trás. [Antes de os alunos praticarem, determine um grupo que fará uma demonstração da sequência de passos.] De que modo vocês decidiriam o momento para todos começarem juntos?

Agora, vou reunir dois grupos de quatro pessoas para formar um grupo de oito, e vou lhes pedir que escolham um líder, que será responsável por sinalizar ao grupo quando começar e se mover em uníssono, acompanhando o movimento de 32 tempos. [Os alunos praticam a execução da mesma sequência de movimentos que eles executaram no grupo de quatro componentes.]

Agora, juntarei todos os grupos de oito, para formar um grupo maior, que executará a sequência de movimentos. [Organize a turma e escolha um aluno para ser o líder encarregado de sinalizar o início da dança e contar os tempos, de forma a manter todos se movimentando em uníssono. Cada vez que a turma dançar essa sequência, você poderá escolher um novo líder.] Nós nos movemos em uníssono, empregando os mesmos movimentos; agora, eu os organizarei em conjuntos de seis ou oito alunos e vocês criarão, ensinarão e praticarão a própria dança de quadrilha. [O fato de os alunos terem alguma experiência com a quadrilha tradicional pode ser um fator positivo por fornecer referência na criação de uma nova dança.]

Em seguida, cada grupo de parceiros criará um movimento em uma das quatro categorias relacionadas na lousa – ou no quadro de papel – e escolherá um nome para ele.

Cumprimente o parceiro ao seu lado e o do canto. [Este é um movimento de saudação e reconhecimento dos parceiros, como bater as mãos espalmadas no alto, fazer uma reverência ou bater palmas.]

Girem em círculo para a direita e para a esquerda. [Os alunos podem optar por se deslocar em passos de corrida, assim como pulando, caminhando, dando passos de *grapevine* ou empregando uma combinação de passos criada por eles. Também é possível incluir movimentos dos braços.]

Girem sem sair do lugar. [Os alunos descobrem formas de girar com mudança de nível, ou apoiando-se em diversas partes do corpo; e, também, acrescentando movimentos como de balanço dos braços ou de oscilação para cima e para baixo, enquanto giram.]

Troquem de parceiro. [Esta troca é semelhante ao *do-si-do** da quadrilha tradicional. Os alunos podem pular, caminhar, saltar, movimentar-se em diversos níveis ou se conectar com os colegas empregando diferentes partes do corpo, enquanto mudam de posição e, então, retornam para a posição original.]

[Atribua a cada grupo de parceiros a tarefa de criação de uma categoria de movimento.]

Depois de criarem sua categoria de movimento, cada par irá ensinar esse movimento aos outros alunos do grupo, de modo que todos aprendam a dançar os movimentos de todas as categorias. [Os alunos estabelecem uma ordem para o ensino e a prática dos movimentos.] Não se esqueçam de dar um nome criativo para seu movimento. [Peça a um dos grupos que faça uma demonstração para a turma.]

Mostrem-nos, por favor, o movimento que vocês criaram para saudar o parceiro ao seu lado e o do canto. [Os alunos fazem a demonstração.] Agora, vamos ver o movimento circular para a direita e para a esquerda. [Os alunos demonstram.] Agora, girem sem sair do lugar. [Os alunos demonstram.] E o movimento de troca de parceiro. [Os alunos demonstram.] A seguir, vamos observar os movimentos de outro grupo. [Cada grupo de alunos demonstra os movimentos que criou.]

Dança da apoteose

Na próxima parte desta sessão, vamos trabalhar com uma sequência de dança que programei usando as quatro categorias. [Aponte para a lousa ou o quadro de papel onde a sequência está escrita.] Quando eu disser o nome da categoria, cada grupo executará o movimento que criou para representar essa categoria. Prontos? Fiquem em pé, em sua formação em quadrado e numerem cada par dentro do grupo. Lembrem-se da numeração usada em nossas aulas de dança de quadrilha, semelhante ao diagrama mostrado na lousa (ver Fig. 9.3). Pronto, eis a primeira chamada:

- Os parceiros se cumprimentam.
- Parceiros de um canto cumprimentam os do outro.
- Todos giram para a direita em 8 tempos.
- Todos giram para a esquerda em 8 tempos.
- Fiquem de frente para seu par e girem, sem sair do lugar.
- Fiquem de frente para seu parceiro do canto e girem, sem sair do lugar.
- Pares 1 e 3 movimentam-se para o centro e trocam de par.
- Pares 2 e 4 movimentam-se para o centro e trocam de par.
- Pares 1 e 3 movimentam-se para o centro e trocam de par.
- Pares 2 e 4 movimentam-se para o centro e trocam de par.
- Todos vão para o centro e giram sem sair do lugar.
- Todos retornam para casa e dizem: "Adeus".

Este é o final da dança. Agora, quando eu anunciar a dança novamente, vamos dançar ao som da música.

Em seguida, cada grupo irá praticar sua dança, seguindo a sequência escrita na lousa; no entanto, desta vez utilizem o nome

Figura 9.3 Arranjo numérico para os pares na dança da quadrilha.

---

*N.C.C.: Duas pessoas avançam, passam pelas costas uma da outra e depois retornam aos seus lugares.

de seus movimentos, em vez da denominação da categoria. Por exemplo, diga "feliz saudação de mãos", em vez de "cumprimentar seu parceiro", ou "giro do tornado", no lugar de "girar sem sair do lugar". Escolham uma pessoa em seu grupo para comandar a dança. Além de comandar, essas pessoas também vão dançar. [Depois de praticarem, os alunos podem apresentar a dança para a turma. Uma variação possível é o comandante utilizar um microfone para comandar e outra criança tomar seu lugar na dança.]

Encerramento

Pergunte aos alunos: "Alguém achou criativo algum movimento feito por outro grupo? Vocês conseguiriam descrever ou mostrar esse movimento e nos contar por que o consideraram criativo? De que modo seu grupo mostrou respeito pelos demais?"

Observar

- O desempenho das crianças na execução da sequência de 32 tempos em uníssono. Pode ser preciso que você forneça dicas para ajudá-las a iniciar a sequência.
- O desempenho dos parceiros para a criação de um movimento correspondente à categoria designada.
- As estratégias empregadas pelos alunos para ensinar os movimentos aos colegas. Eles utilizaram palavras, fizeram uma demonstração ou combinaram as duas formas?
- O processo usado pelos alunos para a escolha dos líderes. Eles votaram? Compartilharam a liderança? Trocaram os líderes? Os alunos demonstraram, espontaneamente, forte desejo de participar?

Como posso alterar isso?

- Sugira outras sequências de quadrilha. Observe a sequência de passos de outras danças de quadrilha para obter ideias.
- Os alunos podem projetar as próprias sequências.
- Os alunos podem escrever o nome dos movimentos que criaram e colocá-lo na frente dos pés, de modo que todos no quadrado consigam ver esse nome.
- Cada aluno no quadrado pode anunciar qualquer um dos movimentos criados, para que seja executado pelo grupo. Desta maneira, todos têm a oportunidade de anunciar um dos movimentos.

Sugestões de avaliação

- Avaliação pelo professor – domínios cognitivo e psicomotor: Estabeleça uma estação de avaliação. Enquanto os alunos praticam a dança, cada um deles, ou um par, pode gravar em vídeo uma resposta à questão proposta na estação de avaliação atual. Eles dirão o nome e a resposta. Estes são exemplos de questões: descreva o nome da dança que você e seu parceiro criaram; explique como ela deve ser executada; e demonstre seu movimento (resultados 1 e 3).
- Avaliação pelo professor – domínio cognitivo: Cada aluno desenha um diagrama do respectivo grupo de dança, atribui um número para cada parceiro e escreve o nome dos movimentos que criaram (resultados 1 e 5).
- Avaliação pelo professor – domínios afetivo e psicomotor: O professor faz anotações sobre o nível de colaboração do grupo ao ensinar, praticar e executar os movimentos da dança (resultados 2, 5 e 6).
- Autoavaliação dos alunos – domínio psicomotor: Os alunos preenchem uma escala de classificação que avalia a habilidade de cada um para executar uma dança de quadrilha criativa. Rubricas: excepcional = eu executei todos os passos corretamente, quando comandados; bom = eu cometi um ou dois erros, e não realizei o movimento correto quando comandado; precisa de mais tempo = não consegui executar corretamente a maioria dos passos, quando comandados (resultado 4).

Conexões interdisciplinares

- Linguagem (literatura): Empregue, como introdução à dança de quadrilha, a literatura estudada pelas crianças que trate desse tema. Utilize livros como *Barn dance* (Baile no celeiro), de Martin e Archambault (1986); *Barnyard dance* (Dança do curral), de Boynton (1993); ou *Pigs in the corner* (Porcos no pedaço), de Axelrod e McGinley-Nally (2001).
- Música: Introduza música através de demonstração e conversa sobre os instrumentos utilizados na música da dança de quadrilha tradicional.
- Estudos sociais: Discuta a história e as contribuições culturais da dança de quadrilha.
- Estudos sociais: Informe os alunos a respeito da coleção de livros sobre legislação relativa à dança de quadrilha (de 1975 até agora), existente na Library of Congress American Folklife Center (www.loc.gov/folklife/guides/square-dance.html). Esse *site* documenta a história da legislação no que diz respeito à dança de quadrilha como dança folclórica nacional ou estadual. Inclua uma discussão sobre outros símbolos nacionais que sejam representativos do país.

Palavras de ação

Resultados

Depois de participar desta experiência de aprendizagem, as crianças estarão aptas a:

1. Executar, sem perder o controle, variações de movimentos que empregam os elementos da dança para as palavras de ação "correr", "pausar", "girar" e "desfalecer" (domínio psicomotor).
2. Identificar e registrar as palavras de ação selecionadas para a dança que elas executaram, incluindo a sequência usada na dança e o número de tempos para cada movimento relativo à ação indicada pela palavra de ação (domínio cognitivo).

Trabalhar de forma colaborativa em grupos pequenos para a criação e a execução de uma dança, utilizando a sequência de palavras de ação selecionada (domínios psicomotor, cognitivo e afetivo).

Organização

Os alunos dançam individualmente e, depois, são organizados em grupos pequenos.

Equipamentos necessários

- Lousa ou uma folha grande de papel para listar as palavras de ação
- Lápis e pequenos pedaços de papel, para os alunos
- Uma lista de palavras de ação para cada aluno (ver Fig. 9.4)

Introdução e aquecimento

Hoje, vamos explorar quatro palavras de ação que indicam ações, empregando diferentes direções, níveis, formas, cadências e partes do corpo. As palavras são "correr", "pausar", "girar" e "desfalecer". Nós as utilizaremos para a criação de uma dança.

O aquecimento de hoje é denominado resposta rápida. Eu vou dizer uma palavra e quero que vocês me mostrem uma forma que, em sua opinião, pode representá-la. Encontrem seu espaço pessoal e comecem em pé, com o corpo reto. Prontos? Pegar, torcer, esticar, curvar, pegar, torcer, esticar, curvar. Agora, vamos tentar outras; pular, balançar, espremer, inflar, pular, balançar, espremer, inflar. Vocês conseguiriam sugerir outras palavras para utilizarmos em nosso espaço pessoal durante o aquecimento? [Escreva as palavras na lousa ou na folha de papel e, depois, anuncie cada uma delas.]

Desenvolvimento

A primeira palavra que vamos explorar é "correr". [Escreva a palavra na lousa.] Comecem a correr para a frente, em cadência média. Agora, alterem a direção para a lateral – direita e, depois, esquerda. [Para evitar que as crianças caiam, não as deixe cor-

Correr	Sacudir	Rebolar	Patinar	Esperar	Congelar
Pular	Curvar	Alongar	Girar	Virar	Estourar
Saltar	Vibrar	Tremer	Rodar	Arrebentar	Abrir
Saltitar	Balançar	Alcançar	Esquivar	Fechar	Esquivar
Pular	Contorcer	Remexer	Embaralhar	Perambular	Arremessar
Caminhar	Torcer	Retorcer	Rolar	Crescer	Levantar
Andar	Balançar	Lançar-se	Atacar	Inchar	Encolher
Deslizar	Cair	Desfalecer	Espremer	Explodir	Dar um peteleco
Marchar	Derrubar	Derreter	Tocar	Sapatear	Apertar
Bater o pé	Dobrar	Enrugar	Golpear	Flutuar	Planar
Engatinhar	Comprimir	Contrair	Cortar	Derramar	Apunhalar
Escorregar	Inflar	Esvaziar	Virar	Trombar	Empurrar
Galopar	Recuar	Avançar	Puxar	Surrar	Chutar
Lançar	Levantar	Arremessar	Parar	Pausar	Bombear

Figura 9.4 Lista de palavras de ação.

rer para trás.] Depois de 8 passos de corrida em uma direção, mudem para outra. Vocês podem optar por correr para o lado direito, depois para a frente e, então, para o lado esquerdo; ou escolher outra sequência. Agora, mudem de direção depois de 4 passos de corrida. [Toque uma batida de tambor ou utilize uma música com batida constante bem nítida.] Agora, corram com 8 passos curtos e, depois, 8 largos. Repitam o padrão de corrida algumas vezes e acrescentem direções diferentes.

A próxima palavra é "pausar". [Escreva-a na lousa, ao lado de "correr".] O que é uma pausa? Gina diz que é uma breve parada, com o corpo imóvel. Vocês conseguiriam pensar em outras palavras que tenham o mesmo significado de "pausa"? Agora, quero que vocês façam uma forma pausada diferente a cada batida do tambor. Vocês conseguiriam representar formas largas? Estreitas? Torcidas? Curvas? Equilibradas em um pé só? Abaixadas, rente ao chão? Alongadas para o alto? Desta vez, vocês acrescentarão uma forma pausada à corrida. Ao ouvirem o tambor, comecem a correr, e façam uma pausa quando escutarem uma batida mais alta. [Toque o tambor rapidamente para a corrida e, depois, uma batida bem alta para a pausa.] Mantenham o corpo estático. Observem sua forma. Em que formato estão seus braços? Vocês estão inclinados em uma direção específica? Para onde estão olhando? De que modo seus pés estão apoiados no chão? Após a próxima corrida, pausem em uma forma diferente. [Toque o tambor.] Qual é sua forma agora? Reta? Torcida? Arredondada? Alta? Larga? Alongada? Equilibrada em um pé só? Corram novamente, alterando a direção do movimento e o tamanho dos passos, e pausem em uma forma diferente, mantendo o corpo bem estático. [Toque o tambor.] Experimentem fazer a corrida e a pausa outra vez. [Toque o tambor de novo.]

A próxima palavra é "girar". [Escreva a palavra na lousa, perto da palavra "pausar".] Girem, passando, ao mesmo tempo, por diferentes níveis. Vocês conseguiriam girar abaixados, bem rente ao chão? De que outras formas vocês conseguiriam girar em um nível bem baixo? Que outros níveis vocês teriam condições de usar em seu giro? A que altura do solo vocês conseguiriam girar? Existe algum jeito de começar esse giro bem baixo e terminá-lo bem alto? E o oposto? Agora, faremos a corrida com a pausa e o giro em uma sequência, como uma sentença de movimentos. Vou tocar o tambor para a corrida, uma batida alta para a pausa e batidas leves e rápidas para o giro. Cada parte terá 8 tempos. [Toque o tambor e anuncie as palavras, enquanto os alunos executam a sequência.] Vamos repetir esta sequência novamente, fazendo movimentos diferentes a cada vez.

A última palavra é "desfalecer". [Escreva a palavra na lousa, próximo a "girar".] O que acontece quando seu corpo desfalece? Sim, Kareem, isso mesmo. Vejo seu corpo desmoronando até o chão; seus músculos parecem frouxos. Agora, todos levantem um dos braços bem alto e deixem que ele desfaleça. Tentem repetir o movimento com os dois braços ao mesmo tempo. Deixem, agora, sua cabeça desfalecer para a frente; depois, a parte superior de seu corpo, também para a frente, a partir da cintura. Alonguem todo o corpo, tentando alcançar o teto e, depois, vagarosamente, desfaleçam sobre o chão. Qual direção vocês empregaram? Tentem desfalecer para a frente, para trás e para os lados. Vou observar, enquanto vocês desfalecem; não se esqueçam de fazer um movimento lento e controlado.

Ao executarem as quatro palavras de ação, nessa ordem, vocês estarão criando uma dança. A ordem é "correr", "pausar", "girar" e "desfalecer". Vamos repetir toda a dança juntos, com os mesmos movimentos. Em que direção será feita a corrida e com quantos tempos de duração? Sue sugere correr para a frente, em velocidade rápida, durante 12 tempos. Que forma e que duração empregaremos para a pausa? Aaron propõe uma forma alongada em 5 tempos. Em que nível e tempo será feito nosso giro? Kara sugere rodarmos em um nível alto, que nos tire fora do chão, durante 3 tempos. De que forma vamos desfalecer e qual será a contagem de tempo para esse movimento? A ideia de Travis é que o corpo todo desfaleça lentamente para a frente, ao longo de 10 tempos. [Escreva as contagens sob as palavras e repasse a sequência antes de os alunos dançarem.] Encontrem um lugar para começar a dança. Prontos? [Toque o tambor ou uma música, para acompanhamento da dança.] Corram para a frente durante 12 tempos; façam uma pausa em uma forma alongada, por 5 tempos; girem no alto, acima do chão, durante 3 tempos; e desfaleçam, bem devagar, para a frente, contando até 10. Vamos dançar outra vez. [Os alunos praticam a dança.]

Vamos tentar executar a mesma dança, porém, em uma sequência diferente, usando as mesmas contagens para cada palavra. [Os alunos sugerem a nova sequência: girar, desfalecer, pausar e correr.]

Vou dividi-los em pares e vocês criarão a própria dança, empregando os quatro verbos – correr, pausar, girar e desfalecer. Vocês podem alterar a ordem das palavras, assim como a cadência, a direção, o nível, a extensão, a forma e os tempos de cada movimento. Façam sua escolha, escrevam a ordem dos verbos e as contagens em um pedaço de papel e, depois, pratiquem a dança. Vou pedir para um par apresentar sua dança, enquanto os outros pares observam. [Os alunos trabalham em conjunto para escrever e praticar as danças que criaram.] Agora, um par demonstrará sua dança e, quando terminar, os observadores dirão aos dançarinos qual foi a ordem das palavras. Então, os pares trocarão de posição.

Dança da apoteose

Na próxima parte desta experiência de aprendizagem, vocês trabalharão de forma colaborativa em um grupo de três a quatro pessoas para a escolha das palavras de ação. Eu disponibilizei uma lista (ver Fig. 9.4, na página 166). Escolham quatro palavras, definam como irão dançá-las e qual será a contagem de tempo de cada uma delas. Cada pessoa do grupo escolhe um verbo para a dança. Escrevam essas palavras em pedaços individuais de papel e decidam a sequência que vocês desejarem. Experimentem diversas ordens antes de fazer a escolha final. E, então, pratiquem sua dança.

Estabeleçam o tipo de organização de seu grupo no espaço. Vocês utilizarão uma formação circular, em linha, ou aleatória? A dança será executada em uníssono ou as pessoas começarão e terminarão em momentos diferentes?

Cada grupo apresentará sua dança para outro grupo e, depois, vocês inverterão as posições. Os observadores escreverão a sequência de palavras de ação que eles viram.

Encerramento

Pergunte aos alunos: "Do que vocês gostaram nesta experiência de aprendizagem? Vocês gostariam de sugerir alguma modificação para a próxima vez? Descrevam uma nova forma de movimento que vocês aprenderam".

Observar

- A variedade de formas que os alunos criaram para a pausa.
- Giros com diferentes níveis de controle.
- O cuidado dos alunos ao controlar o corpo no movimento de desfalecimento (segurança é um fator importante quando as crianças empregam palavras de ação como "cair", "derreter", "murchar", "derrubar" ou "afundar").
- Com que suavidade os alunos conseguem fazer a transição de um movimento para outro.
- Alunos que necessitam de ajuda para escolher as palavras de ação da lista.
- Estratégias que os grupos adotam para cooperar entre si ao criarem sua dança de palavras de ação.
- De que maneira surge um líder, quando o grupo está criando e praticando sua dança. Qualquer pessoa assume a liderança? Todos têm oportunidade de contribuir para a dança?

Como posso alterar isso?

- Selecione uma categoria para as danças de palavras de ação, como palavras associadas a viagem, esportes, animais, alimentos ou roupas ou, ainda, palavras utilizadas em revistas em quadrinhos.
- Leia uma história ou um poema e selecione palavras do texto.
- Escolha um número maior ou menor de palavras de ação para a dança.
- Acrescente adjetivos descritivos à lista de palavras.
- Os alunos podem criar uma história que empregue a sequência de palavras da dança que executaram. Por exemplo: "Certo dia, três garotas estavam correndo para o parque de diversões e fizeram uma pausa para observar uma colmeia. As abelhas vieram para fora e as meninas começaram a girar, balançando os braços para se livrar dos insetos. Todas elas foram picadas nos braços e desfaleceram sobre o chão".
- Incentive os alunos a tentar descobrir outras possibilidades de execução das palavras de ação. Forneça uma lista dos elementos da dança, para ajudá-los a escolher outras palavras de ação.
- Os alunos podem incluir instrumentos de percussão ou qualquer som para acompanhar os movimentos.

Sugestões de avaliação

- Autoavaliação dos alunos – domínio cognitivo: Cada aluno de um grupo registra as palavras de ação selecionadas e anota a ordem escolhida para eles na dança. Ao lado de cada palavra, é colocado o número de tempos (resultado 2).
- Avaliação pelos pares – domínios psicomotor, cognitivo e afetivo: Os alunos e você definem critérios e rubricas para a avaliação da dança. Essa avaliação é conduzida com um grupo de pares na posição de observadores e outro, na de dançarinos (ver Fig. 9.5) (resultado 3).
- Avaliação pelo professor – domínio psicomotor: Usando uma lista de verificação, anote o desempenho dos alunos na apresentação de cada uma das quatro palavras. O símbolo + pode indicar presença de equilíbrio, coordenação e transições suaves, com controle; o símbolo ? pode indicar um desempenho caracterizado por perda de equilíbrio, quedas ou quantidade inadequada de energia usada para a manutenção do controle (resultado 1).

Nome do grupo _____		
Marque a caixa ao lado da palavra que descreve o desempenho do grupo		
☐	Super	A dança apresentou quatro palavras e todos mostraram bastante energia.
☐	OK	A dança apresentou quatro palavras, mas alguns dos dançarinos não demonstraram energia.
☐	Precisa praticar	Faltou uma palavra de ação e nem todos os dançarinos mostraram energia.

Figura 9.5 Exemplo de uma avaliação composta pelo professor e pelos alunos.

Conexões interdisciplinares

- Linguagem (partes do discurso): Integre os conceitos de linguagem a respeito de verbos, advérbios, adjetivos e substantivos. Inclua livros como *To root, to toot, to parachute: what is a verb?* (Enraizar, apitar, saltar de paraquedas: o que é um verbo?), de Cleary e Prosmitsky (2001).
- Linguagem (redação): Compare o conceito de sentença com o de sequência em uma dança.
- Linguagem (ortografia): Peça aos alunos que soletrem as palavras que poderiam usar nas danças.
- Linguagem (redação): Os alunos podem empregar a aptidão que possuem em termos de redação e composição para escrever histórias que representem as danças que criaram para as palavras de ação.
- Linguagem (leitura): Os alunos podem criar danças baseadas nas palavras de ação presentes em romances e poemas lidos em classe ou em casa.

Dança do beisebol

Resultados
Depois de participar desta experiência de aprendizagem, as crianças estarão aptas a:
1. Executar sequências de movimentos com precisão, tendo como base habilidades do beisebol: correr, arremessar, rebater e pegar (domínio psicomotor).
2. Movimentar-se em uníssono e no mesmo ritmo com os colegas (domínio psicomotor).

Organização
Os alunos aprenderão os movimentos da dança praticando individualmente e com um parceiro e, depois, formarão com toda a turma um círculo duplo para a dança da apoteose.

Equipamentos necessários
- Tocador de MP3 ou de CD
- Música – localize uma versão de "Take me out to the ball game" (Leve-me ao jogo de bola)
- Figuras de jogadores de beisebol realizando os movimentos usados na dança: arremessando, pegando, correndo e rebatendo

Introdução e aquecimento
Hoje, vamos celebrar a abertura da temporada de beisebol nos Estados Unidos e, para tanto, aprenderemos uma nova dança que utiliza movimentos desse esporte. Eu selecionei, para a dança, os movimentos de arremessar, rebater, correr e pegar. Vejam na lousa as figuras de jogadores executando esses movimentos. O que vocês veem? Alguém poderia escolher uma figura e representar com o corpo a forma mostrada nela? [Diversos alunos são selecionados para demonstrar as formas. Peça a eles que descrevam as formas vistas.]

Vamos, então, começar o aquecimento fingindo que estamos trotando devagar ao redor das bases. Fiquem em pé em um ponto, que será a base do rebatedor, e apontem para um lugar onde ficará a primeira base; agora, apontem para a segunda e para a terceira bases. Quando eu disser "sair" todos vão dar 7 trotes até cada uma das bases e 1 pulo sobre a base na contagem do oitavo tempo. Pronto, sair! Trotar 1, 2, 3, 4, 5, 6, 7 e pular no 8. Vamos repetir. Não se esqueçam de dar um passo em cada tempo. Pronto; e trotar 1, 2, 3, 4, 5, 6, 7 e pular no 8! Tentem novamente.

A segunda parte de nosso aquecimento são os movimentos de alongamento feitos antes dos jogos. Será que alguém poderia sugerir um tipo de alongamento? [Um aluno demonstra e os outros executam o alongamento.] Alguém mais poderia fazer uma sugestão?

Desenvolvimento
O primeiro movimento do beisebol é o arremesso. Mostrem-me, então, como vocês arremessariam uma bola para o rebatedor. Experimentem fazê-lo diversas vezes, e prestem atenção ao movimento feito por seus braços e seus pés, e ao modo como esse movimento começa e termina. [Os alunos praticam arremessos com o braço elevado acima do ombro.] Agora, arremessem o mais devagar que puderem. Façam o movimento amplo, sentindo o alongamento. Pratiquem diversas vezes e mantenham a forma congelada no final do arremesso. [Os alunos praticam.] Acrescentem a seguinte contagem: 4 tempos lentos para o giro de preparação do arremesso e 4 tempos lentos para a continuação do movimento. Pronto! Girar, 1, 2, 3, 4, 5, 6, 7, 8. Lembrem-se de fazer um movimento lento e contínuo, e de inclinar para trás no giro e para a frente na conclusão do arremesso. Vamos tentar novamente, mantendo a forma estática no oitavo tempo. Pronto? Girar, 1, 2, 3, 4, 5, 6, 7, e congelar no 8. Vejo que vocês estão conseguindo coordenar os movimentos com a contagem dos tempos e se movimentar lentamente. Vamos empregar esse arremesso lento em nossa dança.

Agora, vamos passar para o movimento de rebatida. Para começar, rebatam da maneira que vocês costumam fazer. Não se esqueçam de prestar atenção ao posicionamento dos pés, de dobrar os joelhos, torcer o corpo, segurar o taco com o cotovelo levantado e manter os olhos fixos no arremessador. Tentem dar algumas tacadas. [Os alunos praticam.] Vocês vão dar 3 tacadas. As 2 primeiras, com 2 tempos cada, e a terceira, acompanhada de um giro completo sobre um pé só, em 4 tempos. Agora, acrescentem uma parada no final do giro e mantenham o corpo estático. Prontos? Tacada, tacada e tacada, giro e pausa. Mais uma vez. Prontos? 1, 2, 3, 4, 5, 6, 7 e 8. Vamos praticar esta parte outra vez.

O terceiro movimento necessário para a dança é a corrida, o que vocês já sabem. Quero que repitam os 7 passos de corrida e o pulo que fizeram no aquecimento. Alguém gostaria de nos mostrar como executou a corrida e o pulo? Sim, Isabel; são 7 passos de corrida e 1 pulo no oitavo tempo. Façam a corrida e o pulo quatro vezes. A primeira corrida começa para a direita e o pulo simula uma aterrissagem na primeira base; depois, mais corridas e um segundo pulo na segunda base; então, virem para a esquerda e deem 7 passos de corrida e um pulo para a terceira base; e, finalmente, o quarto conjunto de passos de corrida, com um pulo para a base do rebatedor. Quero que vocês pratiquem as corridas e os pulos em um círculo com seis a oito alunos. Tentem correr e pular acompanhando a contagem, todos ao mesmo tempo. Escolham um líder para fazer a contagem em voz alta. Vejam se seu grupo consegue executar a sequência completa de 32 tempos, com todos correndo e pulando ao mesmo tempo. Não se esqueçam de que são 16 tempos para a direita e 16 para a esquerda. [Os alunos praticam, enquanto você observa e os ajuda, quando necessário.]

O quarto movimento é a pegada. Vamos fazer quatro movimentos de pegar, em sequência. Mostrem-me uma pegada feita no alto; agora, uma embaixo; depois, com uma estocada para a direita, em nível médio; e, por fim, com estocada para a esquerda, também em nível médio. Vamos praticar a sequência em conjunto. Prontos? Pegada no alto, pegada embaixo, pegada à direita e pegada à esquerda. Utilizem 2 tempos para cada pegada. Tentem novamente, acompanhando a contagem 1, 2, 3, 4, 5, 6, 7 e 8. Agora, vou organizá-los em pares. Os alunos de cada par vão ficar de frente, um para o outro, e realizar uma sequência de pegadas em 8 tempos, movimentando-se juntos. Pratiquem diversas vezes com seus pares.

Vamos rever os movimentos das quatro sequências. Encontrem seu espaço pessoal. Prontos? Arremessar, 1, 2, 3, 4, 5, 6, 7 e pausar no 8. Agora, a sequência de rebatida. Balanço, 1, 2, balanço, 3, 4, balanço e giro, 5, 6, 7 e pausar no 8. A seguir, 32 tempos para a corrida e o pulo. Correr para cada base ao longo de 7 tempos e pular no oitavo sobre ela, quatro vezes. Pronto! Começar! Agora, a pegada em 8 tempos, repetida duas vezes. Pegada no alto, embaixo, à direita e à esquerda; pegada no alto, embaixo, à direita e à esquerda.

Dança da apoteose

Vamos combinar, em uma dança, todos os movimentos que nós praticamos. Essa dança não será exatamente como um jogo de beisebol; no entanto, algumas partes do jogo estarão presentes na dança. A formação é um círculo duplo (ver Fig. 9.6). Determinarei uma posição para vocês, dentro do círculo ou fora dele. Os dançarinos colocados dentro do círculo são os arremessadores, e os de fora, os rebatedores. Vocês vão ficar frente a frente com seu parceiro. Vamos coordenar as sequências de arremesso e de rebatida. Para começar, o arremessador vai arremessar em 8 tempos e parar estático, enquanto os rebatedores executam a sequência de balanço e giro da rebatida. Depois, os arremessadores repetem seus movimentos, seguidos pelos rebatedores. As sequências alternadas entre parceiros, em uma dança, são denominadas estímulo e resposta. A sequência do arremessador é o estímulo, e a do rebatedor, a resposta. Arremessadores, preparem-se! Batedores, assumam sua posição de rebatida! Arremessadores, iniciem o arremesso de 8 tempos e parem, estáticos, depois de arremessar! Prontos? Arremessar, 1, 2, 3, 4, 5, 6, 7 e congelar, no oitavo tempo. Batedores, executem agora a sequência de rebatida que vocês praticaram. Balanço, balanço, balanço e giro. Os arremessadores repetem, então, seu arremesso. Façam movimentos vagarosos, alongados e contínuos, enquanto fixam o olhar no rebatedor. Rebatedores, novamente sua vez!

Figura 9.6 Os dançarinos são organizados em um círculo duplo para a dança do beisebol.

A próxima parte da dança emprega a corrida de 32 tempos com um pulo no oitavo. Virem-se para a direita e se preparem para correr quando eu der o sinal. Lembrem-se de que aqueles no círculo interno devem dar passos e pulos mais curtos, porque têm menos espaço para se movimentar, ao contrário dos que estão no círculo externo, que têm mais espaço e, portanto, podem dar passos e pulos maiores. Todos prontos? Correr, 1, 2, 3, 4, 5, 6, 7 e pular. E 1, 2, 3, 4, 5, 6, 7 e pular. Virar para a esquerda, 1, 2, 3, 4, 5, 6, 7 e pular. E 1, 2, 3, 4, 5, 6, 7 e pular! Virem-se de frente para seu parceiro depois de pular. Se vocês não estiverem na frente de seu parceiro, o círculo interno deve permanecer parado e o externo pode dar mais alguns passos, até que cada um tenha encontrado seu parceiro. Vamos tentar novamente e ver se vocês conseguem coordenar as corridas e os pulos com minha contagem de tempo. [Você pode tocar a música e contar junto com os alunos.]

A terceira parte da dança usa a sequência de pegadas: pegada no alto, embaixo, à direita e à esquerda. Essa sequência é repetida duas vezes, por todos, e os alunos de cada par ficam posicionados frente a frente. Os pares devem tentar se movimentar em uníssono. Pratiquem, enquanto eu conto. Prontos? Pegada no alto, 1, 2; pegada embaixo, 3, 4; à direita, 5, 6; e à esquerda, 7, 8. Novamente, no alto, embaixo, à direita e à esquerda.

Em seguida, os arremessadores trocam de lugar com os rebatedores. Ao trocarem de posição, os jogadores se cumprimentam com as mãos espalmadas no alto ou com outro tipo de saudação. Quem era rebatedor passa a ser arremessador, e vice-versa. [Os alunos fazem a troca e assumem sua nova posição.] Vamos dançar novamente, nos novos lugares. [Os alunos repetem a dança.] Depois de finalizar a dança pela segunda vez, vocês podem pausar em um cumprimento estático de mãos espalmadas no alto, com seu parceiro, de modo que a dança termine com uma forma congelada; ou todos podem trotar para a direita, cumprimentando com a mão esquerda espalmada no alto cada um dos colegas, à medida que passam por eles. Vamos dançar outra vez desde o começo. Retornem para sua posição inicial.

Encerramento

Oriente uma discussão sobre a participação do beisebol na cultura americana e sua influência na vida das pessoas. Enfatize a função exercida pela dança como meio de registro e representação de uma cultura. Que outros eventos realizados anualmente em nossa vida poderiam ser representados em forma de dança?

Observar

- Movimentos de arremesso lentos e exagerados. Utilize a imagem de uma reprodução em câmera lenta.
- Como os rebatedores coordenam os três balanços e o giro. Eles conseguem manter o equilíbrio durante o giro?
- Se os alunos são capazes de correr em uníssono no círculo, mantendo o espaço adequado em relação aos colegas. Quando correm em trajetória circular, eles costumam fechar gradativamente o círculo e, assim, podem se chocar entre si.
- Mudanças nítidas de nível na sequência de pegada.

Como posso alterar isso?

- Qualquer uma das sequências de movimento pode ser objeto de variações. Por exemplo, na sequência de arremesso, você pode fazer com que os arremessadores executem movimentos lentos na primeira vez e rápidos na segunda.
- Antes de iniciar a dança, os alunos podem acrescentar movimentos de alongamento de 16 tempos, como se fosse o aquecimento de um jogo.
- Peça aos alunos que se cumprimentem usando outras formas de saudação que tenham observado em eventos atléticos, como aperto de mãos ou batidas de cotovelos.
- Atribua a função de fazer a contagem a um aluno diferente em cada seção da dança.
- Crie uma dança com movimentos de outro esporte.

Sugestões de avaliação

- Autoavaliação dos alunos e avaliação pelo professor – domínio psicomotor: Para perceber como executam cada uma das sequências de movimentos do beisebol, os alunos assistem à dança gravada em vídeo. Eles refletem a respeito do próprio desempenho e escrevem comentários sobre as partes em que se saíram bem e aquelas que gostariam de melhorar. Eles dançam outra vez e escrevem ou falam sobre como melhoraram em termos de desempenho. Você também deve assistir ao vídeo e às danças ao vivo, observando se a turma consegue se movimentar em uníssono, no mesmo ritmo, em todas as sequências (resultado 1).
- Avaliação pelos pares – domínio psicomotor: Uma metade da turma dança, enquanto a outra observa se todo o grupo consegue dançar em uníssono. Os observado-

res levantam as duas mãos quando os colegas se saem bem e apenas uma se a simultaneidade não é mantida (resultado 2).

Conexões interdisciplinares

- Linguagem (literatura): Introduza a literatura para as crianças lendo livros sobre beisebol, como *Ballpark* (O estádio), de Cooper (1998), ou outros romances e biografias.
- Música: Faça a integração com a música por meio da canção "Take me out to the ball game" (Leve-me ao jogo), composta em 1908, com letras de Jack Norworth e música de Albert Von Tilzer. Utilize o livro *Take me out to the ballgame*, de Gillman (1999), como complemento para a música.
- Matemática: Estabeleça conexão com a matemática fazendo a adição do número de batidas de cada movimento para obter o total de batidas da dança completa.

Festa de aniversário

Resultados

Depois de participar desta experiência de aprendizagem, as crianças estarão aptas a:

1. Lembrar e executar uma sequência de movimentos de dança que reflete os eventos de uma festa de aniversário (domínios cognitivo e psicomotor).
2. Movimentar-se em uníssono, dentro de uma formação circular, e mantendo espaço uniforme entre os dançarinos (domínio psicomotor).
3. Movimentar-se acompanhando ritmos estabelecidos para cada seção da dança (domínio psicomotor).
4. Descrever a parte da dança de que mais gostaram e aquela que consideram ter executado melhor (domínio afetivo).

Organização

Os alunos empregam uma grande formação circular. Para a seção dos presentes, eles são organizados em pares.

Equipamentos necessários

- Tocador de MP3 ou de CD
- Música com batida uniforme
- Uma lista de eventos relacionados com festas de aniversário em uma lousa ou quadro de papel, como dirigir-se à festa, soprar as velinhas, desembrulhar os presentes, brincar e retornar para casa
- Uma pichorra, se disponível

Introdução e aquecimento

Hoje, vamos executar uma dança que representa os eventos e os sentimentos comuns em festas de aniversário. Alguém faz aniversário hoje? Nesta semana? Neste mês? Vamos comemorar o aniversário de todos vocês. [Pergunte aos alunos como eles costumam comemorar o aniversário. Antes de apresentar esta experiência de aprendizagem, verifique se todos os alunos podem participar de uma dança de comemoração da data de aniversário. Nem todas as culturas ou religiões celebram essa data.]

Nesta dança, todos vocês vão correr em um círculo, durante 32 tempos – 16 tempos para a direita e 16 para a esquerda. No aquecimento, pratiquem o movimento em 32 tempos, tomando cuidado para correr em sua própria trajetória. De que modo podemos começar a correr? Mike diz que devemos trotar. OK. Prontos para trotar para a direita? [Toque 32 batidas no tambor.] Correr, 1, 2, 3, 4, 5, 6, 7, 8, 9, 10, 11, 12, 13, 14, 15, 16. Virem-se para a esquerda e corram, 1, 2, 3, 4, 5, 6, 7, 8, 9, 10, 11, 12, 13, 14, 15, 16. De que outra maneira poderíamos nos deslocar? Raina sugere saltando. Saltem em 32 tempos. [Peça aos alunos outras sugestões de deslocamento para o aquecimento.]

Desenvolvimento

Os eventos de uma festa de aniversário que nós representaremos na dança estão escritos na lousa. Vamos começar nos dirigindo para a festa. Quero que todos vocês formem um grande círculo, com espaço entre uma pessoa e outra. [Os alunos se reúnem em um grande círculo.] Vamos nos dirigir à festa de bicicleta ou de *skate*. De que maneira suas mãos e seus braços devem se mover? Kevin diz que as mãos irão segurar o guidão e os braços, dar voltas, para mostrar que estamos guiando. Muito bom. Quero, também, que vocês trotem, levantando os joelhos, como se estivessem pedalando a bicicleta, ou inclinando-se para a direita e a esquerda, como fariam ao andar em um *skate*. Virem-se, de modo que seu ombro esquerdo fique voltado para o centro do círculo. Observem o espaço existente entre cada um de vocês e a pessoa na sua frente. Agora, deem 4 passos de corrida para a frente, mantendo constante o espaço de separação entre vocês. Prontos? 1, 2, 3, 4. Parem. O espaço entre você e seu colega da frente continua o mesmo? Vamos, então, fazer o movimento em 8 tempos. Prontos? 1, 2, 3, 4, 5, 6, 7, 8, parar. Agora, observem o espaço entre vocês. Ele continua igual? Vamos tentar fazer os 16 tempos. Prontos? 1, 2, 3, 4, 5, 6, 7, 8, 9, 10, 11, 12, 13, 14, 15, 16, parar. Verifiquem o espaço. O que vocês fizeram para manter o espaço constante enquanto caminhavam? No final dos 16 tempos, vamos girar nossas bicicletas e nossos *skates*, de modo a nos movimentarmos na direção contrária, como fizemos no aquecimento. Assim, seu ombro direito deverá ficar voltado para o centro do círculo. Cada um em seu espaço, mostrem-me como farão essa volta. Vocês utilizarão um giro pulado? Um giro em um pé só? Nos dois pés? Vamos praticar, incluindo seu giro no final dos 16 tempos. Prontos? Todos juntos, 1, 2, 3, 4, 5, 6, 7, 8, 9, 10, 11, 12, 13, 14, 15, 16 e girar, 1, 2, 3, 4, 5, 6, 7, 8, 9, 10, 11, 12, 13, 14, 15, 16 e parar. Excelente! Todos vocês estão dando um passo em cada tempo e mantendo o espaço de separação. Vamos praticar outra vez. [Você pode introduzir uma música ou continuar utilizando o tambor.]

A segunda parte da dança é o sopro das velinhas. Imaginem que existe um bolo gigante no meio do círculo. Mostrem-me como seu corpo se movimenta quando vocês apagam as veli-

Figura 9.7 Apagando as velinhas durante a dança da festa de aniversário.

nhas do bolo de aniversário. Como faz o corpo no momento em que vocês inspiram? Vejo que estão se inclinando para trás. Quero que todos exagerem o movimento de inalação e se inclinem para trás em 4 tempos. Estendam os braços para cima e para trás. Inspirem e se estiquem para trás, 1, 2, 3 e 4. A seguir, movimentem essa forma alongada na direção do centro do círculo, dando 4 passos, 1, 2, 3, 4. Para soprar as velinhas, lancem o corpo para a frente e façam um forte movimento de expiração, em 4 tempos (ver Fig. 9.7). Então, deem 4 passos largos para trás, voltando ao local onde começaram a inspirar. O sopro das velinhas usa 16 tempos. Vamos combinar o movimento de inspiração com os 4 passos para a frente; depois, a expiração e os 4 passos para trás. Prontos? Inspirem e inclinem para trás, 1, 2, 3, 4. Caminhem para a frente, 1, 2, 3, 4. Lancem o corpo e expirem com força, 1, 2, 3, 4. Andem para trás, 1, 2, 3, 4. Vamos praticar toda a sequência novamente, em uníssono.

A próxima parte da festa é a abertura dos presentes. Vocês dançarão duas partes – o presente e a criança que abre o presente. Vamos começar praticando a parte do presente. Quero que cada pessoa imagine um brinquedo, que será o presente, e represente com o próprio corpo a forma desse brinquedo. Sua forma tem um nível rente ao chão, médio ou alto? Cada aluno contará para a classe qual brinquedo seu corpo está representando. Vamos iniciar com Trent e continuar ao redor do círculo. [Cada aluno mostra sua forma e identifica o brinquedo.] Memorizem sua forma. Em seguida, vamos criar movimentos que expressam a alegria que vocês sentem ao abrir um presente. Em primeiro lugar, vou organizá-los em pares e vocês se revezarão dançando a parte do presente e a da pessoa que abre o pre-

sente. [Divida a turma em pares, escolhendo os alunos que se encontram próximos. Um dos parceiros é identificado como "feliz", e o outro, como "aniversário".] Os alunos do grupo "aniversário" começarão fazendo o papel de presente, e os do grupo "feliz", das crianças que abrem o presente. Quero que o pessoal do grupo "aniversário" represente com o corpo a forma de seu presente. Agora, os do grupo "feliz" saltam, galopam ou trotam, em um círculo ao redor dos presentes, fazendo movimentos rápidos com os braços, como se estivessem desamarrando as fitas e rasgando o papel. Vocês têm 8 tempos para isso. [Os alunos praticam os movimentos de desembrulhar os presentes.] Agora, troquem de personagem com seus parceiros, de modo que eles possam exercitar o desempacotamento dos presentes. Vamos praticar novamente esta seção da dança.

Agora, antes de realizarmos o jogo da festa, vamos tentar combinar as três primeiras partes. Vocês se dirigem à festa em suas bicicletas ou *skates*, apagam as velinhas duas vezes e desembrulham os presentes duas vezes. Comecem em um grande círculo, com seu ombro esquerdo voltado para o centro. Não se esqueçam de conservar o espaço de separação entre vocês e de executar os movimentos acompanhando a música. [Ligue a música.] Prontos? Começar! [Os alunos praticam as três primeiras partes da dança, enquanto você dá dicas da contagem de tempos.]

A próxima parte da dança é o jogo da festa. Hoje, vamos bater em uma pichorra. [Mostre para a turma uma pichorra – um recipiente decorado, cheio de guloseimas e presentinhos, que fica pendurado e é arrebentado por meio de batidas com uma vareta.] Alguém já jogou esse jogo em uma festa? Nesta parte da dança, os alunos do grupo "feliz" dão 4 passos na direção do centro do círculo e fingem que estão segurando uma vareta e executam esta sequência de movimentos: balançar, balançar e girar em 4 tempos. [Você ou um aluno demonstra a sequência de balanço e giro.] Essa sequência representa os golpes com a vareta sobre a pichorra. Depois, vocês devem abrir os braços e levantá-los para agarrar todas as guloseimas, em 4 tempos, e caminhar 4 passos para trás, retornando à sua posição no círculo. Prontos? Pessoal do grupo "feliz", caminhem para a frente, 1, 2, 3, 4, e balanço, balanço e giro, 1, 2, 3, 4, abram os braços e agarrem as guloseimas, 1, 2, 3, 4, e caminhem de volta para o círculo, 1, 2, 3, 4. Agora, o grupo "aniversário" faz a mesma coisa. Então, cada um dos grupos pratica novamente esta parte da dança.

Agora, chegou a hora de voltar para casa depois da festa. Nesta seção, iniciaremos com as pessoas do grupo "feliz". Elas começam pedalando suas bicicletas ou equilibrando-se em seus *skates*, com movimento para a direita, e serpenteando para dentro e para fora do círculo, entre os componentes do grupo "aniversário", com cuidado para não trombar com eles. De que modo vocês poderiam descrever a trajetória em que eles se deslocam? Permaneçam trotando, até retornarem para seus lugares. Em seguida, o pessoal do grupo "aniversário" faz a mesma coisa. Vamos praticar outra vez. [Os dois grupos de alunos praticam a trajetória entrelaçada.]

Dança da apoteose

Agora, vamos criar uma dança combinando todas as seções que aprendemos. Alguém saberia dizer o que acontece primeiro? Que coisa importante deve ser lembrada na seção em que vocês se dirigem para a festa? Qual é a segunda seção? Alguém saberia nos mostrar a sequência de movimentos usados para apagar as velinhas? O que acontece na terceira seção? Um par de alunos poderia demonstrar para nós o presente e os movimentos usados para desembrulhá-lo? Agora, o jogo da pichorra. Alguém conseguiria descrever como fazê-lo e, depois, mostrar os movimentos? E, finalmente, a festa acabou e os convidados retornam para casa. Quais são as semelhanças e as diferenças desta parte em comparação com a ida para a festa?

Estamos, então, prontos para juntar todas as partes. Tocarei a música e darei dicas da contagem de tempos para cada seção. [Conte alto, enquanto os alunos dançam.] Agora, vocês vão dançar por conta própria. Vou escolher cinco alunos para fazer a contagem em voz alta, de modo que todos possam dançar em uníssono. [Escolha alunos diferentes para contar cada seção, ao mesmo tempo que dançam.]

Encerramento

Peça aos alunos que descrevam a parte da dança de que mais gostaram. Pergunte o que eles aprenderam sobre dança nesta experiência de aprendizagem.

Observar

- Se os alunos conseguem manter um espaço de separação uniforme entre eles, enquanto se deslocam no círculo.
- Se os alunos são capazes de executar os movimentos de cada seção da dança, empregando a cadência e o espaço corretos.
- Se os alunos conseguem coordenar a corrida de 32 tempos com a mudança de direção depois de 16 tempos.
- Se os alunos conseguem se movimentar entre si, sem trombar com os companheiros.

Como posso alterar isso?

- Sugira outras formas de ida até a festa, como dirigindo um carro, tomando um metrô, usando patins ou *skates*, ou pilotando um avião.
- Toda a turma pode representar o mesmo presente, em vez de fazer escolhas individuais.
- Utilize um jogo diferente para a festa.
- Os alunos podem dançar em grupos de oito para demonstrar diferentes festas de aniversário que estejam acontecendo na vizinhança.

Sugestões de avaliação

- Autoavaliação dos alunos – domínio cognitivo: Os alunos desenham em uma folha de papel uma série de figuras, as quais representam a ordem dos eventos, e as identificam por rótulos (resultado 1).
- Avaliação pelo professor – domínio psicomotor: Utilize uma lista de verificação para registrar os alunos que apresentaram dificuldade na execução dos movimentos de acordo com a batida e na manutenção do espaço adequado para a dança (resultado 2).
- Avaliação pelos pares – domínio psicomotor: Os alunos são divididos em dois grupos: observadores e dançarinos. Cada observador fica encarregado da avaliação de um dançarino. Enquanto estes últimos dançam, os observadores anotam se eles acompanham a batida da música durante cada evento da festa. Um sinal + indica que conseguiram, e um √, a situação contrária (resultado 3).

- Autoavaliação dos alunos – domínios afetivo e psicomotor: Os alunos conversam com um parceiro sobre a parte da dança que eles mais gostaram de apresentar e aquela em que consideram ter conseguido acompanhar a batida (resultados 3 e 4).

Conexões interdisciplinares

- Estudos sociais: Associe esta dança com a unidade de estudos sociais relacionada com as tradições culturais. Uma festa de aniversário é uma tradição cultural celebrada de diferentes maneiras. Incorpore essas tradições à dança da festa de aniversário.

- Matemática: Faça integração com os conceitos da matemática calculando a soma das idades de todos os alunos e, depois, usando esse número como contagem de tempos para a dança. Os alunos podem dividir essa soma e atribuir uma contagem para cada seção. O total das cinco seções será igual à somatória das idades.

- Música ou idiomas do mundo: Os alunos podem associar a dança com a música enquanto cantam "Parabéns pra você" durante a dança. Eles podem, também, cantar essa música em outros idiomas.

Dança dos parceiros

Resultados
Depois de participar desta experiência de aprendizagem, as crianças estarão aptas a:
1. Criar, executar e observar movimentos que utilizam quatro relacionamentos entre pares: espelhamento, sombra, eco, e estímulo e resposta (domínios cognitivo e psicomotor).
2. Identificar os quatro relacionamentos entre pares (domínio cognitivo).
3. Criar e executar uma dança com um parceiro, usando a estrutura coreográfica ABA (domínios cognitivo e psicomotor).
4. Identificar preferências em termos de movimento utilizando os quatro tipos de relacionamento entre pares (domínio afetivo).

Organização
Os alunos trabalharão de forma colaborativa com diversos parceiros, ao longo da experiência de aprendizagem.

Equipamentos necessários
- Tocador de MP3 ou de CD
- Música ao vivo, em cadências lenta e rápida
- Lousa ou quadro de papel exibindo os quatro tipos de relacionamento entre pares, com as respectivas definições
- Papel e lápis para os alunos registrarem suas coreografias

Introdução e aquecimento
Quem poderia me dizer o que sabe sobre a palavra "dueto"? De que maneira um dueto é empregado na música? Alguém tem outra ideia sobre dueto? Nesta unidade de dança, vamos criar duetos com um parceiro. Vocês terão a oportunidade de criar e executar movimentos com muitos parceiros.

Inicialmente, vamos fazer o aquecimento. Sentem-se no chão, em seu espaço pessoal. Imaginem que seus braços e suas mãos são um par. Vocês conseguiriam mover os braços de modo que eles façam exatamente o mesmo movimento e ao mesmo tempo? Tentem fazer movimentos lentos. Agora, aumentem cada vez mais a cadência. Vocês conseguiriam mover da mesma forma as duas pernas, em um dueto de pernas? E afastá-las e aproximá-las? Conseguiriam alterar a forma e os níveis? Agora, tentem movimentar os braços e as pernas, em uníssono. [Você pode tocar a música que será usada durante a aula.]

Na próxima parte do aquecimento, ficaremos em pé, em uma formação circular. O aluno que quiser ser o líder virá para o centro do círculo, e todos o acompanharão. Ele se movimentará empregando um dos elementos da dança que eu anunciar e, depois, outra pessoa assumirá o papel de líder. Prontos? Quem começará como líder? Crie um movimento lento. Próxima pessoa, faça movimentos rápidos e leves. [Continue alterando os líderes a cada 15 segundos, e anuncie uma forma de movimento, como movimentos com uma parte do corpo; movimentos de torção; alteração de formas congeladas; pulos juntos e separados; movimentos em nível baixo; movimentos de pequena amplitude com as mãos; inclinação e alongamento; giro; movimentos fortes e lentos.]

Desenvolvimento
O foco desta unidade está voltado para quatro formas de dançar com outra pessoa: espelhamento, sombra, eco, e estímulo e resposta. Essas formas de dança são denominadas relacionamentos entre pares. Cada um de vocês, com seus respectivos pares, criarão e executarão movimentos para todos os quatro tipos de relacionamento e, depois, escolherão dois deles para compor uma dança.

O primeiro tipo é o espelhamento. Nele, cada um de vocês fica de frente para o parceiro e se move ao mesmo tempo que ele se move, reproduzindo o mesmo movimento (ver Fig. 9.8). Uma pessoa é o líder, e a outra, o seguidor. Se o líder estiver usando a mão direita, o seguidor usará a esquerda, como acontece quando vocês se olham em um espelho. O líder deve movimentar-se devagar, para que o seguidor consiga acompanhar. [Demonstre o espelhamento com um aluno.] Vou organizá-los em pares e vocês decidirão quem começará no papel de líder. Iniciem quando a música lenta começar a tocar e parem, trocando o líder, quando a música parar. [Toque a música durante 1 minuto e, ao pará-la, os alunos trocam as posições.] Agora, vou escolher um parceiro diferente para cada um de vocês, e faremos o espelhamento outra vez.

O segundo relacionamento é a sombra. Nele, o líder se move de costas para o seguidor, que fica atrás. Os dois fazem o mesmo movimento, ao mesmo tempo. Desta vez, o líder vai escolher diferentes maneiras de se deslocar no espaço, com movimentos motores, parando ocasionalmente em uma forma congelada. [Você demonstra com um aluno.] Vou definir novos pares e, mais uma vez, vocês decidirão quem começará no papel de líder. Quando eu tocar a música, comecem e, quando ela parar, troquem de posição. [Toque uma música de cadência

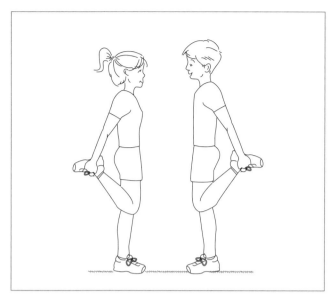

Figura 9.8 Espelhamento é a reprodução de um movimento feito por seu parceiro, como se você estivesse olhando para o espelho.

média.] Não se esqueçam de representar uma forma com o corpo, ao parar. [Os alunos praticam.] Agora, vou escolher outros pares e vocês farão a sombra novamente.

O terceiro relacionamento é o eco. Alguém poderia nos dizer o que sabe sobre a palavra "eco"? Como vocês acham que ele será reproduzido nos movimentos? [Peça a diversos alunos que compartilhem as respostas com a classe.] No eco, uma pessoa executa um ou dois movimentos e para em uma forma congelada, enquanto a outra observa. Depois do congelamento, o observador repete os mesmos movimentos. Em seguida, os parceiros trocam de papéis. Essa troca continua, com um sendo o líder e o outro o seguidor, a cada vez. [Você e os alunos trocam ideias a respeito dos fatores que contribuem para o sucesso do relacionamento de eco e, depois, demonstram.] Ao executarem o eco, façam movimentos pequenos e grandes, e também lentos e rápidos. Vou escolher novos pares e vocês decidirão quem iniciará no papel de líder. Quando eu tocar a música, comecem, e continuem invertendo os papéis no tempo certo. [Toque uma música de cadência média, enquanto os alunos praticam o eco.] Agora, escolherei novos pares, e vocês farão o eco novamente.

O quarto tipo de relacionamento é o de estímulo e resposta. Ele se assemelha a uma conversa entre duas pessoas. Primeiramente, uma delas expressa brevemente um sentimento ou uma ideia, através da execução de um ou dois movimentos e, então, para em uma forma congelada. Em seguida, o parceiro responde, fazendo um movimento diferente e também para, em uma forma estática. Essa dança parece uma conversa entabulada por intermédio de movimentos, em vez de palavras. Vocês podem dizer alguma coisa por meio de movimentos pequenos, leves e rápidos, ou fortes, lentos e grandes. Que outros tipos de movimento vocês poderiam usar? Quero que dois alunos demonstrem esse relacionamento para a turma. [Os alunos demonstram o relacionamento de estímulo e resposta por meio de diversos movimentos.] Os movimentos podem ser similares ou bastante diferentes entre si. Sejam criativos e tentem empregar quantidades diversas de peso e variar a amplitude dos movimentos, as partes do corpo usadas, a cadência e os níveis. Vou formar novos pares e vocês decidirão quem iniciará a conversa. Quando eu tocar a música, vocês começam e, quando ela parar, congelam em uma forma estática. [Toque uma música com cadência média, enquanto os alunos praticam o relacionamento de estímulo e resposta.] Agora, trocarei os pares novamente e vamos repetir o exercício.

Dança da apoteose

Vocês vão trabalhar com os seus pares para criar uma dança que inclua dois dos quatro tipos de relacionamento, usando uma estrutura coreográfica ABA. Essa estrutura funciona como um modelo. Por exemplo, se vocês escolherem para a dança os relacionamentos de estímulo e resposta e de eco, a sequência ABA seria esta: estímulo e resposta, eco, estímulo e resposta. Os pares de alunos criarão os movimentos e decidirão qual será a cadência para cada parte e a amplitude (tamanho) dos movimentos. Avisem-me caso necessitem de ajuda. Estejam preparados para registrar por escrito os tipos de relacionamento que estão usando e a maneira pela qual eles se encaixam na estrutura ABA. Depois de todos terem criado e praticado sua dança, vocês a apresentarão para outros pares, que serão os observadores. E, então, inverterão os papéis.

Encerramento

Que parte da dança vocês praticaram mais antes da apresentação? Por que essa parte necessitou de mais tempo de prática? Vou enunciar os quatro tipos de relacionamento e quero que vocês levantem a mão quando eu falar o nome daquele que mais gostaram. Agora, alguém nos contará qual foi o relacionamento de que mais gostou, e por quê.

Observar

- Movimentos lentos e suaves no relacionamento de espelhamento, os quais podem ser bastante difíceis para alguns alunos.
- Se as crianças cooperam e se relacionam entre si de forma positiva quando você troca os pares.

- Se os alunos conseguem reproduzir com precisão os movimentos feitos pelos parceiros nos relacionamentos de espelhamento, sombra e eco.

Como posso alterar isso?
- Introduza diferentes formas de relacionamento entre os pares, como conexão, suporte, ou encontro e partida.
- Organize os alunos em grupos de três ou quatro, em vez de pares. Um aluno é o líder e os demais, os seguidores. Eles se revezam na liderança.
- Escolha diferentes estruturas coreográficas, como ABC, ABAB ou ABCD.

Sugestões de avaliação
- Avaliação pelo professor – domínio cognitivo: Os alunos identificam os dois tipos de relacionamento que empregaram na dança e escrevem as respectivas definições (resultado 3).
- Autoavaliação dos alunos – domínio afetivo: Os alunos verbalizam, desenham ou escrevem qual foi o relacionamento entre pares que mais os agradou e aquele que consideraram o mais difícil de executar (resultado 4).
- Avaliação pelos pares – domínio cognitivo: Alguns pares observam a apresentação de outros e escrevem os relacionamentos empregados, conforme sua disposição na estrutura coreográfica ABA (resultado 2).
- Avaliação pelo professor – domínios psicomotor e cognitivo: Durante a apresentação em pares, utilize uma lista de verificação para registrar se cada um dos alunos executou bem o relacionamento selecionado (resultados 1 e 3).

Conexões interdisciplinares
- Ciências: Integre a dança com as aulas de ciências relativas ao sol e às sombras.
- Estudos sociais: Utilize esta dança como forma de ilustrar um conceito da área de estudos sociais que trate dos papéis e das responsabilidades de líderes e seguidores em uma comunidade ou parceria.
- Música: Estabeleça conexão entre a estrutura coreográfica ABA e a forma de composição musical ABA.
- Ciências: Use a dança como forma de ilustração do conceito de eco conforme abordado nas ciências.

Três danças do esporte: adição de esportes, teia do esporte e figuras do esporte em ação

Resultados

Depois de participar desta experiência de aprendizagem, as crianças estarão aptas a:

1. Criar e executar danças individualmente, em pares e em grupos, utilizando ações empregadas nos esportes (domínios afetivo, cognitivo e psicomotor).
2. Criar e executar variações de ações empregadas nos esportes, usando os elementos da dança (domínios cognitivo e psicomotor).
3. Escolher e utilizar figuras de ações empregadas nos esportes para a criação e execução de uma dança em pares (domínios cognitivo e psicomotor).
4. Executar em uníssono a dança da adição de esportes (domínio psicomotor).
5. Melhorar o desempenho em uma das três danças do esporte (domínio afetivo).

Organização

Os alunos dançam individualmente a dança da teia do esporte, e como parte de grupos pequenos as outras duas.

Equipamentos necessários

- Tocador de MP3 ou de CD
- Música com batida bem marcada
- Lousa ou quadro de papel
- Planilhas para o registro da dança da teia do esporte
- Lápis
- Figuras de ações empregadas nos esportes (essas figuras podem ser obtidas por meio de revistas, jornais, Internet, fotografias ou ilustrações de livros)

Introdução e aquecimento

Esta unidade de dança utiliza ações empregadas nos esportes e figuras relativas a eles como tema para a criação e a execução de danças. Os esportes fazem parte do cotidiano de nossa vida. Assistimos a apresentações esportivas ao vivo, pela televisão ou pela Internet. Escutamos esportes pelo rádio e lemos sobre eles em revistas e livros, na Internet e nos jornais. Assistimos a filmes e vídeos sobre esportes e vemos fotografias ou obras de artes em que eles são o foco. Usamos roupas com logotipos representativos de esportes. Vocês podem escolher uma carreira na área dos esportes de jornalista, anunciante, juiz ou treinador esportivo, ou participar de competições como atleta.

Cada um de vocês poderia nos contar qual é o esporte que mais gosta de praticar ou ver? [Cada aluno da turma faz um comentário a respeito de um esporte. Você pode anotar os esportes na lousa ou em um quadro de papel.] Antes de iniciarmos nossa dança, precisamos aquecer todas as partes do corpo. Vamos começar trotando sem sair do lugar e, quando eu falar o nome de um dos esportes que vocês mencionaram, quero que congelem o corpo na forma de uma ação empregada nesse esporte. Pronto! Trotar no lugar e congelar na forma de uma ação do tênis. [Repita diversas vezes a sequência de trote e congelamento, indicando diferentes esportes para a forma estática.]

Desenvolvimento

Os alunos participam de três atividades, nas quais aprendem três maneiras de criar e executar uma dança do esporte.

Dança da adição de esportes

A primeira dança é a da adição de esportes. Vou organizá-los em grupos de cinco ou seis pessoas, e quero que fiquem em pé, em um círculo. [Atribua a cada aluno do grupo um número, que cresce consecutivamente ao redor do círculo.] Em seguida, cada aluno escolhe um esporte e uma ação desse esporte. Pratiquem a execução dessa ação em 4 tempos. [Os alunos praticam individualmente dentro de cada círculo.]

Demonstrarei como os grupos vão juntar as ações. Vou demonstrar com este grupo. O primeiro aluno apresenta sua ação para o grupo, e este repete-a em uníssono. [Um aluno demonstra e todos os componentes do grupo repetem a ação.] Pode ser que vocês precisem praticar algumas vezes para que consigam repetir corretamente. A seguir, uma segunda pessoa do grupo apresenta sua ação e todo o grupo repete o movimento, em uníssono. Então, o primeiro movimento é repetido, seguido pelo segundo, o qual é adicionado ao primeiro. [Os alunos demonstram.] Agora, a terceira pessoa apresenta sua ação e o grupo a repete em uníssono. Em seguida, o grupo combina as três ações, na ordem em que foram apresentadas. Este padrão de apresentação, repetição e junção dos movimentos em uma sequência é repetido até que todas as pessoas do grupo tenham contribuído com sua ação. O objetivo é memorizar a sequência, executá-la em uníssono dentro do grupo e continuar a fazer cada movimento em 4 tempos. [Oriente a demonstração, acrescentando mais duas ações.] As opções para o uso das 4 batidas são as seguintes: uma ação é executada quatro vezes, uma a cada batida; uma ação é executada duas vezes, com 2 batidas para cada repetição; ou uma ação é executada uma vez, com 4 batidas. [Observe os grupos e ajude quando for necessário.]

Agora, cada grupo demonstra sua dança, e os demais observam. Depois da apresentação, vou pedir aos observadores que contem o que viram. Eis as perguntas que farei: O grupo dançou em uníssono? Que ações do esporte vocês observaram? De que maneira os dançarinos usaram as 4 batidas? [Os grupos podem ser divididos em pares de dançarinos e observadores, em vez de um grupo se apresentar para toda a turma.]

A seguir, os grupos vão repassar a dança do esporte que executaram. Cada pessoa fará uma modificação no nível ou na amplitude de sua ação, demonstrando-a para o grupo, que, por sua vez, tentará reproduzir a mudança e praticará a dança novamente, introduzindo essa mudança.

Em seguida, juntarei todos os grupos em um grande círculo. Vocês manterão a mesma ordem que tinham no círculo menor. Depois de organizados, notem que haverá pessoas de outros grupos misturadas com as de seu grupo. [Organize todos os grupos em um círculo combinado.] Apontem para os membros de seu grupo, de modo que cada um saiba onde os outros estão. Agora, as danças de todos os grupos serão apresentadas simultaneamente. Terminem com a última forma congelada, aguardando que todos finalizem a dança. Prontos? Começar! [Os alunos executam suas danças.] Que sensação vocês tiveram ao dançarem ao mesmo tempo que os outros grupos dançavam? Vocês observaram algum movimento dos outros grupos? [Você pode omitir a dança completa com todos os grupos juntos em um círculo. A dança da adição de esportes pode ser finalizada em uma única sessão, como uma aula em uma unidade sobre criação de danças do esporte.]

Dança da teia do esporte

Uma segunda alternativa para a criação de uma dança que emprega ações dos esportes é a dança da teia do esporte (Cone e Cone, 2002). Nesta experiência, vocês criarão e executarão uma dança individual, com base em seu esporte favorito. Inicialmente, vamos criar uma dança juntos, para demonstrar como você criará sua dança individual. Vamos escolher um esporte e eu o escreverei no centro da teia (ver Fig. 9.9). [Você e os alunos selecionam um esporte, cujo nome você escreve no centro oval da teia desenhada na lousa ou no quadro de papel.] Nas linhas da teia, anotarei as ações realizadas por alunos que estiverem apresentando esse esporte. Selecionamos basquetebol. Citem algumas das ações empregadas no basquetebol. [Os alunos dizem passar, atirar, pegar o rebote, driblar e defender.] Eu vou escrever uma ação em cada linha da teia.

Agora, à medida que eu enuncio o nome de cada uma das ações do basquetebol, façam com o corpo uma forma estática que a represente. Essa atividade é semelhante a tirar uma fotografia de um atleta em ação. [Você enuncia as ações e todos os alunos as representam, simultaneamente, cada um a seu modo.] Mantenham a forma congelada por 8 tempos. Prontos? Arremessar, 1, 2, 3, 4, 5, 6, 7, 8. [Chame as ações de driblar, defender, passar e pegar o rebote, orientando a turma a manter cada uma das formas estáticas durante 8 tempos.] Agora, alguém poderia nos mostrar uma de suas formas? [Um aluno representa uma forma.] Observem se a forma criada pela Mariah é alta, baixa, grande, pequena, estendida para a frente ou inclinada para trás. Qual das ações vocês acham que essa forma representa?

Em seguida, vamos escolher três das ações do basquetebol e criar uma dança das formas das ações. [Os alunos escolhem as ações: arremessar, pegar o rebote e driblar.] Façam todos uma forma estática para cada ação selecionada. Mantenham cada forma congelada durante 8 tempos. [Os alunos representam as formas, enquanto você conta até 8 para cada uma delas.] A seguir, vocês irão conectar as três formas, passando em câmera lenta de uma para a outra. Comecem com a primeira forma. Mantenham-na por 8 tempos e, então, vagarosamente, passem para a segunda forma. Conservem esta por 8 tempos e terminem a dança passando para a terceira e mantendo-a congelada por 8 tempos. [Os alunos praticam essa dança diversas vezes.]

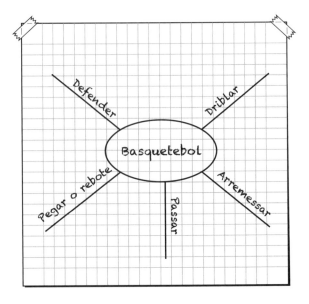

Figura 9.9 Dança da teia do esporte, com ações do jogo de basquete.

Agora, vocês criarão sua própria dança dos esportes, empregando o mesmo processo que usamos na dança do basquetebol. Darei a cada um de vocês uma folha com a teia do esporte. Escolham um esporte e anotem o nome dele no centro da teia, e as ações nas linhas. Criem, então, uma forma para cada ação. Em seguida, escolham três ações para sua dança. Vocês podem escolher, também, o número de tempos para manter cada forma do esporte. [Os alunos preenchem a teia, praticam as ações, escolhem três ações e as conectam por meio de movimentos em câmera lenta.] Vocês podem deslocar-se vagarosamente para outro local, durante a transição de uma forma para a outra. [Os alunos praticam, enquanto você observa e ajuda, quando necessário.]

Para finalizar a dança da teia do esporte, todos aqueles que tiverem escolhido o mesmo esporte dançarão ao mesmo tempo. Sei que, embora o esporte seja o mesmo, vocês criaram danças diferentes para representá-lo. Todos os jogadores de futebol podem se apresentar? Agora, os nadadores; depois, os jogadores de hóquei no gelo. Que outros esportes vocês escolheram para sua dança? [A dança da teia do esporte pode fazer parte de uma aula dentro de uma unidade sobre criação de danças do esporte ou ser apresentada como uma aula individual.]

Dança das figuras do esporte em ação

A terceira forma de criação de uma dança do esporte é através de figuras em ação. Tenho uma caixa em que reuni figuras de ações em diversos esportes. Elas foram retiradas de revistas e jornais, e mostram um ou mais jogadores em plena atividade. Organizei essas figuras em um grande círculo sobre o chão, voltadas para fora do círculo. Cada aluno deve ficar em pé ao lado de cada figura, do lado de fora do círculo. Olhem para a sua figura e representem com o corpo a mesma forma feita pelo corpo do atleta que aparece nela. Mantenham a forma congelada por 8 tempos. Quando eu der um sinal, vocês se movimentarão, passando para a figura à sua esquerda. Prontos? Trocar! Agora, olhem para a figura à sua frente e representem a mesma forma durante 8 tempos. [Repita a troca até que todos os alunos tenham reproduzido de 15 a 20 figuras. Você pode, também, empregar outra forma de mudança de uma figura para a seguinte, como movimento lento, pulo, giro, passos curtos ou movimento rápido. E, em vez de um círculo no chão, uma alternativa para a organização das figuras é colocá-las em cones espalhados aleatoriamente pela sala. Os alunos iniciam em um cone e depois passam para outro.] Agora, vou dividi-los em pares ou em grupos pequenos, e vocês escolherão uma figura para sua dança. Essa dança é composta por três partes. No início, são executados movimentos representando ações que podem ter ocorrido antes do instante em que a foto foi tirada. Essa seção terá a duração de 8 tempos. A segunda parte é uma forma congelada igual à que o jogador apresenta na figura. Empregue 8 tempos para essa seção também. Na terceira parte da dança, criem movimentos que podem ter ocorrido após o instante em que a foto foi tirada. Aqui também são usados 8 tempos.

Ao escolherem uma foto, olhem para ela e conversem a respeito daquilo que vocês estão vendo. O que os jogadores estão fazendo nessa foto? Que formas eles estão empregando? Os jogadores se encontram em um nível alto, médio ou baixo? Para qual direção eles estão voltados? Que tipo de energia eles parecem estar usando? Vocês conseguiriam representar com seu corpo a mesma forma exibida pelo jogador da figura? Pratiquem mantendo essa forma durante 8 tempos.

A dança completa tem 24 tempos: 8 para o que acontece antes de a foto ser tirada, 8 para mostrar o que aparece na figura e 8 para representar o que acontece depois de a foto ser tirada. [Os alunos escolhem as figuras e trabalham de forma colaborativa para a criação da dança. Observe e os ajude, caso seja necessário.] Agora que todos terminaram, um grupo ou um par apresentará a dança para outro grupo ou par e, depois, vocês inverterão os papéis. Antes de começarem, segurem as figuras. Os observadores devem prestar atenção às formas que a dança exibirá. [Os alunos apresentam suas danças.]

Dança da apoteose

Para sua dança final do esporte, vocês formarão grupos de quatro ou cinco pessoas. Cada grupo escolherá uma das três alternativas que vocês aprenderam para a criação de uma dança do esporte: adição de esportes, teia do esporte ou figuras do esporte em ação. Nos grupos que escolherem a adição de esportes, cada aluno deve optar por uma ação do esporte. Os grupos da teia escolherão um esporte e as ações associadas a ele, e executarão, juntos, todas essas ações. Por fim, aqueles que optarem pelas figuras do esporte em ação selecionarão uma figura e executarão juntos os movimentos. Atribuam um nome para seu grupo e, então, criem e pratiquem sua dança. Quando todos os grupos tiverem terminado, cada um deles apresentará a dança para outro grupo.

Encerramento

Pergunte aos alunos: "Qual das alternativas para a criação de uma dança do esporte vocês acharam mais interessante? Por quê? De que maneira vocês modificaram sua ação do esporte para torná-la diferente da que é empregada em um jogo de verdade?"

Observar

- Como as crianças criam variações para um movimento do esporte. De que maneira elas aplicam os elementos da dança para gerar variações em um movimento?
- Crianças que necessitam de ajuda para converter em movimento ou forma uma ação do esporte ou uma figura. É possível que elas precisem ver como outras crianças transformam palavras ou figuras em movimento.

Como posso alterar isso?

- Empregue categorias de esporte, como de inverno, olímpicos, aquáticos, coletivos ou radicais.
- A dança da teia do esporte pode ser alterada para uma dança em pares.
- Os alunos podem trazer fotografias deles próprios praticando algum esporte ou utilizar desenhos para a dança das figuras do esporte em ação.
- Os alunos podem criar uma dança que utilize um painel de esporte coletivo (ver Rovegno e Bandhauer, 2000), empregando figuras de ação definidas por eles mesmos.

Sugestões de avaliação

- Avaliação pelo professor – domínio psicomotor: Observe a dança da adição de esportes executada por cada grupo e registre, por meio de uma lista de verificação (ver Fig. 9.10), a habilidade de cada um para se movimentar em uníssono (resultado 4).
- Avaliação pelo professor – domínio psicomotor: Observe o desempenho individual dos alunos na dança da teia do esporte e registre a capacidade de cada um para manter as formas congeladas e fazer uma transição lenta de uma para outra (ver Fig. 9.11) (resultado 1).
- Avaliação pelos pares – domínio cognitivo: Promova uma avaliação pelos pares para a dança das figuras do esporte em ação. As perguntas a seguir são apresentadas ao grupo observador. As respostas podem ser tanto orais como escritas: "Que esporte os dançarinos usaram na dança? Que tipo de trajetória eles utilizaram? Os dançarinos empregaram mudança de nível ou de direção durante a dança? Vocês poderiam sugerir alguma variação para essa dança?" (resultados 2 e 3)
- Avaliação pelo professor – domínio afetivo: Empregue uma lista de verificação para anotar qual das três danças cada grupo escolheu para a apoteose (ver Fig. 9.12). Utilize a letra A para a dança da adição de esportes, B para a da teia e C para a das figuras em ação. A lista de verificação deve, também, registrar o nível de cooperação observado no trabalho de seleção, criação e prática da dança da apoteose pelo grupo. É possível utilizar uma rubrica: como excelente (E), para indicar que o grupo trabalhou muito bem, em conjunto ou individualmente, no exercício e na apresentação de sua dança; ou (PA), quando o grupo precisou da ajuda do professor para organizar e praticar sua dança (resultado 1).
- Autoavaliação dos alunos – domínio afetivo: Cada aluno do grupo escreve uma resposta para as seguintes perguntas: Que dança seu grupo escolheu para a apoteose? Por que fizeram essa escolha? Como você classifica seu desempenho na dança, como parte do grupo (resultado 5)?

Grupo	Excelente: Todos os alunos lembraram a sequência e dançaram em uníssono, empregando 4 tempos para cada ação do esporte.	Muito bom: Alguns alunos (um ou dois) tiveram dificuldade para se movimentar em uníssono com os outros membros do grupo.	Precisa melhorar: A maioria dos alunos do grupo não executou os movimentos em uníssono.
A			
B			
C			
D			

Figura 9.10 Ferramenta para avaliação de grupos na dança da adição de esportes.

Conexões interdisciplinares

- Linguagem (redação): Discuta as semelhanças entre o uso da teia para o desenvolvimento da dança do esporte e o desenvolvimento de ideias para a elaboração de uma redação.

- Linguagem (literatura): Com o objetivo de despertar ideias para as danças do esporte, empregue textos e ilustrações de livros de literatura infantil e de poemas baseados em esportes, como *Hoops* (Argolas), de Burleigh e Johnson (1997).

Nome	Excelente: Os alunos mantiveram o congelamento em todas as três formas e demonstraram claramente movimentos lentos entre as formas.	Muito bom: Os alunos tiveram dificuldade em manter as formas congeladas, ou não se movimentaram lentamente na transição entre as formas.	Precisa melhorar: Os alunos foram incapazes de manter congelada qualquer uma das formas e não conseguiram se mover lentamente de uma forma para outra.
Samir	X		
Cara		X *Oscilou nas formas.*	
Star			X *Manteve o equilíbrio apenas no período de 1 tempo e não empregou movimentos lentos.*
Loren	X		

Figura 9.11 Ferramenta de avaliação para a dança da teia do esporte.

Nomes dos alunos	Nome do grupo	Tipo de dança do esporte	Nível de cooperação para criação, prática e apresentação
Snam	Cachorros vermelhos	A	E
Bart	Andadores mágicos	B	PA
Christos	Dançarinos fantásticos	C	E

A = dança da adição de esportes, B = dança da teia do esporte, C = figuras do esporte em ação, E = excelente, PA = precisou de ajuda.

Figura 9.12 Exemplo de lista de verificação do professor para a dança da apoteose.

Mapas da dança

Resultados
Depois de participar desta experiência de aprendizagem, as crianças estarão aptas a:
1. Criar, executar e registrar uma dança, individualmente, usando trajetórias e formas congeladas como tema para a dança (domínios cognitivo e psicomotor).
2. Trabalhar de forma colaborativa em um grupo pequeno para a criação e execução de uma dança coletiva (domínios afetivo e psicomotor).
3. Observar a dança apresentada por um grupo e identificar formas, movimentos motores e trajetórias (domínio cognitivo).
4. Escolher uma seleção de músicas para acompanhamento da dança e explicar o motivo dessa escolha (domínio cognitivo).

Organização
Os alunos trabalharão tanto individualmente como em grupos pequenos.

Equipamentos necessários
- Tocador de MP3 ou de CD
- Três diferentes seleções musicais (faça sua escolha entre uma grande variedade de estilos, como clássico, *jazz*, contemporâneo, *new age*, cultural, *blues*, *hip hop* ou *rock*)
- Quatro marcadores de lugar para cada aluno, como marcadores de borracha, saquinhos de sementes, formas de cartolina, cilindros de espuma ou argolas
- Lousa ou quadro de papel com as instruções para o mapa da dança
- Papel e creiom para o registro dos mapas da dança

Introdução e aquecimento
O foco desta experiência é fazer um mapa da dança. Esse mapa exibirá: as trajetórias, que podem ser retas, curvas, em espiral, circulares ou em zigue-zague; as diferentes formas; e os movimentos motores empregados na dança. Vocês também farão uma seleção de músicas para acompanhar sua dança.

A princípio, vamos fazer o aquecimento, com foco nas formas e nas trajetórias. Encontrem seu espaço pessoal e imaginem que estão dentro de um enorme cilindro de papel, segurando nas mãos um creiom muito grande. Comecem a desenhar trajetórias curvas. Estendam os braços para tocar pontos no alto, embaixo, nas laterais e acima de sua cabeça. Segurem o creiom com outra parte do corpo, por exemplo, o cotovelo, o nariz, o joelho ou o calcanhar, e desenhem trajetórias retas, com direção vertical, horizontal e diagonal. Vocês conseguiriam segurar o creiom com o centro das costas e desenhar trajetórias em zigue-zague? Que outras partes do corpo vocês conseguiriam utilizar para desenhar? Toda vez que me ouvirem falar a palavra "mudar", desenhem com uma parte diferente do corpo, usando uma trajetória também diferente. Pronto! Mudar, mudar, mudar e mudar. [Faça uma pausa de alguns segundos antes de ordenar a próxima mudança para outra parte do corpo.]

Agora, saiam de seu cilindro e finjam que há um enorme balde de tinta na sua frente. Pulem para dentro e para fora do balde e caminhem em uma trajetória espiralada, dentro do espaço geral. Observem se estão deixando o rastro de uma trajetória atrás de vocês. Retornem para o balde de tinta, pulem para dentro e para fora dele, e trafeguem no espaço usando outro movimento motor e uma trajetória diferente. Toda vez que eu falar a palavra "mudar", alterem o movimento e a trajetória. Pronto! Mudar, mudar, mudar e mudar. [Faça novamente uma pausa de alguns segundos antes de ordenar a próxima mudança de movimento e de trajetória.]

Na última parte do aquecimento, vocês imaginarão que são uma fita de borracha. Estendam seu corpo até a maior largura que conseguirem e mantenham essa forma estática enquanto contam 5 tempos. Vocês podem representar essa forma sentados, em pé, ajoelhados ou deitados. Agora, tentem se estender o mais alto que puderem. Desta vez, estendam-se, conservem sua forma por 5 tempos e depois, vagarosamente, contraiam a fita de borracha e a estiquem em novo formato. Movimentem-se bem devagar ao criar e desfazer suas formas. [Você pode usar um tambor para marcar a contagem com uma batida uniforme.]

Desenvolvimento
As instruções passo a passo para a execução do mapa da dança estão escritas na lousa (ver Fig. 9.13, na página 187). Nós criaremos cada etapa e, depois, vocês terão tempo para juntar todas em uma dança. Inicialmente, eu lhes darei quatro marcadores de posição. Esses marcadores vão mostrar os lugares onde vocês farão as formas congeladas de sua dança. Encontrem locais diferentes no chão para colocar cada um dos marcadores. Agora, identifiquem seus marcadores como 1, 2, 3 e 4. Fiquem em pé junto ao marcador número 1; movimentem-se, então, para o número 2; depois para o 3; e, então, para o 4. [Você pode repetir algumas vezes com os alunos o posiciona-

> Etapa 1: Represente uma forma diferente em cada um dos marcadores.
> Etapa 2: Crie trajetórias entre os marcadores.
> Etapa 3: Escolha um movimento motor para se deslocar em cada uma das trajetórias.
> Etapa 4: Combine as formas e os movimentos motores para criar sua dança.
> Etapa 5: Pratique executando sua dança.

Figura 9.13 Instruções para a dança do mapa.

mento em ordem numérica, junto aos marcadores, para ajudá-los a estabelecer uma sequência para a dança.] Esta será a ordem espacial em que vocês se movimentarão em sua dança.

Na etapa 1, vocês representarão uma forma diferente em cada marcador. Essas formas podem ser largas, altas, rente ao chão, torcidas, curvas, retas, ou uma combinação delas. Mantenham-se estáticos em cada uma das formas. Vocês podem escolher a contagem. [Conceda tempo para que os alunos criem e pratiquem as formas em cada um dos marcadores.] Quero que vocês me mostrem as formas que criaram. Esta metade da turma ficará observando e a outra fará uma apresentação. Demonstradores, comecem em seu primeiro marcador, permanecendo estáticos durante o tempo que escolheram e, em seguida, movimentem-se para cada um dos próximos marcadores. Sentem-se, quando terminarem. [Os alunos demonstram e, depois, trocam de posição com os observadores.]

Agora, vamos para a etapa 2. Criem uma trajetória entre cada par de marcadores. Vocês podem usar trajetórias retas, curvas, em zigue-zague, ou uma combinação delas. Vejam o exemplo colocado na lousa. [Mostre aos alunos o desenho do exemplo. Ver Fig. 9.14.] Testem algumas ideias e depois utilizem uma folha de papel para desenhar suas trajetórias, as quais podem ser feitas cada uma com um creiom de cor diferente. [Os alunos criam e praticam as trajetórias e, em seguida, desenham-nas como linhas de conexão entre os quatro marcadores, como mostrado no exemplo.]

A seguir, temos a etapa 3. Escolham uma forma de se deslocar em cada trajetória. Incluam um movimento motor, uma mudança de nível e uma direção para cada parte da trajetória. Vocês podem, por exemplo, caminhar lentamente para trás, com passos largos, em sua primeira trajetória; depois, deslizar para os lados em movimento rápido, até o terceiro marcador; e caminhar apoiados nas mãos e nos pés, ao se dirigirem ao quarto marcador. Não se esqueçam de exercitar suas formas ao chegarem a cada um dos marcadores. [Você ou um aluno pode demonstrar o exemplo. Os alunos praticam os movimentos de deslocamento.] Ao terminarem, escrevam em seu mapa, junto à trajetória, qual foi seu tipo de deslocamento.

Por último, vamos trabalhar a etapa número 4. Combinem as formas e os movimentos motores para criar sua dança. Representem a forma inicial no primeiro marcador e, depois, movimentem-se em sua trajetória até o segundo, fazendo, então, sua segunda forma estática. A seguir, naveguem na segunda trajetória até o terceiro marcador, parando nele com a forma congelada que vocês escolheram. E, por fim, passem do terceiro para o quarto marcador e representem sua última forma estática. Vocês gostariam de introduzir alguma modificação em sua dança? Pratiquem para que os movimentos de transição entre as formas e os movimentos de deslocamento sejam suaves. Agora, finalizem com a etapa número 5: pratiquem diversas ve-

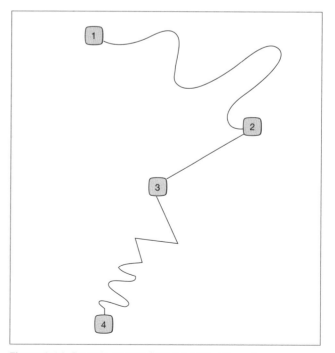

Figura 9.14 Exemplo de trajetórias fornecido pelo professor para conectar os marcadores das quatro posições.

zes sua dança completa. [Conceda tempo para os alunos praticarem e fazerem modificações na dança.] Agora, quero que todos dancem ao mesmo tempo. Tomem cuidado para não trombar com os colegas que podem cruzar sua trajetória. Prontos? Comecem na primeira forma. No final, mantenham a quarta forma congelada até que todos tenham terminado a dança. [Você pode registrar uma observação informal, com o objetivo de verificar se todos os alunos concluíram os componentes da dança.]

Dança da apoteose

Na dança final, três ou quatro alunos vão combinar suas danças individuais para criar uma nova. Vou dividi-los em grupos pequenos, e cada pessoa demonstrará sua dança para os colegas do grupo. A princípio, expliquem seu mapa para o grupo e mostrem onde vocês colocaram seus marcadores. Depois disso, apresentem sua dança. [Cada aluno do grupo dança, enquanto os outros observam.] Agora, quero que todos os componentes de cada grupo dancem ao mesmo tempo. Enquanto dançam, olhem para os colegas e observem quando outros de seu grupo estão em forma congelada e para onde estão se movimentando no espaço.

Antes de repetir a dança, seu grupo escolherá uma posição inicial no espaço para a criação de uma forma conectada de todo o grupo e decidirá a contagem de tempo que vocês permanecerão nessa forma congelada. Depois, todos discutirão e chegarão a um consenso sobre como se movimentar em conjunto para o primeiro marcador individual. É este o início de sua dança em grupo. Na sequência, todos executarão suas danças individuais. Para terminar, o grupo deverá retornar para o ponto de partida, empregando o mesmo tipo de movimento ao se deslocar e congelando-se na mesma forma grupal do início. [Os alunos trabalham de forma colaborativa na criação de uma forma grupal e na definição de um modo de se movimentar para criar essa forma e passar às danças individuais.]

A decisão final que seu grupo precisa tomar diz respeito à escolha de uma música para acompanhamento da dança. Vocês ouvirão cada uma delas, dançarão acompanhando-as e, então, escolherão a que desejam usar. Vou tocar 30 segundos de três músicas diferentes. [Toque a seleção musical duas vezes para os alunos escutarem.] Agora, vou tocá-las novamente e quero que os grupos dancem, enquanto as músicas tocam. [Os alunos executam a dança três vezes, uma para cada música.] Neste momento, depois de ouvi-las e dançar ao som de cada uma, os grupos podem fazer sua seleção musical.

Para finalizar esta experiência de aprendizagem, cada grupo dançará para os colegas observarem. Contem-nos que música vocês escolheram e tomem sua posição inicial na forma grupal. Ao ouvirem a música começar, iniciem a dança. Quando todos retornarem para a posição grupal, vou parar a música, sinalizando o final da dança. Que grupo gostaria de ser o primeiro? Depois de cada grupo dançar, os espectadores preencherão o formulário de observação do grupo (ver Fig. 9.15). Antes de iniciarem, contem-nos o motivo da opção pela música escolhida para a dança. [Cada grupo apresenta sua dança para a turma, e os observadores definem um responsável pelo

---

Nomes dos dançarinos: _____
Nomes dos observadores: _____
Escrevam três palavras que descrevam a forma inicial e a forma final do grupo.
1. _____
2. _____
3. _____
Qual foi o mesmo movimento motor que o grupo empregou no início e no final da dança?
_____
_____
Relacionem as três trajetórias diferentes empregadas na dança dos alunos que vocês observaram.
1. _____
2. _____
3. _____

Figura 9.15 Formulário de observação em grupo.

registro das observações dentro do grupo, podendo preencher juntos o formulário, ou cada aluno preenche um.] Agora, em um pedaço grande de papel, cada componente do grupo desenhará sua dança. Utilizem creions de cores diferentes para representar cada pessoa. No final, as trajetórias de cada uma das danças estarão entrecruzadas, formando um desenho. Então, prendam os desenhos individuais ao desenho do grupo e me entreguem. [Você pode exibir os desenhos em um quadro de avisos sobre mapas de dança.]

Encerramento

Pergunte aos alunos: "De que parte desta experiência de aprendizagem vocês mais gostaram? Que ideias vocês sugerem para incrementar esta experiência com a dança? Qual foi a parte mais desafiadora da aula?"

Observar

- Como os alunos empregam diferentes trajetórias e movimentos motores. Ajude-os a ampliar as escolhas feitas, de modo a variar todos os movimentos e todas as formas.
- Alunos que necessitam de ajuda para desenhar as trajetórias e escrever as palavras.
- Alunos que possam ter dificuldade para iniciar as formas e os movimentos motores. Faça perguntas orientadoras como: Em que tipo de forma você deseja começar? Em que nível você quer que sua forma esteja? De que maneiras você gostaria de se movimentar? Essas questões podem estimular ideias nos alunos, o que permite, ao mesmo tempo, que eles tomem as próprias decisões.

Como posso alterar isso?

- Reduza ou aumente o número de formas e de trajetórias.
- Os alunos podem trabalhar em pares, no processo de criação da dança.
- Os alunos podem criar histórias para acompanhamento de sua dança, individualmente ou em grupo.

- Os alunos podem ampliar seus mapas de papel, desenhando-os com giz na calçada ou no asfalto do edifício. Podem, depois, rotular os movimentos e desenhar os marcadores, para, então, movimentar-se sobre a trajetória traçada com giz.

Sugestões de avaliação

- Avaliação pelo professor e autoavaliação dos alunos – domínio cognitivo: Os alunos fazem um desenho das trajetórias usadas na dança e identificam os movimentos motores. Eles podem incluir uma descrição de cada forma e o número de tempos (resultado 1).
- Avaliação pelo professor – domínio psicomotor: Durante as apresentações, utilize uma lista de verificação para registrar se os alunos apresentaram as quatro formas e as três trajetórias, tanto na dança individual como na do grupo (resultados 1 e 2).
- Avaliação pelos pares – domínio cognitivo: Os alunos, divididos em grupos, preenchem um formulário de observação, depois de assistirem à apresentação de outro grupo (ver Fig. 9.15) (resultado 3).
- Autoavaliação dos alunos – domínio cognitivo: Antes da apresentação da dança pelos grupos, os alunos identificam qual das três opções musicais eles escolheram e explicam a razão para essa escolha (resultado 4).

Conexões interdisciplinares

- Estudos sociais: Estabeleça conexão com a área de estudos sociais colocando em discussão os objetivos dos mapas. Apresente diversos mapas nas aulas de dança.
- Matemática: Empregue a matemática para avaliar e medir a distância entre os marcadores utilizados na dança.
- Linguagem (redação): Crie uma história que descreva uma viagem imaginária ao longo das trajetórias usadas na dança.
- Música: Faça integração com a área de música falando a respeito dos diferentes estilos musicais que acompanham as danças e tocando exemplares dessas músicas para os alunos ouvirem.

Criando a sua própria dança *hip hop*

Resultados

Depois de participar desta experiência de aprendizagem, as crianças estarão aptas a:

1. Aprender e executar quatro movimentos de *hip hop* demonstrados pelos colegas, assim como aprender a executar um passo de ligação e a identificar as próprias preferências (domínios psicomotor e afetivo).
2. Criar e executar uma dança *hip hop* empregando todos os cinco movimentos (o passo de ligação e os quatro movimentos ensinados pelos colegas) e, também, introduzir uma modificação em termos de cadência e nível (domínios cognitivo e psicomotor).
3. Colaborar com seu grupo na prática e na execução da dança *hip hop* (domínios afetivo e psicomotor).

Organização

Os alunos fazem um aquecimento individual e depois trabalham em grupo de quatro ou cinco pessoas para compor, praticar e executar uma dança *hip hop*.

Equipamentos necessários

- Tocador de MP3 ou de CD
- Formulários para autoavaliação dos alunos
- Papel e marcadores para escrever os passos do *hip hop*
- Cartões de sequência de composição
- Pôsteres
- Lousa ou quadro de papel e marcadores
- Música apropriada, trazida pelos alunos

Introdução e aquecimento

Hoje, nós vamos criar uma dança *hip hop* usando movimentos sugeridos por vocês. Lembrem-se de que eu lhes pedi que recorressem a programas de televisão, vídeos *online*, revistas ou sugestões de amigos para encontrar movimentos *hip hop* que pudessem trazer para nossa aula. O dia chegou – hoje vamos utilizar suas ideias. Onde vocês assistiram a danças *hip hop*? O que acharam dos movimentos que viram? Antes de começarmos a relacionar e aprender seus movimentos, precisamos aquecer nosso corpo. Encontrem seu espaço pessoal. Quando eu disser "começar", comecem a trotar lentamente, sem sair do lugar, durante 10 segundos. Quando eu disser "parar", parem em uma forma congelada, que pode ser reta, arredondada ou torcida. Pronto? Comecem trotando devagar, parem e congelem. Em seguida, trotem em velocidade média por 10 segundos. Pronto? Começar! Parar e congelar em uma forma diferente. Agora, vocês vão trotar no lugar em uma cadência rápida. Pronto? Começar! Parar e congelar em uma forma baixa. O último trote será em alta velocidade. Pronto? Começar! Parar e congelar em uma forma alongada. Permaneçam nessa forma alongada e curvem o corpo vagarosamente para a frente; a seguir, para o lado direito e, depois, para o esquerdo. Por último, quero que vocês pratiquem um passo de ligação que será usado na dança *hip hop*. [Demonstre um passo de lado a lado e peça aos alunos que o espelhem.] Fiquem em pé, de frente para mim. Quando eu andar para a esquerda, com o pé esquerdo, vocês se deslocarão para a direita, com seu pé direito. Depois, meu pé direito se moverá para junto do esquerdo e o esquerdo de vocês irá para perto do direito. Este passo é denominado lateral. Vamos praticar a movimentação para a direita e para a esquerda. Aí vamos nós! Dar um passo, juntar; dar um passo, juntar; dar um passo, juntar; dar um passo, juntar. Excelente! Já temos, então, o passo número 1 para a dança, chamado passo de ligação.

Desenvolvimento

Agora, vamos criar os movimentos da dança. Alguém poderia demonstrar um movimento do *hip hop*? Roberto está nos mostrando um passo. Qual é o nome de seu passo? Eu o denomino cruz dupla. [Anote o nome do passo na lousa ou no quadro de papel.] Observem o Roberto e acompanhem o passo que ele está demonstrando. [Os alunos observam e praticam o passo. Desse modo, estimula-se a liderança entre os alunos, quando eles ensinam um passo.] Este será o passo número 2. [Continue solicitando aos alunos que apresentem um passo, atribuam a ele um nome e o ensinem aos colegas, enquanto você o registra na lousa e atribui a ele um número. Esse procedimento continua até que quatro alunos tenham sugerido e demonstrado seus passos.] Agora, todos vocês já conhecem os cinco movimentos do *hip hop* que empregarão na criação de sua dança. Vou dividi-los em grupos e vocês praticarão os cinco movimentos. [Os alunos são divididos em grupos de quatro ou cinco pessoas e trabalham, de forma colaborativa, para relembrar os movimentos da dança e praticá-los em conjunto.] Recorram à lista de movimentos colocada na lousa e pratiquem cada um deles. Memorizem, também, o número ao lado de cada movimento (ver Fig. 9.16, na página 191).

Entregarei agora para cada grupo um formulário em que está identificada a ordem dos passos de *hip hop* para sua dança. [Especifique uma ordem diferente para cada grupo. Se houver cinco grupos, haverá cinco sequências de passos de *hip hop*.] (Ver Fig. 9.17.) Escrevam no formulário, ao lado de cada número, o nome do passo de *hip hop* correspondente. Essa será a sequência para sua dança. Vocês podem decidir quantas vezes querem repetir cada passo antes de acrescentar o seguinte. Pratiquem a sequência com seu grupo. [Os alunos praticam os movimentos, na ordem de passos estipulada, enquanto você observa e oferece ajuda quando necessário.] A seguir, vocês precisam introduzir duas modificações à sua dança. Um dos movimentos será executado bem devagar, e o outro, em nível baixo. [Os alunos escolhem os movimentos que desejam modificar e praticam a dança com as mudanças.] Tenho mais uma parte para acrescentar à sua dança. Escolham uma forma estática inicial e uma para a finalização. Todos podem utilizar a mesma forma ou cada um empregar uma forma diferente. É dessa maneira que o grupo faz uma pose para a fotografia no começo e no final da dança. Pratiquem a dança completa, incluindo o novo início e o novo final. [Os alunos praticam diferentes formas dentro do grupo e adotam uma para o começo e outra para o encerramento da dança.]

Dança da apoteose

Agora, cada grupo apresentará sua dança para outro grupo. Vou dividi-los em pares de grupos, nos quais um será o observador e o outro, o apresentador. Depois, vocês inverterão os papéis. O grupo observador deve procurar identificar um movimento len-

1. Passo de ligação
2. Cruz dupla
3. Pulverizador
4. Pulo acompanhado de giro
5. *Body pop*

Figura 9.16 Passos e números.

to e um baixo, sinalizando aos apresentadores com os dois polegares se encontrarem os dois movimentos; com um polegar caso identifiquem apenas um deles; e nenhum, se os movimentos não forem apresentados.

Encerramento

Os alunos preenchem uma avaliação relativa ao próprio desempenho (ver Fig. 9.18) e identificam seus movimentos preferidos.

Observar

- Alunos relutantes em tentar executar os movimentos, alegando incapacidade.
- Movimentos sugeridos pelos alunos que não sejam seguros ou adequados para uma turma do ensino fundamental.
- Alunos com conhecimento prévio de *hip hop* que possam atuar como líderes para ajudar os colegas.

Grupo 1	
Sequência dos passos	Passo de *hip hop*
5	*Body pop*
3	Pulverizador
2	Cruz dupla
4	Pulo acompanhado de giro
1	Passo de ligação
Grupo 2	
Sequência dos passos	Passo de *hip hop*
3	Pulverizador
1	Passo de ligação
4	Pulo acompanhado de giro
2	Cruz dupla
5	*Body pop*

Figura 9.17 Formulário de registro da sequência na composição.

Autoavaliação dos alunos em relação aos passos de *hip hop*

Nome: _____

Classifique seu desempenho nos seguintes passos. Relacione os passos na coluna da esquerda. Responda às duas perguntas apresentadas no final do formulário.

Nome do passo	Sou excelente. Esse passo foi fácil para mim.	Ainda estou trabalhando para aprender a executar esse passo corretamente. Consigo fazer bem apenas parte dele.	Não consegui executar esse passo hoje. Preciso praticar mais.
Passo de ligação			

Qual foi o passo que você mais gostou de executar hoje? Por quê?

Sugira uma modificação para um dos passos, de modo a deixá-lo melhor.

Figura 9.18 Autoavaliação dos alunos.

Como posso alterar isso?

- Os alunos podem aumentar ou reduzir o número de passos da dança.
- Exiba um vídeo – em DVD ou *online* – de movimentos apropriados de *hip hop*, dentre os quais os alunos possam escolher os que desejam utilizar na dança.
- Peça aos alunos que tragam músicas adequadas para o uso em um ambiente escolar.
- Os alunos podem definir a própria sequência para os movimentos de sua dança.
- Os alunos podem incluir apresentações individuais, que sejam variações dos movimentos escolhidos. Por exemplo, para variar o passo de ligação eles podem incluir acenos com os braços acima da cabeça ou uma torção do corpo em cada passo.
- Os alunos podem acrescentar um acessório à dança, como uma bola, uma argola, uma echarpe, ou outro equipamento de fácil manipulação.

Sugestões de avaliação

- Autoavaliação dos alunos – domínios afetivo e psicomotor: No final da experiência de aprendizagem, os alunos preenchem um formulário em que descrevem o próprio desempenho em cada passo. Além disso, eles indicam o movimento que mais gostaram e o que menos gostaram de executar, justificando a escolha (ver Fig. 9.18) (resultado 1).
- Avaliação pelos pares – domínio cognitivo: Os alunos preenchem um formulário de avaliação dos pares depois de observar o desempenho do grupo e identificam se a dança apresentada pelo grupo empregou cadência lenta e nível baixo (resultado 2).
- Avaliação pelo professor – domínios afetivo e psicomotor: Observe como os alunos organizam e praticam a dança. Utilize uma lista de verificação para registrar suas observações (ver Fig. 9.19, na página 193) (resultado 3).

Conexões interdisciplinares

- Artes visuais: Os alunos podem criar um pôster, utilizando letras ou figuras de grafites para acompanhar a dança.
- Artes cênicas: Os alunos podem criar vestimentas, usando echarpes ou peças do próprio vestuário, como chapéus, casacos com capuz, luvas ou cintos.

Observação do professor na dança *hip hop*

Nome do grupo:

Critérios	Observado	Não observado	Comentários
O grupo incluiu todos os 5 movimentos em sua dança.			
Os membros do grupo entraram em acordo quanto ao passo com mudança de cadência e ao passo com mudança de nível.			
O grupo criou uma forma inicial e uma final.			
O grupo manteve o foco e praticou os movimentos.			
Os membros do grupo estimularam os colegas.			

Figura 9.19 Avaliação do professor por meio de observação.

- Música e linguagem: Os alunos podem criar um *rap* com rimas para acompanhar a dança, ou utilizá-lo para apresentar os dançarinos ou a própria dança.
- Matemática e música: Os alunos podem acrescentar tempos a cada passo e depois fazer a soma total dos tempos da dança.
- Estudos sociais: Os alunos podem buscar informações sobre a origem de danças como *hip hop*, *break*, *crumping*, *B-boys* ou *B-girls*.

Museu das figuras bizarras

Resultados
Depois de participar desta experiência de aprendizagem, as crianças estarão aptas a:
1. Criar e executar diversas formas estáticas com emprego de níveis, amplitude, direção e suporte de diferentes partes do corpo (domínios cognitivo e psicomotor).
2. Observar e reproduzir diversas formas criadas pelos colegas (domínio psicomotor).
3. Movimentar-se entre esculturas estáticas, empregando movimentos motores em cadências lenta e rápida (domínio psicomotor).

Organização
Os alunos vão criar e praticar as formas individualmente e, depois, trabalhar em pares ou em grupos pequenos para criar formas grupais.

Equipamentos necessários
- Tocador de MP3 ou de CD
- Música com cadência lenta
- Música com cadência rápida

Introdução e aquecimento
Hoje, faremos uma visita a um museu imaginário de figuras bizarras. Todos vocês terão a oportunidade de ser uma das figuras e um visitante do museu. Alguém já esteve em um museu e viu esculturas estáticas? Sim, Matt diz que já visitou o Museu de Arte da Filadélfia e viu uma escultura de metal feita com peças de automóveis antigos. Matt, você poderia representar com seu corpo, ou com parte dele, a forma observada nessa escultura? [O aluno demonstra o que observou. Peça a um ou dois alunos que falem a respeito de uma escultura que tenham visto.] Agora, vamos fazer um aquecimento denominado "grudar como cola". Quando eu disser "começar", vocês darão saltos para a frente em qualquer trajetória. Quando eu disser "grudar como cola", vocês se conectarão com dois ou três de seus colegas. Eu direi qual é a parte do corpo que vocês vão empregar para se grudar. Prontos? Grudar como cola, com seus cotovelos. Pronto! Agora, saltem em uma trajetória reta. Grudar como cola, com o joelho. Desta vez, saltem para trás. Grudar como cola, com cinco dedos do pé e um dedo da mão. Agora, saltem em uma trajetória curva, balançando os braços na maior amplitude que conseguirem. Grudar como cola, com um ombro e em uma forma reta. Saltem e façam um giro. Grudar como cola, ficando uma pessoa em forma arredondada e a outra em forma larga. Última vez; saltem e batam palmas. Grudar como cola em uma forma retorcida e conectada por meio de três partes do corpo.

Desenvolvimento
Agora, vocês criarão diversas formas bizarras. Encontrem seu espaço pessoal. Eu direi o nome de uma forma e vocês terão dois segundos para fazer rapidamente uma representação dela, com seu corpo. Fiquem em seu espaço pessoal. Prontos? Forma larga, como um pedaço esticado de chiclete. Mantenham-na congelada. Muito bom! Façam uma forma semelhante a uma peça de roupa jogada no chão; pronto! Agora, uma forma que lembre um lápis com a ponta quebrada. [Continue a fazer sugestões de formas, como as da lista a seguir.]

- Uma bola de basquete murcha
- Uma letra de seu nome
- Um balão gigante, prestes a estourar
- Uma panqueca achatada
- Um pedaço de chiclete grudado no sapato
- Uma mochila pesada de um dos lados
- Um tênis enorme e desamarrado

Vou, então, organizá-los em grupos de quatro ou cinco pessoas. Um dos membros do grupo será o narrador, responsável por dizer aos colegas qual é a forma bizarra, e os outros a representarão. Cada aluno fará duas vezes o papel de narrador. [Os alunos são divididos em grupos e cada pessoa sugere uma forma para o grupo representar.]

Dança da apoteose
Para nossa dança final, metade da classe fará o papel de escultura do museu de figuras bizarras, e a outra metade, o de visitantes. [Atribua os papéis de escultura e visitante.] A princípio, as esculturas devem encontrar seu espaço pessoal e representar uma das formas que eu sugeri ou que vocês tenham feito em seus grupos. Mantenham essa forma congelada. A seguir, os visitantes vão empregar um movimento motor para se deslocarem ao redor e entre as esculturas. Eles devem fazer uma parada na frente de uma figura, reproduzi-la exatamente como é, mantendo-a estática por 8 tempos, e depois passar para outra. Chris, mostre para a turma o que você fará como visitante. [O aluno representa o papel de visitante para deixar clara a tarefa.] Pronto! Visitantes, saltem enquanto percorrem o museu. [Observe os alunos enquanto eles se movimentam entre as esculturas e representam as formas.] Ótimo! Agora, os visitantes e as

esculturas vão inverter os papéis. Desta vez, os visitantes vão se deslocar trotando em velocidade média. Pronto? Começar! Agora parem e invertam os papéis novamente. Os visitantes vão se movimentar desta vez em câmera lenta pelo museu. É como se o tempo dentro do museu estivesse distorcido. As esculturas vão, então, passar vagarosamente para outra forma, depois de um visitante a ter reproduzido durante 8 tempos. Elas precisam mudar após a passagem de cada visitante por elas. Vou tocar uma música lenta para ajudá-los a se moverem bem devagar. [Os alunos executam a nova parte da dança e, em seguida, você anuncia a troca de papéis.]

Na última dança, os visitantes movimentam-se pelo museu o mais rapidamente que conseguirem e, ao pararem ao lado de uma escultura, ficarão estáticos. Com isso, a escultura ganha vida e assume o papel de visitante, que, por sua vez, passa a ser a escultura. Dessa maneira, visitantes e esculturas trocarão de lugar ao longo de toda a dança. Tocarei uma música rápida para essa parte final. Prontos? Vamos, então!

Encerramento

Quem poderia nos mostrar uma forma que tenha criado e nos contar o que ela representa? [Peça a diversos alunos que compartilhem suas formas com a turma.]

Observar

- Situações em que os alunos, dentro de um grupo, estejam fazendo sugestões de formas e não conseguem encontrar palavras para se expressar, requerendo, portanto, que você lhes forneça dicas.
- Alunos que necessitam ser alertados quanto à necessidade de se movimentarem lentamente. Aconselhe-os a tentarem sentir quão devagar conseguem mover os músculos.
- Alunos que se movimentam muito depressa e são incapazes de parar rapidamente sem cair ou se chocar com as esculturas.

Como posso alterar isso?

- Empregue uma categoria de formas para o museu, como jogadores de basquetebol, personagens de desenho animado, monstros ou máquinas.
- As esculturas podem passar a fazer, simultaneamente ao congelamento, movimentos não motores com partes do corpo.
- Os visitantes podem fingir que tiram fotos das esculturas e depois reproduzem a forma.
- Os visitantes podem mudar a mão da escultura para um formato diferente.
- Associe uma história à dança. Por exemplo, os visitantes adormecem no chão do museu e as esculturas ganham vida e dançam ao redor deles, reproduzindo a forma em que eles estão dormindo. Na sequência, quando os visitantes acordam, as esculturas estão de volta para suas posições originais.

Sugestões de avaliação

- Avaliação pelo professor – domínios cognitivo e psicomotor: Empregue uma lista de verificação para registrar se os alunos são capazes de criar uma forma corporal e mantê-la estática por 8 tempos (resultado 1).
- Avaliação pelos pares – domínio psicomotor: Enquanto os visitantes reproduzem a forma das esculturas, estas observam se essa reprodução está correta e dizem: "OK", se a forma estiver correta; ou "Fazer novamente", em caso contrário (resultado 2).
- Autoavaliação dos alunos – domínio psicomotor: Os alunos avaliam se foram capazes de se movimentar devagar e depressa, mantendo o controle corporal. No final da experiência de aprendizagem, peça a eles que indiquem com os dois polegares levantados se conseguiram se mover lenta e rapidamente sem cair ou se chocar com outro visitante ou com as esculturas. Um polegar para cima indica que eles caíram ou se chocaram com outra pessoa ou uma escultura (resultado 3).

Conexões interdisciplinares

- Artes visuais: Peça ao professor de artes visuais sugestões de livros sobre escultura e apresente-os para a turma.
- Artes visuais e linguagem: Os alunos podem desenhar uma forma que tenham criado, ou redigir uma descrição dessa forma.
- Linguagem: Os alunos podem criar uma história para contar o que acontece com sua escultura quando o museu é fechado, à noite.

Figuras de palito ganham vida

Resultados
Depois de participar desta experiência de aprendizagem, as crianças estarão aptas a:
1. Reproduzir o desenho de uma figura formada de palitos e demonstrar essa forma com seu corpo (domínio psicomotor).
2. Executar a dança empregando a descrição sequencial das figuras selecionadas e da transição entre elas (domínio psicomotor).
3. Trabalhar em pares ou em grupos pequenos para escolher as figuras de palito, ordená-las em uma sequência de dança, criar uma formação e praticar e apresentar a dança (domínios afetivo, cognitivo e psicomotor).

Organização
Os alunos dançam individualmente e, depois, com um parceiro ou em um grupo pequeno.

Equipamentos necessários
- Desenhos, em cartolinas, de figuras formadas de palitos, sendo cada uma delas em uma cartolina separada (ver Fig. 9.20)
- Folhas com desenhos de figuras formadas de palitos, nas quais existam 14 figuras em um dos lados e um espaço para os alunos desenharem uma figura (ver Fig. 9.21, na página 198)
- Uma descrição esquematizada da dança no outro lado da folha com figuras (ver Fig. 9.22, na página 199)

Introdução e aquecimento
Hoje, vocês se transformarão em figuras formadas de palitos e criarão uma dança que pula para fora da folha de papel. Para o aquecimento, vamos fazer o alfabeto aeróbico. Esse tipo de aquecimento emprega movimentos motores e letras do alfabeto. Comecem trotando através do espaço. Quando eu disser "parar", escutem a letra que vou falar e representem-na com seu corpo. Pronto! Movimentar! Parar! Façam uma letra maiúscula que contenha somente linhas retas. [Os alunos mantêm a forma estática por 5 segundos e, então, você repete o sinal de movimentar. A seguir, está uma lista de tarefas para as formas de letras.]
- Uma letra minúscula e curva.

Figura 9.20 Figuras feitas de palito fornecidas pelo professor para os pôsteres.

- Uma letra deitada sobre o chão.
- Uma letra existente no nome da escola. Agora, encontrem um modo de torcer essa letra.
- Uma letra contendo uma linha reta e uma curva.
- A primeira letra de seu nome. Encontrem uma forma de fazer essa letra se locomover no espaço.
- Representem duas letras diferentes com seu corpo, ao mesmo tempo.
- Encontrem um parceiro e, juntos, formem uma letra.
- Quatro ou cinco pessoas se ajuntam e formam uma palavra; cada pessoa deve ser uma letra. Tentem fazer essa representação deitados no chão.

Desenvolvimento

Nesta parte da aula, mostrarei a vocês uma figura formada com palitos que está desenhada em uma cartolina, e vou pedir que reproduzam essa figura com seu corpo. Pronto? Aqui está a primeira figura. (Mostre os desenhos apresentados na Fig. 9.20 da página 196 e acrescente a cada figura as tarefas a seguir. Depois, pendure a cartolina na parede.)

- Figura 1. Agora, quero que vocês girem vagarosamente o corpo, mantendo essa forma.
- Figura 2. Vocês conseguiriam trocar a forma dos braços? Tentem fazê-lo algumas vezes e depois aumentem a velocidade.
- Figura 3. Mostrem-me se vocês conseguem curvar o corpo lentamente e estender a perna de apoio. Tentem fazer a mesma forma com o outro pé.
- Figura 4. Tentem acrescentar uma torção a essa forma. Agora, virem ao contrário, de modo que a frente de seu corpo fique voltada para o chão, e acrescentem uma torção.
- Figura 5. Encontrem um modo de fazer essa forma balançar para a frente e para trás e, depois, de um lado para o outro.
- Figura 6. Mantenham-se imóveis, mexendo apenas a cabeça. Agora, parem, e movimentem apenas uma perna. Agora, só um braço.
- Figura 7. Congelem a figura durante 5 tempos e depois corram, pulem e congelem a figura novamente. Repitam esse exercício algumas vezes, ficando, em cada figura, voltados para uma parede diferente.
- Figura 8. De que maneira esta figura poderia se deslocar no espaço? Tentem encontrar outra maneira de fazê-lo e, depois, mais outra.

Agora, eu os dividirei em pares, ou em grupos de três pessoas, e lhes entregarei uma folha (ver Fig. 9.21, na página 198) contendo diversas figuras e um espaço vazio, onde vocês podem desenhar sua própria figura, se desejarem. [Forme os pares ou grupos e distribua as folhas com as figuras.] Aqui estão outras instruções. Inicialmente, cada par, ou grupo, terá 3 minutos para tentar reproduzir tantas figuras quantas conseguir. Comecem com a figura do canto superior esquerdo e continuem através da página, na mesma sequência em que vocês leem um texto. Mantenham estática cada uma das formas por 5 tempos. [Os alunos praticam, enquanto você circula entre eles e os ajuda quando necessário.] Muito bom! Agora, aqui está a próxima parte das instruções. Escolham quatro figuras de palito diferentes e escrevam embaixo de cada uma a ordem em que gostariam de apresentá-las. Essa ordem pode seguir a linha horizontal ou vertical, ou ser aleatória. Pratiquem, então, a representação de cada forma. [Os alunos escolhem as formas e uma sequência, e praticam.] Vocês estão indo muito bem. Posso ver a grande semelhança entre as figuras e a forma do corpo de vocês. Agora, vou dar a última parte das instruções, para a finalização da dança. A primeira forma é o início de sua dança, e ela será transformada na segunda através de um movimento em câmera lenta, muito vagaroso. É como se a primeira forma se derretesse, e ressurgisse a segunda configuração. Quero que todos tentem esta parte da dança. Fantástico! Foi realmente muito lento e controlado. Agora, façam a terceira forma o mais depressa que conseguirem. Pronto? Executar! Pratiquem começando com a forma número 1, transformando-a vagarosamente na número 2 e, depois, bem depressa, na de número 3. [Os alunos praticam, enquanto você circula entre eles e faz comentários sobre o controle corporal e a acuidade da reprodução das figuras com o corpo.] Em seguida, façam a terceira forma se deslocar no espaço e, depois, derreter-se sobre o chão e ressurgir na forma 4, que é o final de sua dança. Vocês podem decidir por quanto tempo desejam manter cada uma das formas, assim como qual movimento motor querem utilizar para se deslocar no espaço. Eu coloquei na parte posterior de sua folha uma lista com a descrição esquematizada da dança (ver Fig. 9.22, na página 199). [Enquanto os alunos praticam, verifique se eles executam todo o esquema da dança.]

Dança da apoteose

Agora, chegou a hora da apresentação das figuras de palito que ganham vida. Vou reunir, dois a dois, os grupos de vocês e um deles se apresentará em primeiro lugar. Os alunos mostrarão aos observadores as quatro figuras de palito que escolheram

Figura 9.21 Folha dos alunos com figuras feitas de palito.

para a dança e, depois, farão sua apresentação. Na sequência, os demais grupos se apresentam.

Encerramento

Reúna os alunos e pergunte se alguém desenhou sua própria figura de palito e a utilizou na dança. Em caso afirmativo, peça que demonstre essa figura. Em caso contrário, aponte para as figuras desenhadas na folha e solicite aos alunos que levantem as mãos se tiverem usado essa figura na dança que criaram.

Observar

- Alunos que necessitam de ajuda para reproduzir com o corpo a figura de palito desenhada no papel. Eles podem começar com figuras simétricas e depois passar para as assimétricas.
- O desempenho dos alunos ao fazerem as transições em movimentos lentos e rápidos. Antes de incluir essa atividade na dança, eles podem praticar enquanto fazem o aquecimento.

Como posso alterar isso?

- Os alunos desenham as próprias figuras de palito.
- Substitua as figuras de palito por fotos de pessoas em diversas poses.
- Peça aos alunos que tirem fotos deles próprios em diversas poses e as utilizem no lugar das figuras de palito.

Sugestões de avaliação

- Avaliação pelo professor – domínio psicomotor: Observe a acuidade dos alunos ao reproduzirem as figuras dos pôsteres. Se tiverem dificuldade, repita o pôster com uma demonstração feita por alunos que conseguiram realizar a tarefa corretamente (resultado 1).
- Avaliação pelo professor – domínio afetivo: Observe os alunos enquanto trabalham de forma colaborativa, em duplas ou em grupos pequenos, para executar a descrição esquematizada da dança. Verifique o desempenho de cada grupo e explique outra vez as instruções, quando necessário (resultado 3).
- Autoavaliação dos alunos – domínio cognitivo: Os alunos colocam uma marca ao lado de cada item da descrição esquematizada da dança (ver Fig. 9.22), indicando se completaram o processo, desde a escolha até a execução (resultado 3).
- Avaliação pelos pares – domínio psicomotor: Os alunos observam a apresentação de seus colegas e empregam um conjunto de cartas de baralho para exibir sua avaliação. Os observadores compartilham as cartas de 1 a 10 dentro de um conjunto, como copas, ouros, espadas ou paus. Eles assistem à apresentação, observando se as formas foram mantidas estáticas e se as transições de uma forma para outra ocorreram de maneira nítida. Ao final da apresentação, eles levantam uma carta de 1 a 10 para indicar sua nota (resultado 2).

1. Permaneça na forma da figura 1 para o início da dança.
2. Use movimentos lentos na passagem da figura 1 para a 2.
3. Use movimentos rápidos na passagem para a figura 3.
4. Movimente-se no espaço na forma da figura 3.
5. Pare e deixe a figura 3 se derreter.
6. Assuma lentamente a forma da figura 4.
7. Mantenha a forma da figura 4 congelada, para a finalização da dança.

Figura 9.22 Descrição esquematizada da dança das figuras de palito que ganham vida.

Conexões interdisciplinares

- Artes visuais: Peça ao professor de artes que ajude os alunos a desenhar diversas figuras de palito, em várias posições.
- Linguagem (redação): Os alunos escrevem uma palavra que descreva a forma de uma figura de palito.
- Matemática: Os alunos criam figuras de palito que representem letras e números.

Apêndice
Mais experiências de aprendizagem

Flutuar e socar

Resultados
Depois de participar desta experiência de aprendizagem, as crianças estarão aptas a:
1. Movimentar-se empregando ações de esforço de flutuação e socos (Laban, 1976).
2. Movimentar-se fazendo uso direto e indireto do espaço, peso intenso e leve, e cadência rápida e lenta.
3. Criar uma dança constituída de movimentos de flutuação e socos.

Organização
Os alunos trabalham primeiro individualmente e, depois, em pares.

Equipamentos necessários
- Uma lista de ações de esforço (ver Fig. 1)
- Instrumentos de percussão (tambor e triângulo ou gongo)
- Música lenta e leve para os movimentos de flutuação, e música forte e rápida para os movimentos de soco

Introdução e aquecimento
Hoje, dançaremos empregando dois modos opostos de realizar movimentos. Um deles é um movimento forte e rápido, como um soco direto. O outro modo é um movimento leve e lento, como uma flutuação indireta. Socar e flutuar são duas das oito ações de esforço listadas na lousa. Cada uma das oito ações

Ações de esforço	Cadência	Espaço	Peso
Torcer	Lento	Indireto	Intenso
Pressionar	Lento	Direto	Intenso
Deslizar	Lento	Direto	Leve
Flutuar	Lento	Indireto	Leve
Movimento brusco	Rápido	Indireto	Leve
Rasgar	Rápido	Indireto	Intenso
Socar	Rápido	Direto	Intenso
Tocar de leve	Rápido	Direto	Leve

Figura 1 Ações de esforço.

de esforço usa espaço, ritmo e peso de maneiras diferentes, fato que as torna tão interessantes. [O professor pode falar sobre e demonstrar cada uma das ações de esforço.]

Vamos começar o aquecimento correndo por uma trajetória reta durante 8 tempos e, em seguida, permanecendo imóveis em uma determinada forma por mais 8 tempos. [Tocar o tambor ou o instrumento de percussão.] Tentem correr novamente e, então, fiquem imóveis assumindo outra forma. [Os alunos repetem várias vezes este padrão de 8 corridas e imobilização.] Em seguida, eu tocarei o triângulo e, a cada toque, vocês irão alongar lentamente o corpo durante 6 tempos. Comecem com o braço direito por 6, depois o braço esquerdo e, por fim, ambos os braços. Inclinem o corpo para a frente e alcancem os joelhos por mais 6 tempos e, então, inclinem o corpo para o lado direito e, depois, para o lado esquerdo. Movam-se de forma lenta e leve. Repitam a sequência de alongamento mais uma vez. [O professor toca o triângulo e conta até 6 para cada alongamento.]

Desenvolvimento

Hoje, nós começaremos criando movimentos de soco. Este movimento usará diretamente o espaço, ou seja, segue uma trajetória reta do início ao fim. Um movimento de soco emprega peso intenso e velocidade rápida. Descubram um meio de realizar o movimento de soco com as mãos, a cada batida do tambor. [Toque o tambor de 8 a 10 vezes.] Desta vez, façam o soco seguir direções diferentes: para cima, para baixo, para o lado, para a frente e para trás. [Toque o tambor novamente de 8 a 10 vezes.] Agora, alternem os socos com a mão direita e a esquerda, dando um soco em cada direção. [Toque o tambor de 8 a 10 vezes.] Quais são as outras partes do corpo capazes de executar um movimento de soco? Sim, a cabeça, pé, quadril, joelho, ombro, tórax. A cada batida do tambor, tentem fazer um movimento de soco usando uma parte diferente do corpo. [Toque o tambor de 8 a 10 vezes.] Como vocês poderiam fazer o corpo todo executar um movimento de soco? Experimentem fazer outro movimento de soco com o corpo inteiro e, depois, mais outro. [Toque o tambor de 8 a 10 vezes.] Criem uma dança com socos breves, em seu espaço pessoal, usando duas partes diferentes do corpo e duas direções distintas, seguindo este padrão. Soco... soco... soco, soco, soco. Soco... soco... soco, soco, soco. Agora vamos juntar tudo. Prontos? [Toque o tambor no ritmo, enquanto os alunos criam e praticam suas danças.] Vamos compartilhar as danças do soco. Metade da classe nos mostrará suas danças, enquanto a outra metade ficará observando. Em seguida, nós invertemos os papéis. Os apresentadores precisam estar seguros quanto ao uso de diferentes partes do corpo e direções. Após a apresentação, os espectadores descreverão as partes do corpo e direções que observaram.

A segunda ação de esforço que exploraremos será a flutuação. Neste tipo de movimento, o espaço, cadência e peso são usados de forma oposta ao soco. O espaço para a flutuação é indireto, ou seja, o movimento vagueia pelo espaço interposto entre o começo e o fim. O peso é leve, suave e simples, enquanto a velocidade é lenta e constante. Comecem a flutuação usando os braços. Deixem seus braços flutuarem para cima e para baixo a cada batida no triângulo; primeiro o direito e depois o esquerdo. [Toque o triângulo uma vez para cada movimento.] Tentem fazer os movimentos de flutuação usando outras partes do corpo. Vejam se conseguem fazer a cabeça se mover lenta e levemente. Agora, use um pé, um joelho, a coluna dorsal, os ombros e os cotovelos. Usem o corpo todo para flutuar e passear pelo espaço. Mantenham a cadência lenta e a energia leve. Mudem os níveis e direções, enquanto estiverem flutuando pelo espaço. Agora, eu tocarei uma música leve e lenta. Quero que vocês criem uma dança da flutuação composta por quatro partes. Vocês começarão a partir de uma forma imóvel. Em seguida, diferentes partes do corpo flutuarão em seus espaços pessoais e, então, vocês flutuarão passeando pelo espaço geral e terminarão a dança assumindo outra forma estática. Vocês poderão escolher a contagem de cada uma das partes da dança. Experimentem suas danças algumas vezes e incluam modificações a cada vez.

Dança da apoteose

Agora, cada aluno criará uma dança breve, combinando os movimentos de soco e flutuação. As suas danças seguirão esta sequência: soco, flutuação, soco. [Mostre aos alunos a sequência escrita na lousa.] Decidam quais partes do corpo usarão, a direção dos movimentos e o nível destes movimentos. Vocês usarão 4 batidas para cada palavra. Lembrem-se que o soco é forte, rápido e direto, enquanto a flutuação é leve, lenta e indireta. [Os alunos criam e praticam suas danças, enquanto você observa.]

Desta vez, criem suas próprias sequências combinando soco e flutuação. Escolham três ou quatro movimentos para suas sequências. Eu escrevi dois exemplos na lousa: flutuação, soco, soco ou soco, soco, flutuação. Vocês podem usar estes exemplos ou criar suas próprias sequências. Enquanto estiverem praticando suas sequências, tenham uma noção clara de como usar o espaço, cadência e peso na execução dos movimentos de soco e flutuação. Sintam as diferenças de cadência e peso dos movimentos. [Os alunos criam e praticam suas danças.]

Em seguida, cada aluno apresentará sua dança para outro aluno. Quando vocês fizerem a apresentação, comecem e terminem a dança com calma, para que o início e o fim sejam nítidos para o espectador. Os observadores dirão aos apresentadores a sequência de movimentos de soco e flutuação, bem como identificarão as direções e níveis usados na dança. Eu designarei a vocês um ou mais parceiros para a apresentação e observação. [Os alunos observam e fazem apresentações uns para os outros.]

Agora, vocês ensinarão suas danças para seus parceiros. [Os alunos dedicam alguns minutos a ensinar e aprender as danças.] Em seguida, vocês devem unir as duas sequências em uma sequência longa. A sequência de um parceiro será a primeira e a sequência do outro parceiro virá em seguida. Vocês precisam decidir se apresentarão a sequência de dança longa posicionados frente a frente, de costas um para o outro, de lado ou um na frente do outro. Vocês podem mudar estas relações durante a dança. Pratiquem a dança várias vezes, para que possam executá-la em uníssono. [Os alunos praticam suas danças.] Agora, vocês apresentarão suas danças para outro conjunto de parceiros e, então, inverterão os papéis.

Encerramento

Peça aos alunos para descreverem como os movimentos de soco e flutuação são sentidos nos músculos do corpo. Quais imagens os alunos podem usar para descrever como se sentem ao executarem os movimentos de soco e flutuação? Por exemplo, é possível que digam: "Quando dou um soco usando o quadril, sinto __", ou "Flutuar me lembra __".

Observar

- O uso seguro da ação de esforço, quanto ao modo como o espaço, cadência e peso são usados.
- O modo como os alunos demonstram a ação de esforço com diferentes partes do corpo.
- As diversas formas criadas pelos alunos para passear empregando a ação de esforço.
- As transições suaves entre as ações de esforço.
- As diversas estratégias usadas pelos alunos ao ensinarem suas sequências uns para os outros. Como eles empregam as palavras e demonstrações ao ensinarem?

Como posso alterar isso?

- Use outras ações de esforço de Laban: pressionar, movimento súbito, deslizar, rasgar, bater de leve e torcer.
- Depois de os alunos estarem familiarizados com várias ações de esforço, eles poderão criar danças usando pelo menos três ações de esforço diferentes. Por exemplo, eles podem escolher entre socar, fazer movimentos bruscos e pressionar.

Sugestões de avaliação

- O professor observa cada aluno executar sua sequência. Os critérios são a inclusão de uma sequência composta por três partes; transições suaves; e mudança nítida de cadência, peso e espaço em cada uma das três partes.
- Os parceiros observadores avaliam uma apresentação das sequências combinadas (ver Fig. 2).
- Os alunos escrevem sobre as partes da dança de sequências combinadas que consideraram difícil ou fácil de aprender.

Conexões interdisciplinares

- Faça a conexão com conceitos científicos, considerando o modo como o peso é exercido. Como os esforços de Laban (1976) são aplicáveis ao movimento funcional, como acender a luz e se vestir?
- Use uma música que expresse as qualidades dos esforços de Laban. Quais partes da música expressam ou fazem você lembrar de flutuação ou socos?

Critérios: Ambos os dançarinos lembraram da sequência.
Rubrica: Ótimo = ambos lembraram tudo.
   Bom = precisam praticar mais.
Critérios: Os dançarinos se apresentaram em uníssono.
Rubrica: Ótimo = eles permaneceram juntos o tempo todo.
   Bom = precisam praticar mais.

Figura 2 Ferramenta de avaliação para flutuação e soco.

Bolhas

Resultados
Depois de participar desta experiência de aprendizagem, as crianças estarão aptas a:
1. Demonstrar o significado de palavras através do movimento.
2. Desenvolver uma dança breve empregando uma sequência de movimentos que enfatizem cadência, peso, forma, amplitude e níveis.

Organização
Os alunos se movem individualmente no começo da experiência e, em seguida, formam grupos pequenos de três ou quatro componentes para a criação de danças.

Equipamentos necessários
- Lousa ou uma folha de papel grande, onde deverão ser listadas palavras do vocabulário que descrevem as características de uma bolha, como "cintilar", "explosão", "flutuação", "círculo", "conectado", "borrifo", "alongada", "estouro" e "brilho" [Os alunos também podem desenvolver a lista de palavras descritivas.]
- Tocador de MP3 ou de CD
- Música (qualidades de força e leveza)
- Um tambor ou instrumento de percussão
- Recipiente de bolhas
- Papel e lápis

Introdução e aquecimento
Nós criaremos uma dança sobre as formas e os movimentos das bolhas. Alguns movimentos serão lentos e leves, rápidos e fortes, e rápidos e leves. O aquecimento incluirá movimentos que mostrem estas qualidades. Haverá três áreas de aquecimento com um líder em cada uma delas (ver Fig. 3). Organizarei a classe em três grupos. Cada grupo começará em uma das áreas de aquecimento e, após 1 minuto, passará à área seguinte. O líder improvisará movimentos que refletem a qualidade do movimento de sua área e o grupo deverá segui-lo. Os movimentos de aquecimento serão não locomotores, como inclinação, alongamento, contorção, alcance, balançar, sacudir, rebolar ou girar. A primeira área de aquecimento, liderada pela Kate, é a área de movimentos lentos e leves. Nesta área, a Kate realizará apenas movimentos lentos e leves e seu grupo a seguirá. A segunda área, liderada por Tahreem, é a de movimentos rápidos e fortes. Por fim, a terceira área, liderada pela Anna, é a de movimentos rápidos e leves. [Defina os três grupos, toque a música por 1 minuto e, em seguida, faça os grupos passarem à próxima área. Este processo é repetido até que todos tenham visitado todas as áreas. Os líderes não mudam de área.]

Desenvolvimento
Eu soprarei as bolhas e quero que vocês observem as formas e movimentos. Agora, contem o que vocês observaram. Eu farei uma lista de palavras que descrevem as formas e os movimen-

Figura 3 Três áreas de aquecimento com um líder em cada.

tos das bolhas. [Escreva as palavras sugeridas pelos alunos na lousa.] Olhem a lista de palavras que descrevem as bolhas. Hoje, nós criaremos movimentos que expressam cada uma destas palavras. Mais adiante, vocês escolherão três ou quatro palavras e criarão uma dança.

Vamos começar com "cintilar". Como vocês expressariam a palavra "cintilar"? [Maria diz: "Eu me moveria assim, sacudindo um pouco o corpo todo".] Os movimentos de Maria são pequenos, leves e rápidos. Agora, cada um de vocês tem que descobrir um jeito de fazer o corpo todo cintilar, usando movimentos bem pequenos, leves e rápidos. Façam apenas uma parte do corpo cintilar, enquanto o restante dele permanece imóvel. Tentem fazer o mesmo com outra parte do corpo. Comecem fazendo o movimento de cintilar com os pés, então, deixe-o subir para as pernas, cintura, tórax, braços e cabeça. Vocês conseguem cintilar mudando de altura? Comecem deitados no chão e mudem de posição, levantando-se enquanto continuam a cintilar.

A palavra seguinte é "explosão". Qual tipo de peso vocês usariam para expressar a palavra "explosão"? [Kevin responde: "Muito forte. Você faria um movimento grande e rápido, como fogo de artifício."] Em seu espaço pessoal, descubram uma forma de fazer suas mãos mostrarem um movimento de explosão. Agora, explodam com ambos os braços ao mesmo tempo. Experimentem usar o corpo todo, expressando como é a sensação de explodir. Lembrem-se de manter o movimento forte. Acrescentem um salto a sua explosão. Movam-se para trás, para a frente ou para os lados, enquanto explodem. Experimentem explodir a uma altura mais baixa e, depois, em uma altura maior. Vocês conseguiriam girar e explodir?

Agora, vamos explorar a palavra "flutuar". Usando peso leve e cadência lenta, comecem a flutuar embaixo e fracamente, para, então, flutuarem cada vez mais alto e amplamente, voltando em seguida para a flutuação baixa e fraca. Tentem flutuar fazendo formas alongadas com o corpo. Experimentem fazer diferentes formas ao flutuarem leve e lentamente. Deixem as formas flutuarem pelo espaço. Acrescentem um giro aos movimentos de flutuação.

A próxima palavra é "estouro". Experimentem saltitar e pular para expressar um estouro. Tentem saltitar três vezes, fazendo formas com os braços acompanhando os saltos. Agora, experimentem dar dois pulos fortes e fazer uma forma diferente com os braços acompanhando os pulos. Combinem três saltos pequenos e, então, dois pulos grandes, fazendo formas com os braços. Saltitar, saltitar, saltitar e pular, pular. Ao repetirem este padrão, façam formas diferentes com os braços.

A palavra "brilho" será representada apenas com uma parte do corpo de cada vez. O movimento será leve e rápido. Vocês podem decidir se o movimento será grande ou pequeno. Quando eu disser o nome das diferentes partes do corpo, vocês deverão usar esta parte do corpo para expressar brilho. Prontos? Cabeça, mão, ombro, pé, quadril, cotovelo, joelho, cabeça, ombro, mão, cotovelo, pé, quadril, joelho. Agora, toda vez que eu tocar o tambor, vocês deverão escolher uma parte do corpo para expressar brilho. Mantenham o movimento rápido e leve. [Toque o tambor de 10 a 15 vezes.]

Em seguida, nós exploraremos três palavras descritivas: "círculo", "alongado" e "conectado". Comecem fazendo um grande círculo com o corpo. Descubram outro modo de fazer um círculo. Agora, descubram outro meio diferente. Vocês experimentaram fazer um círculo em pé? E sentados? O que vocês acham de fazer um círculo deitados no chão? Eu os organizarei em grupos de três ou quatro alunos. Agora, conectem seus círculos individuais uns com os outros, em seus grupos. Vocês conseguem fazer esta conexão usando as mãos, pés, cotovelos, as laterais do corpo? Agora, cada um irá se conectar com outra pessoa usando uma parte diferente do corpo.

Vamos compartilhar as formas conectadas mostrando-as para a classe. [Cada grupo demonstra seus círculos conectados.] Quais partes do corpo eles estão usando para se conectar? Vocês veem três modos diferentes de fazer um círculo com o corpo?

A seguir, façam com seus grupos uma forma alongada perto do chão. Agora, façam uma forma alongada em uma altura intermediária. Experimentem um nível mais alto. Descubram um meio de começar a fazer as formas alongadas perto do chão e, então, aumentar lentamente a altura das formas para um nível intermediário e deste para um nível mais alto.

Dança da apoteose

Vocês agora criarão uma dança usando algumas das palavras que descrevem uma bolha. Cada aluno do grupo deve escolher uma palavra da lista do vocabulário de bolha. Estabeleçam uma ordem para suas palavras. Vamos supor que o seu grupo escolha "alongada", "brilho", "borrifo" e "flutuar". A primeira palavra iniciará a sua dança. As próximas, uma ou duas palavras, serão o meio da dança, e a última palavra será o final. Seu grupo executará todos os movimentos em uníssono. Cada palavra será realizada empregando uma formação distinta. Vocês começarão em círculo, em linha reta ou em uma formação dispersa? Em seguida, mudem de formação para a parte do meio da dança e, então, usem outra formação na parte final. Em um papel, escrevam suas palavras e esbocem as formações. [Enquanto os alunos estiverem criando e praticando suas danças, toque a música e passe por cada grupo, para ver se eles estão precisando de ajuda.] Depois de todos os grupos terem acabado, nós observaremos as danças.

Encerramento

De que forma vocês acham que a dança expressou os movimentos e as formas das bolhas? Vocês usaram pesos, níveis, cadências, tamanhos ou direções opostas em suas danças? Contem-nos como tudo isso surgiu.

Observar

- O quão bem os alunos conseguem exibir as diferentes qualidades do movimento. Eles demonstram o equilíbrio e a força necessários para realizar movimentos lentos e leves ou rápidos e fortes?
- Os alunos usando movimentos rápidos para representar o estouro, brilho, borrifo e a explosão.
- As respostas dos alunos à mudança das partes do corpo a cada batida do tambor, durante os movimentos de brilho. Os alunos são capazes de demonstrar a coordenação necessária à execução destes movimentos?
- O modo como os grupos colaboram para conectar seus círculos e mover a forma alongada para níveis diferentes.
- O modo como os alunos pousam sobre os pés com os joelhos flexionados ao saltarem durante a explosão e saltitarem ou pularem no estouro. A aterrissagem é segura?
- O modo como os alunos curvam a coluna dorsal para fazer as formas de círculo nitidamente com o corpo inteiro.

Como posso alterar isso?

- Os alunos podem acrescentar instrumentos de percussão ou sons vocais para acompanhar a dança.

Rubrica	Critério
Excelente	Os alunos executaram a dança em uníssono, enquanto mudavam as formações. O peso, amplitude e cadência em cada seção da dança estavam nítidos, e as transições entre as seções foram suaves.
Bom	Um ou dois critérios não foram atendidos. [Observe quais critérios foram atendidos.]
Precisa praticar mais	O grupo foi incapaz de concluir a dança.

Figura 4 Ferramenta de avaliação da dança da bolha.

- Cada grupo ensina sua dança à classe toda e, em seguida, todos os alunos executam a dança juntos.

Sugestões de avaliação

- O professor cria critérios e uma rubrica holística para avaliar a dança do grupo (ver Fig. 4).
- Os alunos registram as palavras, uma descrição do movimento e as formações que usaram na dança (ver Fig. 5).

Conexões interdisciplinares

- Integrar com as artes da linguagem, à medida que os alunos escrevem poemas ou histórias incorporando as palavras usadas em suas danças.
- Combinar a experiência de aprendizagem da dança com uma lição de ciências, com base nas observações sobre o modo como as bolhas são formadas.

Palavra:	Estouro	Flutuar	Explosão
Movimento:	Saltos pequenos e rápidos	Alongamentos longos c/ caminhada	Giros fortes
Formação:	XXXX	XX	X
		XX	X
			X
			X

Figura 5 Avaliação do aluno para a dança da bolha.

Referências bibliográficas

Alperstein, C. & Weyl, R. (1992). *Arts for everykid: A handbook for change*. Trenton, NJ: New Jersey State Council of the Arts, Department of State and Alliance for Arts Education.

Anderson, A. (2002). Engaging student learning in physical education. *Journal of physical education, recreation and dance* 73 (7): 35-39.

Anderson, L. W. & Krathwohl, D. R. (Eds.). (2001). *A taxonomy for learning, teaching, and assessing: A revision of Bloom's taxonomy of educational objectives*. New York: Longman.

Apache, R. (2004). A developmentally appropriate lesson supports an inclusive physical education class. *Teaching elementary physical education* 15 (5). Champaign, IL: Human Kinetics.

ASCD. (2011). The whole child. Disponível em: www.wholechildeducation.org/about

Axelrod, A. & McGinley-Nally, S. (2001). *Pigs in the corner: Fun with math and dance*. New York: Simon & Schuster.

Ball, D. & Forzani, F. (2011). Teaching skillful teaching. *Educational leadership* 68 (4): 40-45.

Bartholomew, B. (2008). Sustaining the fire. *Educational leadership* 65 (6): 55-60.

Benzwie, T. (2011). *Numbers on the move: 1 2 3 dance and count with me*. Philadelphia: Temple University Press.

Benzwie, T. (2002). Alphabet movers. Bethesda: National Dance Education Organization.

Benzwie, T. (2000). *More moving experiences: Connecting arts, feelings and imagination*. Bethesda: National Dance Education Organization.

Benzwie, T. (1987). *A moving experience: Dance for lovers of children and the child within*. Tucson: Zephyr Press.

Boynton, S. (1993). *Barnyard dance*. New York: Workman.

Brady, K.; Forton, M.; Porter, D. & Wood, C. (2003). *Rules in school*. Greenfield, MA: Northeast Foundation for Children.

Brehm, M. & McNett, L. (2008). *Creative dance for learning: The kinesthetic link*. Boston: McGraw-Hill.

Brookfield, S. (1995). *Becoming a critically reflective teacher*. San Francisco: Jossey-Bass.

Burleigh, R. & Johnson, S. (1997). *Hoops*. San Diego: Harcourt Brace.

Carle, E. (1996). *Little cloud*. New York: Philomel Books.

Chandra, D. (1993). *Balloons and other poems*. London: Sunburst Books.

Clark, J. (2007). On the problem of motor skill development. *Journal of physical education, recreation and dance* 78 (5): 39-44.

Cleary, B. & Prosmitsky, J. (2001). *To root, to toot, to parachute: What is a verb?* Minneapolis: Carolrhoda Books.

Cone, T. (2002). *Off the page: Children's creative dance as a response to children's literature*. Tese de doutorado não publicada, Temple University.

Cone, T. (2000). Off the page: Responding to children's literature through dance. *Teaching elementary physical education* 11 (5): 11-34.

Cone, T. & Cone, S. (2011). Strategies for teaching dancers of all abilities. *Journal of physical education, recreation and dance* 82 (2): 24-31.

Cone, T. & Cone, S. (2005). *Assessing dance in elementary physical education.* Reston, VA: National Association for Sport and Physical Education.

Cone, S. & Cone, T. (2003). Dancing, learning, creating, knowing. *Teaching elementary physical education* 14 (5): 7-11.

Cone, S. & Cone, T. (2002). Using sport themes in creative dance. *Strategies* 16 (1): 9-12.

Cone, T.; Werner, P. & Cone, S. (2009). *Interdisciplinary elementary physical education: Connection, sharing, partnering.* Champaign, IL: Human Kinetics.

Cookson, P. (2009). What would Socrates say? *Educational leadership* 67 (1): 8-14.

Cooper, E. (1998). *Ballpark.* New York: Greenwillow Books.

De Mille, A. (1991, April 7). Measuring the steps of a giant. *New York Times.*

Donnelly, F. (2002). Make learning an electric experience! *Teaching elementary physical education* 13 (2): 25-27.

Dunphy, K. & Scott, J. (2003). *Freedom to move: Movement and dance for people with intellectual disabilities.* Sydney, Australia: MacLennan and Petty.

Eisner, E. (1998). *The kind of schools we need: Personal essays.* Portsmouth, NH: Heinemann.

Elin, J. & Boswell, B. (2004). *Re-envisioning dance: Perceiving the aesthetics of disability.* Dubuque, lA: Kendall/Hunt.

Endicott, J. (1988). *Listen to the rain.* New York: Holt.

Fleming, D. (1993). *In the small, small pond.* New York: Holt.

Fowler, C. (1994). *Music: Its role and importance in our lives.* New York: Glencoe.

Fraleigh, S. (1987). *Dance and the lived body: A descriptive aesthetics.* Pittsburgh: University of Pittsburgh Press.

Gardner, H. (1983). *Frames of mind: The theory of multiple intelligences.* New York: Basic Books.

Gilbert, A. G. (1992). *Creative dance for all ages.* Reston, VA: American Alliance for Health, Physical Education, Recreation and Dance/National Dance Association.

Gilbert, A. G. (1977). *Teaching the three R's through movement experiences.* New York: Macmillan.

Gillman, A. G. (1999). *Take me out to the ballgame.* New York: Simon & Schuster.

Goodrich, H. (1997). Understanding rubrics. *Educational leadership* 54 (4): 14-17.

Graham, G. (2008). *Teaching children physical education: Becoming a master teacher.* 3rd ed. Champaign, IL: Human Kinetics.

Hall, Z. & Halpern, S. (2000). *Fall leaves fall.* New York: Scholastic Press.

Halsey, M. (2000). *Circus 1-2-3.* New York: Harper Collins.

Hanna, J. (1987). *To dance is human: A theory of nonverbal communication.* Chicago: University of Chicago Press.

Hawkins, A. M. (1988). *Creating through dance.* Hightstown, NJ: Princeton Books.

Huebner, T. (2010). Differentiated learning. *Educational leadership* 67 (5): 79-81.

Jacobs, H. (1989). *Interdisciplinary curriculum: Design and implementation.* Alexandria, VA: Association for Supervision and Curriculum Development.

Johnson, I. (2002). Liven up those line dances. *Teaching elementary physical education* 13 (1): 30-32.

Joyce, M. (1984). *Dance technique for children.* Palo Alto, CA: Mayfield.

Kalan, R. & Barton, B. (1981). *Jump, frog, jump.* New York: Scholastic.

Kane, K. (1998). *Move and learn: A kaleidoscope of creative movement activities for literacy development.* Grand Rapids, MI: Instructional Fair TS Denison.

Kaufmann, K. (2006). *Inclusive creative movement and dance.* Champaign, IL: Human Kinetics.

Kaufmann, K. (2002). Adaptation techniques for modeling diversity in the dance class. *Journal of physical education, recreation and dance* 73 (7): 16-19.

Laban, R. (1976). *Modern educational dance.* 3rd ed. London: Macdonald & Evans.

Landsman, J.; Moore, T. & Simmons, R. (2008). Reluctant teachers, reluctant learners. *Educational leadership* 65 (6): 62-66.

Lazaroff, E. (2001). Performance and motivation in dance education. *Arts education policy review* 103 (2): 23-29.

Leahy, S.; Lyon, C.; Thompson, M. & Wiliam, D. (2005). Classroom assessment minute-by-minute, day-by-day. *Educational leadership* 63 (3): 19-24.

Martin, B. & Archambault, J. (1986). *Barn dance.* New York: Holt.

McCarthy-Brown, N. (2009). The need for culturally relevant dance education. *Journal of dance education* 9 (4): 120-125.

McCollum, S. (2002). Reflection: A key for effective teaching. *Teaching elementary physical education* 13 (6): 6-7.

McTighe, J. (1997). What happens between assessments? *Educational leadership* 54 (4): 6-12.

Meyer, F. (Ed.) (2010*).* *Implementing the national dance education standards.* Champaign, IL: Human Kinetics.

Mosston, M. & Ashworth, S. (2002). *Teaching physical education*. 5th ed. Boston: Benjamin Cummings.

Murray, R. (1963). *Dance in elementary education*. 2nd ed. New York: Harper & Row.

National Association for Sport and Physical Education. (2009). *Opportunity to learn: Guidelines for elementary school physical education*. Reston, VA: Author.

National Association for Sport and Physical Education. (2004). *Moving into the future: National standards for physical education*. 2nd ed. Reston, VA: Author.

National Dance Association. (1995). *Opportunity-to-learn standards for dance instruction*. Reston, VA: Author.

Nelson, H. (2009). High-quality arts programs can contribute to the intellectual, physical, and emotional well-being of children. *Principal* 14-17.

Newnam, H. (2002). Overcoming your fears of teaching educational dance. *Teaching elementary physical education* 13 (3): 10-12.

Niguidula, D. (2005). Documenting learning with digital portfolios. *Educational leadership* 63 (3): 44-47.

Overby, L.; Post, B. & Newman, D. (2005). *Interdisciplinary learning through dance: 101 moventures*. Champaign, IL: Human Kinetics.

Root-Bernstein, R. & Root-Bernstein, M. (2000). Learning to think with emotion. *Chronicle of higher education* 46: A64.

Rovegno, I. (2003). Children's literature and dance. *Teaching elementary physical education* 14 (4): 24-29.

Rovegno, I. & Bandhauer, D. (2000). Teaching elements of choreography. *Teaching elementary physical education* 11 (5): 6-10.

Silverstein, S. (1981). *A light in the attic*. New York: Harper & Row.

Silverstein, S. (1974). *Where the sidewalk ends*. New York: Harper & Row.

Sprague, M.; Scheff, H. & McGreevy-Nichols, S. (2006). *Dance about anything*. Champaign, IL: Human Kinetics.

Square Dance Legislation Collection. (2004). Library of Congress American Folklife Center. Disponível em: www.loc.gov/folklife/guides/squaredance.html

Stinson, S. (1998). Seeking a feminist pedagogy for children's dance. In: *Dance, power, and difference: Critical and feminist perspectives on dance education*. Edited by S. Shapiro, 23-47. Champaign, IL: Human Kinetics.

Stinson, S. (1988). *Dance for young children: Finding the magic in movement*. Reston, VA: National Dance Association/American Alliance for Health, Physical Education, Recreation and Dance.

Tanis, C. & Hebel, S. (2010). Developing an emergency action plan for the physical education class. *CAPHERD Journal* 73 (1): 28-39.

Tomlinson, C. (1999). *The differentiated classroom: Responding to the needs of all learners*. Alexandria, VA: Association for Supervision and Curriculum Development.

Tortora, S. (2006). *The dancing dialogue: Using the communicative power of movement with young children*. Baltimore: Brookes.

Townsend, J. S. & Mohr, D. (2002). Review and implications of peer teaching research. *Teaching elementary physical education* 13 (6): 28-31.

United States Department of Health and Human Services. (2008). *2008 Physical activity guidelines*. Disponível em: www.health.gov/paguidelines/guidelines/default.aspx

United States Department of Justice. (2010). *Final regulatory impact analysis of the final revised regulations implementing titles II and III of the ADA, including revised ADA standards for accessible design*. Disponível em: http://www.ada.gov/regs2010/RIA_2010regs/ria_appendix02.htm

Wall, J. & Murray, N. (1990). *Children and movement: Physical education in the elementary school*. Dubuque, IA: Brown.

Walsh, E. (1993). *Hop jump*. San Diego: Harcourt Brace.

Weeks, S. & Carter, D. (1996). *Noodles*. New York: Harper Collins.

Wiggins, G. (1998). *Educative assessment: Designing assessments to inform and improve performance*. San Francisco: Jossey-Bass.

Wiggins, G. & McTighe, J. (2005). *Understanding by design*. Alexandria, VA: Association for Supervision and Curriculum Development.

Wildsmith, B. (1970). *Circus*. New York: Franklin Watts.

Winer, Y. & Oliver, T. (2003). *Frogs sing songs*. Watertown, MA: Charlesbridge.

Worrell, V.; Evans-Fletcher, C. & Kovar, S. (2002). Assessing the cognitive and affective progress of children. *Journal of physical education, recreation and dance* 73 (7): 29-34.

Zakkai, J. (1997). *Dance as a way of knowing*. Portland, ME: Stenhouse.

Sugestões de leitura

Bennett, J. & Riemer, P. (2006). *Rhythmic activities and dance*. 2nd ed. Champaign, IL: Human Kinetics.
Mais de 190 atividades voltadas para um programa de dança básico, além de orientações para o desenvolvimento de unidades e aulas de dança social.

Benzwie, T. (2011). *Numbers on the move: 1 2 3 dance and count with me*. Philadelphia: Temple University Press.
Um livro infantil ilustrado que utiliza movimentos motores e não motores para ajudar as crianças a aprender a contar e identificar os números. As ilustrações apresentam crianças se movimentando e representando formas com o próprio corpo.

Benzwie, T. (2002). *Alphabet movers*. Bethesda: National Dance Education Organization.
Um livro infantil ilustrado que utiliza movimentos motores e não motores para ajudar as crianças a identificar as letras do alfabeto e estabelecer a conexão entre as letras e palavras de ação. As ilustrações apresentam crianças se movimentando e representando formas com o próprio corpo.

Benzwie, T. (2000). *More moving experiences: connecting arts, feelings, and imagination*. Bethesda: National Dance Education Organization.
Esse livro propõe atividades que integram as artes e promovem a criatividade. As ideias são apropriadas para alunos do quinto ano do ensino fundamental.

Benzwie, T. (1987). *A moving experience: dance for lovers of children and the child within*. Tucson: Zephyr Press.
Um conjunto de ideias para o projeto de atividades na dança. Elas incluem acessórios, espaços, esculturas, artes, música com movimento, comunicações, linguagem, ritmos, jogos envolvendo nomes, fantasias, intervalos, jogos para movimentação e aquecimento. O livro apresenta sugestões para a seleção de músicas destinadas a acompanhar as atividades.

Brehm, M. & McNett, L. (2008). *Creative dance for learning: the kinesthetic link*. Boston: McGraw-Hill.
Uma coletânea de aulas que visam ao ensino de danças criativas e a integração da dança com outras áreas do conhecimento. O texto inclui planilhas de trabalho de fácil utilização e recursos didáticos apropriados tanto para alunos do curso fundamental como para adultos.

Cone, T. & Cone, S. (2005). *Assessing dance in elementary physical education*. Reston, VA: National Association for Sport and Physical Education.
Avaliação de danças de caráter social, cultural e criativo, em relação aos domínios cognitivo, psicomotor e afetivo. O texto inclui descrições e exemplos de instrumentos de avaliação.

Cone, T. (2000). Off the page: responding to children's literature through dance. *Teaching elementary physical education* 11 (5): 11-34.
Descreve em linhas gerais os benefícios da integração entre dança e literatura infantil, além de propor estratégias para a seleção e apresentação de material de literatura adequado e para a conversão do texto e das ilustrações em movimentos de dança.

Cone, T.; Werner, P.; Cone, S. (2009). *Interdisciplinary elementary physical education: connection, sharing, partnering.* Champaign, IL: Human Kinetics.
Inclui modelos e estratégias para a integração das atividades físicas com as áreas de estudos sociais, linguagem, matemática, ciências e artes. São descritas 24 aulas completas, com mais de 100 ideias que visam ao sucesso na tarefa de conexão, compartilhamento e parceria com outras áreas do conhecimento.

Donnelly, F. (2002). Making learning an electric experience! *Teaching elementary physical education* 13 (2): 25-27.
Um artigo sobre formas de exploração de elementos da dança e desenvolvimento de uma dança empregando o tema eletricidade, da área de ciências.

Dunkin, A. (2006). *Dancing in your school: a guide for preschool and elementary school teachers.* Hightstown, NJ: Princeton Books.
Mais de 70 atividades de dança descritas em uma sequência fácil de ser acompanhada. São incluídas, também, sugestões para o desenvolvimento de aulas e a organização do programa.

Dunphy, K. & Scott, J. (2003). *Freedom to move: movement and dance for people with intellectual disabilities.* Sydney, Australia: MacLennan and Petty.
Aulas voltadas ao ensino de danças criativas para crianças e adultos portadores de deficiências intelectuais. São incluídas ideias para o planejamento do programa, desenvolvimento de uma apresentação e avaliações.

Elin, J. & Boswell, B. (2004). *Re-envisioning dance: perceiving the aesthetics of disability.* Dubuque, IA: Kendall/Hunt.
Inclui uma discussão a respeito de novas abordagens da dança e dos dançarinos, as quais fazem a distinção entre criadores e executores. São, também, fornecidas informações sobre o ensino para portadores de deficiência, acompanhadas de referências para complementação do estudo.

Fraser, D. L. (1991). *Playdancing.* Pennington, NJ: Princeton.
Uma discussão a respeito do processo criativo e do papel que ele exerce na educação. Fraser propõe atividades que integram movimentos com o desenvolvimento da autoconsciência, da linguagem e das habilidades individuais.

Gilbert, A. G. (2006). *Brain-compatible dance education.* Reston, VA: National Dance Association.
Inclui informações de apoio sobre a anatomia e o desenvolvimento do cérebro, e relaciona essas informações com os movimentos da dança. Os componentes da "dança do cérebro" são descritos em linhas gerais, junto com inúmeras atividades da dança para crianças pequenas. Além disso, são apresentadas ideias em termos dos recursos utilizados e do desenvolvimento de planos de aula.

Gilbert, A. G. (1977). *Teaching the three R's through movement experiences.* New York: Macmillan.
Atividades para integração dos movimentos com outras áreas do conhecimento, como linguagem, matemática, ciências, estudos sociais e artes visuais. Cada capítulo se concentra em um assunto diferente.

Gilbert, A. G. (1992). *Creative dance for all ages.* Reston, VA: National Dance Association/American Alliance for Health, Physical Education, Recreation and Dance.
Uma fonte abrangente de atividades para o ensino da dança a alunos de qualquer idade. Os capítulos abordam os elementos da dança: espaço, cadência, peso, corpo e movimento. O texto inclui informações sobre avaliação, integração da dança com outras áreas curriculares, acessórios e acompanhamento para aulas de dança, além de uma relação de músicas e vídeos.

Graham, G.; Holt/Hale, S.; Parker, M. (2004). *Children moving: a reflective approach to teaching physical education.* 6th ed. New York: McGraw-Hill
Informações a respeito de conceitos relativos a movimento, com exemplos para aplicação no ensino da dança. Existe, também, um capítulo sobre ensino de danças criativas, no qual são apresentados um material para uma experiência de dança criativa e para um processo de criação de danças voltado a professores e crianças.

Grant, J. (1995). *Shake, rattle, and learn.* Markham, ON: Pembroke.
Oferece respaldo para o aprendizado baseado em movimentos como componente essencial da educação infantil. Cada capítulo se concentra em um tema diferente, cujo espectro abrange tanto as atividades individuais como aquelas destinadas a toda a turma. Os temas integram movimento com linguagem, ciências, teatro, música, artes visuais, estudos sociais e matemática. As atividades são di-

vertidas e apropriadas para o desenvolvimento em aulas de dança.

Humphrey, J. (1987). *Child development and learning through dance*. New York: AMS Press.
Apresenta uma metodologia de ensino da dança baseada nos estágios de desenvolvimento da criança. Sugere, também, formas de integração da dança com o ensino de leitura e de matemática, assim como alternativas que proporcionam a melhoria da capacidade geral de aprendizagem através da dança.

Joyce, M. (1973). *First steps in teaching dance*. Palo Alto, CA: National Press Books.
Contém informações a respeito do conteúdo e do processo de ensino da dança. O autor inclui aulas de fácil acompanhamento, que são apropriadas para crianças na faixa etária do ensino fundamental. O texto é convenientemente ilustrado com fotografias.

Joyce, M. (1984). *Dance technique for children*. Palo Alto, CA: Mayfield.
Apresenta conteúdo cujo foco é ensinar às crianças as habilidades técnicas essenciais para ajudá-las a aumentar sua proficiência em termos de movimentos criativos, para que sejam capazes de expressar suas ideias. O texto descreve experiências que ajudam as crianças a compreender como podem adquirir eficiência e expressividade no movimento corporal. Os capítulos cobrem movimentos motores básicos, oposição, ritmo, alinhamento e uso de energia.

Kane, K. (1998). *Move and learn: a kaleidoscope of creative movement activities for literacy development*. Grand Rapids, MI: Instructional Fair TS Denison.
Integra literatura infantil com movimentos criativos, por meio de atividades apropriadas para um programa de dança. O autor destaca 67 livros infantis ilustrados e apresenta ideias para a representação do texto e das ilustrações através de movimentos, além de sua expressão por intermédio das artes visuais, da linguagem, da matemática, das ciências e dos estudos sociais.

Kassing, G. & Jay, D. (2003). *Dance teaching methods and curriculum design*. Champaign, IL: Human Kinetics.
Inclui uma visão geral das informações essenciais para o planejamento de um programa de dança voltado ao ambiente de segundo ano do ensino fundamental. O texto disponibiliza modelos de programas, elementos da teoria educacional da dança e relaciona habilidades que enfatizam a efetividade no ensino da dança e no projeto de um programa dessa disciplina.

Kaufman, K. (2006). *Inclusive creative movement and dance*. Champaign, IL: Human Kinetics.
Descreve como ensinar dança para crianças com deficiência, usando os elementos de espaço, cadência, peso e relacionamento. O texto abrange aulas, características dos alunos e ideias para modificar as instruções.

Kogan, K. (1982). *Step by step: a complete movement education from preschool to sixth grade*. Byron, CA: Front Row Experience.
Fornece experiências que podem ser utilizadas por professores em início de carreira no ensino da dança. As experiências são sequenciais e apresentam linguagem específica e instruções relativas ao ensino.

Kooyackers, P. (1996). *101 dance games for children*. Alameda, CA: Hunter House.
Inclui diversas ideias para o desenvolvimento de aulas de dança criativa para crianças. Traz sugestões quanto à escolha e à organização de aulas de dança, tendo como base o espaço e o tempo disponíveis, a idade dos participantes, o tamanho do grupo e os acessórios necessários.

Laban, R. (1976). *Modern educational dance*. 3rd ed. London: Macdonald & Evans.
Apresenta os fundamentos teóricos do ensino dos movimentos e da dança. Descreve 16 temas básicos relativos a movimentos, 8 ações, em termos de esforços, e o uso do corpo e seus movimentos dentro do espaço. Laban foi pioneiro na definição dos princípios do movimento empregados na dança.

Lane, C. (1995). *Christy Lane's complete book of line dancing*. Reston, VA: American Alliance for Health, Physical Education, Recreation and Dance.
Um recurso abrangente em termos de dança coreografada, para uma unidade de dança social. Inclui diagramas e instruções de fácil acompanhamento.

Lloyd, M. (1998). *Adventures in creative movement activities: a guide for teaching*. 2nd ed. Dubuque, IA: Eddie Bowers.

Uma abordagem para o desenvolvimento de uma aula de movimentos criativos. O livro contém inúmeras ilustrações, assim como exemplos de aula e ideias específicas, destinados ao desenvolvimento de uma significativa experiência para crianças.

McGreevy-Nichols, S. & Scheff, H. (1995). *Building dances: a guide to putting movements together*. Champaign, IL: Human Kinetics.

Apresenta ao educador uma metodologia clara para a criação de aulas de dança voltadas a alunos do curso fundamental. Inclui estratégias de observação da dança e avaliação da aprendizagem dessa atividade, junto com mais de 200 cartões de fácil utilização, que proporcionam ideias para o projeto de unidades e aulas de danças.

McGreevy-Nichols, S.; Scheff, H.; Sprague, M. (2001). *Building more dances: blueprints for putting movements together*. Champaign, IL: Human Kinetics.

Amplia o texto de *Building dances* (Criando danças), com mais de 100 novas ideias para a criação de danças, além de estratégias voltadas a conexões interdisciplinares.

Murray, R. (1953). *Dance in the elementary school: a program for boys and girls*. New York: Harper & Row.

Um dos textos fundamentais usados por muitos professores de dança. Uma descrição abrangente dos movimentos motores e não motores básicos e do emprego de ritmos e música na dança. O processo de criação e aprendizado de novas danças é acompanhado por muitas ideias e diversos recursos.

National Dance Association/American Alliance for Health, Physical Education, Recreation and Dance. (1990). *Guide to creative dance for the young child*. Reston, VA: Author.

Informações a respeito do conteúdo e do processo de ensino da dança para crianças na primeira infância.

Oliver, W. (ed.) (2009). *Dance and culture: an introductory reader*. Reston, VA: National Dance Association.

Adequado como livro texto de aulas de dança para alunos nos últimos anos do ensino fundamental. Inclui informações relativas à cultura de regiões como África, Oriente Médio, Ásia e ilhas do Pacífico, Europa Oriental e Ocidental, América Latina, Canadá, América do Norte (índios americanos nativos), Egito antigo, Mesopotâmia e Vale do Indo. Apresenta uma revisão de questões e atividades complementares.

Overby, L.; Post, B.; Newman, D. (2005). *Interdisciplinary learning through dance: 101 moventures*. Champaign, IL: Human Kinetics.

Planos de aula que integram dança com estudos sociais, linguagem, ciências, matemática, educação física e artes criativas. Contém um DVD e um CD de músicas.

Overby, L. (ed.) (1991). *Early childhood creative arts: proceedings of the international early childhood creative arts conference 1990*. Reston, VA: American Alliance for Health, Physical Education, Recreation and Dance.

Diversas seções do estudo têm como foco a dança para crianças pequenas. O texto inclui um recurso que visa à integração da dança com outras formas de arte.

Parker, P.; Fenton, M.; Holme, J.; Ireland-Echols, A.; Phillips, G. (1988). *Creative dance*. Ottawa, ON: Canadian Association for Health, Physical Education, Recreation and Dance.

Uma descrição detalhada de como abordar o ensino da dança criativa. O texto explica a escolha de conteúdo, o planejamento de uma unidade ou aula e estratégias de ensino. Inclui exemplos de aulas.

Ross, F. (2010). *Soul dancing: the essential African American cultural dance book*. Reston, VA: National Dance Association.

Uma coletânea de danças folclóricas e sociais de origem afro-americana para todas as idades. Inclui planos de aula e informações históricas para danças tradicionais e populares.

Rovegno, I. (2003). Children's literature and dance. *Teaching elementary physical education* 14 (4): 24-29.

Critérios para a seleção de literatura infantil, definição de etapas no planejamento de aulas e uma descrição detalhada sobre uma aula de dança baseada no livro infantil de Denise Fleming (1993), *In the small, small pond* (No pequeno, pequeno lago).

Scheff, H.; Sprague, M.; McGreevy-Nichols, S. (2010). *Exploring dance forms and styles: a guide to concert, world, social, and historical dance*. Champaign, IL: Human Kinetics.

Recurso abrangente para o ensino de formas de dança, destinado tanto a professores novatos como experientes. Cada dança descrita traz informações de apoio, estratégias e recursos de ensino, e planilhas de trabalho. O livro contém um DVD que ilustra a maior parte das danças apresentadas.

Sprague, M.; Scheff, H.; McGreevy-Nichols, S. (2006). *Dance about anything*. Champaign, IL: Human Kinetics.

Um processo para a criação de danças com foco na integração com outras áreas do conhecimento. Contém um CD-ROM com exemplos e material passível de reprodução.

Stinson, S. (1988). *Dance for young children: finding the magic in movement*. Reston, VA: National Dance Association/American Alliance for Health, Physical Education, Recreation and Dance.

Conteúdo e processos para o ensino da dança a crianças pequenas. Contém exemplos de experiências que podem ser facilmente empregadas por professores que estejam iniciando sua carreira no ensino da dança. Inclui um excelente apêndice que relaciona trabalhos de literatura infantil interessantes como recurso para o desenvolvimento de experiências.

Tortora, S. (2006). *The dancing dialogue: using the communicative power of movement with young children*. Baltimore: Brookes.

Estratégias para a integração e o estabelecimento de conexões com crianças que não têm condições de se expressar verbalmente. Voltado para professores, terapeutas e pais com crianças na faixa etária dos zero aos sete anos.

Wall, J. & Murray, N. (1990). *Children and movement: physical education in the elementary school*. Dubuque, IA: Brown.

Texto genérico sobre educação física, baseado na análise descritiva do movimento humano realizada por Rudolf Laban. Existe uma seção voltada para a dança que inclui os elementos da dança, formas de ensino da dança, formas de projeto de experiências de aprendizagem para jogos cantados, dança folclórica e dança criativa. Os exemplos são específicos e úteis para professores no início da carreira de ensino da dança.

Willis, C. (2004). *Dance education tips from the trenches*. Champaign, IL: Human Kinetics.

Uma metodologia para organização, gestão e planejamento de aulas e apresentações de dança. Oferece dicas e sugestões para orientação dos alunos ao longo do processo criativo, desde a investigação até a elaboração da coreografia de uma dança.

Zakkai, J. (1997). *Dance as a way of knowing*. Portland, ME: Stenhouse.

Aborda a dança do ponto de vista de seu papel fundamental no aprendizado, e apresenta uma metodologia voltada à inclusão da dança em sala de aula e no currículo de educação física. Estão incluídas informações sobre como os elementos da dança são desenvolvidos em aulas cujo foco seja aprender, criar e observar danças. Além disso, o livro traz ideias relativas a conexões interdisciplinares.

Zukowski, G. & Dickson, A. (1990). *On the move: a handbook for exploring creative movement with young children*. Carbondale: Southern Illinois University Press.

Um guia para a apresentação de movimentos criativos nos currículos de sala de aula, educação física e ensino da dança. Estão incluídos jogos que utilizam movimentos e atividades apropriadas para a introdução de aulas de dança que integram música, linguagem, teatro, literatura, matemática e ciências.